乔玉红 著

古代岭南女性社会形象研究

齊魯書社

教育部人文社会科学研究青年基金项目
明清时期珠三角地区女性文化特征转变研究
（14YJC770026）

序(一)

乔玉红《古代岭南女性社会形象研究》一书付梓之际邀我为之作序,一是体现了作者对我的尊重,二是在作者研究过程中我们就书中的一些话题进行过多次有益的探讨,故欣然为之。

作者于暨南大学博士学业完成后,来到天津师范大学进入博士后流动站与我共同进行社会史相关课题的研究,是以我对作者的一些设想和见解有所认识。关于历史上岭南女性的研究我涉足甚少,不想就书中内容多作剖析解读,相信读者自会从中明晓评判。我想,进行区域社会史特别是区域女性群体生活特质的研究应该是该书的重要成果和贡献。

我们的许多学生,甚至一些学者,在谈到国史时往往言道"古代中国"如何如何,或"清朝时的中国"如何如何。殊不知,中国之大,古代之长,清朝自入关至鸦片战争爆发,也历经二百年的光阴,二百年间,在南北东西跨度如此之大的国土上,国君与国民的感受会有多大的异同,我们无法量化;其间年轮岁月与环境地域的差异,由于我们常常陷入出于同一要旨或动机而编纂的历史文献,反倒有意或无意地被忽略、舍弃。从另一方面来说,加强对每一时间段中、每一区域的深入考察,可能会对我们许多长期习以为常、信以为真的结论或印象多有改变,使历史学的综合研究走向纵深。明清史的研究更是如此,明清时期保留至今的各类历史文献相对丰富,遂使深入细致钻研解读更有可能。从这种意义上来观察,乔玉红的著作做了有价值的探讨。

社会史的研究范围非常广泛,利用多学科的知识和手段综合进行研究当属必然。对历史上一个问题、一种现象或一类事物的探究,往往需要结合文化人类学、社会学、经济学、心理学,甚至地理学、气候学、医学、农学等多门科学来共同寻找答案,探寻规律。时代的进化,需要传统的历史研究方法加以革新。例如对清代岭南地区女性的某些现象进行研究就需要这种多学科整合的思维,否则,我们无法做出合理的解释。还有就是对文献的精准比对研究,也会帮助我们找到隐藏在表象背后的真实故事,能做到这些,会令我们无比的愉悦。

宫宝利

2016 年初冬于新典居寓所

序(二)

女性史研究已经成为近些年来海内外学术界关注的热点问题。有关论著不断涌现,几乎涉及了女性史研究的方方面面。在某种意义上说,经过学者们的宏观或微观研究,女性已经被添加到男性书写的历史中了。这一切并不代表女性史研究已经走到了尽头。相反,随着社会经济的发展,随着世界各地交流的频繁,越来越多的史料被发现、被公之于众,因此,借助其他人文学科的理论与方法,研究历史上的女性生活体验,是历史学者应有的担当。乔玉红博士的这部大作,尝试以历史时期岭南女性身份和形象的转变为主题,从一个长时段考察了女性在社会变迁过程中由他者的型塑到主动参与型塑,渐渐由习俗进入礼俗,最终使女性形象达到国家、社会能接受的平衡状态。

岭南远离中原朝廷,地理位置特殊,生活在这里的族群也相当有个性,至今仍以敢吃、务实等形象有别于中国其他地域文化形象。历史上的岭南,至少在明代之前,士大夫总是将其描述成烟瘴荒蛮的形象。而古代岭南地区的先民们因为五岭山脉的阻隔,很少主动向北前进,他们蜗居于岭南,靠山吃山,靠水吃水,于是生活在山区的土著居民和生活在水上的疍民,都以与中原地区居民不一样的形象进入了南下士大夫的眼中。

按照中国传统文化的设计,男女两性在家庭与社会中所扮演的角色是不同的。男性阳刚,女性阴柔,由此导出“男主外,女主内”的分工格局。可是,历史上的岭南女性一出场,就打破了这一格局,传说中的龙母似乎就是独自去野外河边劳作,从而与龙子结缘。汉代以来的相当长一段时间内,岭南女性的勇猛剽悍,屡见史书记载,如汉代岭南爆发的征侧姐妹领导的民变震动朝野,马援率军南下平乱,因此获伏波将军的称号;南朝至隋朝的冼夫人也以统兵打仗的威武形象闻名天下;唐末虞夫人率军抗击黄巢军队。类似这种威武形象的岭南女性,直到明代仍不时出现在岭南历史舞台。她们与男性一起维护着岭南社会的稳定与发展,并因此而被世代岭南人所膜拜。

与此同时,岭南女性主外的家庭与社会形象也颇为突出,女性在岭南墟市中的表现也令人瞠目结舌。唐代岭南墟市中买卖春药的当事人都是女性。女性远距离贩运货物、当垆卖酒等行为也不时出现,宋代甚至出现“妇人为市,男子坐家”的现象。一些地区家庭生计的来源均来自于女性与市场的交易。历史上,至少自汉代开始,由官府开辟的海上丝绸之路始发港就全部位于岭南滨海地区,自此以后,岭南一直保持着重商的传统,到了明清时期粤商作为著名商帮驰骋海内外市场,广货因此流行天下。这其中也少不了女性的贡献。

历史上的岭南女性还给人特别争强好胜的印象。在宋代士大夫的笔下,岭南女性经常代替丈夫出入于公堂之上,尽管官府不断进行劝诫并惩治,但似乎没有多大的改观,所以士大夫就用“妇人强男子弱”来表述岭南的社会性别结构。明代岭南一些地区仍存在的男女“同浴于川”的现象,更是当地传统的延续。女性在婚姻中的表现,除了不遵循中原文化的婚姻礼俗,还有就是终身不嫁的“自梳女”和出嫁后又返回娘家的“不落夫家”,更加凸显了岭南女性的独特品性。

历史上岭南女性这些明显具有地域特色的传统,经过历代士大夫们的教化与型塑,到了明清时期有的逐渐暗淡下来,有的反而被强化。暗淡是指某些传统以隐性的形式仍然残存在岭南社会中;强化则指原本隐晦的现象在明清时期却在某些地区较为流行。那么,明清时期为何会发生这样的变化?其变化是谁制造的?他们给女性带来了什么样的影响?

回答这些问题,我们自然会想到王朝国家,想到士大夫。岭南地区从秦朝一统天下后,就被纳入王朝版图,秦王朝在此设立郡县,派遣官员和军队南下常驻。自此以后,中原王朝几乎未曾中断对这里的管辖。伴随着王朝的统治,中原士大夫也以各种原因而南下岭南。他们在发现岭南文化异于中原文化后,遂和官府合力推行教化。就女性而言,至少从南朝开始,岭南就出现了以孝闻名的陈孝女,唐代又出现了守贞的文氏女。孝、贞恰是王朝正统文化的核心所在。尽管她们只是士大夫笔下述说的个别现象,但至少说明岭南女性已经有人接受了正统文化。明代广东独立设省,王朝控制进一步加强,岭南士人参加科举考试由唐宋时期的零星状态步入到人才辈出的时代,被学界称为南海士大夫集团的岭南士人一度在朝中拥有相当大的话语权。岭南士大夫群体的崛起,一方面昭示着岭南社会经济的发展,另一方面则显示生活在岭南区域的人正积极向着正统迈进。这些接受正统文化的士大夫们又总是想方设法改变家乡的社会形象。在士大夫和官府的教化下,岭南地区的贞烈女性人数急剧上升。不仅如此,岭南的才女人数也不断增长,著名学者冼玉清教授在《广东女子艺文考》一书中给予了充分的展示。也就是说,明清时期,岭南终于在文化层面上融入了国家正统。

但岭南仍然保持着自身的一些文化特色。就女性而言,珠三角地区的特殊婚俗就是明证。女性也许正是利用了“妇人强男子弱”的传统,并借助正统文化中的孝、贞元素,有效地保护了自己对婚姻的选择方式,因为历代推行的陈孝女就是因孝而不嫁。这类女性在明清时期岭南士人编纂的地方志中屡屡可见。美国学者萧凤霞教授在《妇女何在?——抗婚和华南地域文化的再思考》一文中指出,在地方社会和历史中,妇女自有她们的天地和位置,也参与了地方文化和社会的创造。明清时期的广东妇女在地方社会位置的确立,都是几个历史过程交错的结果。刘志伟教授在《女性形象的重塑:“姑嫂坟”及其传说》中也说,历史上岭南地区的女性,无论在家庭还是在社会生活中,都扮演着十分引人注目的角色。在岭南本地文化传统中,女性在社会生活中的角色,本来就与中原地区的女性不同。在岭南社会和文化逐渐归化到统一的“中国文化”的过程中,对女性形象的重塑,是士大夫在地方社会推行教化的重要手段之一。

这就是说,士大夫在区域社会变迁中扮演了极其重要的角色。然而,士大夫是如何在区域社会推行王朝教化的?不同阶层的女性又是如何接受这些教化,并又灵活地将其作为保护自己某些行为的武器?女性在岭南社会相当复杂的、动态的历史变化过程中究竟是如何逐渐改变自身形象,又保留了哪些习俗传统?对这些问题展开深入而系统的研究,可以在一定程度上帮助我们理解王朝正统文化与区域习俗传统在长期互动磨合中的嬗变轨迹。乔玉红博士的这部论著正是基于此而作,书中不仅较为系统地揭示了岭南女性的习俗传统,而且深入分析了这些习俗传统在王朝教化推行过程中的变化。全书史料丰富,观点自成一说,是研究岭南女性史的一部佳作。

乔玉红博士于2006年进入暨南大学历史系攻读硕士学位,毕业后又旋即在本校攻读博士学位,2011年夏季获得博士学位后,进入天津师范大学工作,并进入该校中国史博士后流动站,继续研究岭南女性史。玉红博士具有很好的古诗文功底,又因其自身为女性,身兼为人女、为人妻、为人母、为人师的多重角色,能以女性特有的心态去理解、分析历史上岭南女性的生命体验。玉红博士在读期间,就与我合作过数篇学术论著,还直接参与了我主持的国家社科基金项目"明清地域社会变迁中的广东乡村妇女研究",对岭南妇女史研究有着独到的见解。呈现在读者眼前的这部专著,凝聚着她近10年研究岭南女性史的心血,对丰富中国女性史研究具有重要的学术价值。

我有幸作为她硕士、博士研究生在读期间的指导教师,因此也总能最先分享她研究岭南女性史的心得,也不时受益于她的思想。俗话说:长江后浪推前浪。我希望玉红博士今后能继续关注中国女性史研究,在此书的基础上推出新的女性史研究论著。我应玉红博士的邀请,在该书出版之际,信手写下自己的一点思考,姑且充作序。

刘正刚

2016 年 11 月 7 日于暨南大学文学院 306 室

目 录

绪 论

第一节 问题的提出

明代以前,“烟瘴荒蛮”是中原士人对岭南地区刻板的印象,凸出了岭南文化与中原文化的巨大差异及其独特性。明代以后,随着大航海时代的到来,岭南因地处海隅、交通便利,成为与外国沟通的要道,商品经济更加发达,于是在中原士人眼中又成为“腥膻逐利”的渊薮。岭南在中原人的视野中,几乎始终以“另类”角色存在。外来的士大夫们多以猎奇或者不屑的目光审视并记录这里的一切,尤其是在描写此地“妇人强男子弱”的现象时,笔调中充满鄙夷。

从秦汉起,岭南就已经被纳入了王朝的地理疆域。在历史上,岭南不仅仅是一个发配戍守的边疆之地,还有大量中原王朝的官员被派遣到此任职,同时不断地发生着所谓的征服与平乱事件。可以说,岭南文化与中原文化的交流从历史发展的早期阶段就已经开始。即便是文人观念中所谓的“烟瘴荒蛮”、“腥膻逐利”,亦是频繁的文化交流才会出现的结果。只有经过文化的传播与沟通,才能把外来者对岭南的印象带回到自己的文化视角当中。

在这种情况下，以治国平天下为抱负的士大夫开始以改变岭南的“野蛮”状态为己任，不断推行儒家教化，以期树立“正统”的礼教观。经过早期的渗透、唐宋之时的铺垫，岭南在明代彻底与王朝意识形态接轨，儒家文化逐步充盈到社会每个角落，完成了与中央王朝的整合。于是，岭南的各个地方，大至城镇，小至乡村，最终都达到了儒家文化所要求的理想目标，至少表面上达到了这个目标。其中，以珠三角为中心和代表的区域表现尤为明显，成为岭南文化的中心。

在整个接轨过程中，岭南本地崛起的士大夫群体起到了巨大作用，他们聚居在珠三角地区，使得这个地区的文化与王朝的整合尤其具有代表性。这些人通过科举入仕，以获取功名的方式到中央为官。他们在朝堂之上经历跌宕起伏的同时，也将自己接受的儒家理念予以反哺，将之在家乡推广开来，并用之改造岭南原生态的、不合“正统”的风土人情。于是通过理学、宗族等多种因素的共同作用，岭南社会完成了与中原王朝的整合，完成了从边缘到内卷的转化。

从明到清，可以说这是一个不间断的、动态发展的过程。现代的学者们怀着极大兴趣对岭南区域史进行研究，寻找岭南社会与中原王朝在整合过程中运用的手段、实行的途径、产生的后果等，希望通过对岭南文化的重新建构来认识整个中原帝国如何运行，如何通过自身向心力将岭南纳入中央文明的控制范围之内，中原儒学与礼教文化又是如何渗透并最终改变这个区域的。

但是，在这个以男性为主导的与中原王朝交融的过程中，人们无意中淡化了一类人的存在,即与男性共同建构人类社会的女性。女性在历史长河中长期处于被动无声的状态。儒家理想中的女性应该贞静柔顺,处于闺门之内,谨守“三从四德”,成为与外界隔绝的存在。随着礼教的加强,对女性的束缚越来越严格,社会对女性的期望越来越多。在对父母及公婆的“孝”之外,女性还被期望以“节”“烈”的品行来证明她们所从属的男性对她们的身体和意志的拥有权。同时,由于在中国历史上,掌握文字权的主要是男人,女性读书识字的比例并不大,所以现今存留下来的历史文献也多出自男性之手,女性在历史上大多处于失声状态。即使她们偶尔能发出几声呐喊,也大多得不到男权社会的呼应与认同,不是成为男性精神世界的点缀,便成为男性笔下的反面教材。

然而,即便在男性书写的历史中,他们也无法抹去女性参与改变历史的印迹。无论是推崇还是批判,各类男性会以不同的心态来描摹、记述女性,尽管这些关于女性的记载会被有意识地变调或者模糊,在不同的时期会出于不同的目的和需要对其形象进行修改、涂抹,但通过对这些记载的剥离分析,我们依然可以辨认出女性在历史进程中的社会形象,从而尽量还原她们与男性一起创造历史的本来面貌。

珠三角作为岭南政治、经济、文化发展的中心,这里的一切都具有鲜明的代表性。早期历史上岭南女性因“妇人强男子弱”现象的存在,在中原士大夫的眼中一直以另类形象出现,概源于此。随着岭南文化与中原王朝的融合,儒家文化和礼教观念渗透到岭南女性的生活中,加上儒学大面积推行,女性受环境影响较大,她们逐步从早期的“异类”变成“节烈”“闺媛”。这并非朝夕之功。具体体现在她们身上,就形成一个动态的、对礼教由被动接受到主动追求的儒化过程。这个过程又极好地向我们展示了岭南社会与中央王朝交融、博弈的动态变化。因此,可以说女性在岭南由边缘而内卷这一过程中发挥了举足轻重的作用。

现阶段的岭南区域社会史研究中,人们多从政治制度、区域经济与文化的层面寻找突破,进入研究者视野的多是以男性、宗族为主体的社会结构。学者们试图从这些角度阐述中原王朝与岭南地区政治与文化的整合,希望通过对里甲与祀典、宗族发展等方面的研究来描绘岭南与中央王朝之间的复杂关系。少有人从女性的角度分析岭南与中原整合的过程,以及女性在此过程中的反应与动作、心境与书写重构。几千年来,她们的存在几乎被人们所忽略。然而,作为历史发展构成的一部分,女性在社会变革中同样发挥了巨大作用。她们对自身形象与价值追求的改变最能体现同时代社会的价值观,因此对女性进行研究是观察岭南社会发展和变革的一个极好角度。可惜的是,学术界除了对近代珠三角地区较为兴盛的自梳女现象投入很大热情,对明清乃至之前岭南女性的研究却寥寥无几。同时,尽管已有不少关于“自梳女”的研究成果问世,但是关于自梳现象的解释与研究的可商榷之处依然很多,很多结论难以完全令人信服。

在研究过程中,我们需要正视并且了解的是,作为历史发展的推动力之一,女性在以男性为主体的社会中是如何参与历史、创造历史的。叶汉明说:“将妇女写进历史,就意味着历史的传统定义要改变”,“就等于向男性中心的‘客观历史'挑战"。[1] 我们希望借由对历史上岭南女性的研究,深入分析岭南社会早期的女性是如何生存的,她们在社会政治经济生活中究竟处于什么位置。她们是如何融入新的王朝,又是如何接受儒家文化、礼教观念,并将之与私人生活的空间紧密结合的呢?再者,在岭南社会融入中央统治的过程中,"自梳女"和"不落夫家"现象仅是基于清末经济有所发展、女性经济能力有所提高的原因而出现的吗?这些都是需要进一步思考的问题。

第二节 学术史回顾

一、区域史研究

在当前的历史学界,对某一区域的历史进行研究已经成为一种学术潮流。这种研究被认为是在法国年鉴学派的影响下,战后历史学的目光更多地转向关注下层社会历史的学术潮流的一种表现。研究者们视之为中国当代历史学研究的一种新趋势。在区域史的研究思维中,国家或王朝的历史不再被视为历史学研究单向的主题,人们开始更多地关心普通人的历史。学者们希望能以一个较小地区的发展历史为研究对象,更细致、多方面、多层次地展现普通人的活动及其社会生活。这种研究视角确实拓宽了历史学家的思路。他们希望通过对区域史的研究,不仅能够发现地方历史中不同于"国家"或"民族"历史的某些独特性,更期望能从地方史研究中发展起一套新的历史研究

---

① 张妙清等编:《性别学与妇女研究——华人社会的探索》,台北:稻乡出版社,1997 年,第 108 页。

的话语体系，以优化基于“国家”文化整体的话语系统，进而树立新的历史研究范式和历史解释体系。

在这种主导思想的引领下，区域史的研究取得了令人瞩目的成果。不少研究者从考察地方社会与中原王朝的政治交融和共同意识建构入手以重构地方社会的发展脉络。如王明珂研究羌族文化的《华夏边缘》《羌在汉藏之间》《英雄祖先与弟兄民族：根基历史的文本与情境》三部曲，以活动在川藏地区的羌族为对象，考察他们对华夏民族的历史记忆和族群认同。作者的研究主导是：“中国民族的起源”不完全始于一个古老的“过去”、一个“核心”，而更重要的“起源”发生在“华夏边缘”人群间的一些历史记忆与族群认同变化，这是一个“历史”塑造华夏及当代中国人认同的历史过程。温春来的《从“异域”到“旧疆”——宋至清贵州西北部地区的制度、开发与认同》则以贵州西北部地区为研究对象，考察由宋到清，随着社会的演变、民族国家观念的传播、西方传教士的活动、政府的基层政权建设等，当地少数民族在新的政治、文化环境中是怎样想象与建构自己的族类身份以及更高层次的国族或中华民族的。作者指出，近代的想象与建构不会是一个全新的创造，只有联系“异域”进入王朝“版图”的历史，在“彝威”“汉威”“洋威”交织的过程中才能得到妥帖的理解。①

① 这方面的研究有王明珂：《华夏边缘》，北京：社会科学文献出版社，2006 年；王明珂：《羌在汉藏之间》，北京：中华书局，2008 年；王明珂：《英雄祖先与弟兄民族：根基历史的文本与情境》，北京：中华书局，2009 年；温春来：《从“异域”到“旧疆”——宋至清贵州西北部地区的制度、开发与认同》，北京：生活 · 读书 · 新知三联书店，2008 年。

科大卫、刘志伟、萧凤霞、陈春声等则从研究华南地区的制度、宗族、地方信仰、乡村的社区建构等角度，为我们展示了国家制度和礼仪在区域社会推行与表达的历史。刘志伟的《在国家与社会之间——明清广东里甲赋役制度研究》从政治制度层面进行区域史研究，通过研究明清时期里甲赋役制度在一个地区的实行情况，以及在以后的历史发展中发生的演变，来考察王朝制度与现实的社会变迁、经济发展、文化演变等过程相互影响和相互制约的关系。科大卫在《皇帝和祖宗——华南的国家与宗族》一书中希望回答和解决的问题是：朝廷的法典条文，民间的礼仪习俗，二者如何交织在一起，指导着“华南”这个有意识的、历时数百年的地域建构进程？他指出，历代王朝都致力于华南的政治整合，要培养出敬畏官府、纳粮当差、安分守己的良民。随着王朝在华南的军事征讨、行政规划，一套关于权力的文化语言也渗透到华南。这套语言体系有两个关键词，即“皇帝”“宗族”。它们渗透到一切礼节、身份、地位、财产权、商业习惯、社会流动、社区构建之中。华南与中央王朝之间的正统纽带，不仅建立于里甲与祀典之上，也建立在“宗族”这套语言之上。而宗族不仅仅是一种血缘、亲属制度，更是一种用礼与法的语言来表达的秩序和规范。运用这种规范，士大夫们在应对朝廷的各项赋役制度的同时，也积极地改造地方的风俗，借此表达有利于获取更多资源的文化与身份认同。这一变迁意味着地方认同与国家象征的结合，边缘地区由此得以归入国家“礼教”的程序中。香港的叶汉明也一直从事岭南社会和文化史研究，他的《明代中后期岭南的地方社会与家族文化》亦基于上述思考，从家族角度解构岭南社会。①

日本学者井上彻关注的则是儒教与广东明代地方信仰的博弈问题,其《魏校的捣毁淫祠令——广东民间信仰与儒教》一文从魏校在粤毁淫祠的活动讲起,考察这个过程中当地士大夫与政府的博弈和儒教借此的推行效果。程美宝的《地域文化与国

① 关于上述论述,可参见〔英〕科大卫等:《宗族与地方社会的国家认同——明清华南地区宗族发展的意识形态基础》,《历史研究》,2000年第3期;〔英〕科大卫:《明嘉靖初年广东提学魏校毁"淫祠"之前因后果及其对珠江三角洲的影响》,周天游主编:《地域社会与传统中国》,西安:西北大学出版社,1995年;〔英〕科大卫:《国家与礼仪:宋至清中叶珠江三角洲地方社会的国家认同》,《中山大学学报(社会科学版)》,1999年第5期;〔英〕科大卫:《祠堂与家庙——从宋末到明中叶宗族礼仪的演变》,《历史人类学学刊》,2003年第2期;〔英〕科大卫:《告别华南研究》,《学步与超越》,香港:华南研究会编,2004年;刘志伟:《地域社会与文化的结构过程——珠江三角洲研究的历史学与人类学对话》,《历史研究》,2003年第1期;刘志伟:《从乡豪历史到士人记忆——由黄佐〈自叙先世行状〉看明代地方势力的转变》,《历史研究》,2006年第6期;刘志伟:《神明的正统性与地方化——关于珠江三角洲北帝崇拜的一个解释》,《中山大学史学集刊》,1994年第2期;萧凤霞:《文化活动与区域社会经济的发展——关于中山小榄菊花会的考察》,《中国社会经济史研究》,1990年第4期;陈春声:《从地方史到区域史——关于潮学研究课题与方法的思考》,《潮学研究》第11辑,汕头:汕头大学出版社,2004年;陈春声:《"正统"神明地方化与地域社会的建构——潮州地区双忠公崇拜的研究》,《韩山师范学院学报》,2003年第2期;陈春声等:《理解传统中国"经济"应重视典章制度研究》,《中国经济史研究》,1996年第2期;陈春声等:《乡村故事与社区历史的建构——以东凤村陈氏为例兼论传统乡村社会的"历史记忆"》,《历史研究》,2003年第5期;叶汉明:《明代中后期岭南的地方社会与家族文化》,《历史研究》,2000年第3期。

家认同:晚清以来“广东文化”观的形成》一书则将时间限定在晚清,把岭南放在“地域文化”与“天下观”的互动框架内进行考察。她认为,近代中国“地域文化”的表达,着重从历史叙述、种族血统、学术传承、方言写作、地方民俗等方面去发挥,这些范畴的内涵是在特定历史时空中的政治对话过程层积而成的。近代“地域文化”话语的建立,也是近代中国国家观念从“天下”转移到“国家”的过程,文人们则在国家意识和地方关怀的二重奏中,不断调校音调,加入自己的声音,用地域文化来表达他们心目中的国家观念,在国家认同与地方认同之间建立起辩证统一的关系。①

与上述研究者关注区域社会与国家、地方传统与中原文化的互动思路不同,一些岭南学者的乡土情结浓厚,较多地强调岭南社会的地方特色。如较早对岭南文化进行研究的是黄尊生,其《岭南民性与岭南文化》出版于1941年,这部书虽然篇幅较小,却立足岭南,对本地民风、民性和文化进行了详细介绍。该书从宋亡和明亡与岭南之间的关系写起,探讨岭南的学术本色与文化特征,最后对岭南文化做出总结与前瞻。1975年,潘学增在香港顺德联谊总会的资助下出版了《顺德文学史》一书,是另一本立足本土进行研究的文化史专著。之后对岭南文化研究的著作层出不穷,这几年以华南师范大学为依托的“岭南文化研究中心”接连举办多届研讨会,出版刊物

---

① 〔日〕井上彻:《魏校的捣毁淫祠令——广东民间信仰与儒教》,唐力行主编:《国家、地方、民众的互动与社会变迁》,北京:商务印书馆,2004年;程美宝:《地域文化与国家认同:晚清以来“广东文化”观的形成》,北京:生活·读书·新知三联书店,2006年。

《岭南学》,从多方面对岭南文化进行讨论和建构。另外有从思想史的角度对岭南进行阐述与研究的,如李锦全、吴熙钊、马达文等人编著的《岭南思想史》。①

除了文化层面的研究,近二十年以来,从经济层面对岭南社会进行研究的学者也比较多。罗一星的《明清佛山经济发展与社会变迁》通过对明清时期佛山社会的变迁与经济的发展进行勾勒,分析了地方内部的不同势力、地方与政府势力之间在争夺对佛山控制权时进行的角逐,成为研究佛山经济和社会发展史的重头之作。香港城市大学中国文化中心编辑的《岭南历史与社会》,则以主题归类,选辑了中国文化中心历年举办有关广东与香港、澳门地区历史、考古、宗教、文学、戏曲等题材的文化讲座文章,共收录十篇,从田野考古、历史风俗、文化艺术三方面探讨岭南的历史与文化。②

二、性别史研究

从妇女史到性别史,其间经历了一个长久的历程。以妇女为主体的妇女史写作出现于19世纪以后,如美国的

① 黄尊生:《岭南民性与岭南文化》,曲江:民族文化出版社,1941年;潘学增:《顺德文学史》,香港顺德联谊总会资助出版,1975年;左鹏军主编:《岭南学》,广州:中山大学出版社;李锦全等著:《岭南思想史》,广州:广东人民出版社,1993年。

② 罗一星:《明清佛山经济发展与社会变迁》,广州:广东人民出版社,1994年;刘志伟:《在国家与社会之间——明清广东里甲赋役制度研究》,广州:中山大学出版社,1997年;〔英〕科大卫著,卜永坚译:《皇帝和祖宗——华南的国家与宗族》,南京:江苏人民出版社,2009年;郑培凯:《岭南历史与社会》,香港:香港城市大学出版社,2003年。

妇女史研究可追溯至19世纪中叶,中国的妇女史研究也在20世纪初出现。这个阶段的妇女史研究是"她史"研究,也被称为"填补史"研究或"添加史"研究,史学家们撰写历史上杰出的女性,以及妇女在重大历史事件中的政治作用,从而证明妇女与男性一样,在历史上起着重要的作用。但是,"她史"研究也有局限性。如在研究妇女在历史变迁中的能动作用时,过分的肯定使得研究无法对历史做出公允的评价,常常出现凡是女性说的、做的都是正确的偏差;人为地将女性的生活与男性完全割裂开来研究,而无法有效地通过对比男女的生活找出形成社会性别差异的根源。意识到了上述问题,1988年美国妇女史学家琼·斯科特发表《性别:历史分析中一个有效范畴》一文,将"性别"作为分析范畴引入历史研究。她说:"女性世界是男性世界的一部分,它产生于男性世界,由男性世界所创造。"她反对那种将男、女历史分成不同领域的观点,而是认为将"性别"作为"妇女"的代名词,是表明与妇女相关的信息亦与男子相关,对妇女的研究意味着对男子的研究。① 到了20世纪90年代,社会性别被普遍运用于历史研究,女性主义史学家对史学理论的探索进一步深入。②

针对中国性别史和女性文学史的研究来说,国外和国内

---

① 〔美〕琼·斯科特:《性别:历史分析中一个有效范畴》,李银河主编:《妇女:最漫长的革命——当代西方女权主义理论精选》,北京:生活·读书·新知三联书店,1997年,第156页。

② 范若兰:《移民、性别与华人社会——马来亚华人妇女研究1929~1941》,北京:中国华侨出版社,2005年,第9~34页。

学者的热情一直较高。然而,对性别史进行真正学术意义上的研究最早开始于西方,是伴随着女权运动的兴起而逐步展开的,这在香港学者叶汉明的《主体的追寻——中国妇女史研究析论》一书中已有较好的评析。20 世纪 70 年代,随着欧美妇女解放运动的兴起,妇女史研究再次勃兴,在研究方法上吸收了当时的社会史研究理论和方法,强调从社会底层由下向上看历史,探讨平民妇女对社会发展的历史作用。80 年代以来,随着中国与西方世界频繁接触,中国妇女史研究受到国际史学界的关注,西方学者开始把目光投向中国。在这种趋势的推动下,西方汉学家研究推出了一批颇有代表性的研究成果,如美国学者伊沛霞的《内闱——宋代的婚姻和妇女生活》、费侠莉的《繁盛之阴——中国医学史中的性(960~1665)》、高彦颐的《闺塾师——明末清初江南的才女文化》和《缠足——"金莲崇拜"盛极而衰的演变》、曼素恩的《缀珍录——十八世纪及其前后的中国妇女》(此书与台湾版的《兰闺宝录——晚明至盛清时的中国妇女》是同一本书的不同译名)和《张门才女》、白馥兰的《技术与性别——晚期帝制中国的权力经纬》等。这些研究成果刺激了中国学者的研究热情,推动了性别史研究领域的扩展。美国学者卢苇菁所著的《矢志不渝——明清时期的贞女现象》,则通过勾勒明清时期贞女现象的形成、发展轨迹以及国家和社会对它的反应,试图对贞女现象与帝国晚期的政治、文化、思想变迁的关系进行解构。①

港台得风气之先,也开风气之先,对性别史的研究紧追国际学术前沿,有不少有分量的作品面世。台湾"中央研究院"近代史研究所出版的《无声之声》,从中国妇女与国家、社会、文化三个角度,探讨女性在历史中的足迹,讨论她们于无声中留下的内心的声音。李贞德、梁其姿主编的《妇女与社会》收集了台湾学人有代表性的女性史研究论著。"中央研究院"近代史研究所编辑的《近代中国妇女史研究》期刊则汇集大量性别史研究专题论文,成为台湾性别史研究较高水平作品的荟萃之地。香港学者张妙清、叶汉明等人合编的《性别学与妇女研究——华人社会的探索》一书,从历史反思和理论层面探讨妇女研究的一些基本课题,考量在中国传统文化大背景中研究妇女课题所面对的问题。叶汉明在《主体的追寻——中国妇女史研究析论》中,全面具体地考察了女性主义史学与本土研究的发展,权力、政治、

① 叶汉明:《主体的追寻——中国妇女史研究析论》,香港:香港教育图书公司,1999 年;〔美〕伊沛霞著,胡志宏译:《内闱——宋代的婚姻和妇女生活》,南京:江苏人民出版社,2004 年;〔美〕费侠莉著,甄橙主译:《繁盛之阴——中国医学史中的性(960 ~ 1665)》,南京:江苏人民出版社,2006 年;〔美〕高彦颐著,李志生译:《闺塾师——明末清初江南的才女文化》,南京:江苏人民出版社,2005 年;〔美〕高彦颐著,苗延威译:《缠足——"金莲崇拜"盛极而衰的演变》,南京:江苏人民出版社,2009 年;〔美〕曼素恩著,定宜庄等译:《缀珍录——十八世纪及其前后的中国妇女》,南京:江苏人民出版社,2005 年;〔美〕曼素恩著,杨雅婷译:《兰闺宝录——晚明至盛清时的中国妇女》,台北:左岸文化出版,2005 年;〔美〕曼素恩著,罗晓翔译:《张门才女》,北京:北京大学出版社,2015 年;〔美〕白馥兰著,邓京力译:《技术与性别——晚期帝制中国的权力经纬》,南京:江苏人民出版社,2006 年;〔美〕卢苇菁著,秦立彦译:《矢志不渝——明清时期的贞女现象》,南京:江苏人民出版社,2010 年。

文化与认同,主体探索的方法及史料运用等方面,并对早期的中国妇女史研究进行总结、论述、批判与展望。①

对国内来说,中国妇女史研究则经历了两次发展高潮。第一次在20世纪"五四"新文化运动及20年代以后,其领军人物是一批男性史学和文学工作者。他们采用传统史学的方法研究女性在历史发展中的地位与作用,或注重对制度的考察,或注重对女性生活的研究。这些研究沿袭了传统的学术手法,是在观照社会现实的基础上对妇女问题的思考。男性学者们对中国女性历史的这些反思也是当时社会掀起人性解放思潮的反映。然而,在"文化大革命"期间,妇女史研究除关注极少数女性"英雄人物",几乎处于沉寂状态,但好在也有不朽著作问世,如陈寅恪在困境中完成的《柳如是别传》,成为研究中国女性史、文化史的典范。②

---

① 吕芳上主编:《无声之声(Ⅰ):近代中国的妇女与国家》,台北:"中央研究院"近代史研究所,2003年;游鉴明主编:《无声之声(Ⅱ):近代中国的妇女与社会》,台北:"中央研究院"近代史研究所,2003年;罗久蓉主编:《无声之声(Ⅲ):近代中国的妇女与文化》,台北:"中央研究院"近代史研究所,2003年;李贞德、梁其姿主编:《妇女与社会》,北京:中国大百科全书出版社,2005年;《近代中国妇女史研究》(1~13册),台北:"中央研究院"近代史研究所,2005年;张妙清等编:《性别学与妇女研究——华人社会的探索》,台北:稻乡出版社,1997年。

② 如陶希圣:《婚姻与家族》,上海:商务印书馆,1931年;陈顾远:《中国婚姻史》,北京:商务印书馆,1998年;吕诚之:《中国婚姻制度史》,上海:龙虎书店,1935年;吕思勉:《中国婚姻制度小史》,上海:龙虎书店,1935年;陈东原:《中国妇女生活史》,上海:上海文艺出版社,1990年;王书奴:《中国娼妓史》,上海:三联书店上海分店,1988年;梁乙真:《清代妇女文学史》,上海:中华书局,1927年;陈寅恪:《柳如是别传》,北京:生活·读书·新知三联书店,2001年。

妇女史研究的第二次大发展出现在20世纪80年代改革开放以后。此时,国际妇女史的研究已蔚然成风,国内研究开始复兴,研究理念和思路也开始与国际学术界接轨。此时的研究主要侧重婚姻家庭礼俗等方面的社会史、断代史、专门史和中国共产党的妇女运动史研究,填补了传统史学的空白。① 至于从妇女史角度切入的单篇论文则更多。之前曾有学者做过统计,仅近代史方面的文章就有上千篇;古代妇女史1996—1997年的论文据统计有80余篇。这些研究涉及经济、政治、婚姻家庭、教育、姓氏、后妃制度、妇女生活、伦理道德等各个层面,研究的切入点也更加细致。近年来对妇女的社会地位、政治女性(女主、女官等)以及妇女观的断代研究所完成的成果更多,每年都会有大量新作问世。这些研究,不仅范围广泛,方法也日趋多元,口述、考古、金文和文献材料综合运用,不仅为我们提供了有关妇女行为的新资料,也极大地丰富了我们对历史上妇女生存状况的了解。②

近些年性别史的研究中,女性研究者表现得颇为活跃,出现了李小江、杜芳琴、艾晓明等一批女性学者。她们建立研究

---

① 主要著作有郑慧生:《上古华夏妇女与婚姻》,郑州:河南人民出版社,1988年;高世瑜:《唐代妇女》,西安:三秦出版社,1988年;刘士圣:《中国古代妇女史》,青岛:青岛出版社,1991年;吕美颐、郑永福:《中国妇女运动1840~1921》,郑州:河南人民出版社,1990年;张敏杰:《贞操观》,吉林:北方妇女儿童出版社,1988年;曹大为:《中国古代女子教育》,北京:北京师范大学出版社,1996年;罗苏文:《女性与近代中国社会》,上海:上海人民出版社,1996年。

② 王小健:《中国古代性别角色的分化及其社会化》,2006年陕西师范大学博士学位论文。

机构,开办学术论坛,研究两性在社会中所处地位的异同,对历代女性在社会生活中扮演的角色进行探讨。天津师范大学于1993年正式成立妇女研究中心,开展"发展中国的妇女与社会性别学"课题的研究。武汉大学于1993年成立了妇女与性别研究中心,不断开展妇女维权、女性管理、女性史、婚姻家庭等专题研究。南开大学1994年成立妇女与发展研究中心,十年后又组建妇女/性别研究与培训基地,为不同学科的交流提供良好的学术平台。大连大学的性别研究中心主持了性别论坛,采用圆桌座谈会的形式,汇集不同学科的研究者共同参与,编辑出版了《历史、史学与性别》①一书。至于广东学界,则在2000年初于中山大学成立了妇女与性别研究中心,其关注的重点是当代妇女。

学者们对女性文学作品的整理和研究一直是热点。无论是史学家,还是文学史的研究者,都致力于发掘和整理流失在民间的女性作品和文献,而且取得相当大的成就。不少女性著作被整理出版,为研究带来方便。研究者们从这些女性作品文本入手,研究她们的生存空间与生存状态,讨论女性隐秘的内心世界及她们对家庭和社会的能动作用。这成为研究政治制度史、经济史等大历史之外的又一种时尚。相关研究成果极大地改变了以前我们对中国妇女生活在暗无天日的父权与夫权阴影中的刻板印象,证明在强大的父/夫权的控制下,女性,尤其是有才华、拥有写作能力的女性,在有限的范围内,享有一定的自由与表达的权利。她们在这个有限空间内与男性共同改造周围的环境,

---

① 李小江:《历史、史学与性别》,南京:江苏人民出版社,2002年。

成为推动社会前进的力量之一。①

随着区域社会史研究在大陆的开展,对区域女性的研究引起不少学者的关注。江南,因其在历史上经济、文化的先进地位,历来是史学界研究的重心。对其他区域,如安徽、云南、贵州、台湾等地的性别史进行研究的文章也陆续出现。② 但是与

---

① 关于此类著作有胡文楷:《历代妇女著作考》,上海:上海古籍出版社,2008 年;杜珣:《中国历代妇女文学作品精选》,北京:中国和平出版社,2000 年;周道荣:《中国历代女子诗词选》,北京:新华出版社,1983 年;郑晓霞等编:《列女传汇编》,北京:北京图书馆出版社,2007 年;来新夏主编:《明刻历代列女传》,天津:天津人民美术出版社,2004 年;李振林等主编:《中国古代女子全书》,兰州:甘肃文化出版社,2003 年;李小江主编:《让女人自己说话》,北京:生活·读书·新知三联书店,2003 年;刘宁元:《中国女性史类编》,北京:北京师范大学出版社,1999 年;黄嫣梨:《清代四大女词人——转型中的清代知识女性》,上海:汉语大词典出版社,2002 年;夏晓虹:《晚清女性与近代中国》,北京:北京大学出版社,2004 年;乔素玲:《教育与女性——近代中国女子教育与知识女性觉醒(1840～1921)》,天津:天津古籍出版社,2005 年;宋素红:《女性媒介:历史与传统》,北京:中国传媒大学出版社,2006 年。

② 此类文章有李伯重:《从"夫妇并作"到"男耕女织"——明清江南农家妇女劳动问题探讨之一》,《中国经济史研究》,1996 年第 3 期;李伯重:《"男耕女织"与"妇女半边天"角色的形成——明清江南农家妇女劳动问题探讨之二》,《中国经济史研究》,1997 年第 3 期;戴庆钰:《明清苏州名门才女群的崛起》,《苏州大学学报(哲学社会科学版)》,1996 年第 1 期;宋立中:《明清江南妇女"冶游"与封建伦理冲突》,《妇女研究论丛》,2010 年第 1 期;阿风:《徽州文书所见明清时代妇女的地位与权利》,2002 年中国社会科学院研究生院博士学位论文;张家玉:《明清安徽沿淮地区女性生存状态探析》,2006 年暨南大学硕士学位论文;沈海梅:《明清云南妇女生活研究》,1999 年云南大学博士学位论文;卓意雯:《清代台湾妇女的生活》,台北:自立晚报社文化出版部,1993 年;张静茹:《叙事文学中的清代台湾妇女行为类型研究》,1997 年中正大学中文所硕士学位论文;谢重光:《客家文化与妇女生活:12～20 世纪(转下页)

全国如火如荼的性别史研究热潮相比，岭南的女性史研究仍处于冷静的状态，人们关注最多的就是“自梳女”与“不落夫家”群体和相关社会现象，像对江南那样兴起一股对知识女性群体进行研究的热潮却始终没有。近年来，学者们开始注意对岭南女性文本的收集与整理，大量女性文集逐渐被挖掘出来，使得对岭南女性的深入研究成为一种可能。其实岭南女性的著作早已引起女性自身的关注，但由于“闺阁寡交游”的缘故，这些女性的作品并没有引起世人的关注。20 世纪早期，岭南著名的女学者冼玉清出版了《广东女子艺文考》[①]，将其披览的广东妇女作品编目成书，这是现存最早的关于岭南女性史研究的著作。

其后，不同学科的学者都对岭南女性尤其是著名历史人物或者传说中的人物形象如冼夫人、龙母、金花夫人等进行考察研究，条分缕析，进行形象的解读或者重构。这些研究成果甚至深入讨论了传说中的女性形象从人变成神灵的历程。1928 年至 1933 年，中山大学的民俗学工作者们在《民俗》周刊上刊登了不少调查笔记，如招北恩的《广东妇女风俗及民歌一斑》、容肇祖的《德庆龙母传说的演变》、刘万章的《关于金花夫人》等。这些作品不仅关注现实的人，也开始关注与女性相关的神灵崇拜，拓宽了女性史研究的路径，这为我们现在展开岭南民间信仰的研

（接上页）客家妇女研究》，上海：上海古籍出版社，2005 年；谭德兴：《从道光〈思南府续志〉看清代贵州妇女的贞节观》，《贵州大学学报（社会科学版）》，2006 年第 3 期；吕立忠等：《清代广西妇女著作初探》，《广西地方志》，2004 年第 5 期。

① 冼玉清：《广东女子艺文考》，长沙：商务印书馆，1941 年。

究提供了宝贵材料。学界在关注这些特殊女性的同时,也开始将眼光向下转变,更加实际,由关注女性杰出个体转向女性群体研究,将女性的生活经验放入社会大环境中加以考察。黄国声先生的《广东马冈女子刻书考索》,对顺德马冈地区的女性群体刻书业进行了探讨。马建钊、乔健等主编的《华南婚姻制度与妇女地位》一书虽然重点讨论的仍是婚姻制度,但观照的重心已转变为岭南地区的女性地位。刘志伟的《女性形象的重塑:"姑嫂坟"及其传说》则通过对广州市北郊一处古代女性墓葬即"姑嫂坟"及其传说的变化进行分析,阐述了宋明时期中原传统文化对广东士人塑造女性形象的影响。①

如今,对历史上岭南女性研究的成果多了起来,不少学者开始讨论女性的生存状态、社会地位及民间信仰中的女神崇拜等问题。如葛彬的《社会性别与古代岭南女性文化》,采用社会性别理论的方法考量女性文化,从居住方式、宗教信仰、政治制度、地理位置等方面进行分析,发掘早期岭南文化遗存的性别信息,揭示民间对女性始祖崇拜的文化意蕴。黄建华和郭文宇的硕士学位论文的研究对象就是岭南民间传说的女性神祇。黄建华的《明清广东金花夫人信仰研究》中对金花夫人的故事进行了详细的梳理与考证。作者将金花

---

① 招北恩:《广东妇女风俗及民歌一斑》,《民俗》,1928 年第 1 期、1928 年第 13 ~ 14 期;容肇祖:《德庆龙母传说的演变》,《民俗》,1928 年第 9 期、1928 年第 10 期;刘万章:《关于金花夫人》,《民俗》,1928 年第 36 期;黄国声:《广东马冈女子刻书考索》,《文献》,1998 年第 2 期;马建钊等:《华南婚姻制度与妇女地位》,南宁:广西民族出版社,1994 年;刘志伟:《女性形象的重塑:"姑嫂坟"及其传说》,苑利主编:《二十世纪中国民俗学经典 · 传说故事卷》,北京:社会科学文献出版社,2002 年。

夫人信仰放在宋元以来珠三角社会逐步被纳入王朝正统观念的脉络下进行考察，认为金花夫人在经历了由女巫到少女的形象变化、民间的祭祀空间由公众场域转向私人领域再到公私领域并存等复杂的变化之后，终于使金花夫人形象转变为符合儒家正统化的女神形象。郭文宇的《宋元以来社会变迁过程中的神灵塑造——以增城何仙姑为例》则站在增城文化进程的角度，从唐宋时期何仙姑在佛、道之间形象的不断变化入手，挖掘以增城何氏为代表的地方士人如何认同王朝的正统、如何将何仙姑改造为正统神明。刘平波的硕士学位论文《明清时期珠三角地区民间信仰中的人物崇拜研究》谈的也是珠三角民间信仰的问题。他以人物崇拜习俗为研究视角对其进行分析，认为明清时期珠三角的人物崇拜出现了两种发展趋势：一部分人逐渐向俗神转化，另一部分随着祭祀群体和祠庙的消失而消失，从而得出珠三角人物崇拜习俗相对来说缺乏持久生命力的结论。① 事实上，我们在深入民间的走访过程中发现，固然一些人物会因上述原因而消失，但仍有一部分通过转换形象和其他方式顽强地存留下来，扎根于人们的日常生活之中。

还有一些研究者关注的是岭南女性在经济、家庭及社会生活中扮演的角色，他们强调妇女对社会进步、经济发展的

---

① 葛彬：《社会性别与古代岭南女性文化》，《广东省社会主义学院学报》，2008 年第 3 期；黄建华：《明清广东金花夫人信仰研究》，2010 年暨南大学硕士学位论文；郭文宇：《宋元以来社会变迁过程中的神灵塑造——以增城何仙姑为例》，2010 年暨南大学硕士学位论文；刘平波：《明清时期珠三角地区民间信仰中的人物崇拜研究》，2007 年广州大学硕士学位论文。

推动作用。魏霞的硕士学位论文《传统中的抗争——清前期广东女性角色探析》,通过对清前期广东女性经济角色、家庭角色和社会角色的分析,展现她们对推动社会与经济发展起到的作用。作者认为,在传统社会向近代社会的转型时期,广东女性已表现出自我意识初步觉醒的端倪。笔者认为,这个观点值得商榷,因为岭南女性的自我意识应该早就存在。罗彧的《明清海南社会经济中的女性研究》以女性作为海南社会经济活动中的主角进行分析,认为其社会地位在某些方面明显有所提高,其对贞节价值观的评判也与中原传统贞节文化存在明显差异。这种在社会经济中的独特地位,是中原移民与土著居民互化融合的结果,互化的主流是向传统文化看齐,同时强烈地体现了地方传统特色。韩健的硕士学位论文《清代广东女性经济权益探析》,则把重点放在清代广东地区女性在社会经济生活中的权益上,通过分析她们在日常生活中对财产的支配和争取,为我们从经济角度了解岭南女性打开了一扇窗户。夏坤的《晚清广州女佣研究》则从社会史的视角观照在晚清(1840~1911)广州社会变革过程中女佣独特的社会角色和生活模式。乔玉红的硕士学位论文《明清顺德知识女性探析》以明清时期顺德的才女群体为研究对象,通过她们的写作文本,探讨其生存状态。另外有刘正刚、乔玉红的《明清客家女性的社会形象:以龙川为例》《收听女性的声音:“岭南学”建设应关注的话题》《“贞女遗芳”与明清广东仕宦塑造的女性形象》《广东女训著作考》等,都是已有的研究成果。①

历史时期广东女性中的特殊群体如“自梳女”以及“不落夫家”等现象,历来是人类学家关注的重心,不少学者均提出自己的见解。王丽君在《小议自梳女研究的理论和方法》一文中,对前人的研究进行归纳,总结出宗教说、民俗说、贞节说(婚姻说)、妥协说、经济说、文化策略说等多种观点。②

所谓“宗教说”,是从“自梳女”的宗教信仰和神灵崇拜角度分析“自梳女”现象,如肖冰的《解读广东顺德自梳女的宗教信仰》③;“民俗说”,是从民俗学角度分析“自梳”习俗与古越族风俗之间的渊源关系④;“贞节说”和“婚姻说”,从传统的贞

---

① 魏霞:《传统中的抗争——清前期广东女性角色探析》,暨南大学2002年硕士学位论文;罗彧:《明清海南社会经济中的女性研究》,暨南大学2007年硕士学位论文;韩健:《清代广东女性经济权益探析》,暨南大学2008年硕士学位论文;夏坤:《晚清广州女佣研究》,暨南大学2006年硕士学位论文;乔玉红:《明清顺德知识女性探析》,暨南大学2008年硕士学位论文;刘正刚、乔玉红:《明清客家女性的社会形象:以龙川为例》,《华南理工大学学报(社会科学版)》,2008年第5期;乔玉红、刘正刚:《收听女性的声音:“岭南学”建设应关注的话题》,《岭南学》第二辑,广州:中山大学出版社,2008年;刘正刚、乔玉红:《“贞女遗芳”与明清广东仕宦塑造的女性形象》,《史学月刊》,2010年第3期;乔玉红、刘正刚:《广东女训著作考》,《岭南学》第三辑,广州:中山大学出版社,2010年。

② 王丽君:《小议自梳女研究的理论和方法》,《传奇·传记文学选刊(理论研究)》,2011年第10期。

③ 肖冰:《解读广东顺德自梳女的宗教信仰》,《顺德职业技术学院学报》,2004年第1期。

④ 如钟伟华:《从民俗学看“自梳女”习俗的成因》,《顺德职业技术学院学报》,2004年第2期。

节观和婚姻观念等社会学方面进行研究[①];“妥协说”,从“逃避包办婚姻”等心理学角度来关注“自梳女”问题,同时对“自梳”与同性恋等现象进行分析比较,从心理学方面进行剖析,认为此类现象是旧社会女子对不幸婚姻生活的一种变相妥协[②];“经济说”,是从经济学角度来关注“自梳女”的起源问题[③];“文化策略说”,从主流文化与文化调适策略角度来关注“自梳女”问题[④]。

其他说法还有许多。事实上,某种历史事件和历史现象一般是多种因素共同作用的结果,而非单一原因造成。解释虽多,却依旧无法为“自梳女”“不落夫家”这些现象提供一种完全令人信服的解释。

上面所列出的著作或者论文相对于已出版或已发表的性别史研究成果来说只是冰山一角,太多著作因为篇幅所限而无法列入。当代中国妇女史学界的领军人物之一李小江说过:“妇女研究是世界性妇女解放运动蓬勃发展的直接结果,它是20世纪妇女角色变迁所导致的社会结构变化的产物。妇女走上社会以后,改变了人类生存方式的传统结构,诱发了诸多社会问题,促使人们对妇女的历史处境、现实生活乃至对整

---

① 见李淑蘋等:《浅析清末民初珠江三角洲自梳女的婚姻观》,《贵州社会科学》,2009年第10期;李宁利:《自梳女的“婚嫁”象征》,《民族研究》,2004年第5期。

② 谭慧施:《浅析顺德自梳女》,《华南农业大学学报(社会科学版)》,2007年第1期。

③ 相关论述详见李宁利等:《珠江三角洲“自梳女”兴起背景探析》,《云南社会科学》,2004年第4期。

④ 方英:《“自梳女”的文化调适策略探析》,《江西社会科学》,2006年第5期。

个文明史进行反思。”[①]基于对性别史研究重要性的认识，我们确实可以自豪地说，我国性别史的研究已经硕果累累。

然而，中国的性别史研究仍存在着许多问题：第一，妇女史研究缺乏完整的体例。妇女史研究成果习见的写法是朝代＋专题，例如某朝代妇女的婚姻家庭地位、经济作用和贡献、法律地位、女子教育等。这些研究虽然可以使我们对某个时段的某个方面有所了解，但这种零打碎敲的做法也将妇女史分割得支离破碎，甚至在同一个问题上得出彼此矛盾的结论。这说明妇女史研究还缺乏科学规范。第二，妇女史研究在理论上亟待改变。长期以来，我们一直以摩尔根的母系/母权社会向父系/父权社会转变的理论指导妇女史研究。这种理论使我们相信时代愈早，妇女地位愈高，时代愈晚，妇女地位愈低，史前社会甚至是母权统治。这成为妇女史研究的一个习惯性思维模式。[②] 王小健指出的不足为我们以后的性别史研究指明了方向，即要努力挖掘新的材料，以新的理论和方法，通过多方位、多角度的观察来重新解读女性，把她们放在整体社会的大背景之下，与男性相互参照以解读她们在历史发展过程中的巨大作用。

相对于其他成熟的学科体系来说，岭南女性这一研究课题的研究力度和深度都是不够的，岭南女性在历史上真正的价值和生存状态仍待研究者们去发掘和探讨。我们需要深思的是，构成男女有别这种文化现象的社会因素是什么，它们是如何相

① 李小江等主编：《妇女研究在中国》，郑州：河南人民出版社，1991 年，第 3 页。

② 王小健：《中国古代性别结构的文化学分析 · 自序》，李小江主编：《性别研究丛书》，北京：社会科学文献出版社，2008 年，第 1 页。

互依存、相互作用形成一个体系化的性别机制和性别结构。我们希望通过这些思考,进而发现男尊女卑得以产生的社会根源。可以说,我们对妇女史的研究不仅是为了回顾历史、总结过去,也是为了发现作用于两性关系的一般原理或通则,为现实社会性别关系的改善提供一些可以操作的理论依据。从岭南社会与中央王朝的互动来看,在现有的研究成果中我们很难发现从女性角度出发来分析岭南对王朝如何认同的问题,绝大部分的研究成果仍是基于对男性文本和记载的研读。相信随着性别史学的发展及女性文本的大量出现,我们通过对岭南女性形象和生活状态的分析,能够更好地理解岭南社会与中央王朝融合的过程,这就是我们对此专题进行研究的历史意义。

三、概念解释和研究思路

本书中所指称的岭南,其范围是指广东及其附近地区,在讲述早期岭南社会时,涉及的地域范围包括粤东、粤西、粤北及古代的交趾即越南,其中的一些地区是早期岭南历史上和外界沟通的要道。和中原交界的地区是考察的重点,这些区域最先与中原文化发生接触,其中活动的人、发生的事件也最能引起记载者的注意。

随着经济的发展,一口通商出现,早期与中原接触较多的粤北、粤西地位降低,近海的珠三角成为岭南政治、经济、文化活动的中心。其中尤以广州府及紧邻广州府治的南海、番禺、顺德三县为重点。岭南的人文科举在明清时期也尤以这几个地方为盛,出现大量考取功名、以科举入仕者。相应的,在正统儒家观念下,这里的女性就具有突出的代表性,女性文学的发展也较为显著。同时,因岭南历史上特有的“自梳女”“不落夫家”等现象的肇源地在顺德,故而在实际考察过程中将以珠三角地区为主。

本课题以岭南历史上的女性为研究对象,上溯至秦汉、下至晚清,时间跨度较大,以期全面观照岭南女性的生存状态与社会地位的变化。在材料的选用上,除了采用传统的方志、笔记文集、田野材料,还会大量使用明清时期珠三角地区女性的书写文本。通过尽量还原她们原始的生存面貌与创作状态,逐步爬梳在岭南与中央王朝整合过程中女性从被动接受到积极参与的态度转变,正视岭南女性在这个过程中原先并未获得承认的作用和地位。本书还希望从考索“忠”“孝”“贞”等观念在岭南的转变入手,观察礼教如何渗入并与岭南这个机体结合;同时,通过对“自梳女”与“不落夫家”现象的再次解读,以女性视角来反观“华南”这个有意识内卷化、历时几百年而终于儒化的地域社会是如何构建的。

第　一　章

岭南女性与中原王朝对岭南的征服

第一节　政治阴影中的岭南女性神祇

岭南最早被纳入中原王朝的版图是在秦代，秦始皇立南海郡，治所设于番禺。秦始皇“利越之犀角、象齿、翡翠、珠玑，乃使尉屠睢发卒五十万，为五军，一军塞镡城之岭……一军处番禺之都”①。《史记》记载：番禺“亦其一都会也，珠玑、犀、毒瑁、果、布之凑”②。班固《汉书》也说番禺“处近海，多犀、象、毒冒、珠玑、银、铜、果、布之凑。中国往商贾者，多取富焉。番禺，其一都会也”③。

① （汉）刘安等著，杨坚点校：《淮南子》卷18《人间训》，长沙：岳麓书社，2006年，第404页。

② （汉）司马迁：《史记》卷129《货殖列传》，北京：中华书局，1982年，第3268页。

③ （汉）班固：《汉书》卷28下《地理志》，北京：中华书局，1983年，第1670页。

由此可知,广州早在秦汉时期已经是一个贸易往来频繁的重要城市。伴随着秦王朝对岭南的征服,地处中国南方海滨的岭南地区与中原建立起正式沟通关系。

一、龙母的故事

水道纵横是珠三角的一大特色,至今仍广泛存在的桑基鱼塘这种特殊的种植和养殖方式就是其良好延续。围水而居,出现了最早的人类生存印迹,开启了岭南地区的人类文明之旅。粤人逐水而居有很长的历史,“疍民”即其典型。宋代范成大《桂海虞衡志·志蛮》中记载:“疍,海上水居蛮也。以舟楫为家,采海物为生,且生食之,入水能视,合浦珠池蚌蛤,惟疍能没水探取。旁人以绳系其腰,绳动摇则引而上,先煮毳衲极热,出水急覆之,不然寒栗而死。或遇大鱼蛟鼍诸海怪,为鬐鬣所触,往往溃腹折肢,人见血一缕浮水面,知疍死矣。”①宋代的周去非在《岭外代答》中也对疍民有所介绍:

> 以舟为室,视水如陆,浮生江海者,蜑也。钦之蜑有三:一为鱼蜑,善举网垂纶;二为蚝蜑,善没海取蚝;三为木蜑,善伐山取材。凡蜑极贫,衣皆鹑结。得掬米,妻子共之。夫妇居短篷之下,生子乃猥多,一舟不下十子。儿自能孩,其母以软布束之背上,荡桨自如。儿能匍匐,则以长绳系其腰,于绳末系短木焉,儿忽堕水,则缘绳汲出之。儿学行,往来篷脊,殊不惊也。能行,则已能浮没。蜑舟泊岸,群儿聚

---

① (宋)范成大撰,严沛校注:《桂海虞衡志校注》,南宁:广西人民出版社,1986年,第118页。

戏沙中，冬夏身无一缕，真类獭然。①

在逐水而居的环境中，女性和男性一起在水边活动以维持生活，留下不少美丽传说。龙母就是这样一位女性，到后世她又演变成岭南本地信奉的重要女性神祇之一。

传说龙母是秦时人，因对龙子的驯服而成为岭南广为流传的民间女性神祇。对龙母的信仰延续到当代且依然盛行。我们走访在珠三角的乡间，尤其是靠近水边的地方，经常可以见到祭祀龙母这位本地女神的庙宇，很多地方祭祀香火的鼎盛程度不逊于龙母故乡的德庆龙母庙。关于龙母故事的记载，最早出现在南朝宋沈怀远的《南越志》中：

昔有温氏媪者，端溪人也，常居涧中，捕鱼以资日给。忽于水侧遇一卵，大如斗，乃将归置器中。经十许日，有一物如守宫，长尺余，穿卵而出。因任其去留。稍长五尺，便能入水捕鱼，日得十余头。稍长二尺许，得鱼渐多。尝游波中，萦回媪侧。后媪治鱼误断其尾，遂逡巡而去，数年乃还。媪见其辉色炳耀，谓曰："龙子今复来也。"因蟠旋游戏，亲驯如初。秦始皇闻之，曰："此龙子也，朕德之所致。"诏使者以元珪之礼聘媪。媪恋土，不以为乐。至始安江，去端溪千余里，龙辄引船还，不逾夕，至本所。如此数四，使者惧而止，卒不能召媪。媪殒瘗于江阴。龙子常为大波，至墓侧萦浪转沙以成坟，土人谓拙尾龙。今南人谓船为龙拙尾，即此也。②

① （宋）周去非：《岭外代答》卷3《外国门下》，张智主编：《中国风土志丛刊》第61册，扬州：广陵书社，2003年，第94～95页。

② 刘纬毅：《汉唐方志辑佚》，北京：北京图书馆出版社，1997年，第275～276页。标点有改动。

可惜《南越志》已经亡佚，我们现在所见的文字是后人辑录出来的。沈怀远记述的龙母籍贯是端溪，与岭南的早期开发和当时人们逐水而居的生活习性吻合，而龙母“捕鱼以资日给”，说明捕鱼是当地居民包括女性获取生活资料以及维持生存的重要方式。

然而，沈怀远的这一可能忠实于现实的说法，却被后人演绎得面目全非，神乎其神。唐代刘恂编《岭表录异》记载：

> 温媪者，即康州悦城县孀妇也，绩布为业，尝于野岸拾菜，见沙草中有五卵，遂收归置绩筐中。不数日，忽见五小蛇壳，一斑四青。遂送于江次，固无意望报也。媪常濯浣于江边，忽一日，鱼出水，跳跃戏于媪前，自尔为常，渐有知者。乡里咸谓之龙母，敬而事之。或询以灾福，亦言多征应。自是，媪亦渐丰足。朝廷知之，遣使征入京师。至全义岭，有疾，却返悦城而卒，乡里共葬之江东岸。忽一夕天地冥晦，风雨随作，及明已移其冢，并四面草木，悉移于西岸矣。①

在刘恂的记载中，温媪的籍贯由端溪改为悦城，她不仅没有了捕鱼的踪迹，而且变成以织布为业且在野外涯岸边拾菜的“孀妇”，又将原来在水岸遇一卵变为在沙草中发现五卵。龙母的职业和获取生活资料方式的改变，可能暗含着唐代以后当地地形地貌的变化。或许到唐代随着人类活动的频繁以及自然的变化，水域面积已大幅缩减，陆地面积增加，造成了日常生活中女性的生存方式和从事的职业发生了改变。同时，《南越志》记龙母为秦始皇时人，始皇征召入宫，由水路前行；而《岭表录异》却含糊用“朝

---

① （唐）刘恂：《岭表录异》卷上，《丛书集成初编》本，北京：中华书局，1985年，第7页。

廷”记载，入京师的路线似乎也变为陆路。这或许也是沧海转换成桑田之后，对人们的生活和出行造成改变的表现之一。岭南社会中巫觋传统是极其重要的一个特色，在刘恂的记载中就突出了温媪的巫术，“或询以灾福，亦言多征应。自是，媪亦渐丰足”。

明末清初的屈大均也不惜笔墨记载了岭南本土这位著名女性神祇：“龙母温夫人者，晋康程水人也。秦始皇尝遣使尽礼致聘，将纳夫人后宫，夫人不乐。使者敦迫上道，行至始安，一夕龙引所乘船还程水，使者复往，龙复引船以归。”他考证说：“夫人姓蒲，误作温，然其墓当灵溪水口。灵溪一名温水，以夫人姓温故名。或曰，温者，媪之讹也。夫人故称蒲媪，又称媪龙。”①认为龙母之墓在水口，灵溪因此改为温水。有的学者则认为龙母的故事其实缘于“自然”现象，是人与动物的一次和谐相处。温媪捡到的卵应该是食鱼鳄之一“马来鳄”的卵，孵化后将之送入大江，由于鸟或爬行类动物的鳄有将破壳后第一眼所见事物认作“妈妈”，并将“亲情”延续终生的特点，从而出现鳄亦即“龙子”为人驱鱼的行为。②

据著名民俗学家容肇祖研究，龙母传说出现在唐代，“到宋初时，其历史上的事迹虽更神奇，而更加有象有征，更觉可信了”。到康熙间，龙母的父母名氏、姊妹也清晰起来，甚至与龙母故事相关的具体时间也明朗起来。③ 龙母传说突出了百越族群

---

① （清）屈大均：《广东新语》卷6《神语》，欧初、王贵忱主编：《屈大均全集》第四册，北京：人民文学出版社，1996年，第193页。

② 王颋：《古代文化史论集》，上海：上海古籍出版社，2007年，第70页。

③ 容肇祖：《德庆龙母传说的演变》，《中山大学民俗周刊》，第9、10期，1928年。

与中原文化接触相冲突的侧影,秦始皇征召龙母和五龙子阻航,“隐约地看到百越族群曾抵制征召(变相掳掠)妇女入秦。龙母是百越族群中生活在西江中游的一支氏族的头领,大约正处于母系氏族向父系氏族过渡的前夕”,说明此时西江中游一带已由渔猎经济向农耕定居转变。① 秦始皇统一岭南,征召龙母入宫,既反映了其怀柔政策的一面,也反映了不同族群的联姻关系。② 从唐代开始,龙母即被王朝封号并纳入祀典,取得正统地位。明代以后,士大夫又在正统化的基础上添加了历史和地方的话语,传说龙母姊妹三人,龙母居中,后又与邻居四女结拜为姊妹,故有七姊妹的传说。这一传说可能与珠三角地区流行的女子结拜“金兰”习俗有关。③ 龙母结拜七姐妹的附会,亦可能与广东的“乞巧会”习俗有关。这种风俗盛行于广东各地乡间,每个村庄都有姑娘们自愿组合的“拜七姐会”,有的村子多达十几人。每人集资若干,五六月间就开始筹备,各人利用闲散时间巧制各种展品,届时摆出十几张八仙桌进行展览。④

从龙母传说的故事描述来看,尽管是在秦朝的大背景下,但当时的岭南应该仍处于女性掌握社会主导权的阶段。女性尽管处于社会的中心地位,是户外劳动的主力,而其权威已经受到挑战。龙子对皇帝召唤的抗拒,一方面暗示着岭南社会的土著力

---

① 陈摩人:《悦城龙母传说的民族学考察》,《华南师范大学学报(社会科学版)》,1987 年第 1 期。

② 蒋明智:《论悦城龙母传说及其信仰》,叶春生主编:《悦城龙母文化》,哈尔滨:黑龙江人民出版社,2003 年,第 165 ~ 166 页。

③ 叶春生:《岭南民间文化》,广州:广东高等教育出版社,2000 年,第 191 页。

④ 叶春生:《岭南风俗录》,广州:广东旅游出版社,1988 年,第 54 页。

量对中原王朝早期征服的反抗,另一方面又隐约暗示男性在社会中的崛起。随着龙母正式成为官方认可的地方神灵,中原王朝亦通过对龙母的祭祀加深了对当地百姓信仰领域的控制。

图 1.1.1　位于顺德杏坛的龙母庙

二、冼夫人的传说

秦汉以后,岭南与中原的经济文化交流逐渐加强,各类文献对岭南女性的记载也越来越多,她们个性鲜明而剽悍,许多领域中都活跃着她们的身影。但早期岭南的女性能够被史料记载下来,多因其在政治上有突出成就,她们在中原王朝对岭南的早期开发中扮演了重要的角色。

1. 秦末冼夫人

在史籍记载中,秦汉时期岭南有一位身份扑朔迷离的女性,她姓冼,也被称为冼夫人。一些史料对她的存在言之凿凿，但一些人对历史记载的真实性表示怀疑。[1] 这位冼氏给后人留下了无限的想象空间和可研究价值。虽然对她的记载充满了怪诞夸张的成分，但从现存的材料中可以发现一个共同点，就是她似乎和南朝时崛起的以冼夫人为代表的冼氏家族有着密切的关系。宋代李昉等人编辑的《太平广记》中有这样一条记载：

> 洗氏，高州保宁人也。身长七尺，多智谋，有三人之力，两乳长二尺余，或冒热远行，两乳搭在肩上。秦末五岭丧乱，洗氏点集军丁，固护乡里，蛮夷酋长不敢侵轶。及赵陀称王，遍霸岭表，洗氏乃赍军装物用二百担入觐，赵陀大慰悦，与之言时政及论兵法，智辩纵横，陀竟不能折。扙委其治高梁，恩威振物，邻郡赖之。今南道多洗姓，多其枝流也。[2]

此段材料指出，秦汉时这位令赵佗"不能折"的冼氏为岭南冼姓之祖。屈大均亦有对冼氏的记载，大概也是参考《太平广记》而来，他还给予这位冼氏相当高的评价，认为她"保障高凉，有威德。其知名又在侧、贰之先，故论越女之贤者，以冼氏为首"[3]。之后对冼氏的记载似乎都在照抄《太平广记》，如范端昂

---

① （清）阮元：《广东通志》卷319《列传五十二》记载："考之于古，惟《寰宇记》电白冼氏墓注云：'高凉人，乳长七尺。'语既近诞，事别无征。故兹编电白列女惟以谯国夫人始。"[道光二年（1822）刻本，广州：岭南美术出版社，2006年，第5081页。]

② （宋）李昉等编：《太平广记》卷270，北京：中华书局，1961年，第2117页。"洗氏""赵陀"在不同文献中偶有出现，引用时保留原貌。

③ （清）屈大均：《广东新语》卷8《女语》，欧初、王贵忱主编：《屈大均全集》第四册，北京：人民文学出版社，1996年，第232页。

《粤中见闻》卷19《冼夫人》①、清代康熙年间浙江嘉善人钱以垲的《岭海见闻》等。钱以垲在康熙三十六年（1697）曾任茂名知县，他在逸志中看到关于冼氏的记载时将之与后世的冼夫人相比较，感慨道："二冼均女子耳，其勇略才识、保障功业皆同，而一则以功名显，庙食百世不绝；一则湮没而名不传，岂非赵佗伪号而陈、隋、唐皆正统欤？然则人之所托有幸、不幸也。"②

钱以垲关于秦汉时期冼氏的事迹未能流传之原因的推测是否属实，因材料所限我们无法确知，这位冼氏与隋唐时期的冼夫人及冼氏家族有着密切的关系却得到人们的一致认可。王兴瑞在探讨冼氏家族起源时提到，冼氏族人冼宝干编写的《岭南冼氏宗谱》中认为冼氏之先出自沈子国。始皇三十三年（公元前214），秦始皇遣赵佗领谪卒五十万人戍守岭南，与赵佗同乡的沈汭往投并同至岭南，改姓为冼，遂成冼姓入粤之始祖。

但王兴瑞又表示了怀疑，即沈汭之事未见于文献，冼玉清也认为冼姓本是广东土著，所以这部族谱对冼氏远古历史的记载未必可信。针对道光《广东通志》对此条材料因"语既近诞，事别无征"而采取的怀疑态度，王兴瑞认为关于冼氏的记载却极有价值：所谓的"身长七尺，乳长二尺余"，是说古代越族的体格与汉人有些不同，只不过转述者或记载者有意夸大

① （清）范端昂著，汤志岳点校：《粤中见闻》卷19《人部七》，广州：广东高等教育出版社，1988年，第214页。

② （清）钱以垲：《岭海见闻》卷4，《四库全书存目丛书·史部》第250册，济南：齐鲁书社，1996年，第271页。钱以垲，浙江嘉善人。康熙二十七年进士，选授广东茂名县知县，调东莞，卓异，迁山西隰州知州。雍正十年卒，赐祭葬如例，谥恭恪。传见（清）李桓辑：《国朝耆献类征初编》卷62《卿贰》，民族图书馆古籍室据清光绪湘阴李氏藏版影印，1984年，第22页。

或存有种族偏见而已。至于所述冼氏在秦末的政治活动,也很有意义:“首先,它告诉我们,冼氏远在秦汉之际已据有高凉,根基深厚,经过七八百年的发展,传到冼夫人时代,拥有‘部落十余万家’,其势力由大陆跨及海外,实非偶然;其次,从这位首领对赵佗的谈话内容,可见在古代南越诸部落中,冼氏是接受汉族文化较早、知识水平较高的一个;再其次,从这位首领与赵佗的关系,可见冼氏与汉人之间,早已建立了友好合作的关系。秦末汉初,赵佗据南越称王……是以取得南越诸部落首领的密切合作为基础的,高凉冼氏当是大力拥护和支持他的一个。”①

钟万全则认为,虽然“乳长”之说怪诞不足信,但不应全盘否定。他推测是秦戍卒沈汭到高凉后与当地民族女首领联婚,入赘于越族俚人,并与冼氏一起去拜见了登上南越王位的老乡赵佗。自此,高凉从女系氏族社会转变为男系氏族社会,而冼氏也成为越人中最先确立的姓氏,成为高凉俚人的首领。②

从隋唐时期又出现一位谯国夫人冼氏来看,钟万全认为秦汉时期高凉从女系氏族社会转变为男系氏族社会的猜测也不尽然,最起码到隋唐时期女性在当地依然是实际权力的掌控者。且不论秦汉时期这位冼夫人的真实情况究竟如何,仅从流传下来的记载中可以看出的是:能够“点集军丁,固护乡里”的冼氏定然是“部落十余万家”的部族首领,即使部众规模有所夸大,

① 王兴瑞:《冼夫人与冯氏家族(隋唐间广东南部地区社会历史的初步研究)》,北京:中华书局,1984 年,第 13 ~ 15 页。

② 钟万全:《冼氏族谱与冼夫人亲属》,白雄奋等编:《冼夫人文化全书》第一卷,广州:中山大学出版社,2009 年,第 102 页。

在当地拥有较大的控制权当是无疑的。

2. 谯国夫人冼氏

从上述不难理解,即关于龙母的传说中神性多于人性,秦汉时期的冼夫人身上体现的较多的还是荒诞与真实参半的历史,与此不同,隋唐时期岭南杰出的女首领冼夫人则是一个实实在在存在过的人。只是在之后历史的发展中,她渐渐被塑造成一位保护神、和合神、有求必应的神,不仅完成了由人到神的华丽转变,甚至发展出专门的科仪经卷——《冼太真经》。这位被正史记载且受到中原王朝册封为谯国夫人的女子,不仅是岭南地区的巾帼英雄,而且为中原统一岭南的大业以及岭南的安定团结立下汗马功劳,其功绩昭于史册。

唐代官修的《隋书》卷80对冼夫人的记载颇为详细:

> 谯国夫人者,高凉冼氏之女也。世为南越首领,跨据山洞,部落十余万家。夫人幼贤明,多筹略,在父母家,抚循部众,能行军用师,压服诸越。每劝亲族为善,由是信义结于本乡。越人之俗,好相攻击,夫人兄南梁州刺史挺,恃其富强,侵掠傍郡,岭表苦之。夫人多所规谏,由是怨隙止息,海南、儋耳归附者千余洞。梁大同初,罗州刺史冯融闻夫人有志行,为其子高凉太守宝聘以为妻。

冯家本是北燕后裔,从冯融的祖父冯业起三代羁留于岭南并担任守牧一职,但因外乡羁旅,号令不行。冼夫人嫁给冯融之子冯宝后,鼎力支持冯家对岭南社会的掌控,她"诫约本宗,使从民礼,每共宝参决辞讼,首领有犯法者,虽是亲族,无所舍纵"。自此以后,"政令有序,人莫敢违"。南朝灭亡后,岭南数郡共奉冼夫人为圣母,倚之保境安民。后来她率众归附于隋,平定多起叛乱,被封为“谯国夫人”,朝廷又命她开谯国夫人幕府,置长史以下官属,给印章,节制诸部落及六州兵马。后番州总管赵讷贪虐,当地土著“多有亡叛”,冼夫人上书直言其罪,朝廷将赵讷绳之以法,降旨委派冼夫人招慰亡叛,她“亲载诏书,自称使者,历十余州,宣述上意……所至皆降”。在冼夫人的合作与威德治理下,岭南诸郡臣服于隋的统治,高祖杨坚为表彰她的功绩而赐临振县为其汤沐邑,食一千五百户。仁寿[①]初年,冼夫人去世,朝廷赠送助丧财物“一千段”,并封赠谥号为“诚敬夫人”。[②] 此后对这位冼夫人的记载,如《太平广记》《广东新语》《粤中见闻》[③]及广东的诸多方志等,多本于《隋书》,只是记载较略而已。

从上述传记来看,冼夫人的兄长冼挺为南朝梁的州刺史,也就是说冼氏家族与汉文化已经有了相当程度的接触。陈观贤指出,岭南的教育虽然发展较晚,但在西汉后期,番禺人邓宓、浈阳人何丹已经在当地举秀才,任官职。就是说,至少这些县在此前就已经有了培养士人的机构。岭南也确实有过一些较知名的经学家,如汉代交州首府广信县的陈钦、

---

① 隋文帝杨坚的年号,公元601~605年。

② (唐)魏征、令狐德棻等纂:《隋书》卷80《列传第四十五》,北京:中华书局,1973年,第1800~1803页。

③ (宋)李昉等编:《太平广记》卷270,北京:中华书局,1961年,第2116~2117页;(清)屈大均:《广东新语》卷8《女语》,欧初、王贵忱主编:《屈大均全集》第四册,北京:人民文学出版社,1996年,第232~233页;(清)范端昂著,汤志岳点校:《粤中见闻》卷19《人部七》,广州:广东高等教育出版社,1988年,第214页。

士燮[①]等。在著作方面，东汉时南海出现了第一部学术著作即杨孚的《异物志》、南海第一部地方志书即王范的《交广春秋》。[②]由此可见，汉文化此时已经传入岭南，并开始影响诸如冼氏等岭南大族。况且，据学者研究，身为北燕后裔的冯融本身就是一个很有修养的儒礼书生，他经常与汉族士人吟诗唱和，在当地士大夫中有很高的威望。[③] 在这种上层文化交流已有一定基础的环境下，出身大族的冼夫人嫁入冯家后，接受到儒家文化的熏陶估计更多，所以在后人的附会中，她“解环质佩，善读阃外春秋”[④]，被塑造成为在儒家文化的滋养下长大的岭南伟大女性。

冼夫人去世后，由于和唐朝政府的矛盾，冯家势力开始衰落，唐代最后一位在史册上留名的冯氏后人是冼夫人之孙冯盎的曾孙高力士。虽然夫系的冯家最终没落无闻，身为女性，冼夫人的声名却流传了下来，这不能不说是一个极为奇特的现象。从谥号为“诚敬夫人”即可看出，中央王朝在冼夫人生前身后对

---

① 陈钦，曾向王莽传授《左氏春秋》，自名为《陈氏春秋》。士燮（137～226），东汉末游学京师，出自名儒之门。其后察孝廉，举茂才。其在交趾郡太守任内，收容了上百个中原士人研讨经学，这是交州前所未有的学术活动。士燮本人精于《左氏春秋》，又参加京师学者关于今古文《尚书》的论争，著有《春秋经注》《士燮集》。

② 关于杨孚的《异物志》和王范的《交广春秋》等介绍均见于蒋祖缘、方志钦主编：《简明广东史》，广州：广东人民出版社，1993 年，第 97～100 页。

③ 陈凤贤：《冼夫人与民族团结》，《中央民族大学学报（哲学社会科学版）》，2002 年第 2 期。

④ 此评价是清代道光初年电白人崔翼周所撰《谯国夫人庙碑铭》中的文字，但原碑不存。此材料转引自王兴瑞：《冼夫人的母家——冼氏》，见白雄奋等编撰：《冼夫人文化全书》第 1 卷，广州：中山大学出版社，2009 年，第 97 页。

其寄予期望,都是以认可对王朝的统治为前提的,这也是将其塑造成神灵的出发点。而冼夫人能够做到这一点,根源就在于她在岭南所拥有的实权地位。

贺喜认为,宋以后,冼夫人由土著女首领变成了庇佑一方的神明,成为汉化与归附的象征。尽管高州是冯冼家族的据点,是冼夫人信仰的源头,宋代的高州却没有受到王朝的特别关注,相对沉寂。同时代的海南和雷州却因地处沿海、贸易繁荣而受到关注,所以宋代海南儋州的宁济庙(冼太庙)能受到敕封。明代随着征讨广西大藤峡瑶乱,高州的地位变得重要起来,此时冼夫人与冯宝的故事又成为敬宗收族最有力的工具,祖先和神明合而为一。①

经过后人的附会与宣传,冼夫人从现实中存在的"岭南圣母",转变成一位身兼多种职能、有求必应的女神。这种结果一方面来自历代王朝的宣传提倡,另一方面来自民众对冼夫人的敬爱与亲近。冼夫人对国家统一做出了不可磨灭的贡献,她的存在成为中原王朝拥有岭南的一个最好明证,可以说在她的身上体现了中原王朝对岭南的吸引力,代表了岭南人民的臣服。为了稳定岭南局势,宣传"天恩",中原王朝希望将冼夫人塑造成为一个坚定拥护统一、忠心臣服中央、大智大勇的女性领导者形象,起到树立标准以教化民众的目的。所以,历代王朝都会对她进行册封,以彰显对以冼夫人为代表的岭南地方力量的重视与拥有,并借此重申岭南对王朝的从属关系。有了国家有意识

---

① 贺喜:《土酋归附的传说与华南宗族社会的创造——以高州冼夫人信仰为中心的考察》,《历史人类学学刊》,第六卷,第一、二期合刊(2008 年 10 月)。

的提倡，民间也顺应主导方的意愿并与祖先崇拜相结合，将冼夫人逐步塑造成为一位身兼多种功能的女性神，最终形成了今天的冼夫人崇拜。

经过国家主导→官方推广→士民接受并改造→国家的再认可→继续推广，一位当地女性神灵的塑造彻底完成，这是自上而下的互动创造模式。可以说，这种创造模式的成功率较高、效果也好。而与之相对的，还有一种自下而上的神灵创造模式，这种模式最终结果的差距就比较大了：有些地方神祇在明代开始的毁淫祠运动中改变形象成为能够被国家肯定的存在，有的甚至直接进入了国家的正祀系统；有的则元气大伤，甚至从此销声匿迹。

第二节　岭南女性的军事活动

一、秦汉王朝时的汉越联姻

从史料记载来看，中原王朝对岭南的征服远在秦代就开始了。《史记·秦始皇本纪》载，始皇三十三年（公元前214），秦始皇“发诸尝逋亡人、赘婿、贾人，略取陆梁地，为桂林、象郡、南海”三郡。[1] 秦始皇在攻占南方后，设立了自己掌控的官方行政机构即桂林、象郡、南海三郡，并派遣士卒驻守。为稳定军心、解决留戍岭南秦军的婚配问题，秦又征三万名无夫女子赴岭南婚配，“以为士卒衣补”，秦皇仅“可其万五千人。于是百姓离心瓦

① （汉）司马迁：《史记》卷6《秦始皇本纪》，北京：中华书局，1982年，第253页。

解，欲为乱者十家而七”。[1] 秦始皇并未能满足三万个女子名额的实际需要，人们推测，部分士兵应当有娶越女为妻者。[2] 这应该是岭南女性与中原体系建立关系之始。

有了秦代戍卒与越女缔结婚姻的先例，又有龙母故事中包含的关于越汉联姻的暗示，人们对中原文化体系与岭南文化之间的交融也就不难认可。中原到来的势力阶层亲身体会到，异族通婚不仅可以解决士卒婚配问题，更可以沟通感情、密切民族关系，借此加强自己的统治。如前面提到的沈汭之于秦末冼氏、冯宝之于谯国夫人冼氏，均是采取联姻的手段使自身在岭南站稳了脚跟、巩固了势力。

为了扩大自己的统治基础，最大程度地拉拢本地人，南越的赵氏也采取了联姻这种简便易行的方法。首先就是南越王婴齐娶越女为妻，生子建德，成为最后一位南越王。接着就是南越的丞相吕嘉，他连相三王，“宗族官仕为长吏者七十余人，男尽尚王女，女尽嫁王子兄弟宗室，及苍梧秦王有连”[3]。吕嘉身为南越土著，其势力相当庞大，家族中的男子娶的都是南越宗室的公主，女儿也全都嫁给宗室之子，甚至还与远离番禺的苍梧王联姻。可以说他是当地人中最清楚地认识到姻亲关系的重要作用的大臣，通过与当权者建立婚姻圈，他建立了盘根错节的政治关

---

① （汉）司马迁：《史记》卷118《淮南衡山列传》，北京：中华书局，1982年，第3086页。

② 覃圣敏：《秦至南朝时期岭南民族及民族关系刍议》，《广西民族研究》，1987年第1期。

③ （汉）司马迁：《史记》卷113《南越列传》，北京：中华书局，1982年，第2972页。

系网。正是依靠这个关系网，吕嘉权倾南越；又因他与婴齐的另一位夫人即史籍中记载的第一位入粤女性樛氏之间的矛盾，他才在岭南掀起了一场血雨腥风。

樛氏，邯郸人，她嫁给在长安充当侍卫的婴齐之前，曾与霸陵人安国少季私通，后随婴齐来到岭南。待婴齐去世，其子赵兴即南越王位，樛氏成为太后。元鼎四年，汉派遣安国少季出使南越，"谕王、王太后以入朝，比内诸侯"。但樛氏与安国少季见面后旧情复炽，"国人颇知之，多不附太后"。樛氏恐发生动乱，想倚仗汉廷之威内属。最后引起了矛盾的总爆发，吕嘉下令国中曰："王年少。太后，中国人也，又与使者乱，专欲内属，尽持先王宝器入献天子以自媚，多从人，行至长安，虏卖以为僮仆。取自脱一时之利，无顾赵氏社稷。"吕嘉遂与其弟攻杀樛氏及其子南越王兴、汉朝使者，遣人告苍梧秦王及其诸郡县，立婴齐越妻之子建德为王。于是汉朝兴兵十万讨平南越，置九郡并擒杀吕嘉。①

作为一位非岭南出身的外来女子，樛氏的影响力不可小觑，她对政权的掌控直接颠覆了南越王国。她随在中原为质子的南越太子婴齐来到南方，夫死儿子继位后成为太后，通过控制自己的儿子南越王赵兴控制了南越政局，但因其与安国少季的私情引发了以吕嘉为代表的本地土著越人的不满，最终造成国破身亡的后果。这场矛盾中最关键的一个焦点就是内属还是保持南越现有状态的问题，可以说其实质就是臣属于中原与保持南越独立性的一场较量，以樛氏为首的亲汉派与以吕嘉为首的保越

---

① （汉）司马迁：《史记》卷113《南越列传》，北京：中华书局，1982年，第2972～2976页。

派的角逐，代表了两种不同文化之间的抗争。同时，这意味着岭南地区与中原文化的交流与融合在秦汉之时已经开始。

摩尔根在他的著作《古代社会》中详细论述了人类社会由母系/母权社会向父系/父权社会转变的理论。他认为：在古代社会的早期状态，生产力水平低；实行偶婚制，氏族内禁止通婚；财产和酋长职位在本氏族内世袭，子女知母而不知父、不得继承其身份不明的父亲的财产或职位。因此世系由女系传承，妇女地位较高。随着生产力的发展，牛羊作为家畜成为生活资料和私有财物，房宅和土地也成为私有，父亲的身份开始日益确定，继承权转而要求父系传承。此时专偶制家族兴起，公共住宅取消，一夫一妻的制度导致婚姻从夫居，妇女地位因此降低。到了奴隶社会和封建社会，妇女地位更是每况愈下。[①] 摩尔根的这套理论影响了几代人，甚至到今天依然是进行中国妇女史研究的一个惯性思维模式。

早期的一些学者在谈到岭南的龙母、秦汉时期的冼氏时，不约而同地套用了该理论，得出龙母和冼氏都是母系氏族的首领，她们都处于母系氏族向父系氏族转化前夕的结论。此结论固然有一定的道理，但摩尔根的父系时代女性地位逐渐降低的理论却值得再思考。事实上，社会由两性构成，两性之间的权力较量一直在进行，两性地位的转变则是一个漫长的过程，两种力量的斗争和转变速度还与当地风俗与外来文化的交融有关。单就岭南来说，女性在社会生活中并未随着与中原王朝的沟通马上沦为受压迫的从属角色。相反地，她们在中原王朝对岭南的征服

---

① 〔美〕路易斯·亨利·摩尔根：《古代社会》（下册），北京：商务印书馆，1997 年，第 341 ~353 页。

过程中扮演了重要角色。

我们之前讲到的两位冼夫人是拥护中原王朝、维护大一统的代表,正因为如此,她们得到了国家的认可,在史料记载中以正面形象出现。而有一些人则以相反的形象出现,成为被讨伐的对象,如汉代的征侧和征贰两姐妹。汉王朝在岭南"置九郡,交趾居其一。后女子征侧叛,遣马援平之,立铜柱为汉界"①。材料中提到的征侧是交趾人,交趾即如今的越南北部部分地区,秦时属于象郡,后属南越国。《后汉书》中讲述了征侧和她的妹妹征贰与汉王朝的对抗:"征侧者,麊泠县雒将之女也。嫁为朱鸢人诗索妻,甚雄勇。交阯太守苏定以法绳之,侧忿,故反。"在征侧的号召下,"九真、日南、合浦蛮里皆应之,凡略六十五城,自立为王。交阯刺史及诸太守仅得自守"。为了平定交趾,光武帝刘秀下令长沙、合浦、交趾等地准备车船,修整道桥,储备粮谷。建武十八年(42),光武帝刘秀任命马援为伏波将军,"发长沙、桂阳、零陵、苍梧兵万余人讨之"。建武十九年(43)夏四月,"斩征侧、征贰等,余皆降散。进击九真贼都阳等,破降之。徙其渠帅三百余口于零陵。于是领表悉平"②。征侧、征贰被处斩后,传首洛阳,马援也因之被封为新息侯,食邑三千户。③

这个故事在岭南流传应相当广泛,一千多年后屈大均又将

---

① (明)宋濂等纂:《元史》卷209《列传第九十六》,北京:中华书局,1976年,第4633页。

② (南朝宋)范晔:《后汉书》卷86《南蛮西南夷列传第七十六》,北京:中华书局,1973年,第2836~2837页。

③ (南朝宋)范晔:《后汉书》卷24《马援列传第十四》,北京:中华书局,1973年,第838页。

她们的故事记载下来："二女者，麊泠县雒将之女也。雒一作骆，交阯有骆王、骆侯，其将曰雒将。二女初起，自称麊泠王，据九真、日南、合浦三郡，兵势张甚。伏波将军马援征之，凡逾两年乃灭。"他甚至认为越女中出名者，最早就是征侧、征贰，所以他感叹道："古女子僭号为王，华戎皆所未有，可异也。"①

这场战乱的结果是，征侧、征贰两位攻城略地、自立为王的女性最终落得身首异处的下场，被斩首后又传首于洛阳以示惩罚和警诫，平乱有功的马援则因此被封侯，岭表地区重新回归中原王朝的版图。虽然姐妹二人的结局和两位冼氏有着天壤之别，但有一点相同的是，身为女性，她们同样拥有过对当地的号召力和掌控权，能够借此在自己的统辖范围内翻云覆雨。

二、骁勇的岭南女将

在岭南早期历史上，拥有尊崇地位的女性不仅有龙母、二位冼夫人和征氏姐妹。葛彬在《社会性别与古代岭南女性文化》一文中曾有过分析。她通过分析西樵山文化中的墓葬材料来探究岭南早期的性别关系和女性之家庭角色，得出在西樵山文化时期，女性的地位不低于男性，甚至高过男性，而且和其他许多民族一样有着对女始祖的崇拜的结论。与此相互印证，葛彬在文章中也提到了龙母与冼氏。她试图用社会性别理论考量古代的岭南女性文化，认为虽然岭南地区没有发现像仰韶文化那样高度发达的母系氏族社会的组织结构和生活场景，但因龙母与

---

① （清）屈大均：《广东新语》卷8《女语》，欧初、王贵忱主编：《屈大均全集》第四册，北京：人民文学出版社，1996年，第232页。

冼氏在部落的安定团结、发展生产等方面起到的重要作用，使得她们在岭南历史上拥有了较高的政治地位。[①] 而在这些统帅一方的女性身上，则充满着雄霸之气。

岭南女性拥有较高的政治地位者，除了上面提到的几位女性，还有不少例证。如三国时期吴赤乌年间（238～251），茂名出现一位叱咤风云的赵姓女子，被晋代的刘欣期记载了下来："赵妪者，九真军安县女子也。乳长数尺，不嫁，入山聚群盗，遂攻郡，常著金擒踪屐，战退辄张帷幕，与少男通，数十侍侧。刺史吴郡陆允平之。"[②]刘欣期笔下的赵妪与秦汉时期的冼夫人颇为类似，都是"乳长"，从人种学上或许可以猜测她们属同一种族。而赵妪的行事作风在儒家士人的眼中却远比冼氏出格，单单她"与少男通，数十侍侧"就使其远不同于礼教熏陶之下女性贞节的面貌，她"尝著金箱齿屐，居象头斗战"[③]，更显得彪悍异常。

清代钱以垲对赵妪的记载较为详细，说她勇敢善战，年长不嫁，"入山招集亡命数千人，攻掠城邑，其锋不可犯，真女中盗跖也。常着金蹋踶出战。退，张帷幕，骁悍少年数十人列侍左右，军令森然。后安南校尉陆胤结以恩信而招纳之，郡邑始平"[④]。

---

① 葛彬：《社会性别与古代岭南女性文化》，《广东省社会主义学院学报》，2008 年第 3 期。

② （晋）刘欣期撰：《交州记》，（清）曾钊辑：《丛书集成初编》第 3255 册，北京：中华书局，1985 年，第 2 页。

③ （清）屈大均：《广东新语》卷 8《女语》，欧初、王贵忱主编：《屈大均全集》第四册，北京：人民文学出版社，1996 年，第 232 页。

④ （清）钱以垲：《岭海见闻》卷 4，《四库全书存目丛书·史部》第 250 册，济南：齐鲁书社，1996 年，第 272 页。

钱的话中贬责的成分较少,多的是客观的事实记载。屈大均却直接表示了对赵妪的轻视和对正统的赞誉:“(赵妪)此亦女贼之雄,然不足道。惟二冼氏及虞夫人、宁国夫人,可称女中豪杰云。”①

虽然在屈大均眼中,赵妪永远都是一个脱不了流寇本色的女贼,但他改变不了赵妪对后世的影响。赵妪一个极大的特点就是常穿“金蹋踶”,她的这种习惯引发了后世粤人,尤其是女性穿木屐的潮流:

> 吴时粤有赵妪,常著金蹋踶,或著金箱齿屐,居象头斗战。今粤中婢媵,多著红皮木屐。士大夫亦皆尚屐,沐浴乘凉时,散足著之,名之曰散屐。散屐以潮州所制拖皮为雅。或以抱木为之,抱木附水松根而生,香而柔韧,可作履,曰抱香履。潮州人刳之为屧,轻薄而软,是曰潮屐。或以黄桑、苦楝亦良。香山土地卑湿,尤宜屐。其良贱至异,其制以别之。新会尚朱漆屐,东莞尚花绣屐,以轻为贵。史称:“邯郸女子跕屣,蹑利屣。”利者,轻也。广州男子轻薄者,多长裙散屐,人贱之,呼为裙屐少年。②

按照儒家文化对女性的要求来衡量,赵妪是一群不服官府管辖的放荡、野蛮盗贼的女性首领。种种不堪之事如果都以她为代表做出,那么她在民间的影响绝对是负面的。她身上拥有的一切特质都会成为人们唾弃的对象、反面的教材,她

---

① (清)屈大均:《广东新语》卷8《女语》,欧初、王贵忱主编:《屈大均全集》第四册,北京:人民文学出版社,1996年,第232页。

② (清)屈大均:《广东新语》卷16《器语》,欧初、王贵忱主编:《屈大均全集》第四册,北京:人民文学出版社,1996年,第410页。

的穿着打扮更不可能成为一种时尚，人们只会与之划清界限，避之犹恐不及。但我们看到的事实是，她脚着木屐的习惯广为流传，甚至仅一木屐还演变出多种风格和花样。这只能说明，民间流传的故事中，赵妪在人们心中或许不是一个雄霸一方、贪财轻命的放荡女贼，甚或她在当时当地还受到了民众的极大尊重，其衣装打扮才能流传后世，以至于下至婢媵、上至士大夫都对此进行效仿。

赵妪以下，茂名高州地区接着就出现同样雄踞一方的冼夫人，但冼夫人的选择和结局与赵妪的不同。冼夫人身逢乱世，处在朝代交替的关口，而且隋是统一王朝，因此她投陈与投隋的决定对将岭南划入中国版图有着重要意义，这成为岭南稳定的基础。赵妪所处时间段却是三国争雄时期，受其规模所限，赵妪占山为王既不能威胁到整个王朝的安定团结，她的投诚及被收编也无法影响到整个岭南的政治取向，最多就是构成了地方的骚乱，被镇压之后"郡邑始平"。这样的影响力和重要程度自然不能与冼夫人相提并论，其名声彰显程度就大打折扣，但她的"军令森然"仍然成为岭南女性充满雄霸之气的强有力证明。

此类例子在岭南绝非仅有，一直延续到唐代都还有女性率领军队、称雄一方的现象。唐代末年，黄巢进军岭南，攻破西衡州。英德虞湾人虞氏的丈夫为西衡州寨将，与黄巢的军队交战而死。虞氏身披甲胄，率领诸位族人与乡兵迎战。后黄巢之兵败去，虞氏也战死，"乡人徐志道辈立祠祀之，号寨将夫人祠。其后叛兵瑶寇为乱，祷之辄应。或见虞衣红率兵而来，贼辄惊溃，其英灵盖不可泯云”[1]。南宋嘉定[2]年间虞氏受到了朝廷的敕封:“夫人生能摧黄巢之锋,殁能制峒蛮之寇,封为正顺夫人。立祠香垆峡中。”[3]虞氏受到敕封的原因,首先就是代表唐朝官方与黄巢的叛军对抗,其次是显灵帮助乡里平定瑶民叛乱,这都是以国家统一为基础的。

在清人范端昂的记载中,神异的成分更多,甚至附会了虞氏丈夫战死后,她拖枪上马接战杀败黄巢,“今麻寨径中有拖枪痕”的古迹传说。除保卫乡土、穿朱衣率兵御贼的传说,到后来虞氏的职能更加全面化,“旱涝疾疫,祈祷必应”。自民间而起的造神运动开始取得初步成效,接着就是国家的认可了,这与冼夫人成神的经过颇为相似。宋嘉定十五年(1222),朝廷下令敕封虞氏说:“‘生能抗黄巢之锋,殁能制峒寇之暴,况雨旸致祈,复利泽之随著,特封为显佑夫人。’”[4]后加封正顺夫人。在范氏的笔下,南宋政府册封虞氏的具体年份有了,册封的原因和名号也多了,从“显佑夫人”到“正顺夫人”,意义上的变化更加明显。所谓“显佑”应是显灵保佑之意,“正顺”暗含着对国家正统的臣服与顺从。从显灵保佑民众到对国家的恭敬顺从,虞氏又成为

---

① (明)陈大科、郭棐:《广东通志》卷31《郡县志十八》,万历二十九年(1601)刻本,广州:岭南美术出版社,2006年,第769页;(清)阮元:《广东通志》卷313《列传四十六》,道光二年(1822)刻本,广州:岭南美术出版社,2006年,第5006页。

② 嘉定,南宋宁宗赵扩年号,1208~1224年。

③ (清)屈大均:《广东新语》卷8《女语》,欧初、王贵忱主编:《屈大均全集》第四册,北京:人民文学出版社,1996年,第233页。

④ (清)范端昂著,汤志岳点校:《粤中见闻》卷19《人部七》,广州:广东高等教育出版社,1988年,第215页。

一位朝廷向心力凝聚下的地方代表，完全成为被国家肯定其意义和存在的地方女性神祇。

在历史的记载中，我们往往能看到某些英雄人物死后被塑造为神灵的现象，这在民间极为普遍。如潮州人尊奉的“双忠公”，他们是唐安史之乱时以“忠义”著名的张巡、许远，在“睢阳之战”中立下大功，最后殉国而死。① 虞夫人恰恰与张巡、许远类似，是同“巢贼”发生惨烈战斗，为保全家乡、族众在激战中死亡的。说得更透彻些，虞氏的丈夫身为西衡州寨将、虞氏为寨将夫人，他们代表的是国家，其战斗亦是在保证国家政令的行使。因此，除了守卫百姓免遭涂炭的职责，他们最大的使命应该就是抵御外袭、镇压人民的反抗、保护本地的安定和保证国家对该地区的统治权。有意思的是，同样“酣战而亡”的虞氏之夫却没有得到张巡、许远的待遇。相反，身为女性的虞氏不仅被演化出众多神异传说，成为后人祭祀的神灵，还得到国家的公开敕封，被纳入官方祀典。这不能不引人深思当地女性的社会地位究竟是怎样的。

无独有偶，雷州也有这样的女性。李氏，雷州海康人，五代之时，因“声教不暨，以强凌弱。李氏勇敢有谋，众皆信服，遂推以为主帅”。南汉被平定之后，雷州地区仍有南汉政权的余党活动，四处剽掠，皆为李氏兵所败，“一方赖之，号宁国夫

---

① 关于潮州人对“双忠公”的崇拜，很多学者都已经有过研究，主要成果有陈春声：《宋明时期潮州地区的双忠公崇拜》；黄挺：《民间宗教信仰中的国家意识与乡土观念——以潮汕双忠公崇拜为例》等，见郑振满、陈春声主编：《民间信仰与社会空间》，福州：福建人民出版社，2003 年。

人,祠于雷州"①。梁廷楠对李氏的记载更为详细:"李氏,雷州海康人。勇敢有谋略,远近皆信服。后主时荒乱无政,民间孤弱者率为势家凌暴,无可申诉。谋共推李为帅,使保卫之。及宋师来讨,以后主入汴,时远州将士,尚多握兵未服,四出剽劫。李统所部击之,皆败走,各散。一方赖以安,称之曰李夫人。及卒,立祠,岁时奉祀不绝。"②这又是一位为中原王朝的统一立下功劳的女性统领,被封为"宁国夫人"。

在五代时期,值岭南动荡,兴宁亦出现过一位拥兵自保的女性,即武婆。关于武婆的记载,较早的为宋代王象之的《舆地纪胜》:"武婆城,在兴宁西二里,可容千人。当五代扰攘,寇盗猖獗,而武婆者,乃能纠合村落之众屯堡自卫,故基犹存。妇人女子能为烈丈夫事,闾巷流传数百载,名不泯没。"③此后记载多同于此。但也有称"武婆"实为"五婆"者,认为是五位女性。如明代《粤通志》所记:"(兴宁)县西五里有梅山,傍为竹山,亦名天烛山,武婆城在其下。五代之季,四方云扰,峒贼乘机劫掠。有五寡妇者,富而才,纠合村落筑城自卫,因名。"④清代梁廷楠编

---

① (清)屈大均:《广东新语》卷8《女语》,欧初、王贵忱主编:《屈大均全集》第四册,北京:人民文学出版社,1996年,第233页;(清)范端昂著,汤志岳点校:《粤中见闻》卷19《人部七》,广州:广东高等教育出版社,1988年,第215页;(清)阮元:《广东通志》卷320《列传五十三》,道光二年(1822)刻本,广州:岭南美术出版社,2006年,第5098页。

② (清)梁廷楠著,林梓宗点校:《南汉书》卷14《女子传》,广州:广东人民出版社,1981年,第78页。

③ (宋)王象之:《舆地纪胜》卷91,咸丰五年(1855)刻本,台北:文海出版社,1971年,第534页。

④ 此条材料未见,转引自中共兴宁市委办公室、中共兴宁市委政研室编写:《天南一隅:兴宁》,2004年12月,第54~55页。

写《南汉书》时认为应是“武婆”，并以“武婆”为名记载了这座城池：“武婆，齐昌府人，居府之西二里。有智略，为乡里所推服。值干戈扰攘，盗贼四起，村落时被剽掠，人不安其居。远近深以为患，共就武商之。武因纠合近村，敛资出丁，就其地筑一城。工竣，挈村人避其中。贼至，率众悉力捍御。贼舍去，不复敢犯，时号其城曰‘武婆城’。”①兴宁当地学者尝就此问题有过考证，认为当是“武婆城”，应筑于公元942年。至于武婆城的确切地点，由于年代久远，记载不一，遗址又早已湮没无存，已不可考，仅知当在县西五里范围内。② 单就村民因忧贼患与武婆共商一事来看，这位武婆在当地的威望相当高，所以她才能号令众人出财力和人力以建城据守。

另有詹氏，东安人李漆之妻。丁亥年，李漆集兵勤王，以总兵官战殁。“詹氏代领其众，攻复泷东、西州县，以功得参将，未几病卒。自二冼氏至詹，粤人以五女将云。”③意即李漆之妻在丈夫战死之后统兵征战，因此被封参将之职。因为屈大均除给出丁亥年李漆集兵勤王这一个时间，其他的信息就没有了，因此后人无法确切判断詹氏生活的年代。据“总兵官”的官职名称来看，“总兵官”之名出现于元明之后，按《明史》记载：“明以武功定天下，革元旧制，自京师达于郡县，皆立卫所。外统之都司，

---

① （清）梁廷楠著，林梓宗点校：《南汉书》卷14《女子传》，广州：广东人民出版社，1981年，第77页。

② 关于武婆城的具体考察，可参考中共兴宁市委办公室、中共兴宁市委政研室编写：《天南一隅：兴宁》，2004年12月，第54～55页。作者还列举了《明一统志》《正德兴宁志》的例子以证明《舆地纪胜》的说法。

③ （清）屈大均：《广东新语》卷8《女语》，欧初、王贵忱主编：《屈大均全集》第四册，北京：人民文学出版社，1996年，第233页。

内统于五军都督府，而上十二卫为天子亲军者不与焉。征伐则命将充总兵官，调卫所军领之，既旋则将上所佩印，官军各回卫所。"①也就是说，明初的总兵官并非是一常设官职，只是有征伐之事时才专门任命将领担任总兵官，调卫所军队让其统率，待到战事结束后，即交回所佩的将印，军队则各回原来的卫所。由此来看，詹氏的故事可能发生在元明之时。无论这个故事发生的确切时间是何时，詹氏领军督战，被封参将毕竟是有文字记载的。

针对上述女性在政治上拥有的超然地位，除粤人将二位冼氏、虞氏、李氏、詹氏五人尊称为"五女将"，范端昂还有更高的评价，他甚至将此归于粤地的一贯风俗："吾粤戾山襟海，素饶雄霸之气，妇女亦多知兵。自二冼以至虞、李、詹，皆勇略绝伦，称为粤中五女将云。"②林天蔚在研究中将岭南这几位女性所具有的、非同于男性或者其他地区女性的地位加以分析，得出中国的母系与母权社会不同于文化人类学家所认为的，即首领地位的承袭虽可由女性继承，但实际权力不在女性手中的结论。他用冼夫人、李氏、詹氏等人作为"女（母）权"的旁证，指出这些女性非溪洞人物，其居地当时是蛮荒之地，汉文化浸润不深，仍能率众作战，所以在少数族群中，尤其是鲜受汉文化影响的时代，未具理学中"男重女轻"之熏陶，仍然有女酋长存在，女权亦重，即使未能全面性地称为"母权社会"，母系中亦

① （清）张廷玉等撰：《明史》卷89《志第六十五·兵一》，北京：中华书局，1974年，第2175页。

② （清）范端昂著，汤志岳点校：《粤中见闻》卷19《人部七》，广州：广东高等教育出版社，1988年，第215页。

有“母权”的存在。①

三、琼州的女性首领

根据史料中记载的这些女将、女首领的故事，我们可以相信林天蔚所称的“母权”在岭南地区确实存在，其遗存甚至到很晚还有。比如在孤存于海外的琼州，这种状态就根深蒂固地存在着。如黎人善射好斗，积世之仇必报，为了复仇往往牵扯甚广，甚至能够纠集邻近村落共同参与。“每会聚亲朋，各席地而坐。饮酣，顾梁上弓矢，遂奋报仇之志，而众论称焉。其弓矢，盖其祖先有几次斗败之耻，则刻箭几次，射于梁上以记之，故云。……以次则宰羊脔肉，裱散就近村落，无不踊跃接受，克日起兵。仇家斗之，亦如此间法募兵应敌。临阵遇有州县公差人役，乐请观战。两家妇女亦各集本营，当退食之际，妇女争出营认箭，两不拘忌。其俗云，男子仇只结于男子面上，若及妇女，则于其父母家更添仇怨矣。”②家族血斗的原则就是仇怨只限于男人之间，不能伤及妇女。有时男人之间仇怨的解决亦是依赖妇女，“（熟黎）性习为横，不问亲疏，一语不合，持弓刀相向，其妻当中一过即解”③。由此可见女性在日常生活中拥有较高的地位，更早之时的女性甚至是黎峒的首领。

---

①　林天蔚：《地方文献研究与分论》，北京：北京图书馆出版社，2006 年，第 477 ~480 页。

②　（明）顾岕：《海槎余录》，《四库全书存目 · 史部》第 255 册，济南：齐鲁书社，1996 年，第 263 页。

③　（明）戴熺、欧阳灿、蔡光前等纂修：《万历琼州府志》卷 8《黎情》，北京：书目文献出版社，1990 年，第 254 页。

宋绍兴年间，琼山民许益曾作乱，黎族人王日存之母黄氏抚谕诸峒，遂无人再敢跟从乱。[①] 黄氏因功被朝廷封为宜人，"以为三十六峒都统领"。淳熙八年(1181)黄氏卒，她的女儿王氏袭职，也就是后世被称作王二娘者："峒中有王二娘者，黎之酋也，夫之名不闻。家饶于财，善用其众，力能制服群黎，朝廷赐封宜人，琼管有令于黎峒，必下王宜人，无不帖然。二娘死，女亦能继其业。"[②]嘉定九年(1216)，王氏卒，其女也就是黄氏的外孙女吴氏又承袭职位。所以后人作诗赞颂黄氏曰："遍抚群黎布义声，承恩三世笃忠贞。千秋巾帼谁堪例，石硅英雄女总兵。"并评论说"凡三世效忠，更在石硅土司秦良玉之前矣"[③]。

从材料中我们可以重构黎峒这几位女性的传承关系：黄氏被封"宜人"，是因为她弹压黎人作乱的功绩；王二娘则承袭了母亲黄氏的爵位；王二娘之后是女儿吴氏承袭其位。吴氏承袭"宜人"封号时，琼管安抚司将以官府名义设立的军事要冲大宁寨的管寨权一并授予了她，管寨的重任由王二娘的侄儿即吴氏的表兄黄弼承担。贺喜在谈到她们几人职位承袭的问题时指出："虽然黎峒各有首领，但是像三十六峒三代女首领这样的土官豪族又有别于一般的村峒首领，他们对于一个较大的地域范围有控制权和统摄权，称得上是群雄之首。官

① (明)唐胄：《正德琼台志》下册，卷21《平乱》，海口：海南出版社，2006年，第461页。

② (宋)周去非：《岭外代答》卷2《外国门上》，张智主编：《中国风土志丛刊》第61册，扬州：广陵书社，2003年，第63页。

③ (清)程秉钊：《琼州杂事诗》，《丛书集成初编》第3128册，北京：中华书局，1985年，第7页。

府不仅倚赖他们安靖地方，甚至连政令之下达都需要借助这些财雄势大的土官。”①从三代均传职于女的情况来看，当时的琼州应该就是一个女性占据统治地位的母权社会。

四、蔡九娘的故事

继黄氏之后，元末的琼州仍然出现过类似的“女雄”。蔡九娘，元黎兵千户蔡克宪之女，少有姿色，多智略，但父亲的死亡却将她推到了风口浪尖。因为父亡弟幼，蔡九娘不愿以黎土属之他人，故不肯适人并亲统父兵。随着时局的动荡，对地盘与权力的争夺进入最为残酷的阶段，蔡氏的地盘自然难免于难：

> 乾宁安抚司副都元帅有威重，能祸福生死人，慕九娘风采，欲就之。恐见拒，乘暮夜以兵访，意在相染，不然即作恶。九娘豫揣来意，即设盛席，亲行酒肴。酒半酣，迭出女侑觞，乾宁欢甚，沉醉。兵骑卒皆兼馔，人人乐饮，醉去不觉。侵晨，九娘兵亦渐集，颜色非是。乾宁知其不可犯，遂怏径去。作诗云：“一笑花前醉似泥，绮筵欢剧不闻鸡。马骑到此空归去，不是花迷是酒迷。”
>
> 未几，东寇陈子瑚者陷乾宁城，据之，纵兵四出掠地，支郡属邑皆为所有，凡村寨栅堡，无不降者。垒村去郡城约四五十里许，四围石壁巉岩，村居其中。九娘独奋聚其村人，备捍御具，且敌且守。贼兵攻之久不下，诱以甘言，务图生致，而九娘守益坚。子瑚技穷，觇知所守者敌久力竭，因宣言寨中，宜即早降免死，不然，拔寨之日当尽杀。九娘自知

---

① 贺喜：《编户齐民与身份认同——明前期海南里甲制度的推行与地方社会之转变》，《中国社会科学》，2006 年第 6 期。

其力不足，乃呼众，谓曰："贼帅所得郡城，不守而来，以为我也。岂可以我一身而令乡人尽死，我死则祸息。"乃辞谢乡人曰："劳苦诸君为我日久，决死不辱。诸君可自为去就，今日长别矣，善为后计。"众皆洒泪，誓与死顷间。垒村岩中原有石峒，深不可测。九娘哈众如厕，良久不复回。众随觅之，则已投深峒中，非人所能到。但遥闻其声，呼云："下石。"遂寂然无闻。翌日，村寨降贼，子瑚亲临峒口，多计招之，不能得。怒以草塞峒口，举火熏之，九娘死峒中，幼弟在乱中不知所终。①

以上是明代海南人王佐撰写的《蔡烈女传》中的记载。王佐生于明宣宗宣德八年（1433），殁于明武宗正德七年（1512），这是至今为止见到的最早关于蔡九娘的记载，时距元末动乱仅有百年。嘉靖年间，戴璟主持修订了《广东通志初稿》，亦有对蔡九娘的记载：

蔡九娘，千户克宪女也，有姿色，谙书字，年十一丧父，择配不嫁，越三十，智谋勇略过于男子。值元末寇乱，统父兵保境。乡人赖之。未几东寇陈子瑚陷乾宁，郡邑皆为所有。九娘固守，子瑚屡攻不下，日久力竭，泣谢乡人曰："贼帅新得郡城，不守而来，以为我也。我死则祸息矣。"间投入补锦岩以避。翌日，村栅降，子瑚怒以草火岩口熏之，九娘死岩中。②

以后文献对她的描述多源于此书。综合这两条记载可知，

① （明）王佐著，刘剑三点校：《鸡肋集》，海口：海南出版社，2004 年，第 230 ~ 231 页。

② （明）戴璟：《广东通志初稿》卷 15《列女》，嘉靖十四年（1535）刻本，广州：岭南美术出版社，2006 年，第 303 页。

元末寇乱，九娘领兵保境，乡里赖之，但她何时"统父兵"却语焉不详。按王佐之说，是父亡弟幼之时，不愿放弃父亲辖下之权而亲统父兵以待幼弟长大，故不肯嫁人。九娘死峒中时，其幼弟在乱中不知所终。意即其父死后不久九娘就开始统兵，其弟尚在幼年。而陈乾富与陈子瑚之事发生的时间相隔亦不远，因此蔡九娘死时依然妙龄。但这与《广东通志初稿》的记载却有了出入，《广东通志初稿》中不仅无幼弟的记载，反而说她年十一丧父。若蔡九娘十一岁父亡，那么她根本不太可能有能力统领父兵。而九娘成年后未嫁，三十余岁统兵保境却比较合理，元末寇乱也应发生在她三十岁之后。若真如此，史料记载的真实性便出现了问题，唯一可以确定的就是统兵之权在蔡克宪死后落在蔡九娘身上。材料的描述却给人造成心理暗示，即蔡九娘年幼之时便统领父兵。出现类似的矛盾，或许是因为男性文人对年轻女性的偏爱，在无意识中采用理想化的模式来记载她们。

在文献记载中，蔡九娘除死于补锦谷的结局，还有其他一些版本，如认为她投螺狮井而死。[①] 又有"或传九娘为东寇所掠，至中途缢死，今大摄有墓"[②]。还有说蔡九娘因设宴迎饮陈子瑚，"后大军收捕，蔡族有谋职者以前事诬诉，九娘竟死乾宁狱中。事在至正二十二年"[③]，即蔡氏族中有人想借陈子瑚谋反之

---

① （明）王佐著，刘剑三点校：《鸡肋集》，海口：海南出版社，2004 年，第 230 页。原文为"《别传》又称九娘投螺狮井。未知孰是，姑两存质疑"。

② （明）唐胄：《正德琼台志》卷 40《人物五》，《天一阁藏明代方志选刊》，上海：上海古籍书店，1964 年。

③ （明）唐胄：《正德琼台志》卷 5《山川上》，《天一阁藏明代方志选刊》，上海：上海古籍书店，1964 年。

事谋取官职而诬蔡九娘与其有染,致九娘死于乾宁狱中。前两种说法相差无几,即蔡九娘为反抗陈子瑚的淫威自尽身亡,突显了她的贞烈不屈。即便是第三种认为死于狱中的说法,虽可能性不大,但也是对其“迎宴避慝”的反抗予以赞扬。虽然由于史料记载混乱的问题,把“迎宴避慝”的对象由陈乾富误记成了陈子瑚,但无论男主人公是谁、蔡九娘究竟是哪种死法,她死于至正二十二年(1362)前后是基本可以确定的。

为塑造蔡九娘这个形象,通志编纂者专门强调她“谙书字”,以给人蔡九娘深受汉文化影响的印象。无论此是否属实,可以肯定的是,她打破了女性长大后嫁人生子的常规,统父兵以保卫家乡,最后又为换取一寨百姓的生存而死亡。

事实上,蔡九娘的死绝对不像文献记载中,是为了抗拒暴力逼婚而死那么简单。为弄清蔡九娘真正的死因,需要从文献中抽丝剥茧、逐步分析事件的真相。幸运的是,方志编纂者们记下了蔡九娘之妹蔡氏,有的方志还将蔡氏附传于蔡九娘之后,这为后人留下了线索:

> 蔡氏,叠村蔡九娘之妹,至正辛巳,年二十二,适遵都王和,越十二年而寡。岁壬寅,伪贼陈子瑚、主簿丘田欲褫之,不屈自缢而死。①

据这条材料可以估算蔡九娘之妹蔡氏的年纪。至正辛巳即至正元年(1341),蔡氏二十二岁嫁给王和,按虚岁计算蔡氏应生于元延祐六年即1320年前后。至正十三年(1353)王和去世,蔡

---

① (明)唐胄:《正德琼台志》卷40《人物五》,《天一阁藏明代方志选刊》,上海:上海古籍书店,1964年;(明)戴璟:《广东通志初稿》,嘉靖十四年(1535)刻本,广州:岭南美术出版社,2006年,第303页。

氏三十四岁。壬寅年即至正二十二年(1362),蔡氏已是四十三虚岁的中年妇人,那么身为蔡氏之姊的蔡九娘年纪必定更大。

考陈乾富其人:

> 陈乾富,临佃人,海北、海南道副都元帅。国朝洪武初纳款,授平乐府通判。①
>
> 陈乾富,文昌人,至正末副都元帅。②

《海南陈氏谱》中记载,陈乾富(1334~1376),字一清,拱宸六世孙,善庆之子。元朝末年时官通议大夫(三品),同知海北、海南道宣尉使司副使都元帅。明洪武元年(1368),应明太祖朱元璋的诏书入朝贺表,授广西平乐府通判,1375 年改授湖广岳州府通判,1376 年 12 月 17 日卒于南京,扶柩归葬文昌溪龙(尾)山。③

关于陈乾富之祖先陈拱宸的传记为:陈拱宸(1215~1256),又名三老,宋举人,配余氏、黄氏。南宋淳祐己酉年(1242)偕子仲达避乱,由福建莆田祷坑村渡琼,居文昌县溪梅村(今文昌市湖山溪尾村)。后由乡荐授文林郎,1249 年任文昌知县(七品),在任八年。葬于文昌县铜鼓岭坦坑内村北侧。④ 陈氏在南宋年间由福建莆田迁入琼州落籍并曾担任文昌县知县,陈家自此在

---

① (明)唐胄:《正德琼台志》卷 40《人物五》,《天一阁藏明代方志选刊》,上海:上海古籍书店,1964 年。

② (明)戴熺、欧阳灿、蔡光前等纂修:万历《琼州府志》卷 9《秩官》,北京:书目文献出版社,1990 年,第 290 页。

③ 陈开岩:《海南陈氏谱》第三卷《人文卷》,海南省颍川历史研究会,2005 年,第 136 页。

④ 陈开岩:《海南陈氏谱》第三卷《人文卷》,海南省颍川历史研究会,2005 年,第 134 页。

当地立足和繁衍生息。经过多年的不懈努力,最终到陈乾富时已经权倾一方,能够“祸福生死人”,真正由外来人口变成当地社会权力的掌控者。

在《海南陈氏谱》中,对陈子瑚亦有记载,大致同于史料所说。[①] 按《正德琼台志》记载:“至正甲辰(至正二十四年,1364),万州土酋符奴达、陈俊甥等窃掠居民。峒首王丽珠既平陈子瑚兄弟等,又自备鞍马兵器抵巢,追剿奴达、俊甥,悉平。”[②]也就是说,陈子瑚的最晚活动时间或说死亡时间限定在至正二十四年(1364)。

如果《海南陈氏谱》的记载无误,即陈乾富生于1334年,死于1376年,且《正德琼台志》中所记蔡氏年纪为真,那么1341年蔡氏二十二虚岁出嫁时陈乾富才刚七岁;至正十三年(1353)陈子瑚叛乱之时陈乾富十九岁,至正二十二年(1362)蔡九娘死时陈乾富是二十八岁。这个时段的他年富力强、位高权重,借威势使女性就范委身合情合理,可惜对象却是位四十三岁朝上的中年女性,年纪悬殊至少十五岁,那整个故事就更有意思了。

再来看蔡氏姐妹的出身。据现存于海南档案馆的海南《琼崖蔡氏族谱》[③]记载,琼崖蔡氏始祖蔡成,宋高宗绍兴间举人,官建安令,因与权臣不和,宋隆兴年间(1163~1164)被贬至琼州,落籍琼山叠里。也就是说,蔡氏亦是自外迁入琼州的汉人,他们

---

① 陈开岩:《海南陈氏谱》第三卷《人文卷》,海南省颍川历史研究会,2005年,第136页。

② (明)唐胄:《正德琼台志》卷21《平乱》,《天一阁藏明代方志选刊》,上海:上海古籍书店,1964年。

③ 蔡钟泰、蔡乐天续修:《琼崖蔡氏族谱(广东、海南)》,民国二十五年(1936),铅印本。

迁入琼州之时应比陈氏还要早八十来年。经过近二百余年的经营，初到琼州的蔡家已完全站稳脚跟，在基层建立了牢固的势力，族中多人担任官员：

千户 蔡有闾，琼山人，敦武正千户，前至元从阔里吉思征黎。子克宪袭。①

蔡有阖，县尹。弟有开，府教。

蔡克宫，教谕。弟克容，主簿。②

蔡九娘的祖父蔡有闾以外来士人的身份跟随元朝大将阔里吉思征讨黎人，因武功被封敦武千户。这就是蔡氏所统之兵、所领黎土的来源。此后其子克宪世袭该职。蔡克宪死后，兵权又落在了蔡九娘手中。与蔡有闾同辈的蔡有阖，任琼山县尹；蔡有开，任琼州府教授；与蔡九娘之父蔡克宪同辈的蔡克宫，任琼山县教谕；弟蔡克容，担任琼山县主簿。千户为武职，统领兵卒，县尹、教谕、主簿等皆为文职。可见，此时蔡氏作为外来势力的代表，经过一百多年的经营，在琼州原有的政权格局中早已取得一席之地。这个过程是对旧有权力格局的打破和势力的重新划分。面对利益的丧失，当地土著必然不会拱手将权力让出，于是就有了对权力的争夺。因此，文献中称蔡九娘“不肯以黎土属之他人”就容易理解了。

在这样的大背景下，蔡九娘身上发生的故事就易于解释了，原因极可能与地方政治格局和权力的再分配有关。不妨大胆猜

---

① （明）唐胄：《正德琼台志》卷19《兵防中》，《天一阁藏明代方志选刊》，上海：上海古籍书店，1964年。

② （明）唐胄：《正德琼台志》卷40《人物五》，《天一阁藏明代方志选刊》，上海：上海古籍书店，1964年。

测一下,女性在四十多岁“高龄”仍遭迫嫁压力,且施暴者与施暴对象年龄悬殊,唯一的可能就是这些女性身份特殊。一方面,源于女性在琼州固有的社会地位。无论是原住居民还是后来迁到当地的外来人口,都不可避免会受到本地传统的影响,即女性拥有较大的政治权力,这种传统使蔡九娘的统领父兵之举更趋合理。而另一方面,因为作为外来人口的蔡氏家族对当地原有权力的瓜分。两方面结合,必然使“驭众守境”的蔡九娘成为稳定当地政局、实施有效治理的关键,也就造成蔡氏姐妹深陷权力争夺的漩涡而无法脱身。

因此,陈乾富作为当地另一外来势力的代表,无视与蔡九娘十五岁以上的年龄差距,率军“欲就之”就不会像后人描写的那般单纯,而是充满政治意味。在和平时期,对权力的争夺尚不到白热化的程度,仅是暗潮涌动,陈乾富的行为即可看作当权者笼络、结交地方势力的手段。他的出发点可能是希望以权势向蔡九娘施压,以温和的方法结交并掌控蔡氏,为自己谋得更大的权力和地盘。但随着蔡九娘的避匿和蔡氏士兵的集结,使得陈乾富以和平手段进行的权力争夺最终失败。而其为掩盖真实目的所赋之诗,却经由人们的传诵,把隐含刀光血影的权力之争变成香艳旖旎的才子佳人故事,成就蔡九娘美丽、聪慧之名。

如果说陈乾富、蔡氏一族代表的是服从中央意志的那部分人,那么与他同族的陈子瑚则是当地反抗元政府集权统治的那部分人的代表。有意思的是,在《海南陈氏谱》中根本没有记载陈子瑚之世系和生卒年,仅存其名而已。换句话说,陈子瑚除姓陈之外,并不知来自哪一脉。仅是因元代末年发动了叛乱,他才走入了人们的视野。再加上乱世时期,对地方权力和地盘的争夺不再有任何掩饰，变得赤裸裸起来，于是就有了陈子瑚带兵攻打、使用暴力手段威逼蔡氏姐妹之举。尤其是在陈子瑚败亡之前的两年内，其目的极有可能是想借此控制该地并迅速稳固统治，以挽救失败的命运。这种带有明显政治意图的行为，就成为导致蔡氏姐妹死亡的最深层次原因。只是陈子瑚等人没想到，其行为遭到了蔡氏姊妹的激烈反抗，最终她们以死亡表达了不合作的态度。两女的死亡，代表的不仅是对女性清白的维护，更代表了她们背后家族的站位，即坚定地站在了中央政府一方。这两点恰都是官方所看重的。

百年后的记载者在不明就里的情况下，较多关注的是蔡氏姐妹的自尽死节，他们按照礼教观的思路将之谱写成女性贞烈的代表。于是蔡氏姐妹自然而然秉承了王朝的贞节观，成为主流话语下女性“节烈”形象的表率，成为上至官方认可、中至士大夫颂扬、下至黎民信从的理想女性，亦成为中原儒家礼教泽被琼州、百姓欣承恩泽与教化的“明证”。换句话说，蔡氏姐妹现今的形象，也是被士大夫们根据自身所处时代的需要，不断涂抹、不断塑造的结果。

当然，在其他地区也有不少女性作为军事领导者出现在历史上的情况，据王子今的《中国女子从军史》中总结，早期或者偏远地区的女性身为军事主帅，有着勇武成分在内，因而她们有着“在历史上筑成民族文化正直高大之脊梁时的伟大作用”①，其政治地位相对较高；但随着时间的推移，越往后女子从军就越显出反抗压迫的成分在内。所以他认为：“女子从事战争实践的

---

① 王子今：《中国女子从军史·引言》，北京：军事谊文出版社，1998 年，第 3 页。

历史事实，说明了在当时社会意识中勇武精神曾经体现出主导作用的倾向，也说明了当时妇女曾经在社会生活中可能居于较其他时代相对重要的地位。尽管女子经历军事生活往往是一种被迫发生的社会行为，又每每被看作社会疾苦的表象之一，但是从社会史考察的角度看，对于妇女社会作用的实现，也应当肯定其值得重视的特殊的意义。”①

就岭南来说，历史上出现的领军女性地位相应都比较高，在政治生活中的影响力也较大，这可能和原本的社会结构以及岭南所处的偏远地理位置有关。尽管战争最终都以中原王朝对岭南的军事征服而告终，对岭南文化上的征服却步履维艰。直到宋代，岭南在中原来访士人的眼中，还是“蛮风”犹存。“蛮风”较突出之处，也就是让外来士人颇为不屑，甚至带着异样的眼光来观察、记载的，便是岭南女性的生存状态。她们在社会生活和政治环境中占据着重要地位，这成为明清以前尤其是唐宋时期极为突出的一种特色。叶汉明指出：“在儒家传统的深刻影响下，士大夫强调的是中原汉族的正统主流文化，在他们心目中，中原以外地区的‘奇风异俗’，由于与儒家道德规范与社会理想迥异，故属于‘陋俗蛮风’。他们也都有强烈的‘以夏变夷’的使命感。”②士大夫们，无论是外来的还是本地土生土长的，在这种使命感的敦促下，不断努力抹平这种差距，希图按照汉代兴起的儒家文化来塑造理想女性的形象。

---

① 王子今：《中国女子从军史·引言》，北京：军事谊文出版社，1998 年，第 2 页。

② 叶汉明：《明代中后期岭南的地方社会与家族文化》，《历史研究》，2000 年第 3 期。

詹氏和蔡九娘的死虽未必能终结岭南女性雄霸之气的传统,但此后在史籍的记载中这类女性基本上就很难再见到了。造成这种结局的原因,要么是史料的记载者们有意忽略了此类事实,或在记载中将其改头换面;要么就是经过儒家文化的不断渗入与熏陶,女性真的开始按照政府和男性提倡的理想形象来改变自己,去迎合礼教与男性的占有欲。这也就可以解释为什么岭南在明代以后完全顺应了全国性的总趋势——烈女、贞女的数量持续上升、各种贞烈故事愈演愈烈。

第二章

岭南女性的巫觋之风

第一节 巫风盛行的岭南

除了女性的"另类"形象，岭南的巫觋之风也是颇受外来士大夫诟议的问题之一。岭南巫风盛行由来已久，自秦汉时期进入中原人的视野开始，岭南就因"好巫"之名而受到非议。在全民参与的传统之下，岭南巫风根深蒂固地存在于人们的生活里，此类现象使外来士大夫头痛不已，不少人积极推行各种措施以改变这种状况。在民与官的明争暗斗之下，一些信仰消失了，但还有不少巫觋传统保留了下来。它们或被重新包装，或者隐藏在某些国家认可的神祇之后，深深地交融在人们的日常生活中。在民间的这些神祇中，其中不少是女性，她们的形象在官与民的博弈中不断地被塑造、被丰满，最终成为客观的存在。

一、岭南的巫觋传统

粤人好巫广为人知，其巫风之盛历久不衰。《汉书·郊祀志》中说："粤人俗鬼，而其祠皆见鬼，数有效。昔东瓯王敬鬼，寿百六十岁。后世怠嫚，故衰耗。乃命粤巫立粤祝祠，安台无坛，亦祠天神帝百鬼，而以鸡卜。上信之，粤祠鸡卜自此始用。"①南宋王象之在其《舆地纪胜》中详述梅州和万安军（今海南万安）地区时写道："信巫尚鬼，舍医即神，劝以药石伐病，则慢之不信。"②"病不服药，信尚巫鬼。"③《宋史》中也记载，广南东、西路"尚淫祀，杀人祭鬼"④。

岭南巫风盛行、祠庙林立，引起外来士大夫的强烈不满。唐代戴孚的《广异记》中记载了一则故事："高宗时，狄仁杰为监察御史，江岭神祠，焚烧略尽。至端州，有蛮神，仁杰欲烧之。使人入庙者立死。仁杰募能焚之者，赏钱百千。时有二人出应募。仁杰问：'往复何用？'人云：'愿得敕牒。'仁杰以牒与之。其人持往，至庙，便云有敕，因开牒以入，宣之。神不复动，遂焚毁之。

---

① （汉）班固：《汉书》卷25下《郊祀志第五下》，北京：中华书局，1983年，第1241页。

② （宋）王象之：《舆地纪胜》卷102，咸丰五年（1855）刻本，台北：文海出版社，1971年，第575页。清末光绪年间编写的《嘉应州志》对此亦有记载，或许是沿袭抄写而来，抑或当时这种现象依然存在，见（清）吴宗焯修：《光绪嘉应州志》卷8《礼俗》，清光绪二十四年（1898），台北：成文出版社，第125页。

③ （宋）王象之：《舆地纪胜》卷126，咸丰五年（1855）刻本，台北：文海出版社，1971年，第665页。

④ （元）脱脱等修：《宋史》卷90《志第四十三·地理六》，北京：中华书局，1977年，第2248页。

其后仁杰还至汴州,遇见鬼者曰:'侍御后有一蛮神,云被焚舍,常欲报复。'仁杰问:'事竟如何?'见鬼者云:'侍御方须台辅,还有鬼神二十余人随从。彼亦何所能为?'久之,其神还岭南矣。"①

科大卫和刘志伟在谈到这则故事时说:这段故事把敕牒当成一种法力,狄仁杰之所以能烧毁地方庙宇,是由于他有这种法力的保障。用文字书写的敕牒有双重的意义:一是来自国家的权威,二是文字本身的法力。不过,庙宇被焚后,神灵并不因之而消亡,表明唐代官吏和地方宗教的冲突,并非是在信仰上消灭对手,而只是在权力上压倒对手。因为官僚通过文字的运用,应付所谓"蛮神"的法力,在性质上其实与巫觋的法力无异。② 这里强调的是文字具有的力量。因为儒学此时没有渗透到乡村中去,教化不能大面积推行,对知识的隔阂造成对文字本身和拥有、使用文字能力的崇拜,明清时期乡间普遍建有用于焚烧写有文字纸片的惜字亭便是其体现。

文字不通、教化不行的外在表现之一就是巫风鼎盛,自然激起了外来士大夫以夏变夷、消灭陋俗的决心。无独有偶,在岭南摧毁淫祠的早期士人不只狄仁杰一个,唐代的韦正贯亦有类似举动。研究者指出,正因岭南淫祠蛮神盛行,狄、韦二人才大加禁止。在此"俗鬼"的背景下,汉代早已流行的鸡卜之类的岭南俗信便大行其道。至唐代,岭表的占卜种类较秦汉时期大为增

---

① (唐)戴孚撰,陈尚君辑录:《广异记》,车吉心主编:《中华野史2·唐朝卷》,济南:泰山出版社,2000年,第844页。

② 科大卫、刘志伟:《宗族与地方社会的国家认同——明清华南地区宗族发展的意识形态基础》,《历史研究》,2000年第3期。

加。延及明清,此风犹然。①

即便经过外来士大夫的严厉打击,如明中叶时魏校的毁淫祠运动,岭南好巫的习俗在民间仍顽强地存在。明末时屈大均到东莞就看到大量巫觋活动,他说:"予至东莞,每夜闻逐鬼者,合吹牛角,呜呜达旦作鬼声,师巫咒水书符,刻无暇晷。其降生神者,迷仙童者,问觋者,妇女奔走,以钱米交错于道,所在皆然。而诸县寻常有病,则以酒食置竹箕上,当门巷而祭,曰设鬼,亦曰抛撒。或作纸船纸人燔之,纸人以代病者,是曰代人,人以鬼代,鬼以纸代,真愚夫妇之所为也。"而博罗之俗则是于正月二十日以桃枝插门,"童稚则以桃叶为佩,曰禁鬼也"②。

在岭南经济文化的中心广州,如果有妇女患病者,多使家中的老妇人"左持雄鸡,右持米及箸,于闾巷间皋曰某归,则一妪应之曰某归矣,其病旋愈,此亦招魂之礼,是名鸡招。人知越有鸡卜,不知复有鸡招,亦曰叫鸡米云"。如果家中有刚去世者,"则召师巫开路安魂灵,投金钱于江,买水以浴"。去世后的"七七日、百日皆为佛事,破家以从,无贫富皆然"③。据有关资料,直到新中国成立前,南海所辖佛山镇在6平方公里城区内还有各类神庙、佛寺、道观等202座。叶春生统计说,在新中国成立前广州神诞收录的神明有40多位,金花庙供奉的尊神达98位,东

---

① 刘晓明:《岭南民间信仰与道教的互动——以岭南巫啸、符法为中心》,赵春晨主编:《岭南宗教历史文化研究》,天津:天津古籍出版社,2002年,第79页。

②③ (清)屈大均:《广东新语》卷6《神语》,欧初、王贵忱主编:《屈大均全集》第四册,北京:人民文学出版社,1996年,第197页。

莞城隍庙收录的神明也有 65 位之多。① 直到现在，在岭南的大街小巷中仍随处可见民众尊奉的各种民间神祇的踪迹；与当地人闲聊时亦能看到或听到大量拜神求卜之事，直言某地（某庙）问卜之准、神仙之灵。

图 2.1.1 随处可见的对民间神祇的祭拜（广州珠村）

为记载这类习俗，屈大均在《广东新语》中列专篇以记民间存在的神祇及异事。广州城内有“女忌绿郎，男忌红娘”之说：“广州女子年及笄，多有犯绿郎以死者，以师巫茅山法治之，多不效。盖由嫁失其时，情欲所感，致为鬼神侵侮。睽之象，兑女泽动而下，则见有豕负涂。离女火动而上，则见有鬼一车，此其征也。绿郎者，车中之鬼也。未得夫而张之弧，已得夫而说之弧。

---

① 叶春生：《岭南民间文化》，广州：广东高等教育出版社，2000 年，第 217 页。

夫者雨也，遇雨则吉矣。又广州男子未娶，亦多有犯红娘以死。”屈大均认为发生这类事情是因为婚嫁失时所致，因此他批评这种观念说：“谓命带绿郎红娘者可治，出门而与绿郎红娘遇者不可治，此甚妄也。咸之象，二少憧憧，则朋从其思。少女之思往，则绿郎之朋来，少男之思往，则红娘之朋来，皆婚姻不及其时所致。”而绿郎又被称为“过天绿郎”，亦曰“驸马”。[①] 到清同治年间，民间仍流传“红娘、绿郎”之说，《番禺县志》也有记载，估计是抄袭屈大均之作，其“盖由嫁失其时，情欲所感，致为鬼神侵侮”的说法亦与屈完全一致。[②]

在广州地区，民间曾奉祀三界神，人们若有争斗，多向三界神乞蛇以决曲直：“蛇所向作咬人势则曲，背则直。或以香花钱米迎蛇至家，囊蛇而探之，曲则蛇咬其指，直则已。有许愿者不还，蛇则腾至人家索饮食。又或有仇怨，于神前书其人年生八字，以碗覆之。神前碗大小纷然，无有敢动其一者。”另有急脚先锋神，“凡男女将有所私，从而祷之，往往得其所欲，以香囊酬之，神前香囊堆积，乞其一二，则明岁酬以三四”。在番禺石壁有恩情神，传说有男女二人“于舟中目成，将及岸，女溺于水，男从而援之，俱死焉。二尸浮出，相抱不解，民因祠以为恩情庙”。这些都是民间自发附会兴起的、一些影响范围较小的地方性神灵崇拜。面对诸多的巫觋行为，屈大均无奈地感叹道：“此皆丛祠之

① (清)屈大均：《广东新语》卷6《神语》，欧初、王贵忱主编：《屈大均全集》第四册，北京：人民文学出版社，1996年，第197～198页。

② (清)李福泰修，史澄、何若瑶纂：《番禺县志》卷54《杂记二》，同治十年(1871)广州光霁堂刻本，广州：岭南美术出版社，2006年，第669页。

淫者,民未知义,以淫祠为之依归,可悲也夫。"①

在历史上,对女性突然由女身转化为男的记载很早就有,晋代干宝的《搜神记》中就记载说,魏襄王十三年(公元前322)有一女子化为男性,并且还结婚生子。西汉学者京房(公元前77~前37)在《易传》中写道:"女子化为丈夫,兹谓阴昌,贱人为王。"又曰:"女化为男,妇政行也。"②这种女化男的现象或许就是现代医学中所称的"两性畸形",俗称"阴阳人",属于性分化异常导致不同程度的性别畸形现象。这种性分化异常由决定性别的调控基因异常所引起,表现为表型性别不能确定的间性状态,或表型性别与性腺性别相矛盾,或表型性别与遗传性别相矛盾的现象。③ 在以前,古人却将这种现象视为不祥之兆。占星者认为,如果发生这种阴气大盛的"阴昌"现象,将是卑下之人将为王或者妇人将专权的征兆。

在明末清初的岭南,就发生了一件女化为男的事。可有意思的是,正是这种"阴昌"的不祥之兆,在士大夫的笔下经过加工之后,不但没有被人所嫌恶,反而成了孝行感天的"祥"事。陈氏,何氏之妻,恩平文安寨人,明桂王永历九年(1655)夏五月,她由女身化而为男。屈大均听说此事后,执笔为这位陈氏写了一篇五百余言的传记:

---

① (清)屈大均:《广东新语》卷6《神语》,欧初、王贵忱主编:《屈大均全集》第四册,北京:人民文学出版社,1996年,第198~199页;(清)李福泰修,史澄、何若瑶纂:《番禺县志》卷54《杂记二》,同治十年(1871)广州光霁堂刻本,广州:岭南美术出版社,2006年,第669页。

② (晋)干宝:《搜神记》,上海:上海古籍出版社,1998年,第55页。

③ 杨保胜主编:《遗传病的分子生物学》,北京:科学出版社,2012年,第298页。

先是,陈父某甚贫而无子,陈年及笄,日与其父织作藤筐竹筲诸器具,以为衣食计。媒妁数数来,陈言于父,皆谢绝之,欲遂不嫁,如北宫婴儿之所为,以养其父。年二十有五,父强嫁之。其夫农家子也,亦贫,佃山田数亩以耕。陈昼则饷馌其夫,夜则理其故业,以私钱市酒食,走二十里余,奉其父以为养。虽大风雨,徒跣于山谷间,豺虎咆嗥,虫蛇纍兀,弗少避也。路有乌风大王庙者,一日避雨其中,陈私祷曰:"予奈何不为男,以至斯也。"祷已而哭。嗣后,每过庙必祷,哭辄失声,哀动林木,盖伤其父衰老而无所依,祷愈切。又一日,过庙门外涧傍,见有山果随流,触石而止,湍水洄漩,激之不去,似桃色红。陈试拾以啖,味甘而鲜。归得热疾,不知人。是夕,梦有神人,以刀截其阴以下半体,若以他体易之者。大惊而寤,痛且殊。以手按之,则居然一男子矣。惊告其夫,且以食桃得疾状具言之。夫以闻于虎贲将军王兴,兴以为孝之所感也。给以钱镪,命麾下善视之。诸将士争馈酒肴,为其父寿,谓孝之为祥有如此云。明年秋,文安陷没,裨王尚可喜询知陈,异之,配以女子,而使管鹿园,伺其生息饮食。于是陈又为人夫焉。陈少名阿云,自化为男,未有名。人以其始为女而终为男,不可以复女之,亦不可以竟男之也。但称之曰"孝陈"云。①

屈大均在谈到古代认为女变男是不祥之事时说:

嗟乎,此所谓不祥者非耶?乃孝陈之事则不然,其祷于神而得化为丈夫也,以其父之无所依也。是以孝而化者,不

---

① (清)屈大均:《翁山文钞》卷4《传》,欧初、王贵忱主编:《屈大均全集》第三册,北京:人民文学出版社,1996年,第366~367页。

可谓之非祥也。然自古来，天下之为孝子者，亦云多矣，岂其有所祷而辄应耶？抑偶应其一，以见天道之诚有耶？然祷必于神之聪明正直而一者。今乌风之号不典，其与淫昏之鬼何以异？乃其一变一化，能极其情状之所至，更有过于聪明正直而一者。则何以故耶？岂天之所假在是，即乌风之神亦聪明正直而一者之所凭耶？夫天之道，喜常而恶怪，惟神亦然。其行怪也，亦不得已而为之。有女如此，即淫昏之鬼，且为之尽其情状，以见天道之不远，是乃所谓真祥者耶。①

屈大均所作传记中明白记载，陈氏所祷者是乌风大王，而这位乌风大王却不见于官府主持的正祀系统，也不知确切为何时、何方出现的神祇。查近代人编写的《德兴县志》有乌风洞之说，相传是为民除害的乌风大王洞府。② 或许在民间坊巷的传闻之中有这位乌风大王的存在，但其信仰的范围应该不会很大，想来也应当属于不被官方认可的淫祀范围。正是这样一位默默无闻、不知出处的“淫昏之鬼”，因为陈氏的离奇故事，变成了一位为孝所感的“聪明正直”之神，成为天道代言人、真正的祥者。这其中自然少不了由女变男的陈氏的宣扬与传播。相得益彰的是，陈氏由女变男这一被认为不祥的事件，因为加上了孝的因素，却成为孝感动天的美谈。

可以看到，在充满巫觋传统的岭南社会中，女性是积极的参

---

① (清)屈大均：《翁山文钞》卷4《传》，欧初、王贵忱主编：《屈大均全集》第三册，北京：人民文学出版社，1996年，第367页。

② 何逵东主编：《德兴县志》卷2《自然地理》，北京：光明日报出版社，1993年，第88页。

与者与实践者。“越俗今无女巫，惟阳春有之，然亦自为女巫，不为人作女巫也。盖妇女病辄跳神，愈则以身为赛，垂髾盛色，缠结非常，头戴乌毛之冠，缀以璎珞，一舞一歌，回环宛转，观者无不称艳。盖自以身为媚，乃为敬神之至云。女巫琼州特重，每神会，必择女巫之姣少者，唱蛮词，吹黎笙以为乐。”①甚至于还有“平民妇忽有神附体，则谓之曰仙姑（粤人称问米婆），于清代著述亦屡见不鲜。明代广东以仙姑作灵媒，师巫问病，恐怕亦十分普遍”②。因为女性与巫觋传统之间存在这种剪不断、理还乱的状态，所以屈大均才不无鄙夷地评论她们“人妖淫而神亦尔，尤伤风教”③。

虽然岭南巫风盛行，但并非所有女性都相信此道并躬行无违，也有些女性以士大夫的取向行事，自觉地摒弃民间信仰中那些所谓的“淫祀”。明嘉靖年间进士、南海人冼桂奇之母陈氏，就是位无鬼神论者。她“性方正，不喜世俗非鬼之祭”，听闻督学魏校下令遍毁淫祠，“亟取先人旧所崇奉佛像，投诸水火”。妯娌中有害怕因此得罪鬼神遭到报复的，陈氏却说：“有祸吾自当之。”其子冼桂奇字少汾，被授以工部主事，以理学称，人称他“盖得其母之训云”。④ 从记载者的赞誉之辞中可知，对于陈氏紧追政府指导思想的这种行为，士大夫是极为满意的，而陈氏的

---

①③ （清）屈大均：《广东新语》卷6《神语》，欧初、王贵忱主编：《屈大均全集》第四册，北京：人民文学出版社，1996年，第195页。

② 杜荣佳：《明代中后期广东乡村礼教与民间信仰的变化》，《中国社会经济史研究》，1992年第3期。

④ （清）屈大均：《广东新语》卷8《女语》，欧初、王贵忱主编：《屈大均全集》第四册，北京：人民文学出版社，1996年，第238页。

行为应当与儒学在岭南的广泛传播有关。

二、岭南民间的女性神

1. 唐代的女仙

由于岭南女性在社会生活中的特殊地位，像龙母和冼夫人等最终由凡人转变为神仙的女性不在少数，但从详细类型上划分则又有不同。像龙母、冼夫人、虞氏等，其本身的社会地位就比较高，再加上在政治上的卓越贡献而得以扬名，然后才逐步转化为地方性神祇。另外一些女性虽是民间出身，却依靠自己的神异特质位列仙班，成为民间广为流传的女仙。令人瞩目的是，在后世的文献记载中，这类女仙完全摆脱了民间巫术的范围和烙印，身上充满儒家文化的因子。在罩上一层神话的外衣后，她们的故事进一步与中国传统的道家文化结合，构成中国几千年间代代相传的民间传说的一部分。

鲍姑，晋代南海太守鲍靓之女，散骑常侍葛洪之妻，是岭南较早享有仙名的女性之一。鲍靓，字太玄，陈留人，“少有密鉴，洞于幽元，沉心冥肆，人莫知之。靓及妹并先世累积阴德，福逮于靓，故皆得道。姑及小妹，并登仙品”。鲍靓为南海太守时将女儿鲍姑嫁与葛洪即葛稚川为妻，“稚川自散骑常侍，为炼丹砂，求为句漏县令”。鲍靓后得尸解之道成仙，鲍姑与葛洪亦“相次登仙”。[①] 直到清代在越秀山之左传说还有鲍姑井的遗存[②]，位

---

① （宋）张君房编，李永晟点校：《云笈七签》第五册，卷115《传》，北京：中华书局，2003年，第2542～2543页。

② （清）仇巨川纂，陈宪猷校注：《羊城古钞》，广州：广东人民出版社，1993年，第556页。

于今天广州市应元路西段的三元宫内。

鲍姑之后，就是流布极广的何仙姑传说了。何仙姑，增城何泰女，其传说最早见于唐前期谯郡戴孚撰写的志怪传奇集《广异记》：

> 广州有何二娘者，以织鞋子为业，年二十，与母居。素不修仙术，忽谓母曰："住此闷，意欲行游。"后一日便飞去。上罗浮山寺。山僧问其来由，答云："愿事和尚。"自尔恒留居止。初不饮食，每为寺众采山果充斋，亦不知其所取。罗浮山北是循州，去南海四百里，循州山寺有杨梅树，大数十围，何氏每采其实，及斋而返。后循州山寺僧至罗浮山，说云："某月日有仙女来采杨梅。"验之，果是何氏所采之日也。由此远近知其得仙。后乃不复居寺，或旬月则一来耳。唐开元中，敕令黄门使往广州求何氏，得之，与使俱入京。中途，黄门使悦其色，意欲挑之而未言，忽云："中使有如此心，不可留矣。"言毕，踊身而去，不知所之。其后绝迹，不至人间矣。①

《广异记》中记载何二娘的活动时间是在唐代玄宗之时的开元年间。已经拥有了仙术的何二娘日常的主要活动就是采摘山果供养僧众，后受到唐朝廷的传召入京，但因黄门使的挑逗而仙去，不复现于尘世。上述材料中，何二娘身上的儒化色彩尚不算强。但在后世文人的记载中，不仅称呼变成了"何仙姑"，形象也发生了巨大转变，成为一位深谙儒家文化的才女。清初屈大均记有她的《游仙诗》一首："凤台云母似天花，炼作芙蓉白玉

---

① （唐）戴孚撰，陈尚君辑录：《广异记》，车吉心主编：《中华野史 2 · 唐朝卷》，济南：泰山出版社，2000 年，第 836 页。

芽。却笑晋时勾漏令,不知此物是丹砂。”还说她赋咏的诗作,“书于罗浮石上甚众,世多传之”①。同时代的记载中没有出现和记载的内容,在几百年后却纷纷出现。到了清代乾隆时期,在文人范端昂的笔下,何仙姑的故事变得更加神异:

仙姑,增城人,何泰女。生时有紫云绕屋,所居产云母石,梦神教以服饵之法。久之,行动如飞,誓不嫁。唐武后召,至中途,忽不见。后常见于罗浮麻姑坛,又见于小石楼。仙姑善诗,清丽绝伦。有诗云:“麻姑怪我恋尘嚣,一隔仙凡路远遥。去去沧洲弄明月,倒骑黄鹤听吹箫。”又诗云:“铁桥风景胜天台,千树万树桃花开。玉笙吹过黄岩洞,勾引长庚跨鹤来。”又诗云:“寄语童童问阿琼,休将尘事恼闲情。蓬瀛弱水今清浅,满地花阴护月明。”仙姑又善书,曾有题黍珠庵东壁。其壁半毁,惟余“百尺水帘飞白虹,笙箫松柏语天”十三字,其下必“风”也。字比晋人更清婉。②

此时的何仙姑形象更加丰满,甚至附会出她出生时的天降异象以及神人传授仙术,为其位列仙班打下坚实的基础。而且她也隐约脱离了最初佛教信徒的原型,以道家女仙身份出场,身上表现出的儒化特质更加明显,归于其名义上所做的诗作更多。很明显,其中的文化元素进一步增加,附会的成分就更大了。且不论她佛、道女仙形象的转变,在这里仅看何仙姑所谓的儒学才华:她善于写诗,诗作“清丽绝伦”,而且善书,在罗浮山的许多

① (清)屈大均:《翁山文外》卷3《女官传》,欧初、王贵忱主编:《屈大均全集》第三册,北京:人民文学出版社,1996年,第108~109页。

② (清)范端昂著,汤志岳点校:《粤中见闻》卷19《人部七》,广州:广东高等教育出版社,1988年,第215~216页。

地方都留有墨宝。这点极为引人注目,从中可见其形象在文人笔下的不断改变。而所谓的何仙姑之诗,除屈大均所记《游仙诗》、范端昂所记《凤凰台》之一首、《罗浮吟》之二首,《广东古今名媛诗话》中记有另外五首,即:

学道先须识自心,自心深处最难寻。若还寻到无寻处,方悟凡心即道心。(《偶题》)

春风吹下蕊珠宫,路遇巴园对奕翁。笑问先生何处去,楸枰移在平莲峰。(《游仙诗》)

千岁灵芝似野蔬,万余年鹤养如鹅。洞门不闭丹炉静,惟有松花绕涧多。(《游仙》其二)

凤凰台上取天花,炼作芙蓉白雪芽。笑杀狂游勾漏令,更从何处觅凡砂。(《凤凰台》其二)

已赴群仙入紫微,故乡回首尚迟迟。千年留取井边履,说与草堂仙子知。(《升仙》)①

上述这些诗作经过从唐代到清代几百年的历史沉淀,统统都归入了何仙姑的名下,可以说是儒、释、道三家的结晶共同造就了何仙姑最终的女仙形象。有人认为,何仙姑形象的最终定型,是佛、道等宗教对增城何仙姑先后进行吸纳利用的结果:“早期的何仙姑传说具有民间造神的特点,反映了当地巫俗的浓厚。唐代国家宣扬佛教,在南方地区出现了佛教与民间神灵的互相吸纳,何二娘是一个侍奉和尚的民间女神,并以此受到了当时皇帝的召见,反映了唐代对于岭南有了一定的控制力,地方民间神灵表达了对于佛教的认可。宋代一贯重视道教,增城何仙姑很

① (清)胡廷梁:《广东名媛诗选》卷1,刻本,第2~3页。

快又被道教吸收利用，然而儒释道文化的融合，也使得增城何仙姑逐渐具有儒家文化的特点，起初并不注重礼仪的何仙姑逐渐具有‘孝’的特点。”①到了明清时期，除了何仙姑的释道背景，其儒家特质成了重点强调的对象，在“孝女”的身份之外又被塑造成为一位兰心蕙质的才女，其所谓的诗作开始在民间流传。然而通过对不同时期文献的对比，读者很明显地可以看出，对于这种新特质的描写，后世附会或塑造增加的成分居多。

唐代岭南另一位著名的女仙是卢眉娘，据唐代苏鹗记载，她于永贞元年(805)被贡入朝：

> 永贞元年，南海贡奇女卢眉娘，年十四(眉娘生而眉如绿细长也)。称本北祖帝师之裔。自大足中流落于岭表(后汉卢景祚、景裕、景宣、景融兄弟四人皆为帝师，因号为帝师也)。幼而慧悟，工巧无比。能于一尺绢上绣《法华经》七卷，字之大小不逾粟粒，而点画分明，细于毛发。其品题章句，无有遗阙。更善作飞仙盖，以丝一缕分为三缕，染成五彩，于掌中结为伞盖五重，其中有十洲三岛、天人玉女、台殿麟凤之象。而外列执幢捧节之童，亦不啻千数。其盖阔一丈，称之无三数两。自煎灵香膏傅之，则虬硬不断。上叹其工，谓之神助，因令止于宫中，每日但食胡麻饭二三合。至元和中，宪宗皇帝嘉其聪慧而奇巧，遂赐金凤环以束其腕。知眉娘不愿住禁中，遂度以黄冠，放归南海，仍赐号曰逍遥。及后神迁，香气满室，弟子将葬，举棺觉轻，即彻其盖，惟有藕屦而已。后入海人往往见乘紫云游于海上。是

① 郭文宇:《宋元以来社会变迁过程中的神灵塑造——以增城何仙姑为例》,2010年暨南大学硕士学位论文。

时罗浮处士李象先作《卢逍遥传》，而象先之名无闻，故不为世人传焉。①

此后的记载除了细节不同，关于卢眉娘生平的描述多同于苏鹗所记，只是宋代张君房的《云笈七签》中将她改称为神姑：

神姑者，卢眉娘是也，后魏北祖帝师卢景祚之后，生而眉长且绿，因以为名。……顺宗皇帝叹其巧妙，二宫内谓之神姑。入内时方年十四，每日但食胡麻饭三二合。……久之，不愿在宫掖，乃度为女道士，放归南海，赐号曰逍遥。数年不食，常有神人降会，一旦羽化，香气满室。②

从记载来看，永贞元年（805）时卢眉娘十四岁入宫，加上古人一般以虚岁计龄，那么她当出生于贞元八年（792）前后。后世所记大都同于上面两书，如明万历三十七年（1609）刊刻的《南海县志》卷13《外志》。诸书记载中的卢眉娘，其神异不逊于何仙姑，心思之精巧则又在何仙姑之上。同时，卢眉娘的形象与何仙姑形象的塑造一脉相承的是，在越靠近后世的文献记载中，人们越开始强调的不仅是其佛道兼修的女仙身份，更着重强调她的儒学水平和才女身份。清人编写的《全唐诗》中录其诗三首：

蚕市初开处处春，九衢明艳起香尘。世间总有浮华事，争及仙山出世人。（《和卓英英锦城春望》）

但于闺阁熟吹笙，太白真仙自有情。他日丹霄骖白凤，何愁子晋不闻声。（《和卓英英理笙》）

---

① （唐）苏鹗：《杜阳杂编》，《丛书集成初编》，北京：中华书局，1985年，第11～12页。

② （宋）张君房编，李永晟点校：《云笈七签》第五册，卷116《传》，北京：中华书局，2003年，第2565～2566页。

学得丹青数万年，人间几度变桑田。桑田虽变丹青在，谁向丹青合得仙。(《太白山玄士画地吟》)①

诗作中出现的卓英英，据《全唐诗》所载，应该是一位成都女郎，她的“万首绝句采入宫闱，以与眉娘、玄士倡和”②，故将其诗载于卢眉娘之条款前。她与卢眉娘相关的两首诗为：

和风装点锦城春，细雨如丝压玉尘。漫把诗情访奇景，艳花浓酒属闲人。(《锦城春望》)

频倚银屏理凤笙，调中幽意起春情。因思往事成惆怅，不得缑山和一声。(《理笙》)③

与《杜阳杂编》有些许不同的是，《太平广记》卷66《女仙十一》中记载，卢眉娘的祖先在大定中流落岭南，只是在明钞本中“定”改作“足”字。④“大足”是唐武则天年号，仅有一年即701年，“大定”是北周静帝宇文阐的年号，也是一年即581年。考《魏书》卷84《卢景裕传》，齐献武王“闻景裕经明行著，驿马特征，既而舍之，使教诸子”⑤。也就是说，卢眉娘的祖先卢景裕应生活在北魏末年。581年宇文阐的外祖父杨坚代魏建隋，身为

---

① (清)彭定求编：《全唐诗》第24册，卷863，北京：中华书局，2008年，第9756～9757页。

② (清)彭定求编：《全唐诗》第24册，卷863，北京：中华书局，2008年，第9755页。

③ (清)彭定求编：《全唐诗》第24册，卷863，北京：中华书局，2008年，第9755～9756页。

④ (宋)李昉等编：《太平广记》卷66，北京：中华书局，1961年，第413页。

⑤ (北齐)魏收：《魏书》卷84《列传第七十二·卢景裕传》，北京：中华书局，1974年，第1859页。

“帝师”的卢氏一族遭到打击，其后裔流落岭表就显得极为合理，那么一百多年后卢眉娘出生于此，则较大足年间卢氏始迁岭南为可信。无论是卢眉娘还是鲍姑，她们均不是岭南土著，而是从中原迁来，鲍姑的祖籍陈留即属河南开封。从这点来看，岭南与中原人口的迁移互动、文化的交流很早就开始了，只是多通过为官、贬谪的方式进行。

除何仙姑、卢眉娘外，唐代岭南的女仙还有南海的陈仁娇。万历《南海县志》记载：“其父玘寓居琼。仁娇尝梦为逍遥游，及寤，每思旧游不可得。忽八月望丙辰，有仙数百从空招之，仁娇超然随众朝谒于帝，遂掌蓬莱紫虚洞。宋元祐中降于广州进士黄洞之家。”①

针对唐代女仙的研究，有学者指出：唐代女仙突破原有的男性框架，无论在数量上还是身份上都发生了变化。其创作的原型有的认为是贵族妇女，也有的认为是女道。但二者的地位在唐代都有相当程度的提高。“这种变化并不意味着男性主宰社会的现实改变了，而是表明男女两性社会地位的力量对比有所变化。”②也就是说，唐代女性的地位不仅没有降低，反而有所提高。同时体现在唐代女仙身上的还有另外一个特点，即仙凡之恋中所占的主导地位。唐代女仙在情感上主动、大胆，“与前代女仙相比，还增加了很多女性自身的特质元素，充满女性魅力，妩媚浪漫、真挚自然，甚至有些放浪不拘”。相对于男性，由于现

① （明）刘廷元等修：《南海县志》卷13《外志》，万历三十七年（1609）刻本，广州：岭南美术出版社，2006年，第166页。

② 霍明琨：《唐人的神仙世界——〈太平广记〉唐五代神仙小说的文化研究》，哈尔滨：黑龙江大学出版社，2007年，第142～143页。

实婚姻的束缚、压制与士人性情中的感性、浪漫因素本来就有冲突,“平淡无味的生活更使得对感情交流要求甚高的唐代士子备感失望,从而将对爱情和激情的渴望寄托在‘才子佳人’式的际遇,而在小说中,这种情感的幻想异化为‘仙凡之爱’”,甚至对士子婚姻失衡进行弥补的“才高艳绝”的歌妓亦被神化为女仙。①

我们反观岭南的这几位女仙,除晋代的鲍姑之外,唐代的这几位女性均没有与男性发生任何感情上的关系,似乎都凭一己之力以处女之身成仙,大异于同时代中原盛行的仙凡相恋的风气。尽管当时的记载者对此一带而过,之后的岭南文人却有意突出了这一特质,在他们有意或者无意的塑造下,造就了这些女仙童贞的特征,由此可见明清以后贞节观念在岭南的演变。

关于岭南几位女仙的具体情况,因时代久远,我们无从知晓更多,不仅她们的真实身份成为千古谜团,而且她们是否真正写有这些诗作也令人生疑。但她们无一例外地受到了广东士人的追捧。在文献的记载中,除了同时代女仙共同具有的“仙”的特质,她们展现给后世的形象,均对儒家文化“拥有”很强的驾驭能力。不论她们对儒家文化的运用能力是真正“拥有”还是“被拥有”,都不妨碍岭南士人对她们的景仰。她们已经成为这里文明开化的象征,这同广东士人对张九龄的偏爱情怀颇为相近。人们通过对张九龄的祭祀与形象的塑造,向世人展示岭南自唐

① 霍明琨:《唐人的神仙世界——〈太平广记〉唐五代神仙小说的文化研究》,哈尔滨:黑龙江大学出版社,2007 年,第 148 ~ 149 页。

代开始已成为文化之邦，而不是烟瘴之地。[①] 岭南本土的文人，如屈大均、范端昂等对历史上这几位传奇女性的津津乐道，不排除有夸大并向前追溯岭南文化之疑。

2. 岭南民间的其他女性神

在岭南民间众多杂神中，有不少女性神祇，她们以各种面貌和原因成为民间祭祀的一部分，经过激烈的毁与立的斗争后顽强地在民众心目中存活下来，受到信众的膜拜。这些能够被官方记载并进入民间祭祀体系的女性神灵，地方文献中有许多，像龙母、冼夫人、鲍姑、何仙姑、卢眉娘、陈仁娇等。除上述女性神灵外，在岭南民间得到尊奉的还有许多，如禾谷夫人、西王母、天妃、金花夫人等。

在香山诸村落，即现在的中山地区，人们多祀禾谷夫人，时人认为她是后稷之母姜嫄。司徒尚纪认为，姜嫄本居陕西武功，能在岭南立祠，反映了华夏农业文明在岭南的传播，珠江三角洲应是一个首途之区。[②] 屈大均却对民间信奉禾谷夫人的行为进行了抨击，他认为这应属于淫祀："予谓：'里有社稷，社，土神也。稷，谷神也。祈年报赛，以二神为归足矣。乃立淫宇而享祀无度，非礼莫甚焉。'姜嫄之祠在武功，天下无之，无已则改祠田祖乎。田祖者，先农也。……然古时田祖之祀，与社稷皆坛而不屋，社稷之坛有常，田祖之坛无常，有常以为主，无常以为客。然则社稷而外，民有侯禳禬禜之事，亦可

---

① 刘正刚、乔玉红：《宋明仕宦对岭南文化的建构：以张九龄为中心》，《中华文化论坛》，2010 年第 2 期。

② 司徒尚纪：《岭南历史人文地理：广府、客家、福佬民系比较研究》，广州：中山大学出版社，2001 年，第 287 页。

以无之他所矣。”①

在广州地区还有西王母祠，“左右有夫人，两送子者，两催生者，两治痘疹者，凡六位。盖西王母弟子，若飞琼、董双成、萼绿华之流者也”。在粤人的心目中，西王母为人注寿、注福、注禄，她的诸弟子亦以保婴为事，所以“人民事之惟恐后……壁上多绘画保婴之事，名子孙堂，人民生子女者，多契神以为父母，西王母与六夫人像，悉以红纸书契名贴其下，其神某，则取其上一字以为契名，婚嫁日乃遣巫以酒食除之”②。这样看来，西王母的主要职能是司生育子嗣。而岭南地区掌管此职的神灵有好几位，除了全国普遍敬奉的送子观音，甚至连冼夫人都肩负此职。岭南还有“花王父母”神：“越人祈子，必于花王父母。有祝辞云：‘白花男，红花女。’故婚夕亲戚皆往送花，盖取《诗》‘华如桃李’之义。诗以桃李二物，兴男女二人，故《桃夭》言女也，《摽梅》言男也，女桃而男梅也。”③

岭南对女性神灵的供奉，甚至引起了来到这里的外国旅行家的注意。嘉靖三十五年(1556)，葡萄牙籍的传教士克路士来到广州，他在这里住了几个星期，后来写下《中国志》这部书。在书中，他提到了广州当地的一些庙宇：“在广州城，有一条很宽的清水河，河中有个小岛，上面有一座他们教士的寺院，我在这

① (清)屈大均:《广东新语》卷6《神语》，欧初、王贵忱主编:《屈大均全集》第四册，北京:人民文学出版社，1996年，第190页。

② (清)屈大均:《广东新语》卷6《神语》，欧初、王贵忱主编:《屈大均全集》第四册，北京:人民文学出版社，1996年，第194页。

③ (清)屈大均:《广东新语》卷6《神语》，欧初、王贵忱主编:《屈大均全集》第四册，北京:人民文学出版社，1996年，第195页。

座寺院内看见一个修得漂亮的高大礼拜堂，前有几级涂金阶级，木雕而成，堂内是一尊精美的女人像，一个小孩抱着她的脖子，前面点着一盏灯。我怀疑那是基督教的一些形迹，就向在那里遇到的俗人及几个偶像教士打听那女人像是谁，但没有人能告诉我，也说不清楚。”①记载者葡萄牙传教士克路士未能确认这尊女人像是谁，但无非就是观音或岭南本地另一位担负求子职能的女神金花夫人。

金花夫人，“少为女巫，不嫁，善能调媚鬼神，其后溺死湖中，数日不坏，有异香。即有一黄沉女像容貌绝类夫人者浮出，人以为水仙，取祠之。因名其地曰仙湖，祈子往往有验。妇女有谣云：‘祈子金华，多得白花。三年两朵，离离成果。’”②据黄建华考证，在嘉靖初年魏校捣毁仙湖金花庙后，乡民将庙址移祀于广州城外河南地区。尤其是清代乾隆间，仙湖金花庙又被翁方纲捣毁，河南的金花庙极盛于一时。③ 据此推测，克路士眼中寺院里那个精美的女人像，极有可能就是被祭祀的金花夫人。

黄建华将金花夫人形象的变化放在宋元至清珠三角地区社会不断变化的基础上考量，他认为金花夫人的形象存在着由淫祠到正统的转变，这也是金花信仰能够存活下来的重要原因。因为尽管金花夫人的传说在广府地区流播极广，信众较多，但仍

---

① 〔葡〕克路士：《中国志》第27章《中国人的礼拜和信仰》，C. R. 博克舍编注，何高济译：《十六世纪中国南部行纪》，北京：中华书局，1990年，第150页。

② （清）屈大均：《广东新语》卷6《神语》，欧初、王贵忱主编：《屈大均全集》第四册，北京：人民文学出版社，1996年，第195页。

③ 黄建华：《明清广东金花夫人信仰研究》，2010年暨南大学硕士学位论文。

不能改变金花信仰属于“淫祀”的事实，时刻面临被捣毁的可能。在这种情形下，为避免被地方官员捣毁，士绅、乡民就在金花夫人传说的基础上对之进行改造，塑造出一个符合儒家礼制的金花形象。他们不仅将金花由女巫改变为少女，又将她与官方联系起来，以她的灵验性来巩固其合法地位。[①] 类似的故事我们从同是女仙的何仙姑身上也可以看到。她们在后世的形象无一不经过士大夫的努力改造与粉饰，从而成为能够为士大夫或者官府普遍接受的形象。

有意思的是，经过政府干预，早期的女神信仰多需改头换面才能存留下来，后期产生的“淫祀”尽管未经过士大夫过多渲染，却能在一些特定群体里保留下来。广州的河南是繁华地区，这里“富者多居之。人烟稠密，栉比相错”[②]。经济繁荣带动了烟花柳巷的发达，在此营生的妓女们也造就了自己行业的女神：“河南有三娘庙，妓女伤迟暮者祈之辄应。”[③]番禺人潘有为，字志臣，官候选布政司，曾作《河南杂咏》多首，其中有一首诗谈到妓女对三娘的祭拜：“弃捐纨扇古多嗟，纵受吹嘘计已差。何处游魂享淫祀，耳边哀怨拨琵琶。”[④]

清代的顺德民间还曾出现过对日娘的祀典。“顺德俗，每于岁之八月二十五日，妇女群为日娘称祝。识者笑其不典。盖既

---

① 黄建华：《明清广东金花夫人信仰研究》，2010 年暨南大学硕士学位论文。

② 黄佛颐：《广州城坊志》，广州：暨南大学出版社，1994 年，第 364 页。

③ （清）李福泰修，史澄、何若瑶纂：《番禺县志》卷 54《杂记二》，同治十年（1871）广州光霁堂刻本，广州：岭南美术出版社，2006 年，第 674 页。

④ 潘超、丘良任、孙忠铨等编：《中华竹枝词全编》第六册，北京：北京出版社，2007 年，第 249 页。

日而又娘之故也。然据故老相传,则别有故实。先是,县东门外,有某妇名日娘者,素工刺绣,小女子从学者多。既死,无子,其徒遂相率于其生日致祭。八月廿五即其生日。故他县皆无之。因其为女红师故,其祀事遍一邑也。"①对日娘的供奉是民间女性自发而起的,由此可以猜测,清代顺德地区女性以女红为业颇为普遍。从"小女子从学者多"即可见当地刺绣业的发达,俨然已形成一定规模。如此庞大的刺绣队伍,其成果不可能仅供家庭内部使用,剩余产品必然流入市场,女性与市场的交流则成为不容置疑的事实。

在顺德龙江镇南坑管理区的观音堂与里海附近的双桂街有一所"太尉古庙",1996年曾有人照下一幅当地供奉的三位女性蚕神的照片。其中之一是马氏蚕姑娘娘,其他两位分别姓邓和凌。蚕大姑穿红衣,"右手握的是黄色的圆圆的东西,二姑穿绿衣,端着一个盆子,上盛三条很粗壮的蚕虫,三姑穿蓝衣,也端着一个盆子,上面盛着的,也是一个黄色的圆圆的东西,和大姑手中握的东西大小相同。这黄色的圆圆的东西应该就是种茧,不过大得有点夸张,其寓意应该是蚕大姑保佑能选得大的强壮的种茧,蚕二姑保佑能育成大的强壮的蚕儿,蚕三姑保佑蚕儿再育成强壮的种茧"。中国古代的蚕神只有黄帝的妃子嫘祖,以及马头娘,又称为马氏蚕姑娘娘。而邓和凌姓的蚕神,不见于古代文献的记载。同时供奉三个蚕姑,也是古代文献上没有记载的。因此吴建新推测,马氏娘娘是岭北传过来的,而凌姓和邓姓的蚕姑可能就是顺德民间养蚕技术高超的女性,她们将技术传授给

---

① (清)郭汝诚:《(咸丰)顺德县志》卷3《风俗》,咸丰、民国合订本,广州:中山大学出版社,1993年,第80页。

各地的蚕农,人们就将这两位女性也奉为神。①

根据对日娘以及三位女性蚕神的供奉,或许可以这样认为,对民间来说,自发地供奉或者塑造某些神明应该是有极大自由度和功利性的。人们因为她们身上的一些特长予以供奉,希望她们的优点能传递到自己身上,从而带来利益,可能这是人们最初塑造神明的心态。对应到士大夫的身上,也有类似功利心理的嫌疑,他们树立的神明都有一定"法力",这种"法力"要么保佑风调雨顺,要么代表着向国家的臣服,还有一些女性神明则代表着男性宣扬的教化,成为王朝树立的榜样。

广州市天河区的石牌村,清代曾建有一座三娘古庙,此庙祭祀的却不是妓女所崇拜的三娘。该庙坐北向南,砖木结构,门额书写"三娘古庙",门两边对联为"公公十分公道,婆婆一片婆心"。据《石牌村志》载,三娘原指"三霄娘娘",即云霄、琼霄、碧霄三位女神。传说她们的法宝是剪刀,可剪除烦恼与劣根。新中国成立前,村民在每年重阳节时来三娘庙放鹰(即用红纸剪成像鹰一样的纸鸟),祈求了却烦恼保安宁。此庙于20世纪60年代始被拆毁。② 可见,深入民间、沉淀在人们日常生活中的女性神灵信仰是多样的。

其实女神信仰在很多地方都存在,像西王母、观音、何仙姑

---

① 本条材料是华南农业大学吴建新老师提供的,他为此专门到当地进行考察,并写入自己的著作之中。见吴建新:《南国丝都——顺德蚕桑丝绸业的历史与文化》,《顺德文丛》第三辑,北京:人民出版社,2011年。惠蒙吴建新老师允许我引用,特此表示感谢。

② 广州市天河区石牌村民委员会编:《石牌村志》,广州:广东人民出版社,2003年,第167~168页。

等在全国范围内都拥有大量信众，而龙母、冼夫人、禾谷夫人、金花夫人、三娘、日娘、三位蚕姑娘娘等，则是在岭南一隅存在的女性神。赵世瑜曾举碧霞元君、河北完县的木兰祠等例子加以说明：与生产活动相比，女性与女神的关系更多地反映在有关生育、婚姻和抚养婴幼等生活问题上。大多数女神庙都具有保佑生育和儿童健康的功能。① 岭南地区与之相应的是对龙母以及处女之身的金花夫人的奉祀，甚至冼夫人的神职最后也扩展到生育上来。岭南也有一些未和生育扯上关系的女性神，如三娘、日娘等，她们则因其神职的特殊性，仅在一小部分地区或人群中成为信仰。如赵世瑜所说，女神信仰之所以在妇女活动中有如此的重要性，主要是由于相同的性别，从而在功能上可以给女性信众提供特定的服务，在心理上比较接近。这体现了女性信众对此心理上的需求。②

第二节　南汉王朝的女性

历史上岭南地区逐步推进的儒化运动为女性带来了新的形象，如上文中提到的几位女仙何仙姑、卢眉娘等。她们由最初仅具有神异传说的女性被塑造成熟读诗书、才华横溢的女仙，写出不少令男性惊艳不已的诗作，这种蕙质兰心的新形象令士大夫们鼓舞不已。但是这样的女性毕竟是少数，岭南千百年来遗留

① 赵世瑜：《狂欢与日常——明清以来的庙会与民间社会》，北京：生活·读书·新知三联书店，2002 年，第 280 页。

② 赵世瑜：《狂欢与日常——明清以来的庙会与民间社会》，北京：生活·读书·新知三联书店，2002 年，第 283 ~ 284 页。

下来的女性强悍形象不可能在较短的时间内就改观。面对社会地位的降低,女性也不会无动于衷、心甘情愿地退出政治舞台,于是就有一些女性利用自身性别上的特质,努力地实施对地方政权和局势的另一种操纵。

一、庙堂之上的女学士

岭南地区的“母权”传统为女性留下了大量的政治参与空间,尽管随着中原文化的渗入,当地的儒化趋势越来越明显,但是女性依然对政局有相当的影响力。就如之前提到的李氏、武婆等几位女性,她们于战乱之时被推为主,率兵稳定地方治安,保护民众,对地方的安定起到了重要作用。如果说冼夫人、李氏、武婆等女首领对地方政局带来的是正面影响的话,那么南汉时期一些女性对政局的左右则直接成为地方政权灭亡的重要原因。南汉时期,无论是对外的重大政权决策,还是对内的政务治理,大小事务都有女性参与,此时她们对政权的影响达到了另一种高潮,如卢琼仙、女巫樊胡等人。史载:

> (刘𬬮)委政宦官龚澄枢及才人卢琼仙,每详览可否,皆琼仙指之。𬬮日与宫人、波斯女等游戏。内官陈延寿引女巫樊胡入宫,言玉皇遣樊胡命𬬮为太子皇帝,乃于宫中施帷幄,罗列珍玩,设玉皇坐。樊胡远游冠、紫衣、紫霞裙,坐宣祸福,令𬬮再拜听命;尝云琼仙、澄枢、延寿皆玉皇遣辅太子皇帝,有过不得治。又有梁山师、马媪、何拟之徒出入宫掖。宫中妇人皆具冠带,领外事。①

---

① (元)脱脱等修:《宋史》卷481《列传第二百四十》,北京:中华书局,1977年,第13920页。

对于这段历史，后人的记载有很多，《岭海见闻》中也有颇为详细的叙述：

(晟)子𬬮立，改元大宝。晟性刚忌，不能任臣下而独任其嬖倖、宦官、宫婢。至𬬮尤昏昧，以为群臣皆有家室，顾子孙不能尽忠，惟宦者亲近可任，遂委其政于宦者龚澄枢、陈延寿等。至其群臣有欲用者皆阉然后用。澄枢等既专政，𬬮乃与宫婢、波斯女等淫戏后宫，不复出视事。延寿又引女巫樊胡子，自言玉皇降胡子身。𬬮于内殿设帐幄，陈宝贝。胡子冠远游冠，衣紫霞裙，坐帐中宣祸福，呼𬬮为"太子皇帝"。国事皆决于胡子，卢琼仙、龚澄枢等争附之。胡子乃为𬬮言："澄枢等皆上天使来辅太子。"①

关于刘𬬮的这位才人卢琼仙，后世多有考证。据说她是南汉中宗时的宫人，受宠于中宗刘晟，与另一位女侍中黄琼芝均为南海人。② 乾和八年(950)卢琼仙和黄琼芝一起被封"女侍中(一作女学士)"，"朝服冠带，参决政事。宗室勋旧，诛戮殆尽，惟宦官林延遇等用事，外内专恣，帝不复省"③。后主刘𬬮继位后，又封卢琼仙为才人，"复以朝政决于琼仙，凡后主详览可否，

---

① (清)钱以垲：《岭海见闻》卷4，《四库全书存目丛书·史部》第250册，济南：齐鲁书社，1996年，第206~207页；(清)毕沅：《续资治通鉴》卷2，长沙：岳麓书社，2008年，第20页。

② (清)刘应麟：《南汉春秋》卷2，《中国野史集成续编》第二册，成都：巴蜀书社，2000年，第619~620页。清代的屈大均与刘应麟都说卢琼仙为南海人，清代梁廷楠却认为她是现属湖北省的咸宁人，见(清)梁廷楠著，林梓宗点校：《南汉书》卷7《后妃列传》，广州：广东人民出版社，1981年，第35页。

③ (清)吴任臣：《十国春秋》卷59《南汉二·本纪》，北京：中华书局，1983年，第856页。

皆琼仙指之。琼仙与女巫樊胡子、宦官龚澄枢等,内外为奸,朝臣备位而已”①。卢琼仙能迷惑两帝,自然有异于常人之处,她不仅“体轻盈,肌肤雪白”②,而且颇有才华。明代的陈继儒称赞卢琼仙道:“南汉有卢琼仙……皆歌舞妍姣,书伎绝伦。”③传说崇祯年间有请觇仙者,卢琼仙至,题云:“身轻不许风中立,腕白愁教月下看。”所以屈大均说:“琼仙故能诗。同时有苏才人者,亦能诗。南汉宫中称大家,刘龑宠之。至𬬮时,有女学士十余人,琼仙其一也,与苏皆南海人云。”④

自身的貌美与才华,使卢琼仙具备了优秀的基础条件,再加上女巫樊胡子的鼓吹,难怪后主刘𬬮信之不疑,事无大小全都由她做决定,“每详览章奏,以琼仙言为可否,不复有所增减。琼仙遂结内官龚澄枢、陈延寿辈,专握朝柄。廷臣但备员听中旨,卒以此亡国”⑤。有了卢琼仙和龚、陈等人的把持朝政,以淫乱为乐的刘𬬮干脆放荡自恣,在宫中做起了“萧闲大夫”,引得后人感慨:“金柱银衣俨玉壶,采珠更置媚川都。寺人竞进才人宠,只合

---

① (清)吴任臣:《十国春秋》卷61《南汉四·列传》,北京:中华书局,1983年,第879~880页;(清)刘应麟:《南汉春秋》卷2,《中国野史集成续编》第二册,成都:巴蜀书社,2000年,第619~620页。

② (清)梁廷楠著,林梓宗点校:《南汉书》卷7《后妃列传》,广州:广东人民出版社,1981年,第35页。

③ (明)陈继儒著,胡绍棠选注:《陈眉公小品》,《花蕊夫人宫词序》,北京:文化艺术出版社,1996年,第19页。

④ (清)屈大均:《广东新语》卷28《怪语》,欧初、王贵忱主编:《屈大均全集》第四册,北京:人民文学出版社,1996年,第678页。

⑤ (清)梁廷楠著,林梓宗点校:《南汉书》卷7《后妃列传》,广州:广东人民出版社,1981年,第35页。

萧闲作大夫。”①

二、南汉女官对后世的影响

在南汉政权统治岭南的时期里，一批有才华的女性在朝为官，她们被封为女学士，其才学应不亚于男子。这些女性也为后人评点历史留下了大量的香艳素材。据屈大均记载，南汉时在广州城北有“芳春园，桃花夹水二三里……一名甘泉苑，其桥曰流花，鋹与女侍中卢琼仙、黄琼芝、蟾姬、李妃、女巫樊胡子及波斯女，为红云宴于此，雨后往往拾得遗钗珠贝，知为亡国之遗物也”②。在红云宴上，这些女学士与男性文人一起赋诗游乐。多年后仍能拾得珠钗等遗物，可以想象当时享乐荒淫的香艳场面。亦可以推想南汉时期博通经史的女性是一批人，不是个别现象。而每年荔枝成熟之时举办红云宴为乐，后来也成为常例。随同流传的还有这些艳史，成为后世文人笔下常用的典故而不断被写入作品中。如《十国宫词》中写道：

流花桥外水沄沄，丹荔含浆映薄曛。也博一时妃子笑，遗钗堕珥醉红云。

琼仙端不让琼芝，秩进才人管百司。腕白身轻来月下，幽吟还似在宫时。③

---

① (清)虫天子：《香艳丛书》卷3《十国宫词》，北京：人民文学出版社，1992年，第416～417页。

② (清)屈大均：《广东新语》卷17《宫语》，欧初、王贵忱主编：《屈大均全集》第四册，北京：人民文学出版社，1996年，第427页。

③ (清)虫天子：《香艳丛书》卷3《十国宫词》，北京：人民文学出版社，1992年，第416～417页。

南汉后期的淫乱昏庸成为其最终亡国的一个重要因素，让后世士人感慨良多。屈大均在感叹南汉宫廷中出现大量才女之时，既惋惜卢琼仙等女性的过人才华，又批评她们是结纳宦官、败坏朝政的红颜祸水：

生不能以其诗传，死而乃为人写其妖媚之句，才女精灵历数百年而不灭，亦可异也哉！彼夫素馨美人以耆素馨而传，苏才人以宫中称大家而传。复有女学士十余人，波斯女、樊胡子二人。内太师李托之女，长曰贵妃，次曰美人，乃李丽姬、宫媪、梁莺真之流，夫岂不能吟咏者耶？是皆刘鋹女官，尝兼师傅令仆之名目者也。卢琼仙与龚澄枢尤相比，以亡鋹国。①

梁廷楠在撰写《南汉书》时也提到这段荒淫放纵的历史，他愤然说道："琼仙、琼芝自中宗时久干外政，至后主而大恣狐威，党朋阉竖因之。李托二女鱼贯而前，媚猪妖邪，日倍游辇。以禁廷为宣淫之地，以宫婢为娼妓之流，污玷如斯，不亡何待？"②

还有一些文人则以诗记史留下自己对这段历史的评价，如清代李文藻的《南汉宫词》：

穿渠筑馆满南天，珠翠轩窗玳瑁船。美女波斯共游戏，已将朝政付琼仙。

女巫坐拥紫霞裙，天语将宣百宝陈。求福臣鋹频下拜，玉皇惟赞姓龚人。

师保疑丞尽女官，煌煌冠带赞罗纨。士人无数归蚕室，

---

① （清）屈大均：《翁山文外》卷3《女官传》，欧初、王贵忱主编：《屈大均全集》第三册，北京：人民文学出版社，1996年，第109页。

② （清）梁廷楠著，林梓宗点校：《南汉书》卷7《列传第一》，广州：广东人民出版社，1981年，第32页。

应作风鬟雾鬓看。①

清末四川绵竹人杨锐作为两广总督张之洞的幕府人员随同来到广东,写下《粤中怀古》一诗:“城上遥临百粤空,南天愁绪正无穷。炎方不断四时雾,涨海常吹千里风。刘氏朝廷同妇寺,洗家巾帼是英雄。尉佗旧业如何有,惟见高台耸越中。”②其“刘氏朝廷同妇寺”一句指的就是南汉刘氏亲昵妇人而用其言之事,也就是南汉政权统治时期的妇人用事。

有学者对唐代女仙进行研究时指出:“与前代女仙相比,还增加了很多女性自身的特质元素,充满女性魅力,妩媚浪漫、真挚自然,甚至有些放浪不拘。”相对于男性,由于现实婚姻的束缚、压制与士人性情中的感性、浪漫因素本来就有冲突,“平淡无味的生活更使得对感情交流要求甚高的唐代士子备感失望,从而将对爱情和激情的渴望寄托在‘才子佳人’式的际遇,而在小说中,这种情感的幻想异化为‘仙凡之爱’”③。南汉立国距唐亡时间并不长,类似余风流韵的影响定然强烈。受此影响,南汉女官如卢琼仙、黄琼芝等人身上拥有的才华与神秘感恰好成为男性遐想的对象,不自觉地将自己与此类女性的交往附会到仙凡之恋上来。或许这种性幻想从心理层面上也有助于奠定和巩固女性在南汉朝堂上的地位。

关于南汉皇族刘氏的血统问题,学者们有不少争论。日本

---

① (清)李文藻:《岭南诗集注》,大连:大连海事大学出版社,1994 年,第 310 ~ 311 页。

② 黄雨选注:《历代名人入粤诗选》,广州:广东人民出版社,1980 年,第 460 页。

③ 霍明琨:《唐人的神仙世界——〈太平广记〉唐五代神仙小说的文化研究》,哈尔滨:黑龙江大学出版社,2007 年,第 148 ~ 149 页。

学者藤田丰八(1869～1929)曾作《南汉刘氏祖先考》,认为刘氏乃阿拉伯人后裔。他先对南汉刘氏先祖的籍贯及其迁徙表示怀疑,进而根据《北梦琐言》等对刘谦相貌的描写考定刘氏一族非华夏族,疑为入华大食人或波斯人后裔,其"刘"姓之对音疑为大食名 Ala、Ali 的音译。① 在藤田丰八研究的基础上,刘文锁否认了藤田立论的南汉刘氏先祖为海道入华阿拉伯裔之说,认为刘氏既非阿拉伯裔,也不是自海道入居泉、广,而可能是从北方上蔡迁徙到福建、广州经商的华化贾胡之后裔;刘姓或许是刘龑的祖父刘安仁时开始采用的汉姓,刘安仁可能原名安仁,是安氏"九姓胡"后裔。②

无论南汉刘姓究竟是阿拉伯人后裔还是华化的贾胡后裔,这些出身都给他们的统治带来异于中原文化的色彩,体现出对女性的尊重。因此,在南汉刘氏政权中存在着两个问题:一是巫风盛行,二是女权用事。也就是说,身居朝中高位的女性利用性别上的特点,将自身才华与巫术结合而得到一定的操纵政局的权力。而南汉的统治之所以能形成这样两大特色,估计和岭南本土风俗以及之前提到的粤人好巫的传统也是分不开的。

从表面来看,似乎儒家文化与巫觋传统结合共立朝堂之上是一种悖论,仔细分析却不难发现,看似的悖论恰恰成为女性用以影响政局的手段。首先,她们凭借女性的温柔和美貌得到男性的宠爱;其次,又凭借自身的出色才华得到帝王及男性文人的

---

① 〔日〕藤田丰八著,何健民译:《中国南海古代交通丛考》,北京:商务印书馆,1936 年,第 137～150 页。

② 刘文锁:《南汉〈高祖天皇大帝哀册文〉考释——兼说刘氏先祖血统问题》,《汉学研究》,2008 年第 2 期。

赏识，成为庙堂之上的一员；再次，她们利用巫术为自己的出身蒙上面纱，借巫蛊之说提升自己的身份与地位，成为一种在凡人眼中可望而不可即的、充满神秘色彩的存在。正是通过这些方式和手段，她们重新取得了岭南女性原本拥有的社会地位，且还更进一步掌握朝政大权，实现了自我价值，尽管这种自我实现给她们带来了千古骂名，且最终成为致使南汉政权覆灭的原因之一。

从《宋史》所说的“宫中妇人皆具冠带，领外事”来看，可知影响南汉政局的女性并非个案，而是一批。在早期岭南女性以雄霸之气统领一方后，随着中原文化的逐步传入，她们开始学习儒家学说。之前的岭南女性多以氏族或地方首领的身份雄踞一方，南汉时期则同时出现女性统兵和在朝中操纵政权两种形式。庙堂之上的女性受到儒家文化的影响较大，绝大多数都可能从小诵读儒家经典，写诗作文，才华不输男性。这种特质成为她们立身朝堂的必要条件。同时，她们一改岭南民间女性身上所具有的雄浑之气，利用女性所拥有的美貌与心计并将之与巫术相结合，笼络了作为最高掌权者的南汉帝王，将其作为自己的傀儡来发号施令，最终成为南汉政权的幕后操纵势力。

第三章

唐宋时期岭南与中原文化的碰撞

虽然五岭似乎是天然屏障，崎岖艰险的道路却无法完全阻隔岭南与中原文化的沟通。岭南在海外贸易上的重要地位也使得中原政府不断加强对这里的掌控，方法之一就是派遣或者贬谪官员到粤地为官，这些人的到来给岭南带来巨大的改变。岭南本土以儒学入仕的人也渐渐多了起来，他们和外来的士大夫一起肩负起沟通岭南与中央的重担。这些士人一方面将岭南的情况达于上庭，另一方面又试图将自己接受的儒家文化普及开去。受此影响，尽管岭南在此时的儒化程度究竟有多深尚不得而知，但无可避免的是，在这种大环境下，岭南于不知不觉中开始变化，女性亦在无意识中被卷了进来。尤其是到隋唐时期，随着文化交流的深入，岭南的部分女性也开始以熟读儒家经典、才华横溢的形象出现。这类女性即便是在中原也是众人品评乐道的对象，她们在岭南的出现，正好成为当地士大夫宣称粤地早已成为儒家教化盛行之地的强有力证据。

第一节　士人笔下的岭南“蛮风”

因为史籍记载的政治需要或流传的原因，我们见到的关于岭南早期女性的记载多聚焦于有着特殊身份地位的群体，她们有的是充满神异色彩的圣母仙姑，有的是掌握一方大权的女主，还有一些立足宫廷、跻身于男性之列的女官。这些特殊类型的女性在岭南不乏其人。另一方面，基层社会中实际生存着许多个性鲜明的女性，她们充满活力与生机，从事各种劳动，与男性一起成为岭南社会发展的基础力量。遗憾的是，对这些民间女性的记载传世的较少，她们似乎总游离于视野之外，我们只能根据史料中的蛛丝马迹去推测猜想。直到宋代，流传并被保存下来的书籍慢慢多了起来，我们才有条件从中触摸到她们的存在。

一、岭南的传统民风

隋唐乃至宋代，中原士人一直将岭南视为化外“蛮夷”之地。尽管宋以后，随着经济重心的南移，岭南社会经济开始崛起，文化教育大有起色，出现了余靖、崔与之、李昴英等精英人物，但是，中原仕宦对岭南的印象依然没有多大的改观。北宋初，大名人范旻就说：“岭外十州，风土甚恶，县镇津口，税赋失额。”[①]北宋时，狄青出征侬智高叛乱后说：“岭南外区，瘴疠熏

① （清）徐松：《宋会要辑稿》第 4 册，北京：中华书局，1997 年，第 3502 页。

蒸，北方成人往者，九死一生。”①景德四年（1007）时，宋真宗曾专门下诏：“海隅之地，炎瘴实繁，方赖众官，往司民政，如闻暑月，冒涉长途，或遘沉痾，岂忘矜恤。自今广南官并春夏季内定差，许至秋冬到任。”②也就是说，考虑到气候原因和将赴岭南任职官员的身体状况，允许他们在春夏时得到任命，可推迟到秋冬就职。这则诏令是为彰显宋真宗的德政，表现了君王对大臣的爱护与体恤，从另一方面却恰恰反映了岭南在中原君臣眼中的印象。

甚至到了南宋，情况还是没有多少好转，人们仍视到岭南做官为畏途，如江少虞所辑《事实类苑》中就危言耸听地说：“岭南诸州多瘴毒，岁闰尤甚。近年多选京朝官、知州，及吏部选授三班使臣，生还者十无二三。虽幸而免死，亦多中岚气，容色变黑，数岁发作，颇难治疗。”③

这些带有恐怖性质的描述既有对前人印象的继承，也有当时道听途说的夸张。但是对于没有到过岭南的士人而言，肯定会产生某种心理上的暗示：岭南是放逐与死亡的代名词。对于已经到了岭南的中原士人来说，尽管类似的心理阴影可能会有所减少，但岭南实际生活中存在的一些与中原“礼仪之邦”不同的风俗和观念，依然是外来者难以接受和理解的。于是这些所

① （宋）狄青：《论御南蛮疏》，曾枣庄、刘琳主编：《全宋文》第41册，上海：上海辞书出版社，2006年，第299页。

② 司羲祖整理：《宋大诏令集》卷161《广南官并春夏定差许秋冬至任诏》，北京：中华书局，2009年，第609页。

③ （宋）江少虞：《事实类苑》卷63，《文津阁四库全书》第289册，北京：商务印书馆，2005年，第662页。

谓的“陋俗”就被当作异闻记录下来：

南海男子女人皆缜发。每沐，以灰投流水中，就水以沐，以彘膏其发。至五六月，稻禾熟，民尽髡鬻于市。既髡，复取彘膏涂，来岁五六月，又可鬻。

南海贫民妻方孕，则诣富室，指腹以卖之，俗谓指腹卖。或己子未胜衣，邻之子稍可卖，往贷取以鬻，折杖以识其短长，俟己子长与杖等，即偿贷者。鬻男女如粪壤，父子两不戚戚。①

南海人髡发以卖和指腹鬻卖儿女的习俗在外来者看来是难以接受的。中原文化的观念中，身体发肤受之父母，任意剃发是不允许的，甚至直到清初推行剃发政策仍然遭到强烈抵制；而爱护自己的孩子尚且要及于旁人之子，更何况将未出生的孩子预约出卖，尤其是借子出售事后还卖的事情就更与儒家文化相抵触。事实上，岭南贩卖人口的陋习最晚在唐代就有了。唐宪宗元和十二年(817)，冀州人孔戣被任命为广州刺史，兼御史大夫、岭南节度使。在当时朝廷中有一种恶习，即“帅南海者，京师权要多托买南人为奴婢”，孔戣皆坚辞不受托付。到岭南任职之后，他更是“禁绝卖女口”，为官刚正清俭，除自己正常的俸禄外，绝无其他索取。除此之外，孔戣还亲祷南海神，勤于政事，成效显著，引得韩愈在潮州作诗以赞。②

岭南民风与汉地民风的差异不仅表现在上述几项，在女性

① (宋)李昉等编:《太平广记》卷483，北京：中华书局，1961年，第3979~3980页。

② (后晋)刘昫等撰:《旧唐书》卷154《列传第一百四》，北京：中华书局，1975年，第4098页。

对幸福婚姻的主动追求上也能体现出来。中国传统礼仪中，男女的婚姻要经过“三书六礼”的过程，即有纳礼、问名、纳吉、纳征、请期、亲迎等程序，还要有聘书、礼书、迎书等三种来往文书，一段婚姻才能告以正式缔结。这种婚姻形式从夏、商时出现，西周时完备。① 早在东汉锡光任交趾刺史时就曾在海南推行相关的礼仪变革，制定了冠礼、媒聘礼仪，并专门设立学校进行推广。② 但是效果显然并不显著，因为宋人笔下岭南地区婚姻的缔结并未遵从上述原则。相反，女性与男性之间并没有一道不可逾越的鸿沟，部分女性的婚姻更不像汉人一样需要父母之命、媒妁之言：“嫁娶间有无媒妁者，而父母弗之禁也。”③适龄男女青年可以自由交往、以歌相许，颇有《诗经》国风之遗风，其婚俗也与中原相异，一些地区有“送老”之俗：

> 岭南嫁女之夕，新人盛饰庙坐，女伴亦盛饰夹辅之。迭相歌和，含情凄惋，各致殷勤，名曰送老。言将别年少之伴，道之偕老也。其歌也，静江人倚苏幕遮为声；钦人倚人月圆，皆临机自撰，不肯蹈袭，其间乃有绝佳者。凡送老皆在深夜，乡党男子群往观之。或于稠人中发歌以调女伴，女伴知其谓谁亦歌以答之，颇窃中其家之隐匿，往往以此致争，亦或以此心许。④

---

① 高兵:《周代婚姻形态研究》,成都:巴蜀书社,2007 年,第 121 ~ 123 页。

② 罗彧:《明清海南社会经济中的女性研究》,暨南大学 2007 年硕士学位论文。

③ 广州市地方志编纂委员会办公室编:《元大德南海志残本 · 附辑佚》,广州:广东人民出版社,1991 年,第 160 ~ 161 页。

④ (宋)周去非:《岭外代答》卷 4《风土门》,张智主编:《中国风土志丛刊》第 61 册,扬州:广陵书社,2003 年,第 133 ~ 134 页。

“送老”之俗因周去非没有交代清楚，所以我们无法断定是哪个民族的习俗，后世著者亦是仅抄袭周作而未有考证。从文字记载来看，在“岭南”的范围内，该风俗流布地域应该还包括静江即今天的广西桂林和钦州之地。从歌唱内容来看，“苏幕遮”为宋代词牌名，唐代西域舞曲。格律为双调六十二字，前后片重叠，各七句、四仄韵，情调苍凉。又为曲牌名，北曲入黄钟调只曲。[①] “人月圆”亦是词牌名，又名“青衫湿”，属双调。正体两阕十一句四十八字，上阕五句、下阕六句，皆平韵。变体用摊破句法，或押仄韵。又为曲牌名，属北曲黄钟宫，定格两片十一句四十八字。[②] 无论是“苏幕遮”还是“人月圆”，均是处在巅峰时期的宋词文化的一部分，肯定不是岭南本土所产，可见汉族文化已经渗入到普通民众的基层生活中。在岭南浓郁的传统风俗环境中，这个初步进入的事物却被人们加以利用，成为民间男女谈情说爱的手段。

岭南除了汉族，还有许多少数民族存在，他们的婚俗更不会落于中原的俗套。如岭南的瑶族在每年十月都会举行踏摇活动，以便青年男女婚配：

> 瑶人每岁十月旦，举峒祭都贝大王于其庙前，会男女之无夫家者，男女各辨连袂而舞，谓之踏摇。男女意相得，则男呼嘤奋跃入女群中负所爱而归。于是夫妇定矣。各自配合不由父母，其无配者，姑俟来年。女三年无夫负去，则父

---

① 谷云义、冯宇等主编：《中国古典文学辞典》，长春：吉林教育出版社，1990 年，第 1204 页。

② 谷云义、冯宇等主编：《中国古典文学辞典》，长春：吉林教育出版社，1990 年，第 1199 页。

母或杀之，以为世所弃也。①

有的地方还有一些人被称为“缚妇民”，其实就是抢亲风俗的表现：

缚妇民喜他室女者，率少年持白梃，往趁墟路值之。俟过，即共擒缚归。一二月，与其妻首罪，俗谓之缚妇也。②

随着人口流动、经济文化的交流，岭南地区的土著居民开始与北方人联姻，但这个过程中仍然没有中原三媒六聘的礼仪：

深广俗多女，嫁娶多不以礼。商人之至南州，窃诱北归，谓之卷伴。其土人亦自卷伴。不能如商人之径去，则其事乃有异始也。既有桑中之约，即暗置礼聘书于父母床中，乃相与宵遁。父母乍失女，必知有书也。索之衽席间，果得之。乃声言讼之而迄不发也。岁月之后，女即生子，乃与婿备礼归宁。预知父母初必不纳，先以醽酒入门。父母佯怒，击碎之，婿因请托邻里祈恳父母，始需索聘财，而后讲翁婿之礼。凡此皆大姓之家然也。若乃小民有女，惟恐人不诱去耳。往诱而不去，其父母必勒女归夫家，且其俗如此，不以为异也。③

像这种先私奔后拜见岳父岳母，而且小民之女“惟恐人不诱去”的情况，估计在中原地区是难以想象的。

地处偏远的琼州，男女的交往更加多样化，关于此类现象的书写一直都未曾断绝。如琼州地区在明初时流传有《妹相思》

---

① (宋)周去非：《岭外代答》卷10《蛮俗门》，张智主编：《中国风土志丛刊》第61册，扬州：广陵书社，2003年，第345页。

② (宋)李昉等编：《太平广记》卷483，北京：中华书局，1961年，第3979页。

③ (宋)周去非：《岭外代答》卷10《蛮俗门》，张智主编：《中国风土志丛刊》第61册，扬州：广陵书社，2003年，第352~353页。

的曲子,便是男女交流的恋歌:

(《妹相思》,粤中山歌名。)略似苗蛮跳月词。风景不殊人事改,纺场一赋问谁知。(琼俗村落小民家妇女,多于月明中聚织,与男子歌答为戏,号曰纺场。洪武末,王文端公直从宦寓琼,曾往观之,因有《纺场赋》之作。)①

在男女婚姻的缔结上,琼州较多地保留了女性拥有主动权的风俗。外来之人如果想在这里娶妇,则必须先征求女方对婚后生活方式的意见,就是"养汉"还是"汉养":"琼欲甚淫,外江人客于此,欲谋得妇者,琼人必先问养汉邪、汉养邪?如汉养,则女无外交,而平日亲串往来馈送,女之饮食衣服,皆取给于男,所费不赀。如养汉,则受聘之后,男子坐食,其衣膳甚丰,往来馈送诸费,皆出于女,而不得禁其外交。生子则携以归,生女则随母留琼,不肯渡海也。"②从生子和生女的不同处置态度来看,琼州地区应该是比较看重女性的,这与我们之前所讲的首领世袭传女不传男以及元末之时蔡九娘立志不嫁、以首领身份率领部众、保卫乡土之事均暗合。

从这些记载中我们可以得出结论,宋元以前的岭南女性并不是完全在男人的羽翼下战战兢兢地生活。相反地,她们独立、大胆,有着很强的自我意识,因此在中原士人眼中成了另类。尽管从明代开始,儒家教化开始全面渗透岭南地区,但直到清代,文人撰写的章句中依旧有岭南女性异于正统行为的记载,可见

---

① (清)程秉钊:《琼州杂事诗》,《丛书集成初编》第3128册,北京:中华书局,1985年,第9页。

② (清)吴震方:《岭南杂记》,《丛书集成初编》第3129册,北京:中华书局,1985年,第27页。

本地传统与文化的顽强生命力：

自肇至梧，路届粤西，即有蛮彝之习。妇人四月即入水浴，至九月方止，不避客舟，男女时亦相杂，古所谓男女同浴于川也。然大约瑶壮山居者尔尔，若中土人籍彼地者，其妇女则否。浴时或触其私，不忌，唯触其乳，则怒相击杀，以为此乃妇道所分，故极重之。①

南方妇女不避男女同浴于川的行为，令北来的士人惊讶不已，极大地凸显了中土风俗和当地习惯的不同。从另一个角度来看，此间女性与男性的隔阂也不是壁垒森严，她们有着自己的底线，未被触及时可以与男性嬉笑怒骂，身体相触而不忌。由此看来，本地人，无论是女性还是男性，对身体的隐秘和羞涩感，均远逊于中原人士。

女性不出闺门的约束，在岭南地区也并不当然存在，甚至还有女性代夫诉讼、足蹑公堂的记载。北宋广州太守章楶在《广州府移学记》中说：

（番禺）其俗喜游乐，不耻争斗。妇代其夫诉讼，足蹑公庭，如在其室家。诡辞巧辩，喧啧诞谩，被鞭笞而去者无日无之。②

此记载直到康熙年间仍可见于方志③，估计是照抄自前书。

---

① （清）吴震方：《岭南杂记》，《丛书集成初编》第3129册，北京：中华书局，1985年，第18页。

② 广州市地方志编纂委员会办公室编：《元大德南海志残本·附辑佚》，广州：广东人民出版社，1991年，第161页。

③ （清）王永瑞：《新修广州府志》卷7《风俗》，康熙十二年（1673）刊本，北京图书馆古籍出版社编辑组：《北京图书馆古籍珍本丛刊》第39册，北京：书目文献出版社，1998年，第45页。

虽然在中原其他地方也有类似情况，但都是处于历史上较早的阶段，如颜之推记载魏晋南北朝的北齐首都邺城的风俗是："邺下风俗，专以妇持门户，争讼曲直，造请逢迎，车乘填街衢，绮罗盈府寺，代子求官，为夫诉屈。"①针对此类现象，宋人庄绰说，广州"妇女凶悍，喜斗讼，虽遭刑责而不畏耻，寝陋尤甚"②。尽管颜之推笔下的情况与岭南差不多，颜所记却是发生在魏晋时期，而岭南到宋元时期依旧如此，那就应当是与中原文化的差异问题了。

缠足在宋代以前已流行于中原社会，但在相对偏远的岭南，直到清代，天足仍是社会下层女性的主流，她们不仅赤足，人们甚至还将是否缠足视为区分良贱的标志：

> 岭南妇女，多不缠足，其或大家富室闺阁，则缠之。妇婢俱赤脚行市中，亲戚馈遗盘榼，俱妇女担负，至人家，则袖中出鞋穿之，出门，即脱之袖中。女婢有四十、五十无夫家者。下等之家女子缠足，则皆诟厉之，以为良贱之别。③

纵观岭南早期历史，女性生活是多姿多彩的，从早期的女将、女仙到普通阶层中撑起家庭重担的女性，再到勇于追求幸福的少数民族少女，在岭南本土人的眼中一切都那么自然。在外来者的眼中，这些"蛮风异俗"却成为岭南荒蛮落后的象征，于是士大夫们开始按照中原文化改造岭南。岭南本地较早接受儒

---

① 王利器撰：《颜氏家训集解》卷1《治家第五》，北京：中华书局，1993年，第48页。

② （宋）庄绰：《鸡肋编》卷中，北京：中华书局，1983年，第53页。

③ （清）吴震方：《岭南杂记》，《丛书集成初编》第3129册，北京：中华书局，1985年，第9～10页。

家文化的学者们也以此为己任,致力改变“落后”面貌,努力使之成为礼仪之区。在唐代、南汉时这个过程已经慢慢开始,宋时女性的儒化继续进行,因此我们看到,在典籍记载中,贴近儒家文化的女性明显多了起来。随着文化交流的深入,儒家文化越来越深刻地影响着当地的文化与风俗,直至岭南的“异俗”完全被同化,至少是表面上的完全被征服。

二、社会经济活动中的岭南女性

岭南地区的女性除了冼夫人和南汉宫廷中的女性等少数人拥有显赫地位,真正在社会生活中占据主流的还是中下层那些形形色色的劳动妇女,她们在社会发展中处于相当重要的地位。现实生活中,她们参与劳动,甚至承担大部分的工作,极大促进了岭南经济发展。

宋人编著的《太平广记》中记载了这样一个故事:

> 番禺村中有老姥,与其女饷田。忽云雨晦冥,及霁,乃失其女。姥号哭求访,邻里相与寻之,不能得。后月余,复云雨昼晦,及霁,而庭中陈列筵席,有鹿脯干鱼,果实酒醢,甚丰洁。其女盛服而至。姥惊喜持之,女自言为雷师所娶,将至一石室中,亲族甚众。婚姻之礼,一同人间。今使归返回,他日不可再归矣。姥问:“雷郎可得见耶?”曰:“不可。”留数宿,一夕复风雨晦冥,遂不复见。①

我们在此关注的不是故事的真实性,而是故事本身传递的信息。故事的起因是番禺村中的老姥与女儿到田中干活,遇到

① (宋)李昉等编:《太平广记》卷395,北京:中华书局,1961年,第3160~3161页。

天气突变，女儿失踪，待其归来后始知是被雷师所摄并娶为妻。这些信息告诉我们：在岭南，女性是要参加田野劳动的，而本应在田野中常见的男性却在劳动场合中缺失了。带着这种疑惑继续查找典籍，却发现女性参与户外劳动/活动的事例在岭南并不罕见。

《太平御览》卷845《饮食部三》记载了广州人好酒的风俗，其中记载："大抵广州人多好酒，晚市散，男儿女人倒载者，日有三二十辈。生酒行，即两面罗列，皆是女人。招呼鄙夫，先令尝酒。盎上白瓷瓯谓之□刮，一□三文。不持一钱来去尝酒致醉者，当垆妪但笑弄而已。盖酒贱之故也。"①由此可知，女性和男性一样可以公然于市场上买酒，甚至当垆卖酒做生意的都是女性。唐代房千里在其《投荒杂录》中也记载了岭南尝酒的风俗，可与之相印证："就泥上钻小穴，可容箸，以细筒插穴中，沽者就吮筒上，以尝酒味。俗谓之滴淋。无赖小民，空手入市，遍就酒家滴淋，皆言不中，取醉而返。"②事实上，岭南女性从事的工作远不止此，曾有人在番禺的市集上看到老媪在公开叫卖相思药：

> 有在番禺逢端午，闻街中喧然，卖相思药声。讶笑观之，乃老媪荷揭山中异草，鬻于富妇人，为媚男药，用此日采取为神。又云，采鹊巢中，获两小石，号鹊枕，此日得之者佳。妇人遇之，有抽金簪解耳珰而偿其直者。③

---

① （宋）李昉等编：《太平御览》卷845，北京：中华书局，1960年，第3778页。

② （唐）房千里：《投荒杂录》，《古今说部丛书》第二册第四集，上海：上海文艺出版社，1991年。

③ （宋）李昉等编：《太平广记》卷483，北京：中华书局，1961年，第3982～3983页。

岭南的老妇人于端午时节在大街上公然叫卖相思药给女性以做媚男之用的现象，使外来的中原士人新奇不已。这其实意味着当地女性在两性关系中所处的主动地位以及对爱情和婚姻幸福的主动追求。这恰恰说明了岭南女性不同于中原女性的娇弱与娴静，也是社会风气使然。而社会衡量一位女子是好女子的标准不是德、言、容、工，却是以“修治水蛇黄鳝”这类日常生活中最实用的技能来进行衡量，可见其务实性：

岭南无问贫富之家，教女不以针缕绩纺为功，但躬庖厨，勤刀机而已。善醯盐菹鲊者，得为大好女矣。斯岂遐裔之天性欤。民争婚聘者，相与语曰，我女裁袍补袄，即灼然不会，若修治水蛇黄鳝，即一条必胜一条矣。①

南宋时，广东有一所寿安院，专设医局以收留那些贫病无所依靠者，并为其治病。为照顾这些病人，创办者“募夫妇愿俱庸者共凡役，庖斯整，湢斯洁，百尔器用色色具”②。也就是说，招募男女共同在这所寿安院中工作。这类现象在中原地区可能难以看到，但换个角度来想，却恰好说明岭南女性在社会生活和经济中的稳定地位。

中原士人对女性在岭南社会中的特殊表现，在感到诧异的同时，也试图给出他们认为比较合理的解释，周去非在《岭外代答》中说道：

南方盛热，不宜男子，特宜妇人。盖阳与阳俱则相害，

---

① （唐）房千里：《投荒杂录》，《古今说部丛书》第二册第四集，上海：上海文艺出版社，1991 年。

② （宋）李昴英撰，杨芷华点校：《文溪存稿》卷 2，广州：暨南大学出版社，1994 年，第 31 ~ 32 页。

阳与阴相求而相养也。余观深广之女何其多且盛也。男子身形卑小，颜色黯惨；妇人则黑理充肥，少疾多力。城郭虚市负贩逐利，率妇人也。而钦之小民皆一夫而数妻，妻各自负贩逐市以赡一夫。徒得有夫之名，则人不谓之无所归耳。为之夫者终日抱子而游，无子则袖手安居。群妇各结茅散处，任夫往来，曾不之较。至于溪峒之首，例有十妻，生子莫辨嫡庶，至于仇杀云。①

可见妇女"负贩逐利"已成为岭南乡村一道亮丽的风景线，而从女性多人共赡一夫的情形来看，此时岭南的婚姻和家庭没有中原地区严格的嫡庶之分。周去非的话中透露的信息是，宋代的岭南，女性实际上支撑着整个社会经济的运转，她们是岭南社会主要的生产者与经营者。这几乎成为岭南社会的常态，直到清代在岭南的某些地区仍在流行。

元末明初岭南著名文人南海人孙蕡就用"耕夫贩妇"②来描述元明之际的岭南社会风气。长乐兴宁的妇女直到明末清初仍然劳作甚于男子，当地居然还将这种现象认为是"风俗之善"：

长乐、兴宁，其民多骄犷喜斗，负羽从军者十人而五，盖其水土之性也。其男即力于农乎，然女作乃登于男。厥夫菑，厥妇播而获之。农之隙，昼则薪烝，夜则纺绩，竭筋力以穷其岁年。盎有余粟，则其夫辄求之酤家矣，故论女功者以是为首，增城绥福都亦然。妇不耕锄即采葛，其夫在室中哺子而已。夫反

① （宋）周去非：《岭外代答》卷10《蛮俗门》，张智主编：《中国风土志丛刊》第61册，扬州：广陵书社，2003年，第351～352页。

② （明）黄佐：《广州人物传》卷12，广州：广东高等教育出版社，1991年，第290页。

为妇，妇之事夫尽任之。谓夫逸妇劳，乃风俗之善云。①

伴随着女性经商的常态化，能否盈利挣钱到后来居然成为评判妇女好坏的标准。如海南黎族的地方市场就多由妇女主持贸易，男子则在家不出，殷实之家甚至以妻妾贸易获利多寡来判断妻妾的好坏：

> 黎村贸易处，近城则曰市场，在乡曰墟场，又曰集场。每三日早晚二次，会集物货，四境妇女担负接踵于路，男子则不出也。其地殷实之家，畜妻多至四五辈，每日与物本，令出门贸易。俟回收息，或五分三分不等，获利多者为好妾，异待之。②

除了“负贩逐利”，令记录者惊异的是，在岭南甚至许多本应由男性从事的职业都是由女性从事，如屠牛的“屠娘”：

> 南海解牛，多女人，谓之屠婆屠娘。皆缚牛于大木，执刀以数罪，某时牵若耕，不得前；某时乘若渡水，不时行。今何免死耶。以策举颈，挥刀斩之。③

南海杀牛的风俗在南朝时就有了，南朝梁武帝天监初年，东海郯人王僧孺出为南海太守。“南海俗杀牛，曾无限忌”，王僧孺看到这种陋习，明令予以禁止，即史书上说的“至便禁断”。④

---

① (清)屈大均:《广东新语》卷8《女语》，欧初、王贵忱主编:《屈大均全集》第四册，北京:人民文学出版社，1996年，第246页。

② (明)顾玠:《海槎余录》，《明代笔记小说》第25册，石家庄:河北教育出版社，1995年，第445页。

③ (宋)李昉等编:《太平广记》卷483，北京:中华书局，1961年，第3979~3980页。

④ (唐)李延寿撰:《南史》卷59《列传第四十九》，北京:中华书局，1975年，第1460页。

虽然颁布了禁令,但从宋时仍有南海女性屠牛的记载来看,多半收效并不乐观。

有的地区因为土瘠民贫,山多田少,男子多外出谋生或读书求仕,因而操持家务、耕种土地等重担全部由女性来承担:“故乡村妇女耕田、采樵、织麻、缝纫、中馈之事,无不为之。絜之于古,盖女功男功皆兼之矣。”①此外,还有负重的苦力、担水抬舆的挑夫,大多也是由妇女担任,这完全不同于儒家文化熏染下的女性:“至于惠州水城门外妇女,日日汲江水而卖,大埔石、上丰市妇女挑盐肩木,往来如织,雇夫过山,辄以女应。红颜若此,真在羼提劫中矣。”②这种现象一直到清末都存在。清道光年间进士、湖南湘潭人黎吉云在路过龙川蓝关古道时,遇到一些负责担挑重物在山路上来往运输的脚夫,她们均是女子,他遂因“途间负担者多女子,作歧岭曲”两首:“鬓侧垂青丝,与欢两肩并。妍媸待欢定,将欢作明镜。十里上蓝关,对面相逢笑。双声歌入云,知是龙川调。”③

女性劳作的风气反过来对以汉人为主体构筑的大陆卫所军人家属也产生了影响,电白县“军妇贸易充溢墟市,盐妇担负络绎道途,军余荡子群聚赌博,纠伙作盗而鼠窃尤甚”④。这一现

---

① (清)吴宗焯修:《光绪嘉应州志》卷8《礼俗》,光绪二十四年(1898)修,台北:成文出版社影印,第151页。

② (清)吴震方:《岭南杂记》,《丛书集成初编》第3129册,北京:中华书局,1985年,第10页。

③ (清)黎吉云:《黛方山庄诗集》卷4,《清代诗文集汇编》编纂委员会编:《清代诗文集汇编》第586册,上海:上海古籍出版社,2010年,第42页。

④ (清)陈梦雷:《古今图书集成》第168册,《方舆汇编·职方典·高州府部》,北京:中华书局;成都:巴蜀书社,1985年,第4页。

象与中原风俗大相径庭。日本学者佐竹靖彦通过对宋人作品《清明上河图》研究显示,中原都市几乎看不到女性的踪影。①两相对比,凸显了岭南妇女形象与中原妇女形象的巨大差异。女性在岭南社会生活和经济活动中充当着极为重要的角色,她们与男性一起构建了岭南社会。

宋代士大夫常用"妇人强,男子弱"形容广州社会的两性结构,认为女性言行举止与儒家文化格格不入:"广州杂俗,妇人强,男子弱。妇人十八九戴乌丝髻,衣皂半臂,谓之游街背子。"②这亦暗示了宋代珠三角女性经常出入公众场合的独特现象。刘志伟指出:如果删去文中的地名,我们可能难以想到这里描写的是"中国"王朝直接管辖下的一个地区,显示了宋代广东地区的文化风俗与所谓"中国文化"之间存在着多大的差异。这种差异是基于"朝廷之教化未孚"的缘故,因此广东女性形象与社会角色不同于士大夫文化的模式也就没有什么奇怪的了。③

除了上述特点,岭南女性在社会与经济生活中拥有的较高地位还体现在宋代岭南流行的太婆崇拜上。笔者曾在广州市杨箕村的一所李氏祠堂中看到该系的始祖安政公李如冈及其太婆温氏坟墓未修缮之前的照片。照片中,李如冈的坟墓规模远无法与温氏相比,无论是墓地的大小、墓碑的高度还是其形制,两

---

① 〔日〕佐竹靖彦:《〈清明上河图〉为何千男一女》,邓小南主编:《唐宋女性与社会》下册,上海:上海辞书出版社,2003 年,第 785 ~ 824 页。

② (宋)朱彧:《萍洲可谈》,见(清)梁廷楠等著:《南越五主传及其它七种》,广州:广东人民出版社,1982 年,第 102 页。

③ 刘志伟:《女性形象的重塑:"姑嫂坟"及其传说》,苑利主编:《二十世纪中国民俗学经典 · 传说故事卷》,北京:社会科学文献出版社,2002 年,第 365 页。

者相比均有小巫见大巫之感，这种现象是引人深思的。在李氏族谱中，我们看到了关于温氏的记载：

（安政公）先任宋职十承大夫，候绍兴间授承事郎，于广州措置熙河事，诸将皆受其节制。大夫钦选广州路刺史。配温氏，封一品夫人，卒于南宋乾道九年（1173）癸巳岁八月十六日，葬广州市白云山蒲涧御书阁……御书阁坟源记，该坟山形名猪肝吊胆。原温氏待葬其祖。皆温氏。以父命将其女儿许配给安政公攀官缘，其女舍命拒之，要其父将此空坟宝地陪嫁方从父命，温氏无奈允之。①

从这则记述可推知，女儿的意见在家族中是有分量的，家长不可能违背她们的意愿要求而决定她们的婚姻，而且父族必要时还会向她们妥协，接受她们的条件。

刘志伟的《姑嫂坟》是研究岭南祖姑（太婆）崇拜的力作。他对广州市北郊一处古代女性墓葬即“姑嫂坟”的故事及其后世的变化进行剖析，重新梳理了宋明时期中原传统文化对广东士人塑造女性形象的影响。他认为：

历史上岭南地区的女性，无论在家庭和社会生活中，都扮演着十分引人注目的角色。无论关于近代珠江三角洲地区的自梳女的研究，还是谈到今天香港的职业女性，这一地区女性在社会上的角色都给人以深刻的印象，多数人很自然地会将这些现象与妇女解放联系起来。我不否认近代以来这一地区经济和社会现代化的过程为妇女解放创造了条件，但须强调的是，在本地文化传统中，女性在社会生活中

① 《广东李氏安政公族谱》，内部发行，2003 年，第 29 ~ 30 页。

的角色，本来就与中原地区的女性不同，牧野巽对此曾作过专门的讨论，这里想再补充一些事实，以见如姑嫂坟这样的女性祖先崇拜现象与地方土著文化传统之间可能存在的联系。①

由上面的例子可以看出，宋代及以前，广东文化与习俗和中原地区仍有相当大的差距，“妇人强，男子弱”是岭南妇女特殊形象的传统渊源。而在“妇人强”的断言背后，暗含的则是岭南女性在社会与经济生活中所处的较高地位。即便是她们因“深广之女何其多且盛”而不得不共赡一夫，也不可小觑她们在经济与社会生活中的重要作用。正是她们不辞辛苦地奔赴“城郭墟市”以“负贩逐利”，广州城才有可能成为南方沿海重要的国际化城市与海外贸易的中心、逐利的渊薮。也就是这些女性，用自己的辛苦劳动与付出和男性一起建构了历史上的岭南社会。

第二节　岭南女性儒化形象的塑造

由秦到汉，由南北朝至于唐、宋，虽然岭南早就开始了与中原的交流，而且文化沟通一直进行着，但是力度和火候却始终不够。加上地理环境的因素尤其是五岭的天然屏障作用，使得岭南不仅气候与中原迥异，连民风都在相当长的时间内保持着自己的独立性。因此，在中原士人的主观印象里，岭南的落后与野蛮让人闻之色变，甚至到唐宋时期官员还视到岭南做官为畏途。

---

① 刘志伟：《女性形象的重塑：“姑嫂坟”及其传说》，苑利主编：《二十世纪中国民俗学经典·传说故事卷》，北京：社会科学文献出版社，2002 年，第 364 页。

有研究者指出，在北宋早期，广州不仅没有文人阶层可言，许多官员也是本地人充任，而这些本地人在空间上对管辖什么地方也是不清不楚的。宋朝在岭南地区行政改革的推行、儒学的发展均相当慢，而且直至北宋末年，广州的知识精英仍然被省城的一小群北方长官压制，抬不起头来。[①] 后来由于宋朝经济中心的不断南移，岭南在王朝国家的地位逐渐重要起来，士绅阶层才慢慢形成。这些地方精英开始用理学武装自己、兴建学校，改变岭南蛮荒落后的面貌，将地方政府整合到王朝之内。随着考中进士人数的增加，被称为"乡绅"的文人阶层诞生了。随着"乡绅"这个文人阶层的诞生，儒家思想打了进来。[②] 在岭南社会长时间的整体儒化进程中，作为社会组成的细胞之一，女性逃脱不了被同化的命运，开始或多或少地接触儒家文化。这些受到儒家文化熏陶的女性成为岭南儒学与中原接轨的一个"力证"，最起码在岭南本地士人眼中如此。

一、唐代岭南才女形象的"被塑造"

前文在介绍岭南的女神信仰时考察过何仙姑、卢眉娘等人，关于她们的形象从典籍中我们能发现不断塑造的痕迹，她们也因之成为岭南文明早期开化和岭南才女的代表性人物。除她们之外，还有不少女性被后人追溯并冠以"才女"之名，这其中似乎隐含着缩短岭南与儒家文化差距的目的。相传最早的粤籍女

---

① 科大卫著，卜永坚译：《皇帝和祖宗——华南的国家与宗族》，南京：江苏人民出版社，2009 年，第 36 页。

② 科大卫著，卜永坚译：《皇帝和祖宗——华南的国家与宗族》，南京：江苏人民出版社，2009 年，第 33 ~ 34 页。

诗人是晋代的绿珠。屈大均考证说:“考粤中妇女能诗者,始自白州绿珠。其《懊侬》一歌,至今有光金谷。”①据宋代乐史所写的传奇《绿珠传》介绍,绿珠姓梁,是白州博白县人,生于双角山下,美而艳:

越俗以珠为上宝,生女为珠娘,生男为珠儿。绿珠之字,由此而称。晋石崇为交趾采访使,以真珠三斛致之。崇有别庐在河南金谷涧。涧中有金水,自太白源来。崇即川阜置园馆。绿珠能吹笛,又善舞《明君》。……崇又制《懊侬曲》以赠绿珠。……赵王伦乱常,贼类孙秀使人求绿珠。……崇勃然曰:“吾所爱,不可得也。”秀因是谮伦族之。收兵忽至,崇谓绿珠曰:“我今为尔获罪。”绿珠泣曰:“愿效死于君前。”崇止之,遽坠楼而死。崇弃东市。时人名其楼曰绿珠楼。②

后世学者对绿珠的出生地却另有他说。清末顺德的胡廷梁认为绿珠为广州博白人,“本姓梁,梁伯女。仙人茵于教以吹笛。粤中女子始吟诗者”③。梁乙真却认为绿珠是“南海梁氏女,貌美善舞。石崇以珠三斛易之,故名绿珠”④。无论是博白还是南海,绿珠籍贯属古粤地毋庸置疑。在她身后还流传着许多奇异的传说。传说绿珠的家乡博白县有一井,井名绿珠,“云其乡饮

---

① (清)屈大均:《翁山文外》卷3《女官传》,欧初、王贵忱主编:《屈大均全集》第三册,北京:人民文学出版社,1996年,第108页。

② (明)王世贞编,陈洪宜点校:《艳异编》,《中国古代禁毁小说文库》第三辑,西安:太白文艺出版社,2000年,第254~255页。

③ (清)胡廷梁:《广东名媛诗选》卷1,刻本,第1页。

④ 梁乙真:《中国妇女文学史纲》,上海:上海书店,1990年,第129页。

是，多生美女。异时乡父老有识者，聚而谋窒是井，后生女乃不甚美。或美必形不具”①。范端昂记载的绿珠井地址更为详细：

> 博白县本高凉白州，东粤之地。其西双角山下，有梁氏绿珠故宅。宅旁一井，七孔，水极清，名绿珠井。山下人生女，多汲此水洗之。其井汲引者，生女必美。土人以巨石塞井一孔，女绝美者亦捐一窍。其村名绿萝以比苎萝村焉。②

史载绿珠不但美貌，而且能做诗，所以被后世岭南士人追认为粤地女子吟诗者之首，其《懊侬曲》成为岭南女性第一首诗作，其诗为：“丝布涩难缝，令侬十指穿。黄牛细犊车，游戏出孟津。”③传说绿珠又善吹笛，传其弟子宋袆，双角山下及梧州皆建有绿珠祠，“妇女多陈俎豆”，而绿珠的笛谱就一直存放在祠中，“邝湛若常手录以归，有《苍梧访太真》”④。至于《懊侬曲》是否真的为绿珠所作，有人对此也曾发表过异议，如上面提到的乐史在其《绿珠传》里就说《懊侬曲》是石崇为绿珠所制。考此诗提到“游戏出孟津”，《懊侬曲》创作的时间当是绿珠随石崇到洛阳金谷园之后。作者究竟是石崇还是绿珠，已成为一段难解的公案。因此诗以女性口吻而作，故后世史家多持绿珠之议，我们姑且相信《懊侬曲》为绿珠遗诗。既是绿珠之作，这首诗就开创了

---

① （宋）周去非：《岭外代答》卷10《蛮俗门》，张智主编：《中国风土志丛刊》第61册，扬州：广陵书社，2003年，第331页。

② （清）范端昂著，汤志岳点校：《粤中见闻》卷11《地部八》，广州：广东高等教育出版社，1988年，第116页。

③ 逯钦立辑：《先秦汉魏晋南北朝诗》，《晋诗》卷4，北京：中华书局，1983年，第646页。

④ （清）屈大均：《广东新语》卷4《水语》，欧初、王贵忱主编：《屈大均全集》第四册，北京：人民文学出版社，1996年，第141页。

岭南女性诗歌创作的先河。

后世的记载尤其是明清时期的文献中,唐代以后粤地有才华的女子逐渐多了起来。唐高宗上元年间有一位名字已无从查考的南海女子,制成了构思绝妙的回文诗《鞶鉴图》。[①] 据屈大均《广东新语》所书:"唐上元初,南海女子所制有《鞶鉴图》,名曰《转轮八花钩枝鉴铭》,凡一百九十二字,回环读之,四字成句。其构思精巧,寓词箴规,似有得乎风人之旨,可与苏若兰《璇玑图》、范阳杨氏《天宝回文诗》并传。"[②]

此《鞶鉴图》据说最早由王勃收藏并作序云:

> 上元一[③]年,岁次乙亥(675),十有一月庚午朔,七日丙子,予将之交趾,旅次南海。有好事者以《转轮钩枝八花鉴铭》示予,云当今之才妇人作也。观其藻丽反覆,文字萦回,句读曲屈,韵调高雅,有陈规起讽之意,可以作鉴前烈,辉映将来者也。昔孔诗十兴,不遗卫姜;江篇拟古,无隔班媛。盖以超俊颖拔,同符君子者矣。呜呼!何勤非戒,何述非

---

① 《鞶鉴图》在多部著作中都有介绍,如吴茂梁在《怪体诗趣谈》里即详细地介绍了其读法。按吴的介绍,该诗由一位寺院老方丈送给王勃,王勃当时爱不释手,又恐流失,即写了小序,藏于小匣中,后集诗成册时,又特地附图于该集之末。另说是王勃在省亲途中,因船失事,坠入水,木匣浮于水面,后传到朝中。吴茂梁:《怪体诗趣谈》,长沙:湖南文艺出版社,1990 年,第 247 ~ 252 页。

② (清)屈大均:《广东新语》卷 8《女语》,欧初、王贵忱主编:《屈大均全集》第四册,北京:人民文学出版社,1996 年,第 234 页。

③ 按清人蒋清翊注,"一"应当是"二",是讹记。唐高宗上元一年(674)是甲戌年,上元二年(675)才是乙亥。见(唐)王勃著,(清)蒋清翊注:《王子安集注》,上海:上海古籍出版社,1995 年,第 289 页。

才。风律句存，士女何算。聊抚镜以长想，遂援笔而作序。①

该段引文出自王勃的《王子安集》，是清代蒋清翊编注的。蒋清翊，字敬臣，江苏吴县人，生活在咸丰、同治、光绪三朝间，曾任知县等职。据当代学者汪贤度考证，蒋氏为王集作注，耗时十二载，三易其稿，颇费苦心。而且他作注时遵循一字一句必追溯来源出处的原则，因此显得琐碎多余，有时又不免主观臆断，但确有首创之功，其用力之勤是可见的。② 在王勃作序之事过了一百三十多年后，唐宪宗时的令狐楚又为之作跋：

元和十三年二月八日，予为中书舍人翰林学士，夜直禁中，奏进旨捡事，因开前库东阁，于架上阅古今撰集，凡数百家。偶于《王勃集》中卷末，获此《鞶鉴图》并序，爱玩久之。翼日遂自摹写，贮于箱箧。宝历二年，乃命随军潘玄敏绘于缣素，传诸好事者。太原令狐楚记。③

据此来看，王勃曾为《鞶鉴图》作序应该不假，那么这则故事的真实性就能够确定了。

另一位在唐代较为知名的南海女子是位七岁的小姑娘，她年纪幼小，却才思敏捷。唐武后时，武则天召见了这位来自岭南

① （唐）王勃著，（清）蒋清翊注：《王子安集注》，上海：上海古籍出版社，1995 年，第 289 页。此序还可见（清）董诰等编：《全唐文》卷 180，北京：中华书局，1983 年，第 1836 页。

② （唐）王勃著，（清）蒋清翊注：《王子安集注 · 前言》，上海：上海古籍出版社，1995 年，第 5 页。

③ （清）屈大均：《广东新语》卷 8《女语》，欧初、王贵忱主编：《屈大均全集》第四册，北京：人民文学出版社，1996 年，第 234 页；此文还可见《全唐文》卷 543《令狐楚五》。

的小姑娘，令她当庭赋送兄诗，即应声而就曰：

别路云初起，离亭叶正飞（一作稀）。所嗟人异雁，不作一行归（一作飞）。①

虽然这位七岁女孩流传下来的仅有《送兄诗》一首，但因年纪幼小的原因，这篇诗作仍广为传诵，成为唐代送别诗的经典作品之一，也奠定了她在岭南才女中的重要地位，和《鞶鉴图》一起成为岭南文人的骄傲。因时代久远和材料所限，南海女子与七岁女这两位女诗人的身份、真实姓名已无从查考。唯一能让后世忆起她们的就是这两首作品，一为怀远人，一为送别，都是自身真挚感情的抒发，而作者的喜怒哀乐也通过文字鲜明地呈现在读者面前。

二、岭南女性“贞”与“孝”的新形象

尽管部分地区仍存在着迥异中原的“蛮风”，但事实上儒家文化已经开始了向岭南的传播，这从唐代岭南出现的几位才女身上便可窥见端倪。到了宋代，许多以饱学著称的官员，如苏轼兄弟等因贬官来到岭南，他们带来了丰富的知识，带动所居地文风的改变，在当地留下大量轶事与传闻。尤其是经过南宋末年宋朝残余势力以岭南为基地进行的抗元活动，使得不少宋朝遗民在失败后定居岭南，他们将儒家文化更为全面地带入，开始普及正统的礼教观。元代朝廷对岭南文化教育有所加强，世风在此时有了进一步的转变，岭南不仅出现不少以科举入仕者，而且在男性的鼓噪下，连女性都受到熏染而慢慢发生了改变。

---

① （清）彭定求编：《全唐诗》第 23 册，卷 799，北京：中华书局，2008 年，第 8983 页。

从唐到宋元，岭南女性中出现了少数能够以诗作传世者，其数量虽少，却已足够成为士人的骄傲。在他们有意识的塑造下，这几位女性成为岭南开化的证明。除了才女的事例，儒家赞许的女性"忠、孝、节、烈"的形象也成为文明和开化的一种衡量标准。我们从下面表格所反映的一组数字中可以清楚地看到这种情况的改变：

表 3.2.1　岭南地区由汉至元代地方志《列女传》中记载女性数量

分类／朝代	烈妇	烈女	贞女	孝女（妇）	守节	其他	合计	备注（"其他"一项的详细注释）
汉			1			2	3	珠崖二义
南朝宋	1		1			1	3	区美人①
陈			3				3	
隋						1	1	谯国夫人冼氏
唐	1		2			3	6	英德虞氏、七岁女子、南海女子
宋	7	2	9	4	4	2	28	雷州李氏、出粮饷军的李氏（见后）
元	5	6	2		4	1	18	蔡九娘
合计	14	8	18	4	8	10	62	

① 区美人："南海良家子也。宋昇明中，父金以义士从大将邓惠真袭豫章贼帅有功入金陵，事齐高帝为右武卫校尉。会选良家子，区氏以美姿仪为美人，性婉顺，事高帝始终宠遇不衰，而金亦荣显官至尹州刺史。"传见（明）黄佐：《广东通志》卷63《列传二十》，嘉靖三十六年（1557）刻本，广州：岭南美术出版社，2006年，第1646页。

此表根据清代阮元主持编写、道光二年（1822）刊刻的《广东通志》第306～325卷而来。之所以选择此部通志作为统计数据来源，是因为此书编纂时较为全面地参考了历代方志的版本，而且信息量最大、人数最多。最关键的是，其朝代划分清晰，不似前代一些通志对朝代语焉不详。同时，为确保上面所列女性记载的完整性，笔者亦曾对之前编写的几部方志加以核实。另外，表中烈妇、贞女、孝女等名词虽屡见诸研究者的论著中，但为了方便理解，在此仍有必要予以界定。烈妇，指在战争中为守护贞节而死或夫死以殉的女性；烈女指未嫁时因遭到外力侵犯以死反抗者；贞女指立志不嫁以养父母子侄或者未嫁夫死而立志守贞者；孝女、孝妇，指以孝著称的女性，她们可能因割股疗亲等孝行而被录入史册；节妇指夫死守节，养育儿女、孝养舅姑者；其他类则包括一些以才华、异行、功业等而名世的女性。

从上表可看出，方志的记载者力图最大限度挖掘岭南女性符合儒家礼教的行为，以突出她们的高节，最早者甚至上溯到汉代的珠崖二义，地点远达琼州：

> 二义者，珠崖令之后妻及前妻之女也。女名初，年十三，珠崖多珠，继母连大珠以为系臂。及令死，当送丧。法：内珠入于关者死。继母弃其系臂珠。其子男年九岁，好而取之，置之母镜奁中，皆莫之知，遂奉丧归。至海关，关候士吏搜索，得珠十枚于继母镜奁中，吏曰："嘻！此值法无可奈何，谁当坐者？"初在，左右顾，心恐母云置镜奁中，乃曰："初当坐之。"吏曰："其状何如？"对曰："君不幸，夫人解系臂，弃之。初心惜之，取而置夫人镜奁中，夫人不知也。"继母闻之，遽疾行问初，初曰："夫人所弃珠，初复取之，置夫人

奁中，初当坐之。”母意亦以初为实，然怜之，乃因谓吏曰：“顾且待，幸无劾儿，儿诚不知也。此珠，妾之系臂也，君不幸，妾解去之，而置奁中。迫奉丧，道远，与弱小俱，忽然忘之，妾当坐之。”初固曰：“实初取之。”继母又曰：“儿但让耳，实妾取之。”因涕泣不能自禁。女亦曰：“夫人哀初之孤，欲强活初身，夫人实不知也。”又因哭泣，泣下交颈。送葬者尽哭，哀恸傍人，莫不为酸鼻挥涕。关吏执笔书劾，不能就一字，关候垂泣，终日不能忍决，乃曰：“母子有义如此，吾宁坐之？不忍加文，且又相让，安知孰是？”遂弃珠而遣之，既去，后乃知男独取之也。君子谓二义慈孝。①

对岭南士大夫来说，珠崖这对母女是否是岭南本地人已无所谓了，最重要的是此事发生在岭南。以黄佐为首的士大夫们，挖掘出这个故事就是为说明岭南早在汉代就接受了王朝教化，曾出现以节义著称的女性，有浓厚的礼仪传统。事实上，从汉代到隋岭南这类女性的数量一直较少，这或许有文献传世不多的原因在内。但最主要的原因应该是，正如我们之前分析的，早期的岭南是一个另成体系的社会，游离于中原之侧。这里女性的地位较高，甚至由女人主宰地方政局的现象时有发生。但从唐代开始，岭南进一步接触儒家文化，符合儒家品味的女性多了起来，尤其是到宋代，人数剧增。元代时人数虽然有些回落，但数量上仍是唐代的三倍，可能这与元代大力推行贞节政策有关。考虑到元代入主中原不到百年，其数量较少是必然的，倘若假以

① （汉）刘向撰，刘晓东校点：《列女传》卷5《节义传》，沈阳：辽宁教育出版社，1998 年，第 55 ~ 56 页；（明）黄佐：《广东通志》卷 63《列传二十》，嘉靖三十六年（1557）刻本，广州：岭南美术出版社，2006 年，第 1646 ~ 1647 页。

时日，自然不会是当时的情况。

贞烈女性人数的上升趋势在上表的统计中表现极为明显，宋代的人数不仅比唐以前诸代的人数大量增加，而且后世记载中节烈女性的全部类型在宋代都可以找到。也就是说，此时夫死身殉、遇贼自尽保节、不嫁守贞奉养双亲，以及为夫守节等现象在史籍中均有了记载。例如，“孝”是儒家文化中最基础的德行之一，经过文化的交流，这种因素悄然间影响着岭南社会，宋代甚至还开启了岭南地区割股疗亲的先河。广州府的刘氏二女就很好地诠释了“孝”对女性的影响。

刘氏二女，南海人，家住西城之折桂坊，宋孝宗乾道年间(1165～1173)，其母生病，二女一人刲肝，一人割股以奉母。幸运的是母亲的病好了。乡闾为之感动，经略使龚茂良上其事曰：“考之韩愈《雩人对》，虽未合礼，然亦岭海间所创见者。官司藉此以导编民诏特旌表门闾。故今西城有双阙遗迹焉。”明代成化年间的南海进士张诩作《双阙行》以赞扬其事：

> 刘氏女发初，皤母病不可医。女眼血不干，五内生火欲焚死。可惜一缕股与肝。一刲肝，一割股。赤刀拔处星斗寒。强母开口投肉液，生魂诉天天为泣。母坐藜床病如失。乌乎！霸上龙号英杀父，尚欲争杯羹。①

据王旭光考证：割股疗亲肇始于秦，兴盛于唐、宋、元、明、清，民国间才慢慢绝迹。② 唐宋以后，这种自残肢体的行为成为人们“孝亲”的实践之极。方燕认为，对历代王朝来说，尽管其

---

① (明)黄佐：《广东通志》卷63《列传二十》，嘉靖三十六年(1557)刻本，广州：岭南美术出版社，2006年，第1649页。

② 王旭光：《陋习割股》，《文史知识》，1999年第5期。

宣扬孝道、鼓励教化，但对于割股这种悖逆常情的“不孝之孝”，或原则上加以旌表，如唐、宋两代；或明确表示不予旌表，如元、明、清三代。明清时期即便政府明确规定不予旌表，但无论官府还是民间，仍会对此种行为予以肯定。加上外界的推波助澜和主观目的的共同驱使，割股疗亲的行为愈演愈烈，甚至成为衡量子女孝顺的标准。割股疗亲是“孝”观念极端外化和无限推衍的产物，具有很强的煽动性和趋同性，“因此孝女、孝妇以近乎宗教的迷狂，不惜主动放弃个人利益，持刀以向，戕害自我，产生严重的身体损伤和精神损伤，甚至付出生命的代价，制造出一个又一个孝道神话”①。政府对子女的这种行为表彰与否并未影响到女性割股疗亲的决心，对于“孝”之所在、死不足惜的她们来说，却是始终坚信“孝”可感动天地，因此她们能够无所畏惧地为换得亲人健康而献出自己的肢体乃至生命。

① 方燕：《宋代女性割股疗亲问题试析》，《求索》，2007 年第 11 期。

第四章

男性主导下岭南女性形象的改变

第一节 女教在岭南的推广

从明代开始,珠江三角洲河口的淤积致使沿海区域成陆加快,陆地进入大发展时期,此时珠江三角洲的农业经济与渔业经济都有了更大的发展。按照历史地理学的研究,此时的广州逐渐从一个海港城市演变成一个内河城市,对外贸易的地位相对下降。但是,历史时期珠江泥沙使珠江三角洲海岸线不断向东南推移,使许多原来孤立于大海的岛屿通过冲积而成的平原相连,成为广阔的珠江三角洲平原,为当地的农业文明和工业文明发展奠定了基本的土地基础,同时为历史时期中华文明的东移南迁创造了广阔的地域基础。① 在这种背景之下,岭南尤其是

① 蓝勇编著:《中国历史地理学》,北京:高等教育出版社,2002 年,第146 页。

珠三角地区迎来了经济、文化发展的鼎盛时期，政治、思想和生活方式，都发生巨大变化，儒家文化在这里迅速并广泛地传播开来。同时，在男性的倡导和改造下，女性形象也较前代发生较大改观。

一、明以后对“贞节”的推崇

宋明以降，在以男性为尊、礼教为主导的社会中，男性对女性贞节的要求越来越苛刻。贞节的枷锁层层加码地套在女性身上，一些女性开始落入男人设立的圈套中，自觉按照“三从四德”的理想标准要求自己。明朝建立后，以政府为主导开始积极推动宋代理学家倡导的“贞节观”。明太祖下诏：“民间寡妇三十以前夫亡守制，五十以后不改节者，旌表门闾。”[①]《明史·列女传》记载：“明兴，著为规条，巡方督学岁上其事，大者赐祠祀，次亦树坊表，乌头绰楔，照耀井闾，乃至僻壤下户之女，亦能以贞白自砥。……呜呼，何其盛也！”[②]

王朝的这一政策在各级官员的大力推行下，取得明显成效。据董家遵对《古今图书集成》所录历代烈女统计：先秦 7 人，占总数的 0.06%；汉代 19 人，占总数的 0.16%；魏晋南北朝 35 人，占总数的 0.29%；隋唐 29 人，占总数的 0.24%；宋辽金 155 人，占总数的 1.27%；元代 383 人，占总数的 3.15%；有明一代则有 8688 人，占总人数的 71.47%；从清开始到康熙末年（1644 ~

---

① （明）申时行等修：《明会典》卷 79，《续修四库全书》第 790 册，上海：上海古籍出版社，2002 年，第 425 页。

② （清）张廷玉：《明史》第 25 册，卷 301《列女一》，北京：中华书局，1974 年，第 7689 ~ 7690 页。

1722）的78年间有2841人，占总数的23.37%。[①] 清代共267年，此处仅统计了未到三分之一的时间，和明代276年的时间相去甚远。如果有清一代的烈女数量全部统计出来的话，将远远超过明代。故而从上述统计数字来看，节烈女性的数量是呈不断上升趋势的，这与王朝的提倡不无关系。

除了王朝的政策，明代女教书籍的推广也是贞节观普及的重要原因。其中官方主导编修的女训著作有：永乐初年明成祖命解缙等编《古今列女传》、明成祖朱棣的皇后徐氏作《内训》和《贞烈故事》、明宪宗朱见深的王皇后撰《女鉴》、明世宗朱厚熜之母章圣皇太后撰《女训》等。官方的提倡极大地刺激了私人的创作欲望，于是民间又出现一大批紧跟政府风向的、私人编纂的女训著作，如嘉靖年间吕得胜的《女小儿语》、万历年间吕坤的《闺范》、冯汝宗编纂的《女范编》、黄希周的《闺范十集》、杨应震的《贞懿录》、明末王集敬之妻刘氏所著《女范捷录》等[②]，其中尤以万历年间居多，这些都为女教的宣传立下巨大"功劳"。

明代，伴随着社会经济的繁荣，造纸业与印刷术也进入了飞速发展时期，市场上流通的书籍无论从数量还是种类上都多了起来。不少女教书籍在市场上出现，女性接受教育的途径开始多样化。高彦颐说："因为雕版书籍商品化大量流通，阅读不再

---

① 董家遵：《中国古代婚姻史研究》，广州：广东人民出版社，1995年，第246页。

② 关于明清时期女教读物的出版与推行情况可参见鲁军虎、李纯蛟：《明清女教读物的普及和社会影响》，《北华大学学报（社会科学版）》，2010年第1期。

是传统精英上层等级的特权。繁荣的出版业不但推动了女性读者兼作者的诞生，也导致了一个读者大众群的出现。”尤其在明代后半期，书籍的供应和需求更是剧增，价格急降，引起全国范围内前所未有的繁荣。[①] 这种多样化、自上而下的女性教化体系突破了原先局限于精英女性的范围，将礼法思想迅速推广到社会最基层。

官方的提倡和士人在意识形态上对女性的强力灌输，给她们的生存世界带来重大影响，这种意识形态上的灌输又同家族、社区等外界观念结合，促成女性对正统观念的全面接受。返回到明代的岭南地区，我们可以看到同样的现象：随着以广州周边为主的士大夫集团的崛起，岭南女性开始全面接触政府大力推广的儒家文化。被纳入统治阶层的士大夫，不遗余力地在社会上推行礼教，倡导女性的忠贞。女性的生存空间变得越来越狭小，她们原先的豪气与功绩逐渐被隐去，声音也开始缺失，成为点缀男性社会的花边。

二、岭南地区出现的女教书籍

在外来官员和当地士人的共同努力下，岭南的风气渐渐朝着王朝希望的方向转变。本地的士人全面接受儒家文化的洗礼后开始以此要求乡里，以贞节观和儒家礼教的标准来衡量女性。为了达到这个目的，至少从宋代开始岭南的一些士人就通过著书来宣扬自己的教育观念，有意识地向女性灌输儒家知识，积极引导女性向学。

---

① 〔美〕高彦颐著，李志生译：《闺塾师——明末清初江南的才女文化》，南京：江苏人民出版社，2005 年，第 31、36 页。

历史上记载的最早以儒家教化训导岭南女性的是梁观国。梁观国,字宾卿,番禺人,生于宋哲宗元祐三年(1088),殁于宋高宗绍兴十六年(1146)四月八日,享年五十九岁,是极少能够进入《宋元学案》的岭南人之一。关于梁观国的生平,比他小十岁的胡寅①在《斐然集》卷二十六有《进士梁君墓志铭》专门予以介绍:

> 观国君,名其,字宾卿。本陇右人,五季南徙,遂为番禺人。宾卿始业儒,挺挺屹屹如孤松立石。凡再预州荐,辄报闻罢。年益壮长,退而取经书熟复诵之。浩然叹曰:"嗟夫!圣贤垂教,乃使人哗于口吻,诞于纸笔。小而干泽,大而迷国,此荆舒公用以盲瞶天下者。可守而弗变耶?"裒所作科举文畀诸火,励志求道,沉浸醲郁,殊途百虑,一归于正。资之深,持之久,确乎其不可夺也。尝谓学而畔道皆由异端惑之,乃力排老佛二氏,穷其指归,摘其蛊祸。若言若行若事必折以正理,食息语默未尝忘也。……其遗文存者有《归正集》二十卷;《议苏文》五卷,驳其羽翼异端者;《编正丧礼》十五卷,以革用道士僧者;《壸教》十五卷,付其女弟为女师,训闾巷童女以守礼法,勿徇俗溺也。②

---

① 胡寅(1098~1156),字明仲,建宁崇安人。宣和间,中进士甲科,靖康初(1126)召除秘书省校书郎,后迁起居郎。复召为起居郎,迁中书舍人,以徽猷阁直学士致仕。因素与秦桧不合,故坐讥讪朝政,安置新州。桧死,得复官。卒,谥文忠。学者称致堂先生。著有《斐然集》三十卷、《读史管见》三十卷、《论语详说》一卷等,《宋史·艺文志》有录。传见(南宋)朱熹、李幼武撰:《宋名臣言行录·别集》上,卷8。

② (宋)胡寅:《斐然集》卷26,《文津阁四库全书·集部》第380册,北京:商务印书馆,2005年,第224~225页。

胡寅有关梁观国生平的记载，毕竟是同时代记述当时之事，可信度应该较高。这一记载为以后各种记载梁观国事迹的文献版本所沿袭，如嘉靖十四年(1535)《广东通志初稿》卷14《儒林·梁观国》一条，对梁观国的记载除在措辞上略有不同，其他均同于胡寅之说。[①] 至于梁撰有《壶教》授于女弟以教女童的说法，最早也来自胡寅。

《壶教》一书已佚，无法知其确切内容，只能根据人们传抄所记，断定它是梁观国在接纳了理学思想后，将自己心目中女性应遵守的规则和具有的形象著书来加以表达。写好后，他将此书交付己妹，让妹妹代替自己成为女师教导街坊间巷中的女童，真正做到了从娃娃抓起。当然，根据胡寅的说法，他除了"训闾巷童女以守礼法"的目的，还有劝导当地人"勿徇俗溺"的意图。可以猜测，或许当地在宋代曾有过溺童的风俗。

有意思的是，在后来的记载中，虽然前面的多与胡寅相同，却不见了胡所说的"勿徇俗溺"的字样，如嘉靖十四年《广东通志初稿》卷14《儒林》记载为："(梁观国)遗文有《归正集》二十卷；《议苏文》五卷；编《丧礼》五卷；《壶教》十五卷。"[②]万历年间郭棐《粤大记》中记载为："其遗文有《归正集》二十卷；《议苏文》五卷，驳其羽翼异端者；编《丧礼》五卷，革用道释者；《壶教》十五卷，付其女弟，为师训闾巷童女以守礼法。凡师事观国者，丧葬不用缁黄，一时风俗赖之丕变。其所为书，真德秀、王应麟辈

---

① 对梁观国，在毛庆耆主编：《岭南学术百家》，广州：广东人民出版社，2004年，第92～96页有详细介绍。

② (明)戴璟修，张岳纂：《广东通志初稿》卷14《儒林》，嘉靖十四年(1535)刻本，广州：岭南美术出版社，2006年，第279页。

皆称之。”[①]这种说法亦为明末清初岭南大儒屈大均所沿用：“《壶教》者，宋南海人梁观国所撰，凡十五卷。授其女弟为师，使训闾巷童女，以守礼法。真德秀、胡寅常称其书。”[②]

真德秀[③]、王应麟[④]均是晚于梁观国百余年的著名学者，王应麟则更晚一些。在王应麟的《困学纪闻》中有对梁观国的记载：“梁观国有《议苏文》五卷，驳其羽翼异端者。或问地狱之事于真文忠公，公曰：‘天道至仁，必无惨酷之刑；神理至公，必无贿赂之狱。’”[⑤]士大夫专门提到胡寅、真德秀、王应麟等人对梁观国的赞许，无疑是想借他们之名以提高梁观国的地位。生活在嘉靖年间的戴璟对梁的评价就甚高，认为：“自梁观国以礼教俗，故其民重正道而陋黄缁。”[⑥]但从王应麟的著作中并未提到《壶教》来看，极有可能此书传播范围有限，仅在珠三角乃至岭南地

---

① (明)郭棐撰，黄国声、邓贵忠点校：《粤大记》卷14《梁观国》，广州：广东人民出版社，2014年，第382页。

② (清)屈大均：《广东新语》卷11《文语》，欧初、王贵忱主编：《屈大均全集》第四册，北京：人民文学出版社，1996年，第300页。

③ 真德秀(1178～1235)，字景元、景希、希元，号西山，福建浦城人。南宋庆元五年(1199)进士，官至户部尚书、参知政事。著名理学家。撰有《西山甲乙稿》《大学衍义》《西山文集》等书。卒赠银青光禄大夫，谥文忠，祀全国孔庙。传见《宋史》卷437。

④ 王应麟(1223～1296)，字伯厚，号深宁居士，进士出身。他祖籍河南开封，后迁居庆元府鄞县(今浙江鄞州区)，历事南宋理宗、度宗、恭帝三朝，位至吏部尚书。王应麟博学多才，对经史子集、天文地理都有研究。

⑤ (宋)王应麟著，(清)翁元圻等注：《困学纪闻》卷20，上海：上海古籍出版社，2008年，第2188页。

⑥ (明)戴璟修，张岳纂：《广东通志初稿》卷18《风俗》，嘉靖十四年(1535)刻本，广州：岭南美术出版社，2006年，第339页。

区流传。不过,至少从南宋时岭南女性已经开始正式接触儒家礼教的熏陶当确有其事。

在岭南推行儒家文化的人物中,宋末元初的顺德人区适子颇受后人争议。据万历十三年(1585)刊刻的《顺德县志》记载,区适子"字正叔,登洲人也。父玙仕宋为德庆参军,廉介有声。适子幼俊爽,能文辞,经史皆通大旨。及长,重厚寡言笑,以博学洽闻称。学者多从之游"。区适子所居之乡之前叫鮀洲,因为他自号登洲,后来此地干脆更名为登洲。区适子生活在宋元之交,时岭南动荡甫定,身为宋遗民的他拒绝出仕。有人问其原因,他回答说:"吾南人操南音,安能与达鲁花赤俯仰耶?"粤人在赞誉其气节的同时,最津津乐道、引以为豪的就是他撰写《三字经》一事:"故老传今《三字经》适子所撰也,童蒙多诵之。"[①]即认为在民间广为流传的著名启蒙读物《三字经》是区适子所撰。

从明代起,岭南的一些本地学者,如黄佐、屈大均,甚至清末与区适子同县的李文田等学者均对此事的真实性进行过考察。顺德博物馆的李健明则专门从《三字经》与《小学绀珠》内容的差异、《三字经》方言特点等方面进行论证,认为家喻户晓的童蒙读物《三字经》确定无疑应是出自区适子的手笔。[②] 当然,无论是古人还是今天的学者,他们对此的津津乐道,肯定夹杂了大量的私人情感,无非希望借此证明:岭南有着深厚的文化积淀,是中国启蒙文化的发源地之一。姑且不论《三字经》发源地的宁波、顺德之争以及作者的王应麟、区适子之争,单就岭

---

① (明)叶初春修:《顺德县志》卷7《人物志第七之一》,万历十三年(1585)刻本,广州:岭南美术出版社,2006年,第62页。

② 李健明:《〈三字经〉作者考》,《图书馆论坛》,2006年第1期。

南来看,如果宋元之际确有这么一本被广泛接受的启蒙读物,那么对儒家文化的传播,应是功不可没的。再加上这本书本身韵律优美、朗朗上口且便于记忆,并且将教育目标锁定在幼童,一旦深入民间广为传诵,定然对珠三角地区的社会风气变化产生导向作用。

明朝建立后,中央王朝与岭南地方政府的关系日益密切,科举入仕的士人迅速增加,随之而来的就是士绅队伍的膨胀。其中一些优秀分子通过考取进士而获得进入中央为官的资格,在朝堂之上他们相互鼓励,南海士大夫集团颇具声势。所谓"南海士大夫集团",罗一星的定义是:明中叶崛起的南海籍官僚群体。他们以科举出仕,以宦绩成名,继而相连成势,互抱为团。在京城里,他们曾参与制定国典国策;在任职地,他们曾施行重大经济改革措施(如一条鞭法);而在家乡,他们大多亲手整合宗族组织,制定宗族制度,成为明中叶后广东宗族发展的重要推动力量。① 他们通过自己的权力与学识,热心向民众推广理学与礼教,对岭南的社会风俗和文化传播产生了巨大影响。明代在广东就出现了几部士大夫所写、以王朝观念为主流话语的女训著作,如叶时的《阴教书》与黄佐的《姆训》。女性在士大夫强力推行的文化攻势下,情愿或不情愿地接受了礼教设计的"贞""孝""节""烈"形象,切身实践了女训的教条。

叶时,字允中,明代归善人,在万历《粤大记》中对其有详细介绍:

---

① 罗一星:《明清佛山经济发展与社会变迁》,广州:广东人民出版社,1994 年,第 81 页。

父鹤林公瓒，有至行，乡党称焉。公生而颖异，年十五补郡弟子员。与友人杨天禩、刘梧、叶天祐均以持正为麦登所构，削士籍。后学宪施公儒、给事中李公文凤廉知登奸状，白公之诬。礼部尚书夏公言以闻，诏下郡守蒋公淦，欲起公。公谢曰："圣贤之学，惟求诸心，心苟不欺，则穷居不损。"乃力辞，退而益讲明心性之学，于世味澹如也。其行，修于家，本于孝弟，而孚于其乡之人。父以诬被系，时请代之。三月病作，义弟复以代请。郡守陈公祥嘉之，曰："子代父，弟代兄，是一门孝义也。"为白而出之。嘉靖辛丑诣阙，上十八策。归，值父病，侍汤药唯谨，及卒，丧葬一依文公《家礼》，哭墓哭忌，终其身。平居恂恂守礼，与吴孺人相敬如宾，家庭之间，戢戢如也。又著《阳教书》以训男，著《阴教书》以训女，集古先正格言以训初学子弟。惠阳称家范者，以叶氏为首。

弼唐庞先生讲学罗浮，公从之游。中离薛先生过惠，公馆之西湖禅林，与之讲辨，益信良知之学。作《大学解》，又集濂溪、明道、象山、白沙、阳明、中离六先生见道诗合为一编，其所造可知也。叶春及曰："惠江之学，造端于夫妇。"杨起元曰："叶先生与先人同志，是真道学。"人以为确论。子萼，于斯道卓有定见，能世其家学，学者宗之。①

从记载看，叶时于嘉靖辛丑即嘉靖二十年（1541）觐见嘉靖皇帝，他的主要活动时间应在嘉靖年间。此后对叶时的记载多

---

① （明）郭棐撰，黄国声、邓贵忠点校：《粤大记》卷14，广州：广东人民出版社，2014年，第401页。

宗于此而加以增减。① 屈大均对他著书教导儿女之事记载得较为详细："尝著《阳礼书》以教子，《阴礼书》以教女若妇。诸女归，书醮辞于策，令习之。祭祀，夫妇洒扫涤器，菹醢必亲。朔望，先生率男、孺人率女妇谒祠；退，登堂相拜，乃据坐，儿女上谒受教。及儿女长，两人春秋高矣。日揖让如宾，诞迭宾主再拜上寿，然后儿女更上寿，尽欢而罢。"②估计叶时为教育家中女性所著的《阴礼书》在当时当地取得了良好效果，与之相善的叶天祐之子叶春及称之云："惠江之学，造于夫妇，盖以身行其《壶教》者。"③可惜，如今无论是用于教导男性的《阳礼书》还是教导女性的《阴礼书》都已亡佚，仅存其名。

黄佐，广东香山人，明正德十五年(1520)进士，曾任广西提学佥事、南京国子祭酒等职，著有《广东通志》《广西通志》《广州府志》《广州人物传》及《泰泉集》等，在岭南明代学术史上占有重要地位。④ 黄佐曾写过一部专门教育女性的著述——《姆训》，清初屈大均说："香山黄佐有《姆训》一书，以《内则》《曲礼》《诗传》为主，而《列女传》《女戒》《家范》，皆采入焉，皆淑正风化之要典也。"⑤可见，黄佐的《姆训》是在当时流行的女教书基础上编纂而成。此书已佚，仅余书目。黄佐于嘉靖四十年

---

① (清)叶适等纂，孙能宽等修：《归善县志》卷17《儒林》，雍正二年(1724)刻本，上海：上海书店出版社，2003年，第227页。

②③⑤ (清)屈大均：《广东新语》卷11《文语》，欧初、王贵忱主编：《屈大均全集》第四册，北京：人民文学出版社，1996年，第300页。

④ 《岭南学术百家》一书中对黄佐有专篇介绍，详见毛庆耆主编：《岭南学术百家》，广州：广东人民出版社，2004年，第231~245页。

(1561)刊刻《广东通志》,其中有他的学生梁有誉①为《姆训》所作之序:

业师泰泉先生辑《内则》《曲礼》及《列女传》诸书为《姆训》一卷。……粲然可睹已。弟子有誉因请刻焉,遂序诸末简。曰:诗书之言女德尚矣,贤妃助国君之政,贞女隆家人之道,自古记之。盖风俗之美恶、家国之成败于此焉。群可不慎与?《易》之《家人》于初爻则曰:闲有家悔亡。夫闺门之内,恩不容以掩义,家责而后教,志变而后治,则虽严亡益,故能闲于始则悔亡矣。……夫昔贤之著述,或出于激愤,或成于忧虑,非空言亡事实。要之,咸有俾于世,至后之散儒,哓哓然肆其辞说以求胜于天下,卞使人厌其辨之险而忘其用,故抗而言之则病谬,俯而方之则病庸,殊□古人之旨。先生行纯圣则,学穷道奥,覃息六籍,诸所著述,必求切于用,以诲乎世之人。若是书则不必自为论说,据经传箴史以为鉴式,远绍前贤之意,近裨今日之风化,实有戚然不能自已者民,大雅君子必有以知其意之所由起云。②

郭棐在万历三十年(1602)的《广东通志》中也记载了《姆训》,内容沿袭黄本。细观梁有誉之序可知,黄佐是辑《内则》《曲礼》《列女传》等编写成书,目的是为了"求切于用,以诲乎世

① 梁有誉(1521～1556),字公实,别号兰汀。明世宗嘉靖二十二年(1543)乡举,二十九年中进士,授刑部主事,故世称"梁比部"。因其为诸生时与欧大任、黎民表、吴旦、李时行同师事香山黄佐,结社南园,故被列为"南园后五先生";学者称为兰汀先生。后得寒病而卒,年仅三十六岁。有《兰汀存稿》(也称《比部集》)八卷存世。传见《(万历)顺德县志》卷8《人物志》。

② (明)黄佐:《广东通志》卷42《艺文》,嘉靖三十六年(1557)刻本,广州:岭南美术出版社,2006年,第1065页。

之人”。从“远绍前贤之意,近裨今日之风化”这种隐晦的表达来看,当时的社会风气在这些士人眼中或许并不乐观。

明朝中后期,整个社会充斥着离经叛道的思想观念和越礼逾制的生活方式。一些激进的“异端”士人对礼教的反思强烈地冲击了妇女们的思想和行为,反而催生了她们的反叛个性。台湾学者林丽月指出,明代基层社会部分女子的贞节观并不强烈,她们有的会利用女性的弱点行骗,尤其是女棍、牙婆、卖婆使妇女“商品化”,被卫道之士视为世风日下。所以明清时代下层人民与士大夫有着相当不同的贞节观。①

就明正德、嘉靖以后社会的变化而论,与此前相比就有四大不同:

> 一是逐利,二是纵欲,三是僭越,四是不守妇道。这实际上反映出了当时的社会特征,所谓逐利,便是商品经济的发展;纵欲则是对于传统禁欲主义的一种反叛;僭越说明传统的等级标志失去了旧有的价值,金钱开始发挥作用;妇女活动的增多,一定程度上也反映出了传统礼法的破坏。②

此时士大夫们已经将女德提高到了“风俗之美恶、家国之成败”的高度,而岭南女性传统上与中原女性形象的不同又不断刺激着他们以天下为己任的敏感神经,使得士大夫更觉得有责任对当地风俗加以改善。

男性对女教的推行取得了颇为有效的成绩。乾隆年间编修的《番禺县志》就专门提到梁观国《壶教》、叶时《阴礼书》、黄佐

① 林丽月:《从〈杜骗新书〉看晚明妇女生活的侧面》,《近代中国妇女史研究》,第3期,1995年。

② 商传:《明代文化史》,上海:东方出版中心,2007年,第26页。

《姆训》等女训著作推行的效果："今粤中女子多知书，能文词，虽小家儿女亦识字，能读歌曲本。"①由是可知，这几部女训著作为儒家文化在岭南女性中的普及作出极大贡献。首先是女性儒学化程度较高，她们多能知书识字、写诗作文；其次普及面较广，成效深入民间，即便是小家儿女亦能认字、读诵歌曲本。最明显的是，广东地区符合官方理念的女性多了起来，据阮元于道光二年(1822)主持刊刻的《广东通志》第306～325卷上的统计数字来看，有明一朝荣登《列女传》的女性总共约有1050名，远远超过宋元之前数千年间总共的62名。

到了清代，人们针对女性的教化，仍然是乐此不疲，继续著书加以总结。就广东来说，不仅男性加强了对女性的要求标准，连女性都自觉加入到写书以女教条规来约束自身的行列中来，如清代乾嘉之时顺德的李晚芳与其《女学言行纂》。

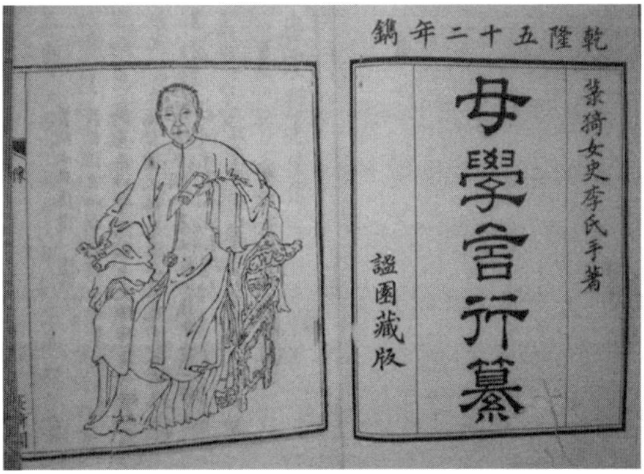

图4.1.1　李晚芳的《女学言行纂》及小像

---

①　(清)任果、常德主修：《番禺县志》卷17《风俗》，乾隆三十九年(1774)刻本，广州：岭南美术出版社，2006年，第397页。

李晚芳，顺德人，康熙三十一年(1692)出生于顺德龙津堡，殁于乾隆三十二年(1767)，享年七十六虚岁。她是广东顺德龙津处士李心月次女，以儒学著称。其祖父字兴松，号心同，以善医名世；其父李心月秉承家学，也以行医为生，生五子二女。五子皆业儒，长女富于学问，受聘于碧江苏家，未嫁夫死，守节获旌；次女即晚芳，于康熙五十一年(1712)二十岁时嫁到毗邻的龙头堡碧江梁家，其夫梁永登，字远略。两人婚后生“子一人，名炜，贡生，原娶苏氏，继娶王氏。女二人，长适沙湾乡王洪进，国学生；次适谢恩乡李福，国学生”①。李晚芳晚年所居园曰菉猗，自号“菉猗老人”。嘉道时两广总督阮元称赞她：“以圣贤之学自期，敬事舅姑，勤相夫子，晚年注释经史，好学不倦，教其子炜分田以赡亲族，人称女宗。”②咸丰《顺德县志》卷29《列传八》也以“远近称为女宗”赞誉她。后人辑其著作曰《李菉猗女史全书》，包括《读史管见》《女学言行纂》和其子梁炜秉承母命为照顾宗亲而写下的《菽堂分田录》三种。③

李晚芳姐妹可以说是礼教忠贞思想的积极拥护者。李晚芳之姐富于学问，受聘于碧江苏家，未嫁夫死，守节超过四十年，她弥留之际得到了朝廷旌表。据说她令人预先备好殓具，然后召其妹李晚芳上前立下遗嘱：“气一绝，汝即亲扶入棺，不可从三日

① (清)李晚芳：《女学言行纂》，乾隆五十二年(1787)谧园藏版，《叔母李孺人墓志铭》。

② (清)阮元：《广东通志》卷308《列传四十一》，道光二年(1822)刻本，广州：岭南美术出版社，2006年，第4932页。

③ 此书已有学者整理出版，见(清)李晚芳著，刘正刚整理：《李菉猗女史全书》，济南：齐鲁书社，2014年。

礼。女子示人以亵，便非全归矣。”次日晨起，沐浴梳头后又说：“吾一妇人，受恩旌表，当望阙叩谢。”家人扶她勉强起来，“北面肃拜，返寝，从容而逝”。晚芳遵其遗命，盖棺而后受吊。[1] 这里除了显示姐妹俩关系亲密，还说明李晚芳之姐时刻不忘以名节要求自己。梁炜在《菽堂分田录》中对母亲与姨母诀别的场景有感人描述：

姨母疾亟，使人召先慈。先慈至，涕泣不能止。姨母笑曰：“何泣为？我为亡人久矣。只为苏氏存一块肉，故犹未耳。六十余年，历遭磨劫，苟延至今，吾事毕矣，正乐得从良人地下。但以虽死，义不可辱男子手。又蒙圣恩旌表，自顾名义，故呼汝来嘱后事。气一绝，汝即亲扶入棺，不可从三日礼。女子示人以亵，便非全归矣。何泣为？”……越日早辰，亟呼仆妇治香汤，又命先慈梳栉。先慈请俟少瘥。曰：“礼妇人不饰，不敢见舅姑，况谢圣恩乎？”遂强起沐浴严装，北面再拜，反席须臾而殁。先慈悉遵遗命入棺，一举而起，盖棺后方受客吊。先慈如丧父母，期而哭不止，恒食素，三年不饰。炜请曰：“姊妹，期服耳，得毋过乎？”曰：“吾过也与哉？吾心丧吾师也。”[2]

李晚芳六岁开始跟姐姐学习，所以姐姐去世时她说“吾心丧吾师也”，表明了姐姐在文化知识及思想观念方面对她的影响。受到这位自觉追求节烈的姐姐影响，李晚芳的思想自然趋于以

---

① （清）郭汝诚：《（咸丰）顺德县志》卷29《列传九·列女二》，咸丰、民国合订本，广州：中山大学出版社，1993年，第873页。

② （清）梁炜：《先慈行迹录》，见《菽堂分田录》，乾隆三十八年（1773）谧园藏版。

礼教为准绳律己律人。乾隆十六年(1751),其《女学言行纂》成书,她在“自序”中说:

近世所传虽有班氏《女诫》、刘向《列女传》、郑氏《女孝经》、若华《女论语》以及《女训》《女史》《闺范》《女范》诸书,类皆择焉弗精、语焉弗详,即经有宋周程朱张诸大儒,皆以风俗人心为己任者,间亦议论及此,而卒未有全书,是亦闺教一缺憾事也。余不揣固陋,谨纂周汉以来名儒淑媛之嘉言善行,可以补《周官》、戴《记》之阙,而有裨于齐家之助者,采辑成书,间附以己意,名曰《女学言行纂》。自知辞义浅俚,难登大雅之堂。但世俗女孩,浅则易入,俚亦不厌,将少而习之,长而弗忘,老而弥笃,可以尽子道,可以尽妇道,可以尽母道。三道尽而家齐矣。余固以之自勉,亦愿推之一乡一国,凡为女子皆知所勉而各齐其家。程子曰:“天下之家正,则天下治矣。”于以默赞圣朝之盛治,或不无少补焉。①

时李晚芳年近六十,她指出写作此书的目的是她认为当时流传的女教书籍都有缺憾,于是将周汉以来名儒淑媛的嘉言善行纂辑成书,希图能补以前各书之阙,有裨于齐家之助。她认为女学之要有四,即去私、敦礼、读书、治事;女学之道也有四个方面,即事父母之道、事舅姑之道、事夫子之道、教子女之道,力图囊括女子自少至老一生经历的不同阶段。李晚芳认为童年天性还未受到世俗的污染,如果能导之向善,则会终身皆善,因此要求女子自小就要接受教育。②

① (清)李晚芳:《女学言行纂·自序》,乾隆五十二年(1787)谧园藏版。
② (清)李晚芳:《女学言行纂·总论》,乾隆五十二年(1787)谧园藏版。

但该书在李晚芳生前并未刊刻，仅限于家庭内流传，而且妇容和妇功两章在嘉庆年间重刻时便已亡佚。[①] 梁炜及其姐妹“稍暇，即著将此稿随事体认，务使一句一字明白于心”。“（梁）炜受教遵行，由是家日渐昌。”可见，这本书又非专门针对女性而言。李晚芳在拒绝梁炜跪请刊刻此书时也表达了这个意思：“但得汝等粗知大意，身体力行，当法者赴如弗及，当戒者毋使加身，以勉强而几自然，上可为贤人君子，次亦不失为寡过之人，此稿便足。”[②]言下之意，就是撰写此书的主旨是教育家族子女，而非流布社会。[③]

除李晚芳之外，清代广东地区的女诫著作还有男性士人冯龙官的《幼学十书》。按咸丰《顺德县志》中所载冯龙官的自题记云：

> 刘侍中载《弟子职》于《六艺略》，尚矣。宋人有《十书类编》，又有张时举所集“五书”，皆首《弟子职》及《女诫》。兹参以《急就》一篇者，以是为古小学之书之仅存者也。次韵《千文》，世所竞尚，且亦不无可取故。次之《易通》，以蒙求之谊终章，固示人以幼学矣。《西铭》之与《太极图》，说理则精微而实，未尝不可以为立教之基，养正之用。此七书文字简约，故为离句大书，以易发蒙。至如《小学》内、外篇，于幼学至于切近，虽其书不尽出紫阳之手，然较之赵师

---

① 冼玉清：《广东女子艺文考》，长沙：商务印书馆，1941 年，第 7 页。

② （清）李晚芳：《女学言行纂》梁炜《序》，乾隆五十二年（1787）谧园藏版，民国丁丑年（1937）五月周氏师古堂印。

③ 对李晚芳的具体论述可参见刘正刚、乔玉红：《清前期广东才女李晚芳探析》，《暨南大学学报（哲学社会科学版）》，2011 年第 2 期。

渊之分注《资治通鉴》纲目，则大醇矣。越若我朝上谕十六条，又若万言训，字内颁行，尤学子所宜熟诵，其不以驾诸前代之上者，盖四库编录之法，而幼岁未能读史，则杜氏所论，不可以其略而忽之也，故以为十书之殿书，各有附录考同异，其音谊，与新校《十四经》、《廿四史》、周秦《廿八书》、《文选》、《玉台新咏》同。今且录书文而次其目为记：一、《弟子职》一册，二、《急就篇》一册，三、《女诫》一册，四、《千字文》一册，五、《太极图说》一册，六、《通书》一册，七、《西铭》一册，八、《小学》书六册，九、《圣谕广训》一册，十、《读史论略》一册，凡十五册。前七册装一帙，凡二帙。①

从冯龙官自己编排的“十书”顺序来看，前面四册主要针对幼童教育，其中第三种是训诫女性的《女诫》。至于后面的《太极图说》及《通书》《西铭》等，则是对儒家著作的研究，而《读史论略》则是史评类著作。再往后类似的著作则有清末陈荣衮编写的《妇孺女儿三字书》②；赖振寰的《女学四五言合编》《戒缠

① （清）郭汝诚：《（咸丰）顺德县志》卷17《艺文略》，咸丰、民国合订本，广州：中山大学出版社，1993年，第511页。

② 陈荣衮，新会人，号子褒，“少掇巍科，旋入宗教，赴东洋调查蒙小学教育，深得根领。回国设帐澳门，晚居香江，前后男女学生数千人。所著蒙学教科书数十种，力主浅白，因自号妇孺之仆。对于教会义务，尤具热心。”见（清）新会陈荣衮撰：《陈子褒教育遗议》，民国抄本，《陈子褒先生墓碑》。他采用日常生活为题材编写了大量白话文的小学教科书和通俗蒙学读物，代替传统塾学的《三字经》《千字文》等旧教材以教育女性。还挑选一些日常用语和使用频率较高的字词编为《增改妇孺须知》和《妇孺浅解》等书，以提高妇孺的识字能力。另外在《妇孺浅解》中又撰写《大脚歌》宣扬女性放脚。

足文钞》等。① 因其年代较晚,故在此不再赘述。

应该说男性文人对女教的推广还是取得了一定效果,女性的户外活动开始减少,尤其是生活在文化繁荣的城市地区或者士人之家的女性。这从外国来华者的记载中可以看出。十六世纪中叶来华的葡萄牙人伯来拉·克路士说:“(女性)一般都关在家里,以至在整个广州城,除几个轻佻的家庭妇女和贱妇外,看不见一个女人。她们外出也不让人看见,因为她们坐(前面提到的)密闭的轿子。上人家去也看不见她们,除非因好奇她们碰巧在门帘下去看前来的生人。”②西班牙奥古斯丁会修士马丁·德·拉达也描述了同样的现象:“女人与外界隔绝而且是贞洁的,我们很少在城市和大镇看见妇女,除非是老妪……她们从婴儿时起便习惯缠脚,以致破了脚形,让大脚趾后所有的脚趾都往下弯。”③

在以男性为尊的社会里,女性基本上很难凭借自己的功业名垂青史。虽然早期岭南社会中有不少充满豪迈之气的女性,她们指点江山、掌控地方社会,这种现象直到明清时期还能在社

① 赖振寰,顺德人,号弼彤,同陈子褒一样是位推行妇孺教育的先锋,撰《女学四五言合编》《戒缠足文钞》等书,以宣扬女性启蒙教育。他曾在顺德地区创办戒缠足会,对于冲破女性缠脚的陋习起到了很大的号召作用。刻印其书的顺德古榕书屋还出版有《劝女学集证》《诫妇女恶习歌谣》等书。

② 〔葡〕克路士:《中国志》,第15章《妇女的服饰和风俗及中国有无奴隶》,〔英〕C. R. 博克舍编注,何高济译:《十六世纪中国南部行纪》,北京:中华书局,1990年,第104页。

③ 〔西〕马丁·德·拉达撰:《记大明的中国事情》,〔英〕C. R. 博克舍编注,何高济译:《十六世纪中国南部行纪》,北京:中华书局,1990年,第200页。

会生活的细节中发现蛛丝马迹，但是随着士大夫的努力，此类现象越来越趋于式微，它们或者完全消亡，或者改头换面，以符合儒家标准的面貌出现，成为岭南社会颇具特色的一部分。尤其是在儒家礼教思想开始成为主导、并占据岭南社会的官方层面之后，这种状态不断渗透到岭南这个机体的各个细胞中去。明代之后出现了大量以儒教为准绳、全面追求礼教观的女性，而方志《列女传》中节节攀升的冰冷数字就是其明证。

第二节　女性形象由孝到贞的重塑

为改变和缩小岭南女性与中原女性在社会形象方面的差异，士大夫在积极推行教化的同时，也投身到改造女性形象的过程中去。一方面，他们将历史上的女性形象进行包装改换，塑造出完全符合当时时代要求和官方标准的女性，为基层妇女树立行为处世的标准；另一方面，利用岭南存在的浓重巫觋传统，通过将理想女性纳入民间祭祀体系以达到表彰引导的作用。于是，岭南历史上丰富多彩的女性形象开始在士大夫的笔下渐趋一致，尤其是在完全代表政府观念的方志中，这类以“节”“孝”面貌出现的女性更是起到了极好的“表率”作用。

一、“孝”“贞”价值观对女性形象的影响

在儒家文人的大力宣扬下，明代的岭南社会发生巨大的变化。就全国范围来看，岭南被明政府纳入编户齐民系统，成为王朝躯体的一部分，经济文化飞速发展；单就岭南来说，儒学深入传播，科举考试和到中原为官的人增多，形成以“南海士大夫集

团”为中心的士人团体和由这些士人掌控的家族。正如刘志伟所说:“一个家族根据正统的文化规范成为地方望族的同时,也根据这种规范去建立更为制度化的宗族组织。”①这些宗族利用家族势力的不断发展壮大,又不断以王朝的取向为方针,在本地和家族内部宣扬儒家教化,力图将礼教推广到岭南乡村的每个角落。女性在不可抵挡的儒化狂潮中不可避免地随之沉浮,在接受和学习儒家文化的过程中,她们逐步被塑造成礼教准绳下的“完美”女性形象。与这股潮流相应的,岭南原先盛行的巫风淫祀依然存在,但其面貌开始慢慢转变,以躲避明代毁淫祠运动所造成的冲击。经过士大夫与百姓的共同努力,民间信仰中的神祇也逐步成为合乎儒家标准的存在。

许多女性神祇能够得到官方认可并存活下来,多是因她们的节孝或忠贞行为获得统治者的赞许。为了给民间树立表率,政府以政令的形式批准为她们建立祠庙进行供奉。全国有不少这样的例子,如河北任丘的孝感圣姑庙。据赵世瑜研究,任丘的孝感圣姑庙是为祭祀孝女郝氏而在明崇祯四年(1631)建造的。郝氏是秦时人,成人后不嫁,靠养蚕供养双亲,父母病死后,她哀恸而死,后被汉光武帝封为孝感圣姑,本地人又立庙以纪。“邑人以姑生前好饲蚕,尊姑,配享先蚕,号蚕姑庙。”②

类似记载在岭南多有发现,较早的有惠州祭祀汉代姚氏女的姚娘庙。嘉靖二十一年(1542)的《惠州府志》曰:“姚娘庙,在

---

① 刘志伟:《祖先谱系的重构及其意义——珠江三角洲一个宗族的个案分析》,《中国社会经济史研究》,1992 年第 4 期。

② 赵世瑜:《狂欢与日常——明清以来的庙会与民间社会》,北京:生活·读书·新知三联书店,2002 年,第 279 页。

博罗盘沱湾。汉河平间,居民姚氏女贞淑,没,祠于此。今废。"①黄佐《广东通志》的记载是:姚氏,博罗人,家居盘陀湾,"虽世为齐民而女闲于礼义,事父母巽顺孝敬,端居悃内,人罕见其面。贞淑为乡族所称。汉河平②间卒,乡族于县东所居立庙祀之"③。从几乎刊刻于同时的两部方志来看,汉代的姚氏女应同河北任丘的郝氏女一样,终身未嫁,奉养双亲。黄佐还专门添加了"事父母巽顺孝敬,端居悃内,人罕见其面"的理想化描述,突出了姚娘身上"体现"的礼教色彩。而这种"体现"未必是姚娘的真正形象,也有可能是后世士大夫根据自己所处的时代和该时代对女性的要求标准添加的、符合自己理想的一些个性。

关于姚娘,宋代人记载了她与北宋名相陈尧佐④的一段传说,由此和官府发生联系,为她由孝女转化成女神夯实了道路。宋真宗咸平初年(998),陈尧佐任潮州通判,当时随行的还有潮州人许申⑤,"中道舣舟古岸,江风颇净,新月初出水面,舟人方

---

① (明)李玘修:《惠州府志》卷8《坛庙》,嘉靖二十一年(1542)刻本,《日本藏中国罕见地方志丛刊》,北京:书目文献出版社,1991年,第106页。

② 河平:西汉汉成帝年号,公元前28~公元前25年。

③ (明)黄佐:《广东通志》卷63《列传二十》,嘉靖三十六年(1557)刻本,广州:岭南美术出版社,2006年,第1646页。

④ 陈尧佐(963~1044),字希元,号知余子,北宋阆州阆中(今四川南充阆中)人,陈省华次子,兄陈尧叟、弟陈尧咨皆状元。宋太宗端拱元年(988)进士,历官翰林学士、枢密副使、参知政事。仁宗时官至宰相,景祐四年(1037),拜同中书门下平章事。卒后赠司空兼侍中,谥文惠。著有《潮阳编》《野庐编》《遣兴集》《愚邱集》等。传见《宋史》卷284。

⑤ 许申,又名许维之,号化州,祖籍福建,生于今汕头市潮阳区。北宋大中祥符三年(1010)应殿试,名列榜首,授将仕郎秘书省校书。后历任鄞县知县,韶州、吉州、柳州和建州的知州,广西提点刑狱。景祐二年(1035)出任江南东路转运使兼管江西、湖南诸路。后任广南东路转运使,官终刑部郎中。

去未久。俄有介胄百辈，乘骑数人，指呼甚明云：‘今丞相、漕使宿此，其或疏虞，毫厘不赦。’公与申指对惊喜，固不知孰相也，孰漕也。明日行，询其地只有姚娘庙存焉。公自东复还朝，亲为文祭之。后公果居钧轴，申亦作本路漕，皆如向所言。公尝自京遣人就其地祭享，以神其事”①。这段传说源自宋代刘斧，后世诸种方志多沿袭此说，嘉靖《惠州府志》还记有后人所写的诗作：“何时返楼息，谁为问姚娘。”②正因借着神异传说成功地与朝中重臣陈尧佐、许申扯上关系，这才奠定了姚娘的正统地位，使她名正言顺成为得到官府认可的地方女神。

明代之时广东士大夫笔下的女性形象颇有些耐人寻味，在文人笔下，女性开始向贞孝方向转变，一些原本单一的故事逐渐被改造成歌颂或节或孝女性形象的文本。生活于南朝萧梁时代的陈孝女就是一个例证。关于陈孝女的记载，目前所见最早的方志记载是嘉靖七年（1528）《惠大记》卷 2《迹考下》：“孝女祠在博罗县西五十里，梁大同中沙河富民陈志年八十，独有一女，志卒，女哀毁甚虑，居以营葬，毕，亦卒。广州刺史萧誉闻而异之，乃立祠焉，表曰孝女。南汉封为昌福夫人。今亦谓之昌福夫人祠，祷雨有应。”这里描述了陈女因父死哀痛，营葬后亦身亡的感人故事，孝女祠亦由此得名，只是在南汉时随着陈孝女被封昌福夫人而改称为昌福夫人祠。

嘉靖十四年（1535）戴璟《广东通志初稿》卷 15《列女》的

---

① （宋）刘斧撰辑：《青琐高议》卷 3，西安：三秦出版社，2004 年，第 171 页。

② （明）李玘修：《惠州府志》卷 12《杂事》，嘉靖二十一年（1542）刻本，《日本藏中国罕见地方志丛刊》，北京：书目文献出版社，1991 年，第 156 页。

记载发生了一些改变,尤其强调了其孝行:“陈妙圆,河东富民陈志女。志年八十而卒,妙圆年幼,痛父无嗣,哀毁骨立,不茹荤,矢志不嫁,乃舍其宅为僧寺,以田为祀田,令僧世主其祀。大同二年,所司以孝闻。未几卒。广州刺史萧誉异之,乡人立祠寺侧,名孝女祠。南汉加封昌福夫人。”①这里陈孝女不仅有了“妙圆”之名,而且添加了她“年幼”、“痛父无嗣”、“矢志不嫁”、舍宅为僧寺和为父设立祀田的情节,原来由官立祠也变成官民立祠。

戴璟的说法成了日后地方志记录陈孝女的蓝本。嘉靖三十五年(1556)《惠州府志》卷13《列女》首列“梁陈孝女者,博罗沙河人,陈志女也。志年八十卒而无后,女幼,痛父哀毁甚,矢志不嫁,以礼营葬毕,乃以其宅为龙华寺……”②作者申明引文出自戴璟《广东通志初稿》,但隐去陈孝女之名,明确了“寺”为龙华寺。而且编者在这篇传记后还加了“论”,以突出陈氏的“孝”:

> 孝女本末如此,梁世祠之是矣,而昌福之封何居?自神异之说兴,而孝女之名渐晦,于是以其祀列之乡示。而前志叙行烈,不复知有陈孝女矣,岂非鬼道胜,则人道微哉!魏庄渠氏之正祠名伟矣。而故宅地方议复豪右夺而有之,将所谓秉彝好德者,非耶。余故首之列女而因以告有司者,庶几孝女之事益明白矣。③

陈妙圆在被封为昌福夫人时,展示给民众的还有她的神力:

---

① (明)戴璟修,张岳纂:《广东通志初稿》卷15《烈女》,嘉靖十四年(1535)刻本,广州:岭南美术出版社,2006年,第303页。

②③ (明)姚良弼修:《惠州府志》卷13《列女》,嘉靖三十五年(1556)刻本,《天一阁藏明代方志选刊》,上海:上海古籍书店,1961年。

"祷雨有应"。从这点上来看,无疑属于民间祭祀的一部分。嘉靖元年(1522)时,魏校认为:"女终养其亲,宜称孝女,不宜称夫人;神不歆非类,宜主其宗先生,不宜主于僧。"于是,在魏校的主持下将昌福夫人祠的名字变为孝女祠并由弟子员主其祀。嘉靖二年(1523)五月,魏校又命"雷侯启蛰动支官银五十七两,重建孝祠,以励风□□□"。[①] 直到嘉靖丙午即嘉靖二十五年(1546)农历十月初,对孝女祠的重建和扩建工作才彻底完成。嘉靖三十五年(1556),博罗人翟宗鲁[②]撰《增建孝女祠门宇记》以记此事。[③] 之所以这样做,可能与嘉靖初年魏校在广东毁淫祠活动有关,无论是《广东通志初稿》还是《惠州府志》的记载,都应该受到了这次活动的影响。

"淫祀"在以弘扬儒家学说为己任的士人心目中是无法接受的,所以建祠目的必须改变。正如嘉靖四十三年(1564)时任广东按察司佥事的莆田人翁梦鲤[④]撰写的《博罗陈孝女碑》所记:

> 殊不知孝女之名,固将与天地相终始。至于祀田之存,自梁距今开千逾岁,未必非龙华神异力也。不然,何自塑像之撤,而故宅地几遂夺于豪右耶?故生而能孝,死能惊动祸

---

① 谭棣华等编:《广东碑刻集》,广州:广东高等教育出版社,2001 年,第 799 页。

② 翟宗鲁(1489 ~ 1562),字一东,谥"涵江先生",博罗泊头人,岭南著名学者,曾任广西融县知县。

③ (明)翟宗鲁:《增建孝女祠门宇记》,谭棣华等编:《广东碑刻集》,广州:广东高等教育出版社,2001 年,第 799 ~ 800 页。

④ 翁梦鲤,字希登,别号雨川,福建莆田人,嘉靖二十九年(1550)进士。历任金华知县、户部主事、广东按察司佥事、提调闽粤官兵。

福之以存其祀，陈氏女可谓神也矣！逮乡示之毁，而神之祠独以孝存，寺田之废，而神之田又独以孝存。有司者，使族人弟子邑主之，延绵靡绝。以孝之感□，诚将与天地相终始者也。是故隆其神而掩其孝，则尚鬼者皆奔走之于口。孝而不著其神，则耆利之徒将兼□为。故曰：陈氏女以孝神者也。①

由此看来，孝女祠也是数易其名。通过对相关事件发生时间的分析可以看出，在漫长的千年时光里，陈妙圆的故事发生后不久，经由政府的提倡，乡民们建立了孝女祠，直到四百余年后才又被政府加封并展现其神异。除此之外，包括从南汉时期到明代初年的六百余年间，孝女祠可能都"默默无闻"或者未被纳入官方的正式祭祀体系。而原本祭拜陈氏的孝女祠在"鬼道胜"时被改为昌福夫人祠；在"人道胜"时又改为"孝女祠"或许就是其体现。多番波折后，明代的士大夫们根据社会大环境的需求，最终按照"孝"的主题和特质将陈孝女的形象确定了下来，其展现的神异之力则成为"孝"的附加属性。从嘉靖元年（1522）到嘉靖四十三年（1564）四十多年间，广东仕宦完成了一个"标准版"的陈孝女形象的塑造。

通过对比考察各志中对陈孝女的记载，可发现同一疑点：最早的《惠大记》中并未提到她的年纪，后面的却越说越详细，似乎是不加思考地沿用了前人的记载，即其父陈志年八十而卒，陈女却年幼。依常理推断，陈志八十岁时去世，即便是按虚岁计算

① （明）翁梦鲤：《博罗陈孝女碑》，谭棣华等编：《广东碑刻集》，广州：广东高等教育出版社，2001年，第801页。

其女儿陈妙圆也绝对“年幼”不到哪里去。按照翁梦鲤的记载，陈妙圆逝世时应该是三十二岁。[①] 士大夫一再强调陈妙圆年幼，极有可能是对女性年轻不嫁守贞的一种理想颂扬。也就是说，故意将陈妙圆年轻化，是希望借此突出她心性的单纯与性上的纯一，故而无意识甚至违背常理地、人为地将她的形象完美化、浪漫化。卢苇菁指出，在这些本来在口头流传的故事中，贞女主要不是被看成婚姻忠贞的道德偶像。她们之所以被崇拜、赞赏甚至浪漫化，主要是因为她们的神秘力量或义举。她们的故事生存在地方传说中而未必享誉全国。村民把她们看成为本地作了很大贡献的超常之人加以纪念。[②]

从陈妙圆的故事可以看出，明代尤其是从嘉靖初年开始，士大夫们一方面“破”，一方面“立”。他们努力“破”的，是岭南的巫风与盛行的所谓“淫祀”；着重“立”的是官府的“正祀”。具体到女性身上来说，就是要以“节孝”尤其是“孝”作为衡量女性的准则，创造模范女性形象，从思想、物质两方面加强对女性及社会的影响和表率。这种状况的出现，可能和嘉靖初年发生的“大礼议”的政治事件颇有关联。

关于大礼议的研究，之前已经有许多成果出现。阎爱民的《“大礼议”之争与明代的宗法思想》一文从宗法原则之争、祭祀权之争、宗祧问题之争，论述了大礼议中的宗法之争，认为大礼议导致了宗族史上的重大变化，尊祖观念成为最重要的宗法原

① (明)翁梦鲤:《博罗陈孝女碑》,谭棣华等编:《广东碑刻集》,广州:广东高等教育出版社,2001 年,第 800 ~ 802 页。

② 〔美〕卢苇菁著,秦立彦译:《矢志不渝——明清时期的贞女现象》,南京:江苏人民出版社,2010 年,第 27 ~ 28 页。

则，最明显地表现在民间建祠和追祭远祖活动开始普遍化。①在这场争端中，嘉靖皇帝最终赢得了胜利，将自己的生父尊为睿宗，附于太庙，确立了“孝”和“宗法”的至上地位。大礼议斗争中，站在前台支持嘉靖皇帝的好几位官僚如霍韬、方献夫等人，都是广东籍的士大夫，他们还在乡村中积极推行教化、支持毁灭“淫祠”。正是在这些“大礼议”中大力主张“孝道”的士大夫的推动下，明中叶后宗族制度在广东特别明显地普及开来。②

以此为契机，岭南地方文化传统发生了巨大变化。一方面，霍韬、庞尚鹏等名儒著家训，黄佐等官绅撰乡礼，一套以家达乡的家族伦理仪制逐渐形成。另一方面，民间大筑家祠，地方社会利用修祠堂、编族谱、定族规、筑祖坟、立族产、兴族学等文化手段由家及乡地强化社区凝聚力，增强地方文化的正统合法性。③在这种社会大背景下，岭南开始了轰轰烈烈的建宗立族活动，士大夫们开始强调对祖先的孝道。而上述博罗陈孝女的“昌福夫人祠”改名为“孝女祠”可能就是受此事件的影响，“孝”成为广东籍士大夫拥护年轻的嘉靖皇帝并得以借此上位的重要原因。

但是，中国的传统宗族组织是以父系血缘传承为原则凝结而成，世代传承的谱系均以男性为中心，家族（庭）的领导权也在男性的手中。一旦这种大环境被严格地确立，女性的地位就

---

① 常建华：《二十世纪的宗族研究》，《历史研究》编辑部编：《〈历史研究〉五十年论文选·20世纪中国历史学回顾》上册，北京：社会科学文献出版社，2005年，第387~388页。

② 〔英〕科大卫、刘志伟：《宗族与地方社会的国家认同——明清华南地区宗族发展的意识形态基础》，《历史研究》，2000年第3期。

③ 叶汉明：《明代中后期岭南的地方社会与家族文化》，《历史研究》，2000年第3期。

开始沦丧，成为传宗接代的工具。相应的，女性的义务就随着婚姻的缔结由娘家转移到夫家，随之而来的就是女性对父族的“孝”与对夫族的“贞”之间分量的比较，天平的两端开始发生摇摆。明初以前对岭南女性的记载中多有称赞其独身，为父系家族尽孝、守产或承嗣者，如博罗陈孝女，史籍记载中对女儿不嫁在家尽孝持赞许态度。明代中后期岭南宗族开始建设，又从强调女性对家族的孝转到强调女性对丈夫家族的贞上来。岭南士大夫苦心孤诣地从强调吴妙静为父立嗣的孝行到不嫁守贞的节烈，不断对其形象进行重塑便是很好的例子。

吴妙静，南宋顺德龙江人。万历《顺德县志》卷8《人物志·第七之三》记载：

> 吴妙静者，龙江吴南金道遗女也。南金，宋进士，为国子助教，无丈夫子，独女妙静，许新会李氏子。至期，所许子以车迎渡龙江，溺焉。妙静矢不他适，遂以装桥于所溺之处。又以田十三顷入光孝寺，今沙富村积善庄，其田庐也。后乃立叔父南老次子邦杰，后其父。邦杰官至员外郎，而妙静八十余卒。

士大夫对吴妙静形象的塑造，颇值得我们玩味。从吴妙静出资修建之桥的桥名为“老女”，到后来桥名改变为“贞女”，就体现出士大夫关注重点的不同，未嫁和为未婚夫守贞的意义有着巨大的差异。然后再到吴氏的全部家庭成员，其人物形象由模糊变得丰满清晰起来。而士大夫如此大费周章的目的无非是突出岭南社会在宋代已经开始与中原文化的接轨。① 除此之

---

① 对吴妙静的介绍详见刘正刚、乔玉红：《“贞女遗芳”与明清广东仕宦塑造的女性形象》，《史学月刊》，2010年第3期。

外,明代以后史料记载中的吴妙静,她的“守节”和“尽孝”(尤其是“守节”),就成为士大夫主推的、在她身上两个最具代表性的标签。

图4.2.1 纪念宋代吴妙静的“贞女遗芳”牌坊

与吴妙静同时代的顺德龙江邓六娘是另一个例证,她唯一流传下来的事迹就是孝。恰是因为这一点,在对其形象的塑造问题上士大夫们就纠结了起来,不断出现矛盾和波折。邓六娘之父为宋上舍邓梦槐,“梦槐生子伯瑜,早卒,有女六人。六娘最少,叹曰:父无宗属可后矣。矢不适人,乃取姊子李元为其父后,改名履元。履即李也,为校尉”①。这条记载应该是万历年间方

① (明)叶初春修:《顺德县志》卷8《人物志》,万历十三年(1585)刻本,广州:岭南美术出版社,2006年,第90页。

志编纂者采纳的、民间一直流传的说法。这种说法却遭到了士大夫的质疑，叶春及在《吴妙静邓六娘传论》中说：

> （吴、邓）二人皆不字者，李承箕不传六娘而见于邓宝传。且曰《春秋》书莒人灭鄫。六娘取李氏子后其父，不嗣同矣。能誓不适人，节亦有可取焉。顾独遗吴贞女何也？岂以尚浮屠乎？则疑之乎。吴贞女与博罗陈孝女大相类，陈氏祠自萧梁职于龙华寺，至督学魏校乃称孝女云。故宅亦为豪右所夺，何一辙也。又闻伦教梁鉴般女佑娘不字，抚其侄彦。①

叶春及对吴妙静和邓六娘的评价其实相差很大，他对邓六娘以姐家之子为邓家之嗣表示异议，认为这样和邓家不嗣并没有什么区别，因此仅对她"能誓不适人"表示"节亦有可取焉"，并不同意将她与吴妙静并提。从叶春及的言论中透露出强烈的以男性血脉为传承的宗法意识，同时认为女性不嫁亦是节的一种表现。这种观点在当时应该是得到社会广泛认可的。而反过来，从叶春及的批评中亦可以猜测，邓六娘以其姐之子承邓家之嗣或许是真实的，最起码在明初之时这种说法是存在的。

后来的士大夫意识到了这个引人诟病的问题，在对邓六娘的记载中改变了说法，很聪明地化解了矛盾。康熙十三年（1674）的《顺德县志》卷7《列女》中记载道："邓六娘，宋宝庆上舍邓梦槐之女。景定解元邓伯瑜之妹。早失父母，兄嫂继亡，止遗孤侄邓履元。甫一岁，无伯叔族属可倚，六娘日夜哀痛，念邓氏宗祀不绝如线，矢志终身不嫁，抚育履元成立。后膺封爵为忠

① （明）叶春及：《石洞集》卷10《吴妙静邓六娘传论》，《文津阁四库全书》第430册，北京：商务印书馆，2005年，第21页。

翊校尉。以昌邓氏之后者,六娘之功也。"[1]"有女六人,六娘最少"的说法没有了,凭空多出来了早亡的兄长"景定解元邓伯瑜"及嫂子;又将她取姊子李元改名履元为父后的说法隐去,直接说她抚育年仅一岁的侄子履元成立以继邓家香火,邓氏由此才得以保存并昌盛。

此时的说法和之前就有了很大变化,一些引人诉议的话题隐去了,邓六娘完全变成一位贞孝两全的完美女性。后世的记载也沿袭这个版本,如清代《龙江乡志》卷4《人物》记载:"(邓六娘)性仁孝,早失父母,兄嫂继亡,遗侄甫周载,资产饶裕。六娘年十六,痛邓宗将绝,日夜涕泣,誓抚藐孤,终身不字。洎侄长,命名履元,参广州路吏封忠翊校尉。履元感姑之德,终身敬养。今邓氏宗支繁衍,六娘遗泽也。卒年六十。累代祀之。私谥曰正孝。雍正四年奉旨祀邑之节孝祠。"[2]嗣子由原来的姐子变为兄子,其改变使得原先的异议得到很好的解决,从此邓六娘和吴妙静一样完全变成孝与贞的代表,其行为既保障了家族的繁衍,又赢得了官府的肯定和赞誉。

二、以贞节形象进入祭祀体系的岭南女性

嘉靖初年(1522),督学魏校以广州府为中心,开始了大规模的捣毁淫祠活动,还利用里社、社学及乡约来推行儒家

---

① (清)姚肃规:《顺德县志》卷7《列女》,康熙二十六年(1687)刻本,中国科学院图书馆选编:《中国地方志集成》第31册,上海:上海书店出版社,2001年,第295页。

② (清)陈志仪:《顺德县志》,乾隆十五年(1750)刻本,《稀见中国地方志汇刊》第45册,北京:中国书店,1992年,卷6《祠祀·节孝祠》记载祭祀的女性有邓六娘、张黄氏、苏凌氏、欧罗氏四人。

教化。[1] 在这种背景下，岭南的民间祭祀受到巨大冲击。随着种种类型的"淫祠"被取缔，代之而起的是官方努力培植的正祀系统。只要能够纳入这个系统，与政府扯上关系，就可以确立自己的地位，冠冕堂皇地成为国家祭祀系统的一部分。于是民间"诸神"纷纷改换形象，"被塑造"成符合标准的忠孝节义类型，再次走上百姓祭祀的神龛。而之前被建有祠庙的女性在这个过程中也顺应趋势发生了变化，转变为礼教标准下女性形象的标兵。这类祠庙建筑以其直观的形象"将女性灵纯心洁、令德柔嘉、矢志完贞、竭诚致敬的精神淋漓尽致表现出来，达到很好的教化效果"[2]。

除了之前谈到的在岭南社会广为流传、充满神异传说的女神和女仙，女性还可以凭借其对地方的贡献而进入民间祭祀体系，如谯国夫人冼氏、正顺夫人虞氏、宁国夫人李氏等。还有的女性略类于唐代何仙姑，因其贞节之行而修炼成女仙，得到后世的尊奉。唐代贞元年间(785～804)四会的文氏贞仙就是一例。

文氏贞仙，即四会贞山都的文氏，她自幼许嫁鲍氏子，唐德宗贞元三年(787)，鲍氏子上山砍柴时被虎咬死，文氏听说后"匍匐赴丧，服衰三年，事公姑甚谨"。父母想将她另许，但遭到文氏拒绝，"遂潜遁贞山，居于绝巘，艺蔗芋蕉竹以自给，亲党求之，莫知所在"。十四年后，即贞元十七年(801)九月初九日，

① 具体内容参见〔日〕井上彻：《魏校的捣毁淫祠令——广东民间信仰与儒教》，唐力行主编：《国家、地方、民众的互动与社会变迁》，北京：商务印书馆，2004 年。

② 赵秀丽：《明代女性教化体系的建构》，《山西师大学报(社会科学版)》，2008 年第 2 期。

"天高气清,俄有灵去,起西南方,有若幡幢,拥一妇人入杳霭间。于是乡人咸谓女仙去。就妙墟宫故址肖像祀之,曰'贞仙祠'"①。文氏女成仙故事的背景也是在唐代,晚于何仙姑而早于卢眉娘,颇为契合唐代对女仙狂热追求的特点。从岭南接连出现几位女仙来看,或许可以间接说明当时的岭南社会和女性的生活状态在中原士人的感觉中仍充满了神秘色彩。相同于岭南其他的女仙,文氏亦以童贞之身成仙,尽管在名义上有了未婚夫,但她事实上仍然拥有处女之身,而这也成为唐代岭南女仙所具有的共同特质。

相对于何仙姑、卢眉娘等人来说,文氏贞仙的故事远没有这两人有名,其传播也仅限于当地,所以对这个故事的记载仅出现在方志之中。上面的记载就引自光绪年间编写的《四会县志》,它是照抄雍正年间郝玉麟编写的《广东通志》而来。在雍正《广东通志》卷59《艺文》部分有一篇绍兴三年(1133)四会地方官员陈公奉②所做的《贞烈祠记》,其全文如下:

> 自仙羊而上,入绥水六十里为四会县。逾水之二十里近西数峰,林峦蔚然,荣长而森秀,崇冈突下,四望平远,是为贞山烈女之祠。旧记:唐贞观元年建妙虚宫,岁久为墟。没一百六十年,实贞元三年,有女文氏,父母已许鲍生,未

---

① (清)陈志喆:《四会县志》,编七《人物志·列女》,光绪二十二年(1896)刻本,民国十四年(1925)增刻重印,台北:成文出版社,1967年,第391页。

② (清)陈志喆:《四会县志》,编五《职官·文职》,光绪二十二年(1896)刻本,民国十四年(1925)增刻重印,台北:成文出版社,1967年,第285页。"陈公奉,福建路罗源人,进士,淳熙年任(簿)。"

嫁，生樵山毙于虎。文氏匍匐赴其丧，服衰三年，事舅姑谨洁。甚而感怆，忽然归遁于山之阴，不与世接，影响冥邈，人莫迹其处。贞元十七年，高秋九日，天气澄澈，俄有异云起西南，幡幢管磬拥一妇人于杳霭间。欢谓文氏女仙去。今升仙坛具存。即其下为祠，晨香夕灯，岁时不懈。遇水旱祈祷，罔不昭答。公奉到官数月，春向深不雨。令尹陈侯希默相率拜祠下，佥曰："兹祠尚矣，旧记不足以传远，请更而镌诸石。"令尹举手见嘱。越翼日，雨大作。乃笑相谓烈女之意欲遂成斯文乎？予谓前辈罕言神仙事，以世所传者多幻而近诬。今文氏纯介之行表见于世，其识不凡，其神不死，英灵精爽，实与天通。距今数百年而惠泽一方，显应如是，岂可淹没也哉！因载其实以与此山共传。绍兴三年四月一日。①

从陈公奉的碑记来看，众人求雨于文氏，因为事前有刻石宣传等嘱，求雨得到了效果，文氏也因此获得了高度评价。如果没有成仙之前守贞的那段行为，估计文氏也难逃脱作为淫祀而祭祠被拆毁的命运。就因为官府这次的求雨行为，加上未嫁守贞的身份背景，文氏贞仙终于在建祠三百多年后被确立合法地位。当然，这不可能是文氏所为，应与当地持此信仰的士绅、乡民的运作有关，这与何仙姑、金花夫人在明清时期形象的变化有着完全相同的路径。所以卢苇菁提到陈公奉评论文氏的神力来自上合于天的不朽精神之时说，陈赞美文氏的"纯介之行"，暗示她升天成神就是因为品德高尚，文氏成为被神化的贞女。后来在

① （清）郝玉麟：《广东通志》，雍正九年（1731）刊本，广州：岭南美术出版社，2006 年，第 1818～1819 页。

明清时期,这样被神化的贞女还有一些,她们的德行赋予了她们神秘的力量,使她们成了膜拜的对象。①

在当地还有一位徐氏贞女,其故事叙述完全同于文氏的版本,究竟两人是否是一个人、是否因误记而变成两人,成了谜团。光绪《四会县志》编写者对此颇感疑惑,"然考旧志仙佛篇,徐尚在文学",在未得究竟的情况下,只好遵从旧说,将文氏与徐氏作为两个人来处理。② 但无论文氏和徐氏是两个人还是一个人,都不妨碍她们的贞节与成仙的传说,事实上这些传说中对女性守贞和尽孝行为的渲染也充满了教谕的意味。

岭南方志的记载中,类似文氏这样得到后世立祠祭拜的例子有很多。明代以前虽已有之,为女性立祠的浪潮兴起却是在明代。不同于前的是,明以前因女性的孝或者她们的功业而为之立祠的现象较普遍,在明代以后却多因女性守贞抗暴而立祠。宋元交替之时,社会动荡不安,即便是到了明代被编户齐民之后,岭南依然有寇乱的威胁。生活于此种环境下,人民的生命财产无法得到保障,身为弱者的女性首当其冲,大量女性在冲突之中成为牺牲品。往往是她们死时的情况越惨烈,在后世的记述者笔下她们的形象就越趋于灵异。而她们的后人或者士大夫们为表彰她们的贞烈,也多会建立祠堂进行表彰和祭拜。

---

① 〔美〕卢苇菁著,秦立彦译:《矢志不渝——明清时期的贞女现象》,南京:江苏人民出版社,2010年,第27页。

② (清)陈志喆:《四会县志》,编七《人物志·列女》,光绪二十二年(1896)刻本,民国十四年(1925)增刻重印,台北:成文出版社,1967年,第391页。"贞女徐氏,未嫁而夫死,归奉舅姑三年,父母欲夺其志,女潜遁贞山,艺麻苧自给。亲党求之,莫知所在,人以为仙去。"

在顺德桂圃里有一座为祭祀刘元妻周氏而建的贞节祠。顺德本地士人、曾做过浙江金华府知府的黎暹于正德十一年(1516)三月初一为其写文曰：

贞节祠，在顺德之桂圃西不半里，祀宋乡进士刘公元妻周氏，表其行也。周本羊城良家女，归刘公甫一载，群盗数百人摽掠其乡，乡老稚皆出走，周为所执，度不能免，给曰："当服饰以从。"盗以为。登舟兰石海上，纵身一跃，已在急流中矣。群盗惊叹而去。又七日，尸浮流还门外，衣装颜色俨然如生。夫及族里以为异，敛而葬之，建祠墓侧，像而祀。水旱疾疫，有祷辄应。成化初，学士九洚钱公倡修县志，命暹表章之。今刘之诸孙昇请修撰。湛公原明大书"贞节祠"三字揭祠额而扩，复征暹记将刻于石。

呜呼！唐奉天窦氏女遇盗投岸而死，传在信史，孰谓古今人贞节不相及也。时无疏闻者为表宅砺俗之举，可胜叹哉！既述其事为记，复系诗曰：夫妇君臣，人之大伦。妇之从夫，犹臣于君。一有急难，均为死节。庶几大义，不愧臣妾。卓卓贤周，义不忘刘。濒危给贼，窜身中流。中流陨命，不但已已。容服憝然，死如不死。七日浮尸，溯流而还。还夫故身，面夫昔颜。以义捐躯，孰不震骇。坟祠像设，孰忍迁改。几经兵燹，忽焉孰荒。有贤诸孙，慨念弗忘。既修其祠，复饬其像。兰石之壖，桂圃之上。纂志摽题，经两翰林。我言奚似，纪述于今。□俗何人，逆臣悖妇。闻风革心，凛然千古。①

---

① (明)黄佐：《广东通志》卷30《坛庙》，嘉靖三十六年(1557)刻本，广州：岭南美术出版社，2006年，第423页。

其后的文献多据黎暹的文章而来，嘉靖三十六年(1557)《广东通志》载:“周氏，南海平步人，乡贡士刘元妻也。宋季为强贼所逼，周绐之曰:‘当盛服以从。’贼以为然。即投兰石海以死。后七日，尸浮倚于石，衣裾整然。子孙遂于其地建祠以祀。成化元年，五代孙衡重饬之。”[①]相较来说，黎暹的记载最为详细，神异成分也最多，包括七日尸还、颜色如生等，这类语言成为县志记载烈女的一套惯用语。如新会民谭仲悦之女谭珩，年十七岁尚未适人。元至正二年(1342)，“因被土寇，父母兄弟仳离。珩与一妪匿山林中，为寇所掠。及潭，遂投之。贼去，妪备述其事。越八日，父母得其尸于潭中，面目如生”。乡人慕其贞烈，将谭氏自尽的水潭命名为丫髻潭。洪武三年(1370)又在潭侧建祠以祀，其祠名曰丫髻庙。[②] 又有“姚烈女者，博罗人密之女也，世居公庄峒。弘治中寇李志祥剽其乡，女走山谷悬崖间。……遂投崖死，肌体磔裂，血渍崖石，人言至今时见光莹莹不灭云”[③]。又“王氏名世贞，电白人，王祖孙女。年十六，正德十二年，……被虏。……至晚渡江，贞投水而死。次日父母得尸，面色如生。至今雨夜渔人犹闻哀声云”[④]。“陈善娘，新会归德都外海村陈兴伯之女也。有盛色。嘉靖三十三年正月，海寇

---

① (明)黄佐:《广东通志》卷63《列传二十》，嘉靖三十六年(1557)刻本，广州:岭南美术出版社，2006年，第1650~1651页。

② (明)戴璟修，张岳纂:《广东通志初稿》卷15《烈女》，嘉靖十四年(1535)刻本，广州:岭南美术出版社，2006年，第301页。

③ (明)黄佐:《广东通志》卷63《列传二十》，嘉靖三十六年(1557)刻本，广州:岭南美术出版社，2006年，第1659页。

④ (明)黄佐:《广东通志》卷63《列传二十》，嘉靖三十六年(1557)刻本，广州:岭南美术出版社，2006年，第1662~1663页。

劫掳下船，时年十六，誓不受辱……善娘遂捐身投海死，后三日，其父寻至石觜海坦得其尸，体貌如生。”①这些套话虽然在后人眼中显得有些荒诞，在当时的岭南，却对“愚夫愚妇”有着极强的震撼力与表率作用。尤其是当人们为这类女性立祠后，她们开始以神灵的形象出现在人们生活中，在士大夫的刻意强调下她们又拥有了神力，“水旱疾疫，有祷辄应”，更为她们蒙上一层神秘的色彩，凸显了这些烈女/妇的尊崇地位与不惜牺牲生命守卫贞节后得到的回报。

按照井上彻的定义，所谓淫祠，是指与朝廷所编纂的祭祀典籍（祀典）里所记载的祠庙，即通称的正祠不同，即未被祀典登录的祠庙。井上先生又引用滨岛敦俊的说法进一步解释：最高级别的祭祀是由天子设立的对天的祭祀，在祭天以下规定出了各行政级别的祭祀对象，里一级有里社坛、乡社坛，各户有祖先及灶神。同时禁止僧道参与祭祀。在上述规定以外的祭祀、信仰，即使被祭祀之神并没有什么怪诞之处，也被认为是所谓淫祠。也就是说，未被祀典记载的祠庙都将作为淫祠来处理。②伴随着笼罩在烈女/妇身上神异色彩的增多，专门为女性建立的祠庙多了起来，却是在嘉靖初年魏校毁淫祠的背景下发生的。之前各种名目的祠堂到此时多改头换面，以符合礼教标准的名目出现，被祭祀的女性也成为儒家所倡导的女性典型。

最能说明女性专享祠庙情况的无疑是方志记载中祭祀女性

① （明）黄佐：《广东通志》卷63《列传二十》，嘉靖三十六年（1557）刻本，广州：岭南美术出版社，2006年，第1670页。

② 〔日〕井上彻：《魏校的捣毁淫祠令——广东民间信仰与儒教》，唐力行主编：《国家、地方、民众的互动与社会变迁》，北京：商务印书馆，2004年。

祠庙的详细介绍。黄佐的《广东通志》在嘉靖三十六年(1557)修纂,此时距离1521年开始的毁淫祠运动已有三十多年。相信此时能够荣登方志的祠庙都是“劫后余生”者,应该符合国家正祀的标准,或者这些祠庙就是由主导毁淫祠运动的官员兴建的。其目的是敦厚民风,推行教化。下面表格中的祠庙就是从嘉靖六年(1527)黄佐编纂的《广州志》卷32《祠庙》和嘉靖四十年(1561)黄佐编纂的《广东通志》卷30《政事志三·坛庙》中统计而来的:

表4.2.1 明代广州府女性祠庙统计表

县名	祠名	备注
顺德	贞节祠	为宋进士刘元妻周氏建,周氏遇贼自尽。见上文。
东莞	节妇祠	嘉靖二年(1523)建,列祀宋朝李昌期妻孝节何氏、李顾妻贞节陈氏;元朝张一龙妻贞节何氏;明朝黎医叟妻贞节陈氏、李礼宽妻贞节卢氏、范瑛妻贞节陶氏、游宗裔妻贞节彭氏、蔡廷玉妻贞节吴氏、彭景忠妻贞节夏侯氏、彭忯妻贞节陈氏等。
香山	萧烈女祠	祀烈女萧氏,族孙庠生萧崇建。萧氏名乌头娘,萧思敬女。景泰年间抗暴守贞而死。成化十七年(1481)知县丁积命工修其墓,割废庙田六十余亩命人岁守祭祀。
新会	全节庙	祀宋杨太后。弘治四年(1491)右布政刘大夏建,正德九年(1514)、嘉靖二十二年(1543)修。
	烈女祠	嘉靖元年提学副使魏校为何氏、邓氏立。二人均抗暴自尽。

宋元以降,随着儒家思想的日益成熟,对女性的约束力度不

断加大，尤其是历经了明清思想控制的加强，女性地位的沦丧似已至传统社会的顶点。官方主持修纂的地方志中一般都专设"列女"，对本地守节、殉夫之类的女性予以表彰，这种做法在明清时期尤为盛行。随着贞节观的愈演愈烈，由政府到民间普遍要求女性从一而终，要求女性保持对男性的贞。为了达到目的，政府采取多种方式和手段，提倡并鼓励这种行为。如朝廷对节妇烈女予以旌表，赐款建造祠庙、贞节牌坊或对其家庭税负予以优免等，就是为了起到鼓励和示范作用。经历了明清易代的战火后，清朝延续了明朝政府的做法，为女性立祠或建立贞节牌坊，此种情况尤为突出。我们再来比较一下乾隆二十四年（1759）刊刻的《广州府志》卷17《祠坛》中对女性祠庙的记载。此时距明朝灭亡已有一百多年，但因清廷沿袭了明朝鼓励守贞的政策，所以民间仍不断地兴起建祠建坊的浪潮。

表4.2.2　清代广州府女性祠庙统计表

州县名	祠名	备注
广州	节孝祠2	均在石马槽，一所是雍正二年（1724）建。
	烈女祠	在卖麻街，徽人汪采玉女，名喜弟，父死母许字吴继维，年久未婚，旋以贫不能育，欲压其志，不从，投井死。同乡立祠以祀。
增城	节孝祠2	一在学宫侧，一在城中。
	全节庙	在崖山，祀宋杨太后。右布政刘大夏建。
东莞	节妇祠	在城隍庙左，祀宋李昌期妻等十八人。
	节孝祠	在故南海街前。
香山	萧烈女祠	在榄村，祀明萧思敬女。
	节孝祠	在学西。

（续表）

州县名	祠名	备注
顺德	贞女祠	在龙江，祀宋贞女吴妙静。
	贞节祠	在桂圃里，祀宋刘元妻周氏。
	节孝祠	在尊经阁左。
从化	节孝祠	在城中。
龙门	节孝祠	在城中。
新宁	节孝祠	在城中。
三水	节孝祠	在城中。
新安	节孝祠	在城中。
花县	节孝祠	在城中。

上表中共列出祠庙6类，从名字上来看，除“烈女祠”外，其他都以“贞”“节”命名。连凭借不嫁守贞、为父立继而孝名远播的吴妙静，其祠庙名称也不是以“孝”，而是以“贞女”命名。新会县亦有节孝祠，在这个版本的《广州府志》中没有录入，不知是何原因。但可以确定的是，清乾隆以前，广州府地区立祠的标准依然贯彻了明代的思想。也就是说，嘉靖时地方官员建祠的意识取向极为清晰，就是强调女性对男性所有者即丈夫（包含现实中的或者虚构的）的身体的忠贞，即“节”。对女人来说，比生命更为重要的就是她在性上要保证纯一性。

乾隆六年（1741）的《新会县志》中明确记载了雍正二年（1724）时给出的节孝祠定义：“奉建以祀旌表节孝贞烈妇女者也。”在地方公所处设立祠宇，门外建坊一座，“将前后旌表节孝妇女标题姓氏于其上，已故设牌位于祠中，春秋二祀”。[1] 虽然节孝祠的定义包含“节”“孝”两方面，但细观上面的数据可以发现，清代建立祠庙已经开始轻“孝”重“节”。士大夫们希望通过建立这些节孝祠，以女性的节烈事迹教化人心，同时他们希望能以女性对男性从一而终的忠贞来教育男性对君王的忠。正所谓“君为臣纲，夫为妻纲”，对男性来说，对国家要忠；对女性来说，对丈夫要忠，从而建构儒家士人理想中的“忠”与“贞”的民风。

明中叶开始的以宗族伦理为中心的家族文化在岭南的普及，带动了岭南文化的进一步汉化和儒化。在儒化的过程中，士大夫们不断按照自己的理想来改造社会、改造女性。他们对不在国家正祀系统内的“淫祠”予以严厉打击，众多女性神祇的形象和代表的意义被改变。同时，为了塑造他们心目中理想的女性形象，士大夫们又开始自己的造神运动，将符合他们理想的节烈女性予以表扬，为她们建祠立庙而塑造成女性的表率，又对不合标准的女性进行改造，从而为岭南女性树立了礼教制度下的“人生目标”。女性就在这个“人生目标”的指引下渐行渐远，最终完成了由被动“贞”“孝”向主动“节”“烈”的转变。

---

① （清）王植修：《新会县志》卷3《建置志·坛庙》，乾隆六年（1741）刻本，广州：岭南美术出版社，2006年，第72页。

第五章

走向高潮的节烈之风

第一节　改朝换代时岭南女性的价值取向

由于岭南地处偏远，因此在历史发展的早期游离在中原的行政体系边缘，王朝的控制无法深入。为了达到对岭南统一管理的目的，中原统治者不止一次兴兵打击叛乱或者巩固势力。对统治者来说，他们希望看到的是冼夫人这样积极主动的合作者，既省去了干戈相交和民众的死亡，又得到了岭南的臣服。对这样的女性，士大夫们不吝笔墨地记载下来以示表彰。但汉族士大夫的内心深处始终有一个“正统”情节，认为自己所服务的中原王朝才是唯一的正统。面对异族入侵，有的人誓死抵抗，有的人以身殉国，还有的以遗民自居，采取了不合作的态度，这种现象在明清交替之际尤为突出。尽管在“忠君”观念的影响下，后世对那种积极主动融入新政权的人多多少少都会有些微词，但新王朝的建立肯定少不了前朝旧臣的功劳。新王朝建立之后，帝王们为巩固自己的统治又会重新审视这些所谓的“贰臣”，大肆鼓吹臣子对君主的“忠”。于是，士人们对改朝换代时期的历史和思想必然重新进行解读，这种变化不仅体现在男性身上、体现在士人对岭南女性的记载上，还体现在政府对女性“节烈”观的改变上。

一、女性对新兴汉人政权的积极融入

西汉刘向《列女传》分母仪、贤明、仁智、贞顺、节义、变通、孽嬖七篇，在篇目编排上将母仪、贤明、仁智排在首位，体现女性对社会的责任。万历《顺德县志》中有句话讲得较为公允：“女行有四，容工言德。节则德之一也。世人惟此之求，何哉！”①也就是说，对女性来讲，守节只是她们一生追求的“四行”之中“德”的一个部分，世人专注求此就会显得偏颇。秉承这种思想的士人在记载列女时往往对那些有特殊德行的女性浓墨特写。明清以后，受到日益严苛的节烈观的影响，方志编纂者在编写《列女传》时虽然还会记载女性的功业与德行，却无一例外地以女性的“贞”“孝”作为入选标准。于是无一例外的、在方志《列女传》中，守节、殉节的女性占据了压倒性优势。不过好在其中仍不乏亮点，尤其战争频仍的乱世，一些女性凭借卓越的才智与独到的眼光，审时度势地奠定了家族发展的基础，德庆州的潘夫人就是这样一位女性。

与隋代高州的冼夫人同时，德庆的潘夫人也是位积极迎接

---

①（明）叶初春修：《顺德县志》卷8《人物志》，万历十三年（1585）刻本，广州：岭南美术出版社，2006年，第93页。

新政权的女性。据嘉靖《德庆州志》卷7《提封六》记载:“潘夫人,州东七十里三洲岩之东,隋时烈女也。开皇十年岭南行军总管王绩南征,夫人躬至军所贡米七十斛、马五十匹、杖四十具。十六年敕授黎阳郡夫人。唐贞观四年终,葬于此。”①这条材料记载潘夫人墓的所在位置,兼介绍其生平。清代陈梦雷在《古今图书集成》的《方舆汇编》中的记载和上面的文字几乎完全相同。② 从潘夫人所贡财物来看,她的财力颇为雄厚,“马”和“杖”是军队的必备物资,这暗示着潘夫人或许和冼夫人一样,也是当地颇有权势的女首领,她的积极示好给隋征服德庆减少了阻力。对她自己来说,则获得了隋政府对她拥有德庆一地统治权的认可和封赠。只是介绍潘夫人时所用的“隋时烈女”这个定义颇让人费解,材料中并未交代她任何“烈”的事迹,我们也无从判断这个“烈女”的标准是什么,只能认为儒家对女子的“烈”和女德的衡量标准是有变化的。

康熙十三年(1674)编写的《顺德县志》中记载的宋代羊额秘书郎何世忠之妻李氏,也凭借对新生政权的拥护而得到表彰,这点类同于冼夫人和潘夫人。开宝三年(970),宋太祖命潘美、尹崇珂征南汉,宋军驻扎白田时军粮缺乏,李氏义捐粟饷军七日才使军心稳定下来。宋朝统一后封李氏为恭人,赐浮连冈永泰

---

① (明)陆舜臣纂修:《(嘉靖)德庆州志》卷7《提封下》,《天一阁藏明代方志选刊》续编第65册,上海:上海书店,1990年,第783页。

② (清)陈梦雷:《古今图书集成》第16册,《方舆汇编·职方典》,北京:中华书局;成都:巴蜀书社,1985年,第20069页。“隋潘夫人墓,在州东七十里三州岩之东。隋烈女也。开皇十年,岭南行军总管王绩南征,夫人至军贡米七十斛、马五十匹、杖四十具。十六年,敕授黎阳郡夫人。唐贞观四年终。葬于此,今已夷没。”

里山田三万亩。李氏去世时，朝廷命地方官主持安葬。有评论曰："穷乡寡妇，礼抗万乘，名显天下，岂不伟哉！"[①]又有一说，羊额何氏原居广州南濠，在十四世德宽时迁居顺德羊额。其先世历传显宦，至何世忠时已颇为富饶。何世忠卒，李氏孀守，她勤于耕获，知大义，恪守妇道。南宋理宗宝庆中，何氏在香山大沙的田庄征收佃谷，返乡路上她道经黄圃浮墟冈，"先是，增城贼陈二者，聚党肆劫掠，所司督兵剿之，累岁月不能平。至是通连海盗，飘忽不常。官兵逐之，及浮墟冈，粮尽不继"。正在紧要关头，李氏恰巧带着运谷船经过，她知情后慨然曰："百姓所以得安居粒食者，恃军力为之捍卫也。"于是尽以舟粟饷军。军士就地掘灶造饭，一鼓作气将贼寇歼灭。当地人在浮墟为她建庙祭祀，至嘉庆年间，香山还有沙名为大小屯饭，就是因济粟得饭而得名。[②]

李氏的故事源自万历年间编写的《何氏族谱》（已不存），雍正年间编写《广东通志》时，编写者在审核过程中也提出不少疑问，如"（《何氏族谱》）李氏传云：宋开宝三年，潘美、尹崇珂提兵二十万讨南汉，钅化依山谷坚壁老宋师，美军深入，挽运不断，乏食。李氏居城中，计宋师日食，倾廪献粟支七日，遂擒钅化。事闻，封恭人。民建庙饭屯冈，尚在。语与万历旧谱不合。宋史固无其事。军食七日，计逾二十万石，非一寡妇婴城拒守时所能运出城外者。且事在羊城，立庙乃在香山，亦滋疑窦。自叶《志》至

① （清）黄培彝修，严而舒纂：《顺德县志》卷7《列传一》，康熙十三年（1674）刻本，广州：岭南美术出版社，2006年，第289页。

② （清）郭汝诚：《（咸丰）顺德县志》卷28《列传八》，咸丰、民国合订本，广州：中山大学出版社，1993年，第848页。

《五山志林》并只云饷军,不云宋初,亦不能考饷军在何地何事"①。尽管考虑到故事的叙述有诸多疑点,但假设李氏真有犒军捐饷之举,那么这位李氏首先要财力雄厚,再次要对这些财产有处分权,第三要有远见卓识。符合了上面三点,李氏在家族中的地位之高已毋庸置疑。而她的这一举动又带来了良性循环,在为家族带来荣誉的同时,又以王朝的名义合法地占有了三万亩的山田,从而奠定了家族在地方上的势力基础。

元末明初的郭真顺也是位颇有传奇色彩的女性,传说她的诗作曾挽救一寨百姓的性命。郭真顺,潮阳周伯玉之妻,少时即颖敏。其父为教谕,训之以诗书,郭遂博通五经,旁及诸家子史,尤精于数学,长于诗文,遇事多有奇策。她嫁于周伯玉后,旦有诗作写出,伯玉辄焚其稿曰:"此非分内事也。"夫妻二人育有三子,每当暮夜,郭真顺让三个儿子坐于自己面前,各与铜钱百文,每人前面置一铜盘,读一遍书则放一钱于盘中。后三子皆成名,应与郭真顺严格教导不无关联。其夫周伯玉,号霁堂,语言德行为时所重,后来得从祀乡贤,也与郭真顺的内助之力有关。元末之乱时,寨众想推立伯玉为王,真顺止之曰:"矜能轻敌者,匪杀则亡寨,众有是焉。若勿往。"伯玉曰:"吾先诺矣,何可复?"曰:"若称疾,吾有以对之。"寨众来,真顺曰:"伯玉浅福难胜大任,虽欲勉从诸君厚意,忽呻吟在床褥矣。"后村寨被攻破,郭真顺一家投奔溪头寨避难。时明朝已定鼎天下,朝廷任命指挥俞良辅征讨,寨人不知上表纳降,亦在征讨之列。大军压境的紧迫关头,郭真顺审时度势作诗

① (清)郭汝诚:《(咸丰)顺德县志》卷28《列传八》,咸丰、民国合订本,广州:中山大学出版社,1993年,第848页。

一首以上俞良辅，举寨遂安。后来郭真顺一家卜筑居室于县前之西的后池，三子皆以儒士被荐得官。①

从明嘉靖年间《广东通志》所记郭真顺传可看到，身为女性，郭真顺在家中发挥的作用远远超过其夫周伯玉。记述者刻意指出她博通五经、旁及诸家子史，强调她在成长过程中学习大量中原文化，暗示了儒家文化的深入普及。虽然传记作者故意将其塑造成贤妻良母、谨守儒家礼教的女性，但从字里行间仍可以读出她在家庭中的领导地位。她甚至越过丈夫承担起督促教育子女读书的职责，可以说她对子女是亦师亦母。同时，她在家中也不是夫言必从。相反，她不仅为丈夫出谋划策，甚至还由幕后直接站到台前，为丈夫解决难题。在大兵压境时，郭真顺缜密谋划，尤其在上诗俞良辅挽救一寨性命之事上，若为史实，则更能体现其卓识远见。现引郭氏《上俞指挥引》全文如下：

将军开国之武臣，早附凤翼攀龙鳞。烟云惨淡蔽九野，半夜捧出扶桑轮。前年领兵下南粤，眼底群雄尽流血。马蹄带得淮河水，洒向江南作晴雪。潮阳僻在南海濒，十载不断干戈尘。客星移处万里外，天子亦念遐方民。将军高名迈前古，五千健儿猛如虎。轻裘缓辔踏地来，不减襄阳晋羊祜。此时特奉时王恩，金印斗大龟龙纹。大开藩卫制方面，期以忠义酬明君。宣威布德民大悦，把菜一笠谁敢夺。黄犊春耕万陇云，牦龙夜卧千秋月。去岁壶阳戍守时，下车爱民如爱儿。壶山苍苍壶水碧，父老至今歌咏之。欲为将军

① （明）黄佐：《广东通志》卷63《列传二十》，嘉靖三十六年（1557）刻本，广州：岭南美术出版社，2006年，第1652～1653页。

纪勋绩，天家自有麒麟笔。愿属壶民歌太平，磨崖勒尽韩山石。①

诗中首先称赞了俞良辅南征粤地的勇猛和功业，接着笔锋一转，讲述潮阳十年来经历的兵火战乱，点明天子爱惜远方百姓，任命贤明爱民之臣救民于水火的初衷。在君王的恩命下，俞将军带领强兵健将来到南粤向百姓宣布君王的恩德，教以忠义以报答明君。最为体现作者心思机巧的是她不着痕迹对俞良辅的吹捧，称赞他在戍守壶阳之时的爱民如子以及推行百姓休养生息的德政，使得百姓至今仍感恩戴德。同时，作者还巧妙地借青史留名为俞良辅展现出当他放过一寨百姓之后所能获得的功德和表彰。其最终目的在于，借之前的褒赞来讽劝俞良辅免除人们的性命之忧。这首诗巧妙地利用俞良辅爱惜令名和功业的心理，将其架到了一个不得不放过当地百姓的尴尬境地，从而得以挽救包括自己家庭在内的众多性命。如果这段故事属实，那么郭真顺的有勇有谋和对世事的洞察确实起到了功不可没的作用。

二、宋元易代、明清易代时女性的殉节与殉国

宋元易代和明清易代是极易被后人拿来对比的两个变革阶段，二者均由边境民族入主中原并获得统治地位，两股势力最后的决战地点也均在岭南。天崩地坼的时代背景将人们推到生死抉择的边缘，无论是外来的士大夫还是岭南本地人都面临着同样的选择：要么守节，要么投降。其中的一部分士人就选择了抗元/抗清而死或者自尽为国殉节。作为最后交战的场所，男性的

① （明）黄佐：《广东通志》卷63《列传二十》，嘉靖三十六年（1557）刻本，广州：岭南美术出版社，2006 年，第 1653 页。

这种行为对岭南女性产生了不小的影响。

宋末,南宋小朝廷退缩岭南一隅,男性之外岭南还出现不少大义殉国的女性,这不能不说是儒家教育要求忠君爱国的成果。东莞士人李顺之妻陈氏便是其中之一。陈氏平日事舅姑孝谨,生了李仕后夫死孀守,她"守志教子,俾知向学"。时少帝赵昺自福建入粤,"驻跸冈川,陈遣佳应勤王之诏。临别与之诀曰:汝宜竭忠事主,勿以老身为念也"。李佳听从母亲的话走后,陈氏前往广州,到黄木湾投水而死,而李佳不知。李佳后来护驾到崖山,得潮郡教授之职还家拜见母亲,始知母亲已经殉国,他"哀陨莫及,乃筑望云堂于乌沙之阳,以寓终天无涯之悲。闻者两伤之"。[①] 明代初年东莞人陈琏[②]写有《精卫辞哀陈烈妇》一首以记其事:

东海有精卫,衔石填海死。海枯石复烂,此恨何时已。天目山崩王气消,北风夜退钱塘潮。崖山新称行在所,万里兵尘涨九霄。南海有烈妇,能守陵母节。泪血满衣裾,泣与儿诀别。万古纲常日月明,尔当尽忠吾尽节。黄木湾头风雨来,扶胥海口浪如雷。此时孤愤同精卫,一堕沧溟竟不

① (明)戴璟修,张岳纂:《广东通志初稿》卷15《烈女》,嘉靖十四年(1535)刻本,广州:岭南美术出版社,2006年,第300页。(明)黄佐:《广东通志》卷63《列传二十》,嘉靖三十六年(1557)刻本,广州:岭南美术出版社,2006年,第1650页;(明)陈大科、郭棐:《广东通志》卷26《郡县志十三》,万历二十九年(1601)刻本,广州:岭南美术出版社,2006年,第667页。

② 陈琏(1369~1454),东莞人,字廷器,号琴轩。洪武二十三年(1390)举人,初授桂林府教授。建文三年(1401),升国子助教。后历任许州知州、滁州知州、四川按察使、南京通政使掌国子监事、礼部左侍郎等。正统六年(1441),年逾七十辞官归里。著有《琴轩集》《归田稿》等。

回。沧溟之深有时竭，烈妇之名应不灭。①

诗中将陈氏比作汉代王陵之母，用王陵之母自尽以坚其子拒绝项羽要挟而效死追随刘邦的典故来表彰陈氏的忠与节，同时又借精卫填海的故事突出陈氏的忠贞不屈，强调了纲常的重要性。这个女性的形象对儒家的士大夫来说有着极为典型的象征意义，突出了礼教中忠孝节义的核心内涵，成为彰显岭南女性对儒家文化及礼教全面接受的人物典范。

宋都统饶平张达之妻陈璧娘在士大夫眼中是另一位全节尽忠的女子。宋端宗景炎②时，张达保卫宋端宗乘坐的船只到红螺山，陈璧娘送之于海洲上，作《平元曲》③以寄张达。此后她“犹自督率义兵，与元人力战”④。张达战死崖山，璧娘求得其尸安葬，亦不食而死。在陈璧娘的身上，对宋王朝即君王的“忠”和对丈夫张达的“贞”可以说表现得是淋漓尽致，故而士大夫们不吝笔墨地对她进行记载，后人还将她送别张达的这块地方命名为辞郎洲⑤。其《平元曲》全文如下：

---

① (明)陈琏：《琴轩集》，《丛书集成续编》第139册，台北：新文丰出版公司，1988年，第99~100页。

② 景炎：宋端宗赵昰的年号，指公元1276年5月到1278年4月。

③ 中山大学中国古文献研究所编：《全粤诗》第二册，卷50，广州：岭南美术出版社，2008年，第537页。

④ (清)郑昌时著，吴二持校注：《韩江闻见录》卷6，上海：上海古籍出版社，1995年，第175页。

⑤ (清)屈大均：《广东新语》卷2《地语》，欧初、王贵忱主编：《屈大均全集》第四册，北京：人民文学出版社，1996年，第34~35页：“钱澳有洲曰辞郎。景炎元年，帝舟迁于甲子门。邑人张达，率义徒扈从，其妻陈璧娘送之至此，故曰辞郎，其名甚悲。夫妇之义，盖与此洲而长存焉。”后有讹传为侍郎洲者，(清)周硕勋编：《(乾隆)潮州府志》卷40《艺文》，台北：成文出版社，1967年，第1011~1012页，镇平陈正言与周硕勋曾专写有《辞郎洲辨》以正名。

三年消息无鸿便，咫尺凭谁寄春怨。何不将我张郎西，协义维舟同虎帐。无术平寇报明主，恨身不是奇男子。倘妾当年未嫁夫，愿学明妃献西鲁。元人未知肯我许，吾能丝竹又能舞。几回闻难几欲死，未审三郎能再睹。①

到明清易代之时，发生在岭南女性身上的故事则更显惨烈，其中一个重要的原因就是贞节观在岭南的普及。由此也可推测明中叶“南海士大夫集团”和黄佐等一批士大夫在岭南推行的儒家礼教观确实收到了显著效果，岭南民风确实向着官方和男性希望的方向发展。在这个阶段中涌现出来并被记录下来的女性，真正做到了为国尽忠、为夫尽节、为亲尽孝。从人性出发、从女性自身出发，却使得她们于不自觉中越来越深地陷入男性创造的男尊女卑的陷阱中去。

在战乱之中，身为弱者的女性死亡率极高，其中不少是因为反抗暴行或者为保全贞节而自尽。明清易代，清兵攻克岭南时，南明小朝廷中的两位王妃应是记载中身份地位较高者。这二人中一位是益阳王妃。顺治四年(1647)益阳王于广州被杀，其王妃色美，“兵欲妻之”。此妃曰：“王故夫也，亟具棺衾，得尽一哀，以事新者，当无复恨。”兵即出市购买棺衾，益阳王妃暗地里在衣中放置十几把小刀，刀刃全部向外。然后为益阳王哭丧，视殓含完毕后与兵一起出葬北山。事情处理完毕，兵即欲犯妃，妃大骂。“兵怒，抱持益急。身数十处触刃，血漉漉仆地，妃乃反刃自杀。”屈大均为其作歌云：“为我敛王，送之北邙。逝将从汝，不惜新丧。王魄既归土，同穴终何补。利刃怀满身，欲切奴为

① (清)刘抃纂修：《饶平县志》卷9《列女》，《故宫珍本丛刊》第176册，海口：海南出版社，2001年，第291页。

脯。奴血何淋漓，痛楚莫予侮。自刭以报王，黄泉相鼓舞。”另一位是滋阳王妃。顺治七年（1650），清尚可喜、耿继茂由江西南下，于二月进抵广州城下，广州围急。此时滋阳王等五位明朝遗王同客于惠州。三月，镇守惠州府的明奉化伯黄应杰与副使李士琏袭执五王剃发降清，然后又将这五位藩王全部缢杀。甚至宗室尚在襁褓的王子、业已出嫁的宗室之女，都被捕杀无遗。滋阳王的妃子某氏，色美，黄应杰苦欲犯之，“裸其上衣，系于柱。妃乘间细析下衣为缕，经死”。屈大均为之歌云：“夫为王，妃是我。皎如霜，身可裸。何必衣与裳，礼义为包裹。天留一缕丝，以为绝命资。徒劳强暴守，蝉蜕不曾知。”①这两位王妃之死，既为夫尽了节，又同时为国尽了忠。

二位王妃外，还有不少普通的岭南女性为明殉节。顺德马滘人李氏，黎宏业之母，被宏业迎养于安徽和州官署。崇祯十六年（1643），和州为张献忠攻陷，李氏自缢而死，宏业之妻杨氏率领宏业之妾及三个女儿自尽以殉。② 潘当昌妻谭氏，冲鹤人，生于万历二十七年（1599）。她贞静温柔，侍奉两代翁姑孝敬备至，平日里相夫伴读，勤俭持家，义方训子。顺治四年（1647）乡乱，大兵压境，谭氏让儿子逃奔他乡，自己却易服告天，引刀自刎。乾隆《顺德县志》卷14《列女三》称赞她“真女中丈夫也”③。

---

① （清）屈大均：《广东新语》卷8《女语》，欧初、王贵忱主编：《屈大均全集》第四册，北京：人民文学出版社，1996年，第240页。

② （清）郭汝诚：《（咸丰）顺德县志》卷28《列传八》，咸丰、民国合订本，广州：中山大学出版社，1993年，第855页。

③ （清）陈志仪：《顺德县志》卷14《列传三》，乾隆十五年（1750）刻本，《稀见中国地方志汇刊》第45册，北京：中国书店，1992年，第1110页。

同上述几位女子相同，广州的林氏、李氏和王桂卿等人也是为明殉节的普通女性。林氏，广州河南乡人。顺治三年（1646）广州城破，林氏投珠江而死，番禺人罗宾王吊之曰："黄泉随母逝，白璧为夫全。抱玉云飘海，沉珠月在渊。"广州人王桂卿，张参戎之妾。顺治三年她年始二十，清兵攻垒，她拜辞其夫，弹琵琶一曲后自经而死。南明时不食而死的著名广东诗人邝露吊以诗曰："坠楼未散香烟梦，被发犹存《石鼓歌》。雁柱只今余玳甲，为怜落木晚风多。"又有番禺三元市人李氏，顺治七年（1650）尚可喜、耿继茂部攻克广州，清兵抄掠得之，李氏坚不受辱，赋诗十章自缢身亡。其诗曰："恨绝当时步不前，追随夫婿越江边。双双共入桃花水，化作鸳鸯亦是仙。"从她的诗句中猜测，其丈夫估计之前已经投水自尽、以身殉国。[①] 另外有一位不知姓名的天濠街妇，也于顺治七年冬广州城破时自尽而亡。"天濠街有妇襁负婴儿，以长绳系腰，接于树，赴池而死。事定，引绳出之，色如生。"屈大均为纪念这位不知姓名的女子，作歌曰："妾身不随波，岂必长绳系。所虑黄口儿，一去无根蒂。"[②]

上面这几位女性的自尽早已超脱保存贞节的目的，她们正逢明清易代，死本身就有为国殉葬的含义。尤其是谭氏，明明可以不死，但她在打发儿子逃脱之后却易服告天，自刎而亡，殉国的意味就更为明显。那些一直不愿臣服于清的明遗民，如屈大均等，在记载这些抗清而亡或者殉明的女性时无一例外地给予了高度

---

① （清）屈大均：《广东新语》卷8《女语》，欧初、王贵忱主编：《屈大均全集》第四册，北京：人民文学出版社，1996年，第241页。

② （清）屈大均：《广东新语》卷8《女语》，欧初、王贵忱主编：《屈大均全集》第四册，北京：人民文学出版社，1996年，第242页。

评价。尽管他们囿于明遗民的身份，生活在清廷的统治之下无法痛快地表达自己的爱憎，但闪烁的言辞间仍不时流露出对这种节烈行为的赞许。对龙湾冯启明之女冯氏的记载，就充分体现了士人的这种微妙心理，她的行为亦影射了明遗民的故国之思。

冯氏，二十三岁嫁于顺德桂林梁林建为妻。结婚刚七个月，梁就去世了，她遗腹生子廷佐，守志不再回娘家。事舅姑，尽妇道，与大弟梁林庆之妻郑氏、梁友廷之妻何氏同居孀守，纺织抚孤，被称为"双白璧"。官府表其闾曰"节孝"。梁廷佐长大后，以明经官海南定安教谕，但母子情深，他不忍离母而去，冯氏以大义促之，廷佐始行。不久廷佐即把冯氏接去孝养，到达定安之后，她发现琼州的士子参加秋试时经常会遇到资费匮乏的情况，于是冯氏拿出自己平日治办的绢葛若干匹，又卖掉簪珥首饰，令廷佐置田三百亩，每年以田地所入来资助应考的学生。诸生对冯氏感恩戴德，共同为她建立生祠，题名曰"食德"，康熙三十五年(1696)题闻官府。① 明末清初的士人钮琇②在自己的著作中也讲到了冯氏的故事：

> 琼士之赴省试者，越海溯川，途经三千里，往往困于裹粮，多至中阻。顺德梁廷佐为定安教谕，迎养其母冯氏，冯目

---

① (清)黄培彝修，严而舒纂：《顺德县志》卷7《列传一》，康熙十三年(1674)刻本，上海：上海书店出版社，《中国地方志集成》第31册，第295页，但内容极简单；(清)陈志仪：《顺德县志》卷14《列传三》，乾隆十五年(1750)刻本，《稀见中国地方志汇刊》第45册，北京：中国书店，1992年，第1113页；(清)郭汝诚：《(咸丰)顺德县志》卷29《列传九》，咸丰、民国合订本，广州：中山大学出版社，1993年，第877页。

② 钮琇(？～1704)，字玉樵，一字书诚，南麻乡人，清康熙十一年(1672)贡生，曾任河南项城、高明等县知县，并卒于高明任上。著有笔记《觚剩》，记明末清初杂事，还著有《临野堂集》等。

击其艰，呼廷佐而语之曰："汝忝为人师，教与育皆汝事也。今定安之士，贫不能应试，而汝能漠然乎？我手治丝葛，得绢布若干匹，并鬻我簪珥，买田于是邑，取其入以供往来行李，俾单寒士子，俱踊跃于功名，则我之留此方者，较之贻尔子若孙为久且大矣。"廷佐遵命，置腴田三百亩于居丁庄，诸生群感其德，即于庄之左为冯建立生祠。康熙辛未落成，设位于内，至者千有余人，属屈翁山题其额曰"食德"，志弗谖也。冯年二十，娠廷佐，七月而寡，抚廷佐，慈而严。皇朝制应剃发，剃则令廷佐藏之，积盈数缶，廷佐亦于祠侧筑藏发陇焉。考之妇人生祠，前所未闻，今适与冼夫人庙相邻。冼受禄保民，冯置田育士；冼以功显，冯以节成，岿然海南，允堪并峙。①

钮琇的记载多于县志，对于冯氏年纪的记载也有些出入，县志中记载她二十三岁出嫁，但钮琇说她年二十就生了廷佐。这些细节抛去不谈，单是屈大均题字，尤其是梁廷佐剃发一事，读起来就多有深意。从冯氏的生祠于康熙辛未即康熙三十年（1691）落成来看，冯氏的活动年代在明末清初，她自然经历了明清易代在广东土地上燃起的烽火，也正因此，钮琇的笔下就暗含了处在明亡清兴时期一个女性甚至是作者自己所具有的故国之思。

清军入关后推行了严格的剃发政策，以民众剃发与否作为是否臣服的标志。于是"剃发"就成了关系"归楚或降汉"的政治大事，是关系生死存亡的天大事情，清政府甚至认为"剃发"是完全心理征服的契机。② 从冯氏对儿子头发这个问题上采取

---

① （清）钮琇：《觚剩续编》卷2《人觚》，顾廷龙主编：《续修四库全书·子部·杂家类》第1177册，上海：上海古籍出版社，2002年，第114～115页；（清）罗天尺：《五山志林》，见《清代广东笔记五种》，广州：广东人民出版社，2006年，第67页。

② 王冬芳：《清代剃发政策探源》，《北方民族》，1997年第1期。

的做法来看，她显然有着不愿言明的理由，即对故朝的怀念。只是作为普通民众，他们无法左右历史的进程，只有顺应历史发展的大势，求得社会经济稳定发展，才是普通民众的价值取向。所以他们无论情愿与否，最后都接纳了清朝的统治。① 冯氏隐含哀思的做法，恰好得到了明清之际存活下来的明遗民如屈大均等人的共鸣。或许这也是冯氏于康熙三十五年(1696)被题闻，三十七年(1698)获旌建坊②，但在康熙、乾隆、咸丰等各版本的《顺德县志》中都故意略去这部分记载的真正原因。

图 5.1.1 位于佛山市顺德区北滘林头村的冯氏"贞节"坊

① 刘正刚、乔玉红:《在清与明之间徘徊:顺治时期广东社会考察》,《暨南史学》第六辑,广州:暨南大学出版社,2009 年,第 325 页。

② 冯氏"贞节"坊位于佛山市顺德区北滘林头村,建于康熙三十七年(1698),以粗面岩为石料,四柱三间,十一脊重檐,脊端饰以鸱吻。前后两面的结构,装饰图案、匾额文字相同,图案纹饰包括龙、凤、麒麟、云鹤、梅菊、萱草、西番莲等,手法遍用深浅浮雕、通镂和线刻,刻工精细流畅,建构稳重。牌坊上"圣旨""贞节""顺德县知县何玉度"等字仍清晰可见。

在士人的观念里，女性对丈夫的“贞”等同于男性对国家的“忠”。美国学者卢苇菁引用了“忠臣不事二主，贞女不更二夫”的说法来论证自己的观点，即“贞”（女性的美德）与“忠”（男子的美德）是彼此比照的。[①] 政治上的“忠君”观念，是维系帝制体制下君臣间关系的准则。为了巩固这种关系，儒家又将君臣关系演绎为父子关系，强调“君君、臣臣、父父、子子”，强调君对臣、父对子的绝对统治权。随之而来的就是“君为臣纲，父为子纲，夫为妻纲”，成为儒家的道德规范。女性对夫的贞折射过来就对应了儿子对父亲的孝、臣子对君王的忠。这就是湛若水在长达千言的《宋贞女吴氏墓表》[②]中所表达的意思，他接连举出五类人以论证“忠”与“孝”的人伦纲常，其中之一就包括以吴妙静对未婚夫的“贞”来比附君臣关系，批判那些“为臣不忠者”。士大夫对“贞”的行为的极力赞赏其实突出了一点：作为弱者、无知者的女子使强者、号称饱学之士的男人无地自容。[③] 卢苇菁指出，事实上是国家和政治危机为贞女现象的发展提供了肥沃的土壤。在危机深重的时代，儒家文人大量利用贞女形象来

---

① 〔美〕卢苇菁著，秦立彦译：《矢志不渝——明清时期的贞女现象》，南京：江苏人民出版社，2010 年，第 43 页。

② 该文详见（明）湛若水：《湛甘泉先生文集》卷 31《墓志铭表》，《四库全书存目丛书 · 集部》第 57 册，济南：齐鲁书社，1997 年，第 237 页。又见于台湾学者钟彩钧点校的湛若水《甘泉先生续编大全》卷 10，其网址为：“中研院”汉籍电子文献 http://hanji. sinica. edu. tw/。刘正刚、乔玉红《“贞女遗芳”与明清广东仕宦塑造的女性形象》（《史学月刊》2010 年第 3 期）对湛若水的这篇文章全文引载，在此不多赘述。

③ 〔美〕卢苇菁著，秦立彦译：《矢志不渝——明清时期的贞女现象》，南京：江苏人民出版社，2010 年，第 43 页。

进行政治和道德批判，贞女不仅代表妻子的贞节，而且以剧烈的形式将统治阶层倡导的公与私两种品德集于一身。到了清初之后，文人的这些情感逐渐退潮，贞女现象中的极端化特点也随之逐渐淡化。① 但是，其在历史长河中的影响却是深远的。

关于明清之际士大夫的“忠”“义”之辨及降清与殉节的关系，许多学者都做过研究。赵园在《明清之际士大夫研究》②中对明清之时士人于生死之际的选择、有关“死”的谈论加以探讨。对当时的人来说，他们面临对“忠”的抉择时，内心常充满矛盾与挣扎，其价值标准与实践过程亦产生分歧。叶高树就说，殉节服膺于传统观念，隐逸者遵从儒家理念，投降者将忠视为是有选择性的；汉人的忠，是伦理道德的一环，满洲人则为忠添加了宗教与功利成分，可见当时的忠君观念是具有变易性，并非只能有一种解释。死节被认为是消极、徇私的行为，隐逸在严格的忠君要求下，又欠缺一死，抗清有忠、孝两难的困境，降清虽不忠于明，却能忠于清。无论作任何一种抉择，总是略有瑕疵，明清之际忠君观念最重要，也被普遍接受的意义，或许是不强加于人的道德的自我完成。③ 或许就是这种指导思想在清代又影响了清政府对女性节烈的态度：死节是懦弱、消极的表现，女性在夫死后应当承担起家庭的重担，要养老育幼和延续家族的血脉。

---

① 〔美〕卢苇菁著，秦立彦译：《矢志不渝——明清时期的贞女现象》，南京：江苏人民出版社，2010 年，第 9 页。

② 赵园：《明清之际士大夫研究》，北京：北京大学出版社，2014 年。

③ 叶高树：《降清明将研究》，台北：台湾师范大学历史研究所印行，1993 年，第 264 ~265 页。

第二节　女性对节烈观的主动追求

明清时期,以政府为主导的官方积极推动宋代理学家倡导的“贞节观”。《明史·列女传》记载:“明兴,著为规条,巡方督学岁上其事,大者赐祠祀,次亦树坊表,乌头绰楔,照耀井闾,乃至僻壤下户之女,亦能以贞白自砥。……呜呼,何其盛也!”[①]清朝建立后,将明朝对贞节的旌表制度继承了下来。顺治元年(1644)七月,上谕要求按照《明会典》的标准表彰节孝:“恤其子孙,旌其门风,以励风节。”[②]从顺治四年(1647)起,清廷每到节庆日发布“恩诏”时,都会加入要求地方有司注意咨访节妇的内容。名誉上的嘉奖外,也予以物质奖励,规定受旌者在政府给银建坊外,还可赈给米粮。[③] 在政府的鼓励之下,明清时期烈女人数剧增,尤其是到清代时,女性的节烈之风达到顶点。据董家遵对《古今图书集成》所录历代烈女的统计:先秦 7 人,占总数的 0.06%;汉代 19 人,占总数的 0.16%;魏晋南北朝 35 人,占总数的 0.29%;隋唐 29 人,占总数的 0.24%;宋辽金 155 人,占总数的 1.27%;元代 383 人,占总数的 3.15%;有明一代则有 8688 人,占总人数的 71.47%;至清前半期(1644~1722)的 78 年间有

① (清)张廷玉等:《明史》第 25 册,卷 301《列传一百八十九·列女一》北京:中华书局,1974 年,第 7689~7690 页。

② 《清世祖实录》卷 6《顺治元年七月》,北京:中华书局,1986 年,第 66 页。

③ 郭松义:《清代妇女的守节和再嫁》,《浙江社会科学》,2001 年第 1 期。

2841 人，占总数的 23.37%。[1] 顺应了全国的潮流，明清时期岭南“荣登”《列女传》的女性亦不在少数，她们以自己的义举与烈行成为节孝女性的形象代言人。

一、节烈鼎盛时期的到来

经过明清两代政府的提倡，贞烈之风到清代达到鼎盛。类似董家遵，郭松义对《清实录》中出现的烈女也进行过统计：从顺治九年（1652）到顺治十八年（1661）的 10 年里，朝廷旌表节妇 403 人，烈妇 175 人，两者相加，年平均 57.8 人（节妇年平均 40.3 人）。康熙朝 61 年，旌表节妇总计 4822 人，年平均约 79 人。其中的烈妇、烈女，因康熙二十七年（1688）五月下诏，以人命重大，轻生从死事属反常，对夫（聘夫）死妇人随之自殉之事，则实行“永远严禁”，故停止年终汇集题拟，但至二十七年止，上报烈妇也有 239 人。之后继位的清代诸帝对贞节问题的关注丝毫不逊于前人，又逐渐放松对旌表条件的要求，故而出现的烈女数量更有明显增长。道光帝在位三十年间（1821 ~ 1850），由朝廷批准建坊表彰的节妇多达 93668 人，年平均约 3122 人。咸丰朝不包括《实录》所载采访贞节妇女 23629 人，以及咸丰七、八、九年另载贞孝节烈妇女 4804 人，总计亦有 77025 人，年平均约 7002 人。及至同治元年至十二年（1862 ~ 1873）的 12 年间，朝廷旌表节妇更增加至 190040 人，年平均约 15837 人，其中最高的同治十年（1871）竟有 25347 人。[2] 终清一代，据估计受到旌

---

① 董家遵：《历代节烈妇女的统计》，《中国古代婚姻史研究》，广州：广东人民出版社，1995 年，第 246 页。

② 郭松义：《清代妇女的守节和再嫁》，《浙江社会科学》，2001 年第 1 期。

表的贞节烈妇有100万人,还有因种种缘故合例而未得旌表者,亦当有此数。至于在旌表大潮影响下甘愿守孀,而未能熬满年头,或年过三十却格于规例而不得旌表的人,应该更多。①

在大环境的驱使下,岭南的节烈之风达到前所未有的高度。清光绪六年(1880),广州府曾开展过一次向朝廷申报节孝烈女的活动,当局捐资设局采访各处的节烈孝女并汇总上报,“广州府属合计共节孝烈妇女等二万二千九百八十七口”。其中,南海县节孝贞烈妇女李郭氏等4816口,番禺县节孝贞烈妇女韩氏等1721口,顺德县节孝贞烈潘游氏等7545口……②美国学者曼素恩女士说:“自唐(618~906)以后,个性生动的禁欲主义者与神秘主义者的形象、大胆独立的孝女,都从历史记载中逐渐消退。取而代之的是千篇一律、数不胜数的公式化的叙述,反复讲述着女性以守贞的名义自裁或者在恪守节妇之道的名义下尽其一生侍奉公婆的故事。”③

以位于珠三角文化、经济中心的顺德为例,从各个版本《顺德县志》④中的《列女传》来看,由明至清顺德的列女数量是不断

---

① 郭松义:《伦理与生活——清代的婚姻关系》,北京:商务印书馆,2000年,第413~414页。

② 《广州旌表节孝烈传》,清光绪刊本,第8页。

③ 〔美〕曼素恩著,定宜庄等译:《缀珍录——十八世纪及其前后的中国妇女》,南京:江苏人民出版社,2005年,第2页。

④ 现存新中国成立之前的《顺德县志》有:(明)叶初春:《顺德县志》,万历十三年(1585)刻本;(清)黄培彝修,严而舒纂:《顺德县志》,康熙十三年(1674)刻本;(清)姚肃规主修:《顺德县志》,康熙二十六年(1687)刻本;(清)陈志仪纂:《顺德县志》,乾隆十五年(1750)刻本;(清)郭汝诚:《(咸丰)顺德县志》,咸丰三年(1853)刻本;周之贞、周朝槐等修:《顺德县志》,民国十八年(1929)刻本。

上升的,且越往后分类就越详细。如万历《顺德县志》所记列女总计约 43 人;康熙《顺德县志》则翻了一倍,约为 92 人;以后列女人数以惊人的速度上升,乾隆《顺德县志》中约 890 人,咸丰志《节孝表》中有 3131 人,其中有传者 401 人;民国《顺德县志》对列女的统计仅仅搜罗了咸丰以后的人数,在 1200 人以上,其中有传者 62 人。我们根据地方志的记载,将其中能区分出朝代的人数统计如下。万历《顺德县志》中记载宋代有 5 人,明代 38 人。咸丰《顺德县志》可说是对前代的汇总,再加上民国《顺德县志》的记载,按朝代分的话,宋代 5 人,元代 2 人,明代 747 人,清代 3578 人。详见下表。①

表 5.2.1 顺德列女一览表(宋至清)

<table>
<tr><th colspan="2" rowspan="2">县志
朝代</th><th colspan="2">咸丰《顺德县志》</th><th colspan="2">民国《顺德县志》</th><th rowspan="2">列女
合计</th></tr>
<tr><th>列女</th><th>其中有传者</th><th>列女</th><th>其中有传者</th></tr>
<tr><td colspan="2">宋</td><td>4</td><td>4</td><td></td><td></td><td>4</td></tr>
<tr><td colspan="2">元</td><td>2</td><td>2</td><td></td><td></td><td>2</td></tr>
<tr><td rowspan="3">明</td><td>旌年可考</td><td>95</td><td rowspan="3">95</td><td rowspan="3"></td><td rowspan="3"></td><td rowspan="3">747</td></tr>
<tr><td>旌年失考</td><td>185</td></tr>
<tr><td>志载未旌</td><td>467</td></tr>
</table>

① 之所以选择咸丰、民国两部县志为统计样本,是因其记载清晰,且朝代划分也较明确。另咸丰《顺德县志》在节孝表中记载宋代 4 人,传记却为 5 人,多何世忠妻李氏。实际上宋代入《顺德县志·列女传》者不止 5 人,在万历《顺德县志》中还有其他一些人,如梁佑娘、罗世娘等。

（续表）

<table>
<tr><th colspan="2" rowspan="2">县志
朝代</th><th colspan="2">咸丰《顺德县志》</th><th colspan="2">民国《顺德县志》</th><th rowspan="2">列女合计</th></tr>
<tr><th>列女</th><th>其中有传者</th><th>列女</th><th>其中有传者</th></tr>
<tr><td rowspan="10">清</td><td>康熙朝</td><td>9</td><td rowspan="5">296</td><td rowspan="5"></td><td rowspan="5"></td><td rowspan="10">3578</td></tr>
<tr><td>雍正朝</td><td>61</td></tr>
<tr><td>乾隆朝</td><td>190</td></tr>
<tr><td>嘉庆朝</td><td>41</td></tr>
<tr><td>道光朝</td><td>2077</td></tr>
<tr><td>咸丰朝</td><td rowspan="5"></td><td rowspan="5"></td><td>18</td><td rowspan="5">62</td></tr>
<tr><td>同治朝</td><td>82</td></tr>
<tr><td>光绪朝</td><td>128</td></tr>
<tr><td>旌年失考、未旌</td><td>948</td></tr>
<tr><td>郭志补遗</td><td>24</td></tr>
<tr><td>合计</td><td></td><td>3131</td><td>397</td><td>1200</td><td>62</td><td>4331</td></tr>
</table>

据上表可见，顺德列女数由宋、元、明、清节节攀升，到道光朝达到顶峰。这一现象可能与国势强弱有关，国势强大时，王朝比较关注社会内部的稳定。道光以后，随着内忧外患的加剧，王朝关注更多的是保卫社稷的大问题。而在顺德地区，这一大环境之外，可能还与当地位于与西方接触的前沿有关。由此可见，在明清时期，王朝对礼教和贞节观的推行确实收到了效果。乾隆《顺德县志》的编纂者曾感慨道："国风始以二南，盛矣。情欲之感未可遏于香奁，教化之行最难沦于弱质。而当时江汉之间，乔木不可休，息行露畏，其厌浥何情流而性止也。顺邑僻在海隅，巾帼徽流足媲美于江汉。如共姜伯姬之节，彤管不可胜纪

也。登风俗之书而读，须眉男子对之，宁无□后凋之节乎。”①

从冰冷的数字里，我们无法感知古代女性经历的困苦与挣扎，只有试图从后世的记载中来感同身受。学者常以明为开放，清为保守，来论述明清贞节观与性爱观。荷兰学者高罗佩就说，随着明代崩溃，情男欲女的寻欢作乐也销声匿迹，性日益成为一种负担，而非快乐。② 其实，若论禁欲，首当其冲的自是妇女，主要表现则是守贞。在巨大的社会压力下，寒窗苦守的女性要面对生活和生理上的双重折磨，不得不用生命来博取贞节美名。但是从一种病态心理的角度出发，女性守节守得越辛苦、殉节时死得越惨烈，男性似乎却越兴奋、越欣赏，才会花费更多笔墨将之详细描写并记载下来。社会上就形成一种怪论：只有死得惨、守得苦的女性才是高尚的，只有这样的女性才是贞烈的代表、女性的楷模。对这类所谓的“代表”“楷模”，士大夫们一般都表现出极大的兴趣，为她们题诗写文，寄托所谓的哀思与赞扬。在民间的传颂中，如果再有神异的成分加入，那更容易让人认为这些女性的行为得到了认可与回报，连上天都在嘉奖她们的贞节。如此进入了一个具有示范作用的“良性”循环中，尽管在如今看来这是极不人道和荒唐的。

清初顺德杏坛乡人苏清蟾是黄蒹蒨之妻，荐举知州苏应生长女。康熙十二年（1673）《新修广州府志》中对她的记载颇有神话和文学色彩，说她没有兄弟，父母欲立妾以延子嗣，她告诉

---

① （清）陈志仪：《顺德县志》卷14《列传三》，乾隆十五年（1750）刻本，《稀见中国地方志汇刊》第45册，北京：中国书店，1992年，第1137页。

② 〔荷兰〕高罗佩著，李零等译：《中国古代房内考：中国古代的性与社会》，上海：上海人民出版社，1990年，第438页。

父母:父相无子,虽立庶母也无补于事,别人问其缘故她又不答。她偶尔会说到别人的寿夭穷通,往往都很准确。嫁到黄家后,她经常往娘家跑,父母取笑她不怕麻烦,她却说:"吾与父母别不久矣!"端午节时,黄蒹蒨想出外观看竞渡,清蟾阻止他,说若出去就会有水难,黄不从而出,后果然船翻溺水而死。她告诉父母说:"吾向所哦诗,人多不解,我亦不语人。今吾不幸,夫遗子在吾腹未生,请□往询吾夫两人身之诗,此其应也。"父母怕她殉夫而严加防卫,她不得已乃坐床上,一叹而绝。人们钦佩其贞烈而传其事之奇,多做诗挽之,并与她平日所做诗汇为一帙。[①] 此记载中夸张荒诞的成分居多,突出的是苏清蟾的灵异故事与父母的深情,死亡地点也是在父母家中。

八十多年之后,苏清蟾的形象却发生了很大改变。乾隆十五年(1750)《顺德县志》中的记载就有了不少变化,说她七岁学识字,通《孝经》《孟子》《列女传》,尤喜读《孟子》,有"恰似岭云飞不定,狂风忽失两人身"之句。她十三岁时有老尼授以《柳庄相法》[②],亲戚朋友求她相面,吉凶多奇中。父亲问她:"亦能自相否?"苏清蟾掩面曰:"薄命人也。"闻者愈怪之。她十八岁嫁给蒹蒨,顺治十一年(1654)五月,蒹蒨赴试中途溺死,苏清蟾听到消息后"急举釜底视之,见有文如符箓",知道卦象不吉,哭曰:"命矣乎?不可救矣。"姑察其有殉死之志,善为防护,清蟾反宽慰其姑。丈夫殡葬后,她归阁草书二纸藏于袖。一告翁姑

---

① (清)王永瑞:《(康熙)新修广州府志》卷43《列女传》,《北京图书馆古籍珍本丛刊》,北京:书目文献出版社,1998年,第1060页。

② 《柳庄相法》,传为明初相术奇人袁珙所作。袁珙晚年自号柳庄居士,故此书名《柳庄相法》。

曰:“妇不终养,不孝也。然有妯娌可托,追亡地下,此其所矣。”一遗自己父母曰:“臣死君,子死父,妇死夫,义也。勿以儿为念。”然后自缢而死。①

通过比较可以看到,乾隆和康熙年间的记载不同之处有四:第一,对苏清蟾幼年学习经历的强调,奠定了她饱受儒家文化熏陶、贞烈守节的形象基调,为她日后的殉夫埋下伏笔。第二,又通过老尼授以《柳庄相法》之事为她灵验的占卜术找到了根源,相当于为之前神异成分的记载做出了合理的解释。第三,其丈夫黄蒹蒨的死亡原因发生巨大变化。由最初的不听劝阻、外出观看竞渡从而溺水而死,到后来的赴试途中溺死,这细微的变化之中却透露出大量信息。第四,苏清蟾的死亡地点由以前的娘家变成夫家,还强调她草书二纸然后自缢而死,死亡的方式也变得正常了。尤其是她的两封遗书,完全是对礼教中节烈观的践行。是否真有这两封遗书,已经不重要了,只要之后的人相信即可。事实确实如此,后来的地方志中对苏清蟾的记载都源于此。②

在这些不同之处中,尤其是第三点黄蒹蒨的死亡诱因尤为耐人寻味,原本康熙志中记载的是他端午节时出外观看竞渡失足溺死,在乾隆志中却改成在赴试途中溺死。如果黄蒹蒨真是赴试途中死亡,那么他参加的应该是顺治十一年(1654)在广州举行的乡试。广东巡抚李栖凤在顺治十一年九月的一份揭帖中

① (清)陈志仪:《顺德县志》卷14《列传三》,乾隆十五年(1750)刻本,《稀见中国地方志汇刊》第45册,北京:中国书店,1992年,第1110页。

② 如(清)郭汝诚:《(咸丰)顺德县志》卷29《列传九》,咸丰、民国合订本,广州:中山大学出版社,1993年,第863页。

说：这一年八月在广州举行的乡试，无论是归服的广肇惠潮南韶诸郡，还是尚未恢复的高雷廉罗定等郡，“附籍诸生亦皆间关冒险而来，群请操觚就试，以遂观光之愿”。当时有人“以兵兴之故”，欲停考试，李明确表示反对，认为若停止乡试，则“何以收涣散之人心，慰踊跃归来之髦士也”。[①] 也就是说，在广州举行的乡试是在顺治十一年的八月。苏清蟾是顺德人，从她出嫁后经常跑回娘家来看，黄家应该与苏家相隔不远。顺德离广州的距离仅百里左右，即便按当时的出行速度，两至三天的时间也足以到达。而当时战争是在新会地区爆发，并未波及顺德和广州，提前三个月就从顺德赶赴广州应试虽然不是不可能，但就显得有些牵强和没有必要了。因此，相比较而言，黄蒹蒨在五月端午时出门看热闹即赛龙舟而被溺死的可能性应该更高。

我们可以考察一下清顺治朝广东地区考取进士的情况：清世祖顺治在位十八年，共开科考试十次，取汉族进士 2964 人，满洲进士 102 人，共 3066 人。其中顺治三年丙戌科，取进士 373 人；顺治四年丁亥科和顺治六年乙丑科分别录取进士 298 人和 395 人。这三科考试中广东籍进士并无一人。但此后顺治九年壬辰科和顺治十二年乙未科广东籍进士均为 3 人；顺治十五年戊戌科为 10 人；顺治十六年己亥科是加科，取广东籍进士 2 人；顺治十八年辛丑科为 15 人，合计共 33 人。[②] 从士人参加进士科

---

① 中国第一历史档案馆编：《清代档案史料丛编》第六辑，中华书局，1980 年，第 248 页。

② 朱保炯、谢沛霖主编：《明清进士题名碑录索引》，上海：上海古籍出版社，1980 年，第 2626 ~ 2652 页；潘荣胜主编：《明清进士录》，北京：中华书局，2006 年。

考试之事可以看出,岭南的百姓已经开始认可清政府的统治。

明清易代之时,南明政权最后的抵抗是在岭南,顺治十一年(1654)前后,岭南地区仍处于战乱纷扰之中。顺治十年(1653)三月,李定国复梧州等地,出师广东并围攻肇庆城,经过一番激战之后也未能攻克:

> 四月,宋国相、韦应登自岑溪出,复罗定、东安、西宁。陈奇策、周金汤、叶标、熊兆佐、王之翰、邓耀合海上忠义舟二百,由新会、顺德诸港入九江口,清远忠义并起,导定国渡河,自从化袭广州。郝尚久以潮州反正。二十六日,围肇庆,宣泄大塘水于濠,用土布囊叠墙,中藏鸟枪,下遍开地道,斩守备唐文豹。定国兵大布裹首,绵被遮身,刀矢不入。城垂克,而靖南王耿继茂兵用丈五挠钩、长枪破之龙顶冈,地道兵多死,乃解去。①

这场战役直至七月才结束,清廷考虑到在广东的尚可喜、耿继茂位居王爵,不便交洪承畴节制,在同年七月二十七日内三院传旨:"广东贼势溃散,地方渐平,且去湖南辽远,应专任两王(耿、尚二人)及该督抚料理……"②到顺治十一年(1654)六月时,李定国又发动了新会战役,这场战役关系着省会广州的安全,因此遭到尚可喜等人誓死反抗。新会之战从六月开始一直打到十二月中旬,长达半年之久。可以想象当时的珠三角地区

---

① 钱海岳:《南明史》,列传第四十八《李定国传》,北京:中华书局,2006年,第3455~3456页。

② 张伟仁主编:《明清档案》,台北:联经事业出版公司,1986年,第9567页,A17—107顺治十年七月二十七日之一内三院传旨谕两王及督抚料理广东洪承畴兼理江西袁州吉安。

应该是风声鹤唳。

在这种情况下，岭南士子们参加科举考试就成为人心归化的象征："当干戈扰攘之际，士争就治如此，孰非我皇上寿考作人，以致人心归化，即蛮烟瘴雨之乡，咸竭蹶奔趋之恐后哉。"①黄兼倩死亡的诱因由观看竞渡溺死变成赴试途中溺死，彰显的政治意义就不同了：似乎随着清王朝政权的巩固，清政府在广东统治已经完全巩固了下来，百姓真心实意地认可了清政府的统治地位，开始休养生息，士人们也开始应试、为国出仕了。

在苏清蟾的故事中，对士大夫们来说尤其令他们兴奋的应当是所谓遗书中的"臣死君，子死父，妇死夫，义也"。这恰又影射了明清易代的生死抉择之时男性殉国和投降的不同选择，强调男性对君王应当"忠"。清政府的统治稳定之后，统治者按照自己的需要重新审视和调整政策，对于人们的思想、观念进行新的引导和改造。新思想、新观念的推行，亦体现出在以男权为主导的社会里，夫家本位政策的彻底贯彻施行，造就了女性对丈夫的从属地位。处于这种环境，妇女没了丈夫，就失去了所有依靠，丧失了自己的"天"。郭松义说，在失去依靠的情况下，她们面对家庭、亲属、家族、社会错综复杂的关系，感到无所适从，所以有人便选择了从殉的道路。② 这就是所谓的"妇死夫"的"大义"。

对一些女性来说，丈夫死后她们生存的意义完全就在于完

---

① 中国第一历史档案馆编：《清代档案史料丛编》第六辑，中华书局，1980 年，第 249 页。

② 郭松义：《清代妇女的守节和再嫁》，《浙江社会科学》，2001 年第 1 期。

成应有的家庭责任。这正是清代统治者希望看到的。梁若海妻萧氏，出嫁仅一载丈夫就逝世。她从此不再膏沐打扮，不着首饰、不穿纨绮，以瘿木制成的瘿瓢盛食，取其“木遇瘿废而反坚”之喻，并以此自况。她苦守十二年后立嗣，曰“吾乃今可以舍食矣”，将吃饭用的瘿瓢锁于箱内，绝食十一日而死。家人宝其瓢，称之为“肖瓢”。乾隆元年(1736)中举的顺德人陈份为此事写有长诗一首：

四座语莫嚣，听我歌瘿瓢。瘿瓢必有始，请从在树起。在树无荣芳，踡跼傲冰霜。萧妇举头视，此木同妾废。木废木质全，妾废妾心坚。斫瓢进饘粥，口泽慎微嫌。苟活周一纪，立孤夫有子。有子夫死安，妾食可已矣。收瓢扃尽箧，乱衣裹重叠。钥牡沉井底，此箧终不启。邻姑入室叹，劝我且加餐。妾非瓢不食，邻姑何有言。姑言请钥牡，姑自入井取。邻姑复泪垂，温语为侬开。谓侬胡惨悼，谓侬胡酸凄。侬亦无惨悼，侬亦无酸凄。女生父母体，嫁夫为夫死。断吭渍裳衣，溺波污江渚。县官到村乡，妾身无规矩。绝粒待命终，从容能自主。邻姑始出门，萧妇入黄泉。谁言九鼎重，九鼎有时迁。此瓢仅一握，万古口血存。见瓢肃瞻拜，不取亲抚摩。酸心无终极，瓢兮奈若何！①

作者将萧氏守节的故事以诗歌的形式记录下来，他从瘿木的喻义与萧氏的自况讲起，然后到萧氏为夫立嗣、绝食殉夫。诗中刻意强调的内容是“有子夫死安，妾食可已矣”，“女生父母体，嫁夫为夫死”，完全是夫家本位的态度。由此可见父权与夫

① (清)郭汝诚：《(咸丰)顺德县志》卷29《列传九》，咸丰、民国合订本，广州：中山大学出版社，1993年，第872页。

权角逐下,士人对两者的取舍。作者同时还肯定了女性为夫家传宗接代这一责任所做的牺牲。在此种环境和观念下,女性的存在价值就完全被定位于男性家长制下传递血嗣、代夫行孝的工具。

在这种方针的指引下,"饿死事小,失节事大"的人生价值观开始向社会的各个角落渗透,大量女性无法摆脱王朝的形象设计而受其影响。史籍中记载的所谓烈女,其实就是男性理想的表达,她们要么是寒窗守节的贞妇,要么是视死如归的烈女,这与之前各朝岭南女性的豪放剽悍迥然不同。女性似乎无一例外将贞操看得比生命还重要,这一心理普遍表现在已婚或未婚女性身上。其原因就在于,对此时的女性来说,身体并不属于自己,她们的身体只是夫家或未婚夫家的一件财物,而财物的保护人则是女性自己,她们必须小心翼翼地看护,无论发生何种险情,也绝不能让丈夫以外的任何男人染指,否则就是对夫家的不忠、对父家的不孝。正因如此,士大夫们才煞费苦心地罗列各个历史时期的烈女事例,按照官方的话语口径,添加地方文化的元素,对女性进行分门别类的再包装,使她们成为地方民众和王朝精英都能接受的贞节烈女。所以我们从地方志中看到的女性形象、其人生经历都趋于雷同。很显然,这是经过士大夫们精心修整后的,或者说是符合王朝国家要求的女性形象。

二、由"殉"到"守"的转变

杜芳琴指出,在元代,"忠臣不二君,烈女不二夫"、"丈夫死国,妇人死夫,义也"就已成为当时流行的观念。她认为,除了与理学经过近百年的倡导日益深入人心和战乱频仍的末世感有关，更为重要的是，元代统治者一直把齐家与治国视为一体。越是要求男人为国为君尽忠，就越要求女人对男人尽义。因此那些模范妇女早已把守节、殉夫、死烈视为对丈夫的应有之义。数据最能说明问题，在《元史·列女传》中因丈夫病故而殉夫的妇女有48人，而《宋史》只有2人。① 明清时期这种观念发展到极致。有学者认为，明清不但空前盛行节烈，而且具有明代尚烈、清代倡节的特点，这种转变是由社会变化推动的。在强大的国家、社会、家庭共同塑造模范妇女的社会文化背景下，妇女只能适应环境，接受文化塑造。② 统治者将"烈女"与"忠臣"相提并论，其目的是希望通过宣扬妻子对丈夫忠贞不二、舍生取义，来激励臣子对统治者的忠心，希望他们为自己的政权死而后已。

事实上按照张涛的研究，清政府对"自杀殉夫"是否应该提倡存在着矛盾心理。如康熙二十七年(1688)谕令天下："夫亡从亡，前已屡行禁止。近见京城各省从死者尚多。人命关系重大，死亡亦属堪怜，修短其自然，岂可妄损躯体？况轻生从死，事属不经，若再加褒扬，恐益多摧折，嗣后夫没旌表之例应停止。"也就是说，清廷此时对此持否定态度。但是殉夫作为守节的极端形式，具有强烈的道德感召力，对它的否定，容易危及贞节观念的根本。因此当女性殉夫要求旌表时，统治者无法决然地反对，所以政府对殉夫是否旌表一事之态度始终反复不定。康熙五十一年(1712)又题："镶红旗有受聘未婚之女，闻讣剪发成

① 杜芳琴：《元代理学初渐对妇女的影响》，《山西师大学报(社会科学版)》，1996年第4期。

② 杜芳琴：《明清贞节的特点及其原因》，《山西师大学报(社会科学版)》，1997年第4期。

服，居夫墓侧，从容自缢，与寻常轻生者不同，奉旨照例旌表。”康熙五十二年（1713）复准：“民间贞女未婚闻讣，矢志守节，绝食自尽，照例旌表。”雍正十三年（1735）则谕：“凡烈妇轻生从死，昔年圣祖仁皇帝曾降旨禁止，朕于雍正六年，又降旨晓谕……仍有不顾躯命，轻生从死者，概不予旌表。”但乾隆元年因顺天府尹以未婚之女自缢殉夫、题请旌表之事，政策又发生了改变。后经部定议：“节烈轻生者事在奉旨禁止之后，不便准旌表具题。奉旨：著加恩旌表。”政策的反复反映了统治者对于贞节问题的两难境地，而殉夫乃至贞女殉聘夫这种极端的形式也就在这种欲禁还纵的情形下，无法禁绝。①

经历了残酷的战争，清政府终于巩固了政权，无论是用武力也好，还是采用怀柔政策也罢，最终都使老百姓从生死抉择的两难境地中超脱出来，接受了清政府的统治。但是易代之时的死亡相藉相信给清政府和士人都留下了深刻印象，这在其后也被一再地描述以至渲染，遂有明末“忠义之盛”的说法，“君亡与亡”亦成为一时士人认可的道德律令。后世仍不乏关于明代士人风节的苛论，这种苛论大多出诸明人及其遗民之口，或见诸清初史学家的文字。在《明季南略》中便有“先帝待臣以礼，驭将以恩，一旦变出非常，在北诸臣死节者寥寥，在南诸臣讨贼者寥寥，此千古以来所未有之耻也”②等语。待到明亡已成定局，士

① 张涛：《被肯定的否定——从〈清史稿·列女传〉中的妇女自杀现象看清代妇女境遇》，《清史研究》，2001 年第 3 期。张涛所引材料出自《（嘉庆朝）大清会典·事例》，嘉庆二十三年（1818）刻本。

② （清）计六奇：《明季南略》卷 2《弘光朝史可法请恢复疏》，北京：中华书局，1984 年，第 110 页。

人的观念又不得不改变。部分遗民原是基于理想而加入抗清阵营,却因亲身经历南明政权内部激烈的政治倾轧,遂对传统的忠君观念产生怀疑。在王夫之的观念里,所谓的“忠”,虽未能够摆脱忠孝合一的束缚,但他已开始强调“非为君父而忠孝也,吾臣吾子不忍自废者也”①。陈确亦认为:“故君子之爱天下也,必不如其爱国也,爱国必不如其爱家与身也。”②即对士人的爱家与身进行辩护,赋予其合理性。陈确还认为夷齐之“义”“只在穷饿,节如是止矣,不必沾沾一死之为快也”。③ 也就是说,在劫难之余,士人也渐能欣赏那种自我保全的智慧,死与不死是可以选择的。

于是随着“忠”这一观念的变化,男性为自己的不死寻得了正当理由,清政府也为自己统治的合法性赢得了认可,成为解人民于“倒悬”的“正统”。而女性对丈夫的贞对应着男性对国家的忠,既然男性都可以因大义、因孝而自我保全,女性自然也应以替夫行孝、保存夫族血脉的大义为重。或许是在政府的有意改变下,自杀殉夫的合法性受到了挑战:从维护统治的需要出发,官方开始鼓励寡妇守节而非自尽。

《清史稿》卷497《列传・孝义》记载了雍正六年(1728)的诏书:“妇人从一之义,醮而不改,乃天下之正道。然烈妇难,节

① (清)王夫之:《读通鉴论》卷18《陈高祖》,《续修四库全书》第450册,上海:上海古籍出版社,2003年,第88页。

② (清)陈确:《乾初先生遗集》卷11《说》,《续修四库全书》第1395册,上海:上海古籍出版社,2003年,第75页。

③ (清)陈确:《乾初先生遗集》卷5《论》,《续修四库全书》第1395册,上海:上海古籍出版社,2003年,第2页。

妇尤难，夫亡之后，妇职之当尽者更多，上有翁姑则当代为奉养，他如修治蘋蘩，经理家业，其事难以悉数，安得以一死毕其责乎？……倘训谕之后，仍有不爱躯命，蹈于危亡者，朕亦不概加旌表，以成激烈轻生之习也。"训谕强调女性从一守贞，但明确反对殉节，认为这是逃避社会责任，提倡寡妇要勇敢地担当起双倍的家庭职责，有助于社会节孝新风尚的形成。郭松义也指出：夫死妻殉，这叫作烈妇，原可得到旌表，后来鉴于从殉请旌人数不断上升，这才下诏，除妇女拒奸自尽，或逼嫁致死，即"守正捐躯"者，可仍予表彰，其余一律停止。严禁从殉的理由是人命关系重大，岂可妄捐躯体。似乎是出于人道主义的考虑，实际上还有其他原因。只有代亡夫完成孝养公婆、教育子女、治家立业以后，这才算完成妇道之职。殉夫尽管悲壮，却在逃避责任。正是在这种思想指导下，许多孀妇不得不忍辱负重，艰苦地踏上人生后半程。①

事实也是如此，女性在夫死之后面临的困境与压力远远大于夫亡之前，她们不仅要治丧理葬，还要操持家务、孝养舅姑、抚育子女。作为家庭组织结构中的一员，丈夫死后，孀妇的家庭责任主要有三条：一是丈夫丧葬后事的料理；二是抚育子女（尤其是儿子）的义务；三是奉养翁姑甚至己身父母的责任。② 无可否认，官府对女性禁殉倡节的推行旨在维护自己的统治、保持基层社会的稳定和作为王朝机体细胞——家庭的延续和发展。基于

① 郭松义：《清代妇女的守节和再嫁》，《浙江社会科学》，2001 年第 1 期。

② 张涛：《被肯定的否定——从〈清史稿·列女传〉中的妇女自杀现象看清代妇女境遇》，《清史研究》，2001 年第 3 期。

此点,女性的守节对于家庭来说就显得极为重要,尤其是在以夫权为中心的家庭结构中,她肩负着代夫尽孝、为夫家延续后代的重要责任,这正是儒家文化当时赋予女性生存的使命。当夫死、女性想要殉节之时,家人或者亲友也多是以此来开导、要求她们的。

顺应国家政策的导向,可以看到清代史料记载中女性的一个重要变化,即殉节女性数量减少、守节女性数量增多。虽然两者并存的现象始终顽强存在,但数量上已明显发生倾斜。王传满在研究明清徽州的节烈妇女时指出,这些女性大多自食粗粝,而以精细之食奉养老人。在舅姑生病或发生危险时,她们有的旦夕扶持,衣不解带,百般呵护。有的躬尝汤药,吮疮舐毒,不避污秽。甚至于这些节烈妇女对幼小的鞠育,有时并不仅仅是自己的子女,往往兼负着养育丈夫及自己幼弟、侄儿侄女,甚至抚养孙辈等责任。无子的女性为延续宗祀,往往要为夫家立嗣,有的还兼负有为婆家和娘家双方立继的义务。丈夫去世,她们不仅要料理丧事、奉主入祠和祭祀、为夫立继、处理债务,还得参加各种劳动以维持家庭基本生活。由于家庭贫困,她们往往要变卖金银首饰等嫁妆或者借贷,才能归葬夫榇。为了能够让丈夫和祖先的神主入祠祭祀,她们或置办祀田,或捐产捐资给祠堂,总之大多都会设法凑足进主入祠的费用。[1] 她们这样做,不但使丈夫和祖先的神主入祠得到祭祀,而且推动了宗族的发展。

现实中上述现象并非徽州一地存在,纵观各地方志《列女传》中记载的节妇大都类此,宗族制度发达的岭南自不例外。如

---

① 王传满:《明清徽州妇女群体性节烈行为之主体性因素探究》,《山东科技大学学报(社会科学版)》,2008 年第 5 期。

清代顺德龙山人温颖之妻简氏，年二十于归，七年后夫故，翁姑在堂，孤子在抱。简氏仰事舅姑，抚育幼子，尽孝尽慈，勤于女红。其大伯恢卿居所迫狭，简氏就将自己的居所让给他。康熙五十二年(1713)发生饥荒，简氏捐粟赈济，使很多人存活下来。她平日也是体恤贫乏，帮助婚嫁，对施舍棺木、建设义冢等事亦多所施与。乾隆元年(1736)官府恩给粟帛。寿九十。[①] 又如孙五衢妻罗氏，大良人，她出身大族，自幼就学习诗书。十八岁时出嫁，一年后生子，夫却亡故。罗氏哭泣不绝，几次想以死相殉，但翁姑以抚孤大义劝解，她始忍泪贞守。翁因怜其少寡，置田十亩给罗氏作为赡养之资。翁姑相继殁亡时，她把田卖了一多半准备丧具。丈夫的弟弟不久去世，无子，她典当东西予以殡葬。孀婶无依，罗氏又请孀婶同居，以照顾其饮食。乡里称之。[②] 还有何德周妻曹氏，三桂人，曹远卿长女。年二十二嫁于德周，与丈夫相处恭敬无间言。德周勤于学习，读书会到半夜，曹氏一定坐在灯旁伴读。后来德周患肺疾，卧床三年，曹氏亲调药饵，衣不解带地照顾。雍正元年(1723)夫殁时曹氏二十九岁，她欲以身殉，舅姑谕以抚孤大义，才始进粒米。其翁年老失明，家中有薄田数亩，仅能供给日常的饮食。曹氏勤苦劳作，卖麻丝以供家用。其姑本来就体弱多病，加上因为儿子去世悲痛伤怀，所以病况愈重。雍正八年(1730)春，其姑病重不省人事，曹氏仰天祈祷三昼夜。神奇的是，这位老太太忽然醒来说："吾得女请于帝，不

---

① (清)陈志仪:《顺德县志》卷14《列传三》，乾隆十五年(1750)刻本，《稀见中国地方志汇刊》第45册，北京:中国书店，1992年，第1126~1127页。

② (清)陈志仪:《顺德县志》卷14《列传三》，乾隆十五年(1750)刻本，《稀见中国地方志汇刊》第45册，北京:中国书店，1992年，第1125页。

死矣。”自此其病竟然痊愈。曹氏生有一子，又生一女，但女儿夭亡。儿子在七岁时忽得怪疾，医生都说无药可治，后来却被一游方道人治好，人称是其节孝所感。[①]

在艰苦的岁月里，守寡的女性用柔弱的肩膀为家庭撑起一片天空，如果家庭条件较好，她们还可以专心守节养老育孤，从事女性阃内的工作；如果家贫无依，那么她们除了上述工作，还要身兼男职、挣钱养家。一夫一妻组成的理想小家庭在缺少支柱的情况下，担子完全落在寡妻的身上，其艰难可想而知。所以佘象斗[②]说："节义之重，比忠孝贯天日。盖以闺阁女子，目未尝穷典籍，身未尝亲圣贤。或及笄而奔丧，或早年而夫殁。夏日冬夜，苦雨凄风，终始一节，岂不甚难卒之？父母弗能夺其志，贫穷弗以易其守。非具冰霜之操、柏舟之节者，曷克臻此？"[③]佘象斗较客观地描述了女子守节所面临的种种苦处，但他仍始终站在要求女性从一而终的立场。正如万历《顺德县志》中所说："妇人之善岂出壶外？忠臣易，孝子节妇难。风雨之朝，星月之夕，独处空帏，至老而不易其心，易能哉！"[④]

---

① (清)陈志仪:《顺德县志》卷14《列传三》,乾隆十五年(1750)刻本,《稀见中国地方志汇刊》第45册,北京:中国书店,1992年,第1127～1128页。

② 佘象斗,字公辅,号齐枢,马冈人,顺治十八年(1661)进士,授刑部主事,曾参与编修《顺德县志》。著有《诗林正宗》《韵林正宗》等。传见(清)郭汝诚:《(咸丰)顺德县志》卷25《列传五》,咸丰、民国合订本,广州:中山大学出版社,1993年,第788～789页。

③ (清)黄培彝修,严而舒纂:《顺德县志》卷7《列传一》,康熙十三年(1674)刻本,上海:上海书店出版社,《中国地方志集成》第31册,2003年,第289页。

④ (明)叶初春修:《顺德县志》卷8《人物志》,万历十三年(1585)刻本,广州:岭南美术出版社,2006年,第91页。

仔细梳理明清以来女性形象的改变，可以发现这样一种变化：如果明代女性的形象还是由男性来打造的话，那么到清代时对贞节的要求已经转变为部分女性的主动追求。明代开展的塑造“女神”运动，实际上就是重新引导女性转变成士大夫们需要的形象，其成效是可以肯定的。而当时的社会环境，正如一些学者所评价的，明朝后半叶因经济和商业的发展，世风“浇漓”，生活在此时的学者特别对家庭中的“无序”愤愤不平，所以才会有黄佐、湛若水等人的痛心言论。[①] 正是在这些人的不懈努力之下，礼教观逐步普及，女性开始了由被动到自觉的转变，清乾隆年间顺德的李晚芳姐妹就是主动追求节烈的代表。她们二人一个未嫁守贞而获得旌表，一个编写女教书籍以育人，可以说她们从行动和思想上都成为当时节孝之风的表率、女性礼教之学的集大成者。

经过明代岭南士大夫的努力，一些女性个体被逐渐改造成符合国家官方话语的女性形象，成为忠孝贞烈的代表，达到了男性心目中的理想标准。官方文献中无一例外地开始记载那些守节或者殉节女性，对她们予以高度赞扬的同时又给予物质和名誉上的双重奖励，起到了极好的表率作用。基于齐家治国的伦理需要，国家、社会、家庭共同在贞节道德方面塑造妇女，女性也在接受塑造、适应需要而牺牲自己以成全家国。[②] 当政府的导向和喜好成为基层百姓的行为准则时，女性开始自觉接受男性

---

① 〔美〕卢苇菁著，秦立彦译：《矢志不渝——明清时期的贞女现象》，南京：江苏人民出版社，2010 年，第 40 页。

② 杜芳琴：《明清贞节的特点及其原因》，《山西师大学报（社会科学版）》，1997 年第 4 期。

单方面强加于自己身上的贞节枷锁,主动地追求节烈。这种行为模式不仅表现在女性对自己的严格要求上,还表现在李晚芳这种以“女宗”形象教导别人的女性身上,从而完成了女性由明代的“被塑造”到清代自觉塑造的过程。

第 六 章

“自梳”与“不落家”的再思考

第一节 不嫁的孝女

“孝”是中国传统道德中的一个基本范畴,是构成儒家礼教的重要一环,所以历代史籍记载中关于“孝”的美谈不绝于书。各地的方志中均有女性不嫁以孝养父母的记载,岭南也是如此。比较引人瞩目的是,此类记载在岭南相当多,最早上溯到汉,最晚到民国,有大量女性为了照顾父母或者养育弟妹而不字在家。种种原因促成之下,在珠三角地区就存在一类较为特殊的女性群体,即“自梳女”和“不落家”,她们多以其对父族的“孝”而荣登方志中的《列女传》。

一、史料记载中岭南的不嫁女性

岭南历史上不嫁并被冠以“孝女”之誉的女性有不少。最早的是汉代博罗姚氏女，也就是曾与陈尧佐和许申扯上关系的姚娘，后来被封赠为地方性的女神。随后出现的是梁朝时博罗的陈孝女。关于姚氏和陈妙圆的故事之前已经讲过，在此不再赘述。接着就是南朝陈时雷州海康县的陈氏三女。她们的故事同样与神异传说联系起来。陈氏三女的父亲陈珙因年老无子，三女遂矢志养亲，义不适人。陈太建①初，陈珙出外打猎时偶得一巨卵，“值大雨，雷击破卵得一男，珙立以为嗣，名曰文玉。三女以文玉非血肉之躯，恐难终倚，志益坚”。至唐贞观年间，陈文玉由茂才升任本州刺史，政成以后化去。三女亦以寿终，官民钦佩她们的笃孝，将其同葬于郡西冯村坡，题其墓曰“三女同烈”。② 以“烈”字定性这三位不嫁女性，耐人寻味，后世如果说“烈女”，那多是指抗暴不屈自尽的女子，但很明显这里的“烈”与后世“烈”的含义不同。

到宋代，此类记载多了起来，吴妙静、邓六娘、黄道姑的故事皆得到士大夫青睐而广为传颂。除了她们，还有揭阳的翁贞姑、番禺的陈贞姑以及高要的五孝女。翁贞姑，揭阳人，年十六丧父母，仅余自己和弟弟与权孤幼无依。看到翁贞姑和弟弟翁与权孤苦伶仃，族人就想谋其家产。贞姑知道后，自誓不嫁，携弟避远方，抚之成立。后来翁与权于绍兴十二年(1142)考中进士，为官浈阳，“真姑结庵莲花池，食淡以终余年”③。

---

① 太建：陈宣帝陈顼年号，公元569～582年。

② （清）阮元：《广东通志》卷320《列传五十三》，道光二年(1822)刻本，广州：岭南美术出版社，2006年，第5098页。

③ （清）阮元：《广东通志》卷315《列传四十八》，道光二年(1822)刻本，广州：岭南美术出版社，2006年，第5038页。

番禺的陈贞姑同翁贞姑一样，亦是位不嫁的孝女。陈贞姑，名圭姐，宋淳祐[1]年间庠生日南女也。日南生子东卿及圭姐，而夫妻沦亡，东卿亦早卒，遗孤洪懋，圭姊与嫂经营两丧，拮据尽瘁。有求婚者，泣语嫂曰："陈氏三世惟此一线，我何忍弃寡嫂与孤侄他适耶？"遂杜门抚孤，终身不字，年七十五卒。[2] 经过当代广州的文物普查活动，工作人员发现了至今仍存于番禺区石楼镇大岭村的陈贞姑之墓。其墓坐西北朝东南，始建于南宋，光绪三十年（1904）重修，为交椅墓。现今墓地有一部分被破坏，但原貌基本保留，墓碑正中刻"宋四世祖姑之墓"。陈贞姑的墓旁是其婢女大姑之墓，始建和重修日期均同于陈墓，墓碑刻字为"宋贞婢大姑之墓"。据说大姑与陈贞姑自少相许，陪主人终身不嫁。[3] 在侍婢大姑与陈贞姑"自少相许"，相约终身不嫁的背后，隐约流露出了两人同性之间的相伴与性暗示。

高要县亦有五位立誓不嫁的女性，她们是梁聪的四个女儿和梁聪之子南正之女。据说梁家本是南雄人，"咸淳[4]间聪挈家避乱，卜居邑之宝查村，五女并誓不嫁以事父母"。父母卒后，她们建刹于居之东偏，清修至老。[5] 高要的五位女子应该不存在家中无男性成丁承嗣的问题，更不存在嗣子孤弱受欺的危机，即

---

[1] 淳祐：宋理宗赵昀的第五个年号，公元 1241 ~ 1252 年。

[2] （清）任果、常德主修：《番禺县志》卷 16《列女》，乾隆三十九年（1774）刻本，广州：岭南美术出版社，2006 年，第 362 页。

[3] 陈建华主编：《广州文物普查汇编・番禺区卷》，广州：广州出版社，2008 年，第 494 页。

[4] 咸淳：宋度宗赵禥的年号，公元 1265 ~ 1274 年。

[5] （清）阮元：《广东通志》卷 317《列传五十》，道光二年（1822）刻本，广州：岭南美术出版社，2006 年，第 5067 页。

便是陈贞姑也有寡嫂以养育其侄,但她们还是选择了不嫁,她们的选择完全是主动的。这就意味着在当时的岭南,女性并无逼嫁之忧,她们可以自主决定婚姻的选择。不仅如此,她们还被尊称为“贞”,拥有家族财产的处置权,这在吴妙静出资建桥、黄道姑捐田等事中即可看出。

岭南历史上女性不嫁以照顾父母或者抚育弟侄的事情大量存在,宋以后依然层出不穷。如元代的黎道娘,番禺板桥人,父亲黎瑛镇早卒,其弟黎庶方在襁褓,道娘矢志不字以助母养弟。其母强劝之嫁,她回答说:“母寡弟幼,何忍言字?”元末大乱,寇掠邑里,黎道娘扶母挈弟逃奔山谷间,又纺绩以济家用。母卒之时,她哀毁几绝。年八十四卒。黎氏子孙世思其德,建祠以祀。[①] 关于自己不愿意出嫁的原因,黎道娘自己讲得很清楚:“老身不字,维孤也。孤而嗣昌可藉手报先人矣。”[②]可见还是打着延续父族血脉的旗号。从记载方面看,女性不嫁多以此为理由,如龙门县人何小姑[③]、潮阳县的吴

---

① (明)陈大科、郭棐:《广东通志》卷26《郡县志十三》,万历二十九年(1601)刻本,广州:岭南美术出版社,2006年,第668页。

② (清)孔兴琏修:《番禺县志》卷13《列女》,康熙二十五年(1686)刻本,广州:岭南美术出版社,2006年,第517页。

③ “何振卿(何村人)女小姑。振卿夫妇卒时子碧深年甫周岁,内无期功之亲,小姑与弟相依为命,饮食教诲皆肩任之,以故终身不字。至顺间碧深举人材,任南安县簿,实为何族发祥祖。今何族岁时合祀小姑以报其功。”(清)毓雯、张经赞修,张维屏纂:《龙门县志》卷14《列传二》,清道光二十九年(1849)修,清咸丰元年(1851)刻,清咸丰六年(1856)补刻本,广州:岭南美术出版社,2006年,第367页。

贞女[①]等，元代的这几位女性都属于此类。

明清时期，此风仍是不绝，不少女性借孝养或者抚孤的名义不嫁，为父系家族贡献毕生。明代陈元佐之女，法名释悟儿，她性至孝，因父母贫而无子，矢志不嫁，纺绩为养。等父母去世后，有人劝她说：“子今可以字人矣。”悟儿涕曰：“吾去，谁奉父母祀者？”当劝她出嫁者众多时，为表决心，悟儿干脆削发为尼，密处长庆庵中，岁时祭祀其父母。出家之后，她“因静生悟，妙解禅机，遂自名悟儿”。老年之时，她“始往人家，为妇女演说孝义，申以果报。闻者感动。临寂语其徒曰：‘吾往某巨室为男，可来问视。’如言迹之，巨室果以是日产子，掌中隐隐有悟儿二字云。”[②]这则记载以因果神异结尾，通过主人公悟儿在轮回中的福报来宣扬女性的“孝”，达到了教化的目的。

如果说上述女性的定性还较为模糊，记载中仅突出了其“孝”行而未指出其“自梳”身份，后来的方志记载中已明确地出现了一些自梳女性。所谓“自梳”，又称“梳起”。以前未婚少女皆蓄辫，婚后始束髻。于是部分少女就通过一种特定的仪式，自行易辫而髻，以示决心不嫁，独身终老。[③] 其实前面列举的女性在文献记载中虽未言明她们曾举办过“梳起”仪式，实质上她们

---

① “吴贞女，字来庆，良玉女。父母早逝，女年十八，许字郑姓。有弟四人，皆幼。迨吉，见诸弟，泣曰：‘吾去如诸孤何？’于是却聘教养诸弟皆成立。年八十以寿终。”（清）阮元：《广东通志》卷315《列传四十八》，道光二年（1822）刻本，广州：岭南美术出版社，2006年，第5034页。

② （清）陈炎宗总辑：《佛山忠义乡志》卷9《人物志》，乾隆十七年（1752）修，刻本，第22页。

③ 陈遹曾、黎思复、邬庆时：《“自梳女”与“不落家”》，《广东文史资料》第十二辑，广州：广东人民出版社，1964年。

完全具有“自梳女”的种种特征。而明代佛山霍氏家族的霍氏二女之不嫁,似乎较其他自梳女性更充满了超乎正常的同性间的性暗示。霍氏二女,“古洛霍氏之从姊妹也,一名慧,一名贞,以孤洁相钟爱,因约不字人”。父母议将二人婚配,她们跪泣曰:“女非性殊人也,顾世间男子有学术而识礼义者绝少。窃恐所事非人,故宁孤死不愿嫁。”父母竟不能夺其志。因家贫之故,二人针指自活,相视怡然。后霍贞年二十而死,慧痛哭曰:“妹死矣,吾无侣矣。”悲愤几不欲生,后来以寿终。当地著名的士大夫冼桂奇[①]曾为她们作《二女传》。[②] 二女的言辞中明显地带有对男性的排斥,但是从冼桂奇为她们作传来看,这两个人在当时不仅没有被视为异类,还得到士大夫的赞赏。她们的不嫁守贞既成就了对家庭的孝,又保存了女性对父系家长的童贞之身。

二、“不落家”与未嫁守贞

经过嘉靖年间“大礼议”之争,明世宗凭借“孝”将亲生父母追封为兴献皇帝和皇后,取得这场纷争的最终胜利,于是全国兴起谈“孝”的高潮。之前讲述的吴妙静、邓六娘、陈妙圆等,都是这时被士大夫们不断地重新塑造之后而得来的新形象。在这段时期内女性为父系家族所做的牺牲都得到了充分的肯定,绝大

---

① “冼桂奇,字奕倩,一字少汾。领嘉靖辛卯乡荐,登乙未进士,授工部主事。矜介自持,不能善事上官,夏贵溪当国,诸司震慑,桂奇与语不屈,遂为所忌。著有《广居堂稿》《鹤园集》。子梦松、梦竹、梦龙,俱诸生。”传见(清)陈炎宗总辑:《佛山忠义乡志》卷8《人物志》,乾隆十七年(1752)修,刻本。

② (清)陈炎宗总辑:《佛山忠义乡志》卷9《人物志》,乾隆十七年(1752)修,刻本,第12页。

多数都能得到被后人世代祭祀的地位。如明代南海人陈葵娘，张槎陈原孚之妹。陈原孚殁，其妻潘氏二十七岁，鞠遗婴陈子宽，旁无期功之亲，葵娘抚膺曰：“陈氏数世只此呱呱一线脉，予若缔盟，他族则藐孤，将谁与保乎?”于是不嫁以坚嫂志，闭户绩纺，同嫂子一起将子宽抚育长成。陈葵娘卒后被葬于兄嫂之旁，举族感念。①

经过明清易代，清廷延续明朝的做法继续推行贞节观，慢慢地岭南女性的忠孝形象开始向“贞”转化。此时虽然人们依然欣赏那些努力孝顺父母、养育弟侄的女性，但是相对而言其重要性开始低于为夫守贞、为夫立嗣的行为。尤其是当未嫁守贞的“处女烈”掀起后，以夫家为中心的礼教观对父权造成相当大的冲击，不少女性为履行对一纸婚约的承诺而不惜违背父母的意志，极大冲击了父母的权威。但是传统的观念依然存在，女性在两相兼顾之下必然会引发交锋，于是除了“自梳”、未嫁到夫家守贞，珠三角地区又出现了特有的“不落家”。“不落家”是指女性迫于父母之命，不能“梳起”，只好在举行婚礼后长归母家，避免与丈夫同居。这种妇女，名曰已婚，实亦独处，与“自梳”名异而实同。②

明代陈贞姑应该就是位“不落家”女子。她是魏谦之妻，嫁与魏谦三年后，她的弟弟庠生陈寄早卒，遗腹一孤，刚周岁母又

---

① (清)潘尚楫修，邓士宪等纂:《南海县志》卷41《列传十》，道光十五年(1835)修，同治八年(1869)重刻本，广州:岭南美术出版社，2006年，第749页。

② 陈遹曾、黎思复、邬庆时:《“自梳女”与“不落家”》，《广东文史资料》第十二辑，广州:广东人民出版社，1964年。

殁。陈氏家族中一些人因孤子无依,想谋夺其产。陈贞姑知道后,“涕泣请辞归抚孤,出资为谦更娶,捐陈遗租五十石为魏舅姑祀田”。后孤得成立为官。其后代世祀贞姑,以为不祧之祖。她的夫家魏氏亦感其义,“并祀焉”。[①] 像陈贞姑这样出嫁后却不在夫家而返回娘家的,从广泛意义上说就是“不落家”。这种现象并不是到清代才有,除了明代的陈贞姑,有学者指出屈大均的夫人也是位“不落家”的女性。[②]

在基层社会生活中,有不少未嫁夫死、女性奔丧守贞的例子。方志的编写者们对此倾注了极大的热情,将之奉为女性节烈的表率。为论证这种现象存在的合理性,历史上还引发了一场波及多人的论战。时对女子守贞有两种主张:第一种以为已结婚的妇人,丈夫死了才可以守贞;第二种是说女子一经订婚,未婚夫逝世就有守贞的必要。第一种说法认为,未结婚而上门守节或未嫁殉夫的女子,不但不配称为“贞女”,而且是不知礼制的淫奔之女。其代表人物有明代的归有光[③],清代的毛奇龄[④]、汪中[⑤]等人。第二种主张则认为上门

---

① (清)阮元:《广东通志》卷315《列传四十八》,道光二年(1822)刻本,广州:岭南美术出版社,2006年,第5038页。

② 董上德:《屈大均》,广州:广东人民出版社,2008年,第65页。

③ 归有光,明代江苏昆山人,九岁能文,二十岁已尽通经史。著《震川集》和《三吴水利录》等书。

④ 毛奇龄,清浙江萧山人,著述极富,讨论经学的专著有数十种,《四库全书》收录其著作多至40部。

⑤ 汪中,清江苏江都人,字容甫,著《广陵通典》《周官征文》等书。

守节和未嫁殉夫全是本乎古礼、合于名教的行为。代表人物有朱珔[1]、胡承珙[2]、俞樾[3]等人。关于这场逾时几百年、由明延续到清的论战，除了董家遵在《中国古代婚姻史研究》一书中有详细介绍[4]，美国的卢苇菁在其专门研究贞女现象的著作《矢志不渝——明清时期的贞女现象》中也专列一章进行介绍[5]。

清末顺德大儒简朝亮和门人对此问题也有详细的论述，代表了岭南本地一部分文人的观点。他站在第二种主张的立场首先详细讨论归有光、汪中等人的言论，反对归有光的“女子未有以身许人之道也……女未嫁而为其夫死，且不改适，是六礼不具。婿不亲迎，无父母之命而奔者也，非礼也”[6]的说法。简朝亮认为：“有襁褓指腹而议婚者，其名分定于十年或二十年以前，当其少时，已知某氏为其夫家矣，且有生同里闬，尝与其夫相习者矣。不特女子以为是吾夫也，即它人亦或戏谓是汝夫也。何由闻先王之礼而知未嫁以前犹不得为吾夫也哉。”[7]即认为女子

---

① 朱珔，清安徽泾县人，著《说文假借义》《文选集释》《小万卷斋集》等书。

② 胡承珙，清安徽泾县人，究心经术，著《毛诗后笺》《仪礼古今文疏义》《求是堂诗文集》等书。

③ 俞樾，清浙江德清人，朴学之宗，著《春在堂全集》，共500余卷。

④ 董家遵：《中国古代婚姻史研究》，广州：广东人民出版社，1995年，第345～351页。

⑤ 〔美〕卢苇菁著，秦立彦译：《矢志不渝——明清时期的贞女现象》，南京：江苏人民出版社，2010年，第七章。

⑥ （明）归有光：《贞女论》，《四部精粹》下集《集部》，上海：经纬教育联合出版部，1936年，第713页。

⑦ 简朝亮：《顺德简岸简氏家谱》，《北京图书馆藏家谱丛刊·闽粤侨乡卷》第44册，北京：北京图书馆出版社，2000年，第1911～1912页。

一旦和男子约定婚姻,其名分算是确定了,对于男女双方来说就是约定好的事实,女子就对夫家有义务。

其次,他驳斥了那种认为婿未亲迎、未拜庙堂,女子即可改适的观点,认为女子未嫁守贞对男性家庭来说是存嗣的大义所在:“且有妻得立后,无妻则为殇。守贞以存夫嗣尤为大义所在。”如果“独子夭亡,而族中实无昭穆相当、可为其父立继者,亦准为未婚之子立继,若此者,无妻不为殇也”。所以他把未嫁守贞提到了相当的高度:“美守贞者当自女子之贞言之,女子许嫁而守贞,女子之大义也,无以加焉。”①意即把男系家族的延续放在了首要的位置,认为男子有妻就能够立后,这样就不算是早夭,因此未婚许嫁的女子就有了为未婚夫立后、守贞的义务,这才是女性应当遵守的大义。

萧凤霞在《妇女何在?——抗婚和华南地域文化的再思考》一文中提到了一位二十三岁夫卒奔丧守节的女性周氏。萧凤霞指出,二十三岁的周氏早已过了正常的婚龄,她认为把这归于“自梳女”和“不落家”恐怕更为贴切。② 乾隆年间编纂的《新会县志》卷五《礼仪志》中记载了当地男女婚嫁的正常年龄:“男女婚嫁以时,男未十六、女未十四成婚谓之‘先时’,男二十五、女二十以上未成婚谓之‘后时’,先时者夭,过时者病,非所以保合太和也。”③由此可见,新会地区女子的婚嫁年龄一般是过了

① 简朝亮:《顺德简岸简氏家谱》,《北京图书馆藏家谱丛刊·闽粤侨乡卷》第44册,北京:北京图书馆出版社,2000年,第1931~1932页。

② 萧凤霞:《妇女何在?——抗婚和华南地域文化的再思考》,《中国社会科学导刊》(香港),1996年春季卷第14期。

③ (清)王植修:《新会县志》卷5《礼仪志》,乾隆六年(1741)刻本,广州:岭南美术出版社,2006年,第140页。

二十岁就算晚婚。新会属珠三角的范围，和周边地区的风气应该大致相同，男女婚嫁年龄应该差不多。在广州甚至还有女性容易犯“绿郎”而死的说法，即“广州女子年及笄多有犯绿郎以死者，以师巫茅山法治之，多不效”。士大夫总结的原因是：“盖由嫁失其时，情欲所感，致为鬼神侵侮。”①也就是说，有不少女性因婚嫁失时而得病致死，可见当地有大量已到婚龄却因种种原因而未结婚的女子。

我们在梳理地方志的材料时发现，在岭南尤其是珠三角地区，女子超过二十岁未嫁的情况大量存在。如番禺大岭乡人陈莹，广西平乐府知府陈泰初女，“事亲孝，性好洁，所居纤尘不染。幼字南海冼世良。世良病殁，莹年十三，泣请归冼氏。父母怜而许之。足迹不逾阈，惟喜鼓琴，以冼氏所聘文绮制为琴囊，每于夜静坐小阁，出琴抚奏，音调凄绝，闻者掩涕。年二十四卒”。其妹陈环，“性慧敏，弱不好弄，善书，家藏文衡山小楷真迹，临摹不倦。兼工绘事。父授以唐人万首绝句，皆能上口。间为短章，亦楚楚有致。母病笃，祷神请以身代，刲臂和药以进。父督剿修仁、荔浦贼匪，以劳殁营次。凶问至，号泣晕绝者屡，哀毁成疾。卒年二十一，未字。同治八年旌孝如例”②。陈莹从十三岁未婚夫死守节到二十四岁去世，这十一年中都是在守节，这是珠三角地区并不罕见的事情。其妹陈环，二十一岁还未许配人家，这是不合情理的，极易让我们想到“自

① （清）李福泰修，史澄、何若瑶纂：《番禺县志》卷54《杂记二》，同治十年（1871）广州光霁堂刻本，广州：岭南美术出版社，2006年，第669页。

② 梁鼎芬等修，丁仁长等纂：《番禺县志》卷25《人物八》，民国二十年（1931）刻本，广州：岭南美术出版社，2006年，第394页。

梳”“不落家”风俗。在珠三角地区，超过二十三岁才进入婚姻状态的女性在县志记载中更是不胜枚举。如顺德县梅载德二十四岁的未婚妻邓氏、二十三岁的梁国献女梁氏，均以聘妻身份去夫家奔丧，她们中间年纪最大的甚至达二十八岁。① 这类故事在县志编纂者笔下，被含糊其辞地粉饰了，大量被外来士人所鄙夷的“自梳”“不落家”风俗在女子夫死守节的行为下得到完全相反的评价，这些女性也由禁止的对象摇身一变，成为儒家理想中节烈妇女的典范。

三、清代“自梳”“不落家”的兴盛

诚如学者们指出的，“自梳”和“不落家”现象确实是在清代，尤其是清末时达到最盛，文献的记载比比皆是。乾隆《顺德县志》在《风俗》篇中记载道：

> (顺德)俗娴轨物，气盛衣冠，质有其文，勤而不匮。男有专精之业，女多矫激之行。(乡中处女每与里女结为姊妹，相为依恋，不肯适人。强之适人矣，归宁久羁，不肯归其夫家，甚或自缢、自溺。至其夫或有家贫貌陋，或有诟谇，从而轻生者不可胜数。此鉴于淫奔之失而矫往过正也。男女婚嫁又多愆期，盖欲循长幼之次而递及也。如诸兄诸姊或因姻家有丧服事故不得嫁娶，诸弟诸妹虽年长亦必俟之。以故内多怨女，外多旷夫。此又鉴于加凌之

---

① (清)陈志仪:《顺德县志》，乾隆十五年(1750)刻本，《稀见中国地方志汇刊》第45册，北京:中国书店，1992年，卷14《列传三》:龙山左昌文聘妻罗氏二十六岁奔丧守贞;何肇永聘妻吕氏二十八岁奔丧守贞;龙江蔡言可聘妻卢氏二十四岁奔丧守贞。类似事例在文中多有描述。

失而拘迂鲜通也。夫妇为人伦之本，其亟规于礼义而戒其矫激也可。)①

珠三角地区留存的一些族谱中对此种现象也有表述：

为妇女者，于家庭间既不敢有大悖忤之为，则皆模式相循，亦无能大表异于众。若夫不嫁而侍父母、佣力而养姑夫与抚孤全节、未婚守贞者，率视为至平易之道，十室中必有二三焉。他如为俭、为慈、为布施、为食贫茹素，更书不胜书。非吾族妇女惟然，亦缘乡俗使然云尔。至于归宁不返之风，最为恶习，昔恒有之，今则鲜矣。②

黄芝在其《粤小记》中也提到“不落家”现象：

广州村落女子多以拜盟为姊妹，名曰相知，父兄不能禁。出嫁后即归，恒不返夫家，至有未成夫妇礼，必俟同盟姊妹嫁毕，然后各返夫家。若促之过甚，则众姊妹相约自尽。此等弊习，南、顺两邑乡村居多。昔贤县令曾禁之，众女闻知，以为闺阁私事扬之公庭，殊觉可耻，一时相约自尽无算，弛其禁乃已。③

江苏泰州人丁柔克，号燮甫，生于1840年，他在自己的作品中同样记载了岭南女性的这种习俗，足见其流布之广：

粤东往往有女子终身不嫁，或约十人五人，要结盟誓，

---

① (清)陈志仪：《顺德县志》卷3《风俗》，乾隆十五年(1750)刻本，《稀见中国地方志汇刊》第45册，北京：中国书店，1992年，第28页。

② 何厚堂编：《何氏事略(顺德)》，《事略之十九》，广州：精华印务局铅印本，民国十二年(1923)修，记事至民国四年(1915)。

③ (清)黄芝：《粤小记》，《清代广东笔记五种》，广州：广东人民出版社，2006年，第442页。

如痼疾然。虽百计诱之,三尺威之,弗从也。其意大半皆以修来世起见,可得男身云云。女子赋性本偏,坤为吝啬,然亦大半佛法误之也。三江往往有夫死而嫁,抱夫木主拜堂合卺,洋洋如平时,先满户皆红,合卺后则全堂尽白。婚丧顷刻,歌哭同时,虽出于女之贞,然亦父母舅姑亲朋之万不忍睹也。至于狡童游女相约投缳,视死如归,钟情不解,大有同穴之意,世更不乏其人。一失之偏,一失之正,一则不偏不正之间。然皆文章之偏锋,兵家之诡道,幸而中,幸而胜,非堂堂正正之象。揆之天理,亦祥难即降;揆之国法,更罪无可加;揆之人情,非言能禁;亦惟听其为所欲为而已。①

清代末年浙江钱塘人汪康年②在其《庄谐选录》中记载道:

凡十姊妹规例,约共相扶济,不得嫁人,如有父母强嫁之者,必须自行设法逃脱。又各谋生业糊口,不须仰给他人。故凡娶十姊妹者,无论周防如何严密,必致逃脱,或其曹窜夺而后已。……如意或中变,必须俟余九人尽死,方得嫁人,或嫁至远方。否则己即肯嫁,亦必被余人阻止。③

一些外来的士大夫看到珠三角地区"自梳"和"不落家"的特殊习俗之后,以诗歌的形式记录了下来。如清末湘军将领、湖

---

① (清)丁柔克撰:《柳弧》卷3《粤东女俗》,北京:中华书局,2002年,第171~172页。

② 汪康年(1860~1911),浙江钱塘(今杭州)人,初名灏年,字梁卿;后改名康年,字穰卿;晚年号毅伯、恢伯、醒醉生。中国近代著名报人、出版家、政论家和社会活动家。

③ (清)醉醒生:《庄谐选录》卷8,清末铅印本。

南衡阳人彭玉麟(1816～1890)的《竹枝词》:

蕉叶青青蕉子黄,晓妆茉莉鬓边香。双跌如雪通街走,黑辫红绳未嫁娘。(粤俗未嫁女虽二十余,皆辫不梳头。)

金兰契结岂前因,姊妹恩情太认真。结习闺中牢不破,不从夫婿不从亲。(俗重异姓姊妹,十余联络,生死相倚,父母夫婿不能曲其志。)①

清代钱塘人陈坤,字子厚,撰有《岭南杂事诗钞》,中有《竹枝词》曰:

浊泪清醪共一杯,双双蝴蝶纸钱灰。不因生死交情绝,犹向尼庵附荐来。(粤省中元各尼庵建醮,妇女结相知,有先下世者,俱得前往附荐。)②

香闺结友倍情痴,盟重金兰信不疑。翻手作云覆手雨,芳心从此薄男儿。(广州顺德县属村落女子,多有结盟姊妹,名金兰会。出嫁后归宁恒不返夫家,甚有合卺礼虽行未成夫妇者,必俟同盟姊妹毕嫁,始各返夫家而效于飞,谓之下帏。若促之过甚,则众姊妹相约自尽。此等恶习相沿已久,弗能禁也。近年传染至番禺、沙茭一带,尤效更甚,即省会中亦不能免,又谓之拜相知。凡妇女订交后情好绸缪,逾于琴瑟,竟可终身不嫁。风气坏极矣。)③

---

① 雷梦水等编:《中华竹枝词》第四册,北京:北京古籍出版社,1997年,第2757页。

② 雷梦水等编:《中华竹枝词》第四册,北京:北京古籍出版社,1997年,第2804页。

③ 雷梦水等编:《中华竹枝词》第四册,北京:北京古籍出版社,1997年,第2825页。

大量本地人对此亦有记载,如清光绪年间广东南海人胡子晋所写的《广州竹枝词》:

新妇归来百不应,每为穷裤峭锋稜。近年始悟男人好,话说男朋胜女朋。(南海、西樵、顺德、大良等乡,处女多好结女朋友,名曰相知,事有甚于画眉。如父母逼其出嫁时,女朋友为之制穷裤,使不能近夫婿。今则此风改矣。)①

不仅是士人在自己的作品中记载了此类现象,连刚刚兴起的报纸都对其给予了极大关注。1906 年第 1 期的《赏奇画报》中刊登了一幅《单身同住图》,其名为《金兰陋俗》,描绘了广府地区一些女子集体置屋同住的情形,同时对女性"自梳"和"不落家"的风俗进行批判,其文为:

《易》言"金兰",所以敦友谊也。然误用之,反以妨风俗,如南、番、顺等处之女子,其占多数者也,缘三属素业蚕桑,女伴醵赀置屋同居,其相约守贞,忽而变志者,无论矣。至若涕泣登车,预为穷袴,迨归宁不返,迫之生变,或则陪钱买妾,至死始归夫家。贪缠姊妹之花,愿痿雌雄之树,嘉耦偏成怨耦,亲家变作冤家。噫!是皆女学不明故耳,安得家庭教育家阐扬闺诫,取坊刻《六女投塘》诸曲本一扫而空之哉!②

① 雷梦水等编:《中华竹枝词》第四册,北京:北京古籍出版社,1997 年,第 2912 页。

② 广东省立中山图书馆:《旧粤百态:广东省立中山图书馆藏晚清画报选辑》,北京:中国人民大学出版社,2008 年,第 128 页。

图 6.1.1 《金兰陋俗》

《时事画报》丁未年(1907)第14期中的一幅图则描绘了南海某地一群自食其力的女子集资建成姑婆祠的情形:

> 南海龙畔乡,素多女子出嫁不返夫家,而求自食其力者,经计大约有二百余口。此等陋习,实为乡中大患。今竟胆敢在龙畔沙起一姑婆祠,每人科银五十两,经于去岁落成,凡有愿入祠内去世者,则收回费用银一十两,以为尝典。岁经绅士严禁,而内中有耆民代为主权,是以全不遵禁。闻不日三堡绅士,联名禀官毁拆矣!
>
> 语曰:你慌有姑婆山拜咩?姑婆无山,而有姑婆祠堂,可谓奇矣!然祠堂虽有,谁则为之拜扫耶?昔则姑子归宗者,今则宗子归姑然后可也。向以孤魂无主为忧,兹则以姑

魂有主为乐，但不知可为长乐否？①

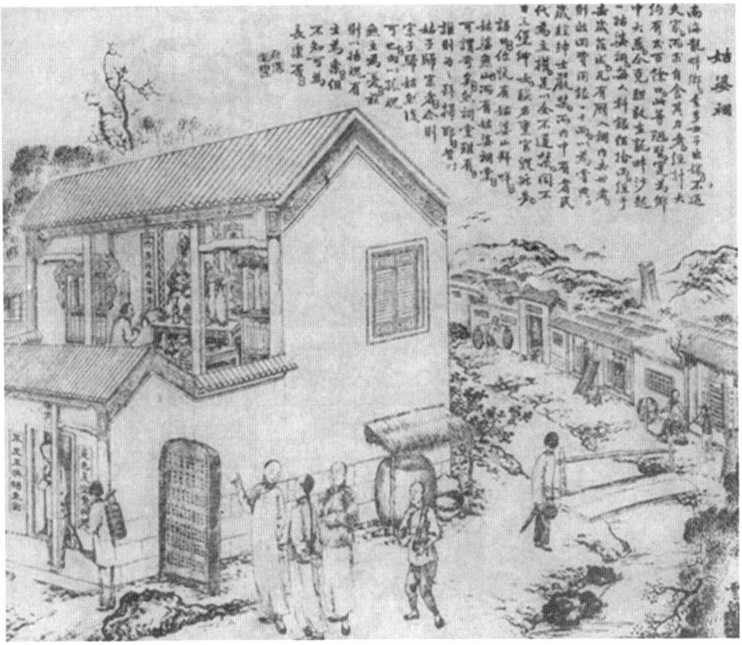

图 6.1.2 《姑婆祠》

由此可见，自梳的女子在珠三角地区大有人在，她们聚集在一起建立姑婆屋，在其中共同生活。甚至在今天，当我们深入广州村巷进行田野考察时，仍能经常听到姑婆屋的故事和看到它的遗迹。

---

① 广东省立中山图书馆：《旧粤百态：广东省立中山图书馆藏晚清画报选辑》，北京：中国人民大学出版社，2008 年，第 191 页。

图 6.1.3 自梳女们集资修建的顺德均安冰玉堂

民国建立以后,卢衍来在《顺德大晚乡农村状况》一文中谈到了顺德存在着相当数量的自梳和不落家个体,以及当地的婚嫁风俗:

婚嫁一节,在十数年前,多有不落家者,近来此风已绝。独何姓则自为风气(何姓有两处不同宗者,此何姓乃居乡心者)。其女多不受家庭教育及约束,除贫家自幼鬻与人为婢失其自主者外,其在母家之女子,百人中有三十人自梳(不嫁)、三十人嫁鬼(即觅别姓已殇男子为婚),二十人虽嫁而不落家、二十人因无女伴纠缠之故,方允长处夫家耳。①

从上面的描述可见顺德女性不落家和自梳风俗之一斑。卢衍来以何氏为例,统计出女性能够正常走入婚姻和家庭的比率只有20%,其他都自主采取各种方式以逃避婚姻。对这些女性来说,自梳、不落家、嫁鬼即守墓清等方式其实都是一样的,她们都可以以迂回的方式实现自己的计划。囿于女性生儿育女、延续子嗣的职责和女性对夫家所承担的义务,有些"不落家"女性干脆自己出钱买婢代嫁。1907年《时事画报》第17期的《轿心姑婆》一图就描绘了顺德独身女子买婢代己嫁人的情形。

图6.1.4 《轿心姑婆》

当一些女性无法达到"自梳"或者"不落家"的目的,被迫到男方家生活时,为摆脱这种处境她们可能会走向极端,采取暴力

① 卢衍来:《调查——顺德大晚乡农村状况》,岭南农科大学:《农事月刊》,1922年第1卷第11期,第35~36页。

反抗的手段。如汪康年就写道:“又相传谓此辈(十姊妹)有邪术,每于阴雨之夜,至从冢中曼声呼唤,久之辄有应者。乃迹得应者所在,开其棺,取其髑髅归。持之夫家,置床中。夫或犯己,必大呼头痛,遂得自保。”[1]在汪康年的笔下,这些不落夫家的女子充满了恐怖妖异的色彩。此种色彩在为她们带来诟病的同时,亦成为对她们选择不嫁的保护。更有甚者,还有女性参加广东民间所谓的“迷夫教”,以图咒死丈夫而达到摆脱婚姻的目的。1907 年第 6 期《时事画报》的《迷夫》一图就描绘了女子加入“迷夫教”谋害丈夫的情形:

《迷夫》:粤俗有所谓“迷夫教”者,教行于乡,南属尤多。据此中人说,谓受其教者,必广传其教,不传则于身不利;习其教者,必行实其教,不行亦于身不利云。其术多剪纸作人,书其夫八字于上,或置门楣,或置床头及席底,妖术果灵,不死其夫不止,然亦有术足以解之云云。此等邪说,愚人惑焉,亦可痛也。讴以寄喟:

夫婿咁好,也要把佢来迷?莫不是见无端嫁得个婿系只金龟,抑或见佢生坏个唛头,行出失礼。嫁夫唔好,不若听得佢去捞泥,总系夫妇姻缘,开口都话结在夙世,咁就要妇随夫唱,不论佢是狗还鸡。好地地一个生人,问你点舍得将佢变鬼,况且个夫君应份共你白发眉齐。边个将的妖术愚人,真正杀佢正抵,真正系,杀哓还要将狗喂,若果杀人刀唔便,就把佢监生埋。[2]

---

① (清)醉醒生:《庄谐选录》卷 8,清末铅印本。

② 广东省立中山图书馆:《旧粤百态:广东省立中山图书馆藏晚清画报选辑》,北京:中国人民大学出版社,2008 年,第 205 页。

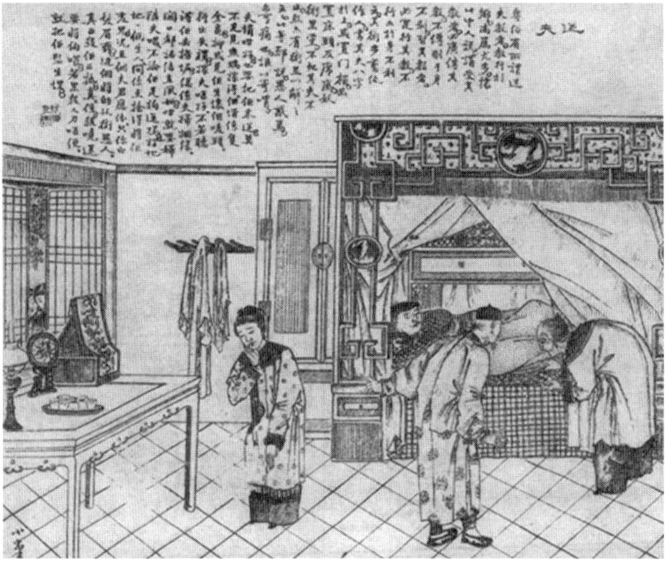

图 6.1.5 《迷夫》

如果女性初期的反抗未能达到目的,她们可能在杀夫的选择之外走向另一个极端,许多记载里都提到了女性为达到“自梳”与“不落家”的目的而集体自杀的情况。其实女性集体自尽不是伴随着“自梳”“不落家”的盛行才兴起的,类似事件最早可上溯到清初顺德陈村的六贞女。陈村六贞女均姓李,分别名简姑、洁姑、玠姑、琔姑、寅姑、璇姑,是同族姊妹。李氏在陈村属于巨族,时值吴三桂反清建立伪周,陈村有武进士伍皇多,率先投降伪周。伍皇多生性淫侈,投降后自告奋勇在本村追饷五万两以献媚,同时趁机自肥。他侦知六女皆有姿色,因此在编排摊派时,故意将六人父亲名下应交纳的数目增加,交不上来的话就把六女折价没收为侍姬,或者献给比他官阶高的武将。六人的父亲惶惧无策。六女私下商量说:“贼奴眈眈,吾辈□不利诸父。吾皎然之躯岂可辱贼?”因此同心誓死,夜半潜出,结带联袂投江而死。次日六尸同浮水面，颜色如生，万人聚观，哭声震野。此事发生在康熙十五年(1676)。吴三桂之乱被平定后，事闻于朝，康熙二十一年(1682)朝廷降旨旌表，在陈村建“贞烈流芳”坊。[①]

六贞女死后合葬龟山，朝廷下诏旌表为“六贞女墓”，来往过客多有题咏。有人评论说顺德人陈元孝的“乘鸾合上三珠树，化雪应为六出花”之句最工妙。[②] 无论是本地人，还是外来士人，对六贞女不畏强暴、以死捍卫清白的做法都高度评价。屈大均称赞说：

> 孔子贤伯夷、叔齐[③]与贤伯姬[④]，其心一也。古死节之士，始于夷、齐；死节之妇，始于伯姬。伯姬所赋《柏舟》[⑤]，夫子以列于《国风》，顾《采薇》之歌不录，而于《论语》称之

---

① (清)陈志仪:《顺德县志》卷14《列传三》，乾隆十五年(1750)刻本，《稀见中国地方志汇刊》第45册，北京：中国书店，1992年，第1138～1139页；(清)郭汝诚:《(咸丰)顺德县志》卷29《列传九》，咸丰、民国合订本，广州：中山大学出版社，1993年，第866页。

② (清)钮琇:《觚剩》卷7《粤觚》，顾廷龙主编:《续修四库全书·子部·杂家类》第1177册，上海：上海古籍出版社，2002年，第76页。

③ 伯夷、叔齐，商末孤竹君之二子。相传其父遗命立叔齐为继承人，孤竹君死后，叔齐让位给伯夷，伯夷不受，叔齐也不愿登位，先后逃到周国。周武王伐纣，二人叩马谏阻。武王灭商后，他们耻食周粟，采薇而食，饿死于首阳山。见《吕氏春秋·诚廉》《史记·伯夷列传》。后以“采薇”指归隐。

④ 伯姬，春秋鲁宣公之女，宋共公夫人，亦称共姬、恭伯姬。共公死后，执节守贞。鲁襄公三十年，宋宫失火，左右劝其躲避，伯姬以“妇人之义”拒绝，遂被焚死。见《谷梁传·襄公三十年》、刘向《列女传·宋恭伯姬》。

⑤ 《诗·鄘风·柏舟序》：“柏舟，共姜自誓也。卫世子共伯蚤死，其妻守义，父母欲夺而嫁之，誓而弗许，故作是诗以绝之。”后因以谓丧夫或夫死矢志不嫁。

曰得仁。噫！如伯姬者，亦求仁得仁之流也哉！六女之贞，同于伯姬，使在春秋时，夫子必大书之，若有诗歌，则亦与白茅、行露①同其弦诵，奚必烈云乎哉？②

他将六贞女与不食周粟饿死的伯夷、叔齐，拒绝避火而被烧死的伯姬对等，认为她们的节烈可以传之千秋万世。

六贞女故事的影响远不止此，在部分文人眼中，她们几乎开创了顺德女性集体自杀的先河。罗天尺说：

近年吾顺乡落无知女子，多相约溺于河，或三四人，多至五六人，核其私意，皆为嫌夫贫丑者，或少结异姓英皇，情痴不愿分嫁者，甚有行丑失身，自耻同尽者，说者皆以六贞女作俑。噫！武王应天顺人，曹瞒劫君弑后；周公吐握求贤，王莽谦恭下士，武、周亦作俑乎哉？③ 当事志挽颓风，近于投缳沉河者，验其果非节烈冤情，多如前所云等项，则书“不肖妇女”以木榜于棺旁，令见者触目，等于朱妇之羞冢。④ 节则旌之，私则辱之，均国家劝惩之义也，风俗其庶少瘳乎？⑤

---

① 《诗·召南》有《行露》篇，叙述女子坚拒逼婚，不为强暴所污，后因以为女子守贞自誓的典实。

② （清）罗天尺：《五山志林》，《清代广东笔记五种》，广州：广东人民出版社，2006年，第55页。

③ 武王，西周文王次子。推翻商朝建立周，死后谥号“武”。曹瞒，即曹操，三国魏的主要创造者。周公，即姬旦，武王死后成王即位，因成王年幼，由周公摄政。王莽，汉元帝皇后之侄，汉元帝之后临朝称制，王莽为辅政大臣，出任大司马，后篡位称帝，建新莽政权。

④ 朱妇，即朱买臣之妻，死后葬于浙之嘉禾，后人名曰“羞冢”。

⑤ （清）罗天尺：《五山志林》，《清代广东笔记五种》，广州：广东人民出版社，2006年，第55页。

罗的意思是,不应该将顺德女子集体自杀说成是仿效六贞女而为,应具体情况具体分析,对于非义非节而自尽者,不但不应该表彰,还应予以惩罚,以阻挡自杀风气的蔓延。可见在罗天尺生活的乾隆年间,女性集体自杀现象数见不鲜,这极有可能和“自梳”“不落家”的习俗有很大联系。因为我们能从文献中大量看到珠三角地区女性相约自尽的记载。

《点石斋画报》辛册中有一幅《好花同谢》的画,记载了番禺三山乡发现的一则六女同溺的自杀事件:

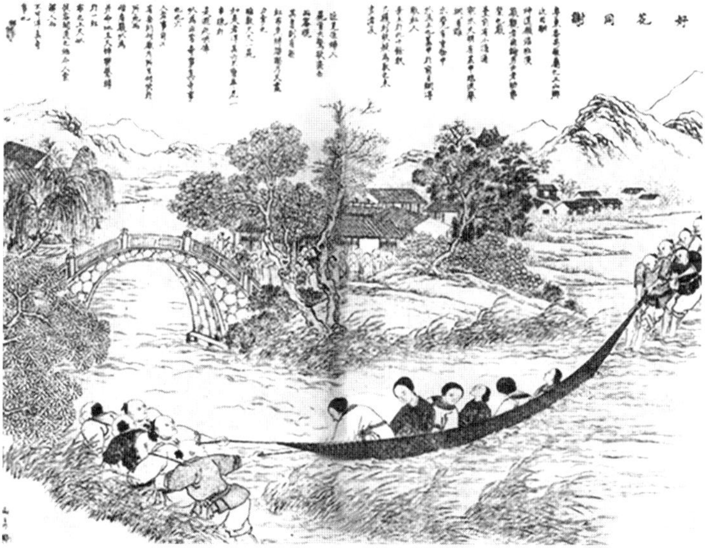

图6.1.6 《好花同谢》

粤东番禺县属之三山乡,近因酬神还愿,雇班演戏,观者无论男女老幼弗禁也。戏台前有小涌通潮水,天明有某甲临流举网。网甫离水,觉有重物,甲认为土也,盖甲于前日网得贩私人弃土于此十余枚,大获利,故疑为取之未尽者。及近,见系妇人尸首,大惊欲弃去。而审视其身,则有新红布束缚腰际，乃又尽力牵之，离数尺又一尸，如是者得其六，不啻牟尼一串珠。于是遐迩哄传，认为非常奇事。真奇事也！此六人者，事前必有要约，何厌于所生，何快于所死？而借看戏以为并命地，且又蝉联系缚于一红布之上，又似从容闲适之极，令人索解人而不可得，真奇事也。①

这种习俗被人们作为谈资介绍到岭南之外，开始四处传播，甚至引起了外国人的注意。1872 年来华的美国公理会传教士明恩溥（Arthur H. Smith，1845～1932）就曾从中国的报纸上看到关于未婚女子社团组织的报道。他提到在广东省顺德流行这样一种习惯，女性自发组织起各种形式的姐妹会，如“纯洁”姐妹会、“不结婚”姐妹会等。每个姐妹会大约有十个未婚少女，她们对天发誓决不结婚。她们视婚姻为火坑，相信一旦结婚，自己的一生就将是悲惨的和有罪的，她们的父母对此束手无策。②明恩溥所说的姐妹会其实就是当地女性的自梳群体。他将这种行为视为女性对中国婚姻系统中存在着的流弊进行反抗的“一种极端的权宜之计”。他在自己的著作中也记载了一起女孩子集体自杀的惨剧：

一群未婚少女跳进了珠江结束了自己的生命，原因是其中一个女孩被父母逼着结婚。她在参加“姐妹会”之前，年纪很小就订婚了。当她的父母为她做好结婚的一切准备时，她把这件事告诉了“姐妹会”的其他成员。她们表示，

---

① 《点石斋画报》，广州：广东人民出版社，1983 年，第 21 页，辛·三《好花同谢》。

② 〔美〕明恩溥著，陈午晴、唐军译：《中国乡村生活》，黄兴涛、杨念群主编：《西方的中国形象》，北京：中华书局，2006 年，第 224 页。

如果她遵守保持独身和贞洁的誓言,她们就同意立刻为她而死。如果女孩违背“姐妹会”的原则,顺从父母意愿,其他成员会骂她为无用的东西,从而使她的生活极不快乐。于是,她与姐妹商量逃脱这场婚姻的最好办法。她们说,如果结婚的前一天晚上她能从父母家逃脱,她们就都和她一起去死。

由于有许多朋友看管她的行踪,想逃走几乎是不可能的,于是她吞下了一枚金戒指,想以此结束生命。但是一服催吐剂把她救了回来。最令她悲愤的是,人们强制性地终于把她送到了男方家。按一般的风俗,婚后某天她可以回家探望父母,趁这当口,她计划逃到姐妹们那里去。通过贿赂婢女,借着夜色她得以成功地逃到姐妹们那里,姐妹们立即和她一起跳进湍急的珠江,立刻就被波浪卷走了。①

这样的故事借助媒体即报纸开始四处传播,可见其风气之盛。当然,它所面对的自然是士大夫的强烈批评:

粤东女子,往往于未嫁之先,拜结姊妹,誓以十女尽嫁,方与夫同房,名曰金兰盟。后若有先嫁者,朝拜花烛,夕拒欢床;其夫欲谐伉俪,结束衣束,坐以待旦。三朝即吵归宁,与之归则豫;否,或投水,或悬梁,或饿,或刎,舍此一命而后已。死之日,群姊妹哭尽丧,设牌醮荐,誓不出嫁。亦有一女死而九女俱死者。此等恶风,父母虽严加训诲,而不能革

---

① 〔美〕明恩溥著,陈午晴、唐军译:《中国乡村生活》,黄兴涛、杨念群主编:《西方的中国形象》,北京:中华书局,2006 年,第 224 ~ 225 页。

其痴心；有司虽剀切示诫，而不能挽其恶习。[①]

在同强大的自梳不嫁风俗的抗衡上，官方确实处于被动地位而无法有所作为。明恩溥就感叹道：

此类悲剧在这个地区发生得相当频繁，官方不时地采取行动以图控制此类姐妹会的形成，但他们所有的努力均属徒劳。女孩们组建此类社团必然有她们自己的理由。在那个地区，许多当事人都证明婚姻生活并不甜蜜。如果父母对他们女儿失去控制的话，则只有法律才能防范和阻止如此大规模的自杀。[②]

这位外国人从自身的经验出发，寄希望于法律来防范和制止女性集体自杀现象的发生，但是事情却远非一纸法律条文所能解决。由此可见，“自梳”与“不落家”在珠三角地区有着强大的生命力。

第二节 学者对“自梳”与“不落家”现象的思考

针对岭南“自梳”“不落家”现象在清末民初之时的盛行，后世学者及国外学者均对其给以极大关注，不少人投入大量精力对此现象进行调查与研究。相关著作和论文如雨后春笋不断出现。在这些研究成果中，不少学者提出了自己的见解，对“自梳”“不落家”现象形成的原因做出了多种解释和猜想。王丽君

① (清)古吴靓芬女史著：《女聊斋志异》卷3，济南：齐鲁书社，2004年，第103页。

② 〔美〕明恩溥著，陈午晴、唐军译：《中国乡村生活》，黄兴涛、杨念群主编：《西方的中国形象》，北京：中华书局，2006年，第225页。

在《小议自梳女研究的理论和方法》一文中，对前人研究进行归纳，总结出宗教说、民俗说、贞节说（婚姻说）、妥协说、经济说、文化策略说等多种说法。[①]

“宗教说”从自梳女的宗教信仰和神灵崇拜角度分析“自梳女”现象，如肖冰的《解读广东顺德自梳女的宗教信仰》[②]；“民俗说”从民俗学角度分析“自梳”习俗与古越族风俗之间的渊源关系[③]；“贞节说”和“婚姻说”从传统的贞节观和婚姻观念等社会学方面进行研究[④]；“妥协说”从“逃避包办婚姻”等心理学角度来关注自梳女问题，同时对“自梳”与同性恋等现象进行分析比较，从心理学方面进行剖析，认为此类现象是对旧社会女子不幸婚姻生活的一种变相妥协[⑤]；“经济说”从经济学角度来关注自梳女的起源问题[⑥]；“文化策略说”从主流文化与文化调适策略角度来关注自梳女问题[⑦]。其他相类似的观点和说法还有许

---

① 王丽君：《小议自梳女研究的理论和方法》，《传奇·传记文学选刊（理论研究）》，2011 年第 10 期。

② 肖冰：《解读广东顺德自梳女的宗教信仰》，《顺德职业技术学院学报》，2004 年第 1 期。

③ 如钟伟华：《从民俗学看“自梳女”习俗的成因》，《顺德职业技术学院学报》，2004 年第 2 期。

④ 见李淑蘋、龚慧华：《浅析清末民初珠江三角洲自梳女的婚姻观》，《贵州社会科学》，2009 年第 10 期；李宁利：《自梳女的“婚嫁”象征》，《民族研究》，2004 年第 5 期。

⑤ 谭慧施：《浅析顺德自梳女》，《华南农业大学学报（社会科学版）》，2007 年第 1 期。

⑥ 相关论述详见李宁利、周玉蓉：《珠江三角洲“自梳女”兴起背景探析》，《云南社会科学》，2004 年第 4 期。

⑦ 方英：《“自梳女”的文化调适策略探析》，《江西社会科学》，2006 年第 5 期。

多。通过对相关论点的整理与归类，本人认为关于岭南地区“自梳”与“不落家”现象的研究，主要观点集中在以下几方面。

一、抗争说

受“五四”以来妇女史观的影响，一些学者在研究时自觉把女性与受压迫者联系起来，认为自梳是女性为逃避包办婚姻，免受三从四德之苦而宁愿压抑人性、扭曲心理，牺牲夫妇人伦之乐，以达到一种痛苦消极的反抗，这“是不健康的，是一种病态的畸形的反抗”①。笔者将类似观点归纳为“抗争说”。因时代因素和背景的影响，我国早期的学者中很多都持此观点。

据此，有学者把自梳定性为“陋习”，认为自梳女习俗存在的心理变异、情感错位及角色缺失等特征引发了诸如自我封闭、情感自戕、行为偏执、损害社会秩序等诸多不良社会后果。② 相反地，一些学者则站在女性解放的立场对之持褒扬态度，认为“自梳女”的实质“是一种不彻底的反抗封建婚姻家庭压迫的方式，是中国女性在传统文化与现代文化冲击的夹缝中的选择”，“首次点燃了女性解放运动的星星之火”。③ 不说其结论是否得当，其赞誉是相当高的。

无论学者们对这种现象是褒是贬，学术研究始终摆脱不了时代的烙印，不可避免地会受到政治思想的影响。人们完全可

---

① 如叶春生：《珠三角的“自梳女”》，《西江大学学报》，2000 年第 4 期。

② 邵一飞：《试析自梳女习俗的起源、构成和基本特征——以广州地区自梳女习俗为例》，《文化遗产》，2012 年第 2 期。

③ 欧阳婉娆：《珠江三角洲“自梳女”风俗初探》，《广西民族研究》，1999 年第 2 期。

以根据当时的社会意识形态、周边的社会状况，根据自身的社会经验来解读历史，从而建构自己认为合理、正确的人生观和价值观。正如柯倩婷所说：“人们出于不同立场而对自梳习俗有完全不同的、甚至是相互矛盾的评价。清朝官府严令革除的自梳陋习，到新中国成立后却成了封建压迫的证据。”①

自然而然，在特定的时代背景和学术思想影响下，岭南地区出现的大量女性“自梳”“不落家”现象就成了女性饱受压迫而被迫反抗或者无奈妥协的代表。此类观点或许是受到了汪康年即醉醒生的影响：

> 广州顺德向有十姊妹之名，不知始何时。余意此盖由女子不愿受夫家辖制，故成此异俗。盖女子无不畏嫁人，每谓嫁人为再投胎，其畏惧之意可见。至若小家，则翁姑若夫，常有任意凌虐并致死之事，而童养媳尤甚。粤东风气强悍，虐婢虐新妇之事，亦甚于他省。常有小家妇被虐，反怨父母何故不于己为婴孩时溺死己者。于是桀悍妇人，遂创为十姊妹，盖欲逃夫家之威虐，求一生之自由，致成此奇谬之事。其事可怪，其情则可悲矣。②

还有民间流传的儿歌，如：

> 鸡公仔尾弯弯，做人媳妇甚艰难：早早起身都话晏，眼泪唔干入下间（厨房）。下间有个冬瓜仔，问过老爷（家翁）煮定（或）蒸？老爷话煮，安人（家姑）话蒸。蒸蒸煮煮都唔中意，拍起台头闹（骂）一番。三朝打烂三条夹木棍，四朝

---

① 柯倩婷：《自梳女话语的流变——兼与邵一飞的“自梳是陋俗”论商榷》，《文化遗产》，2013 年第 2 期。

② （清）醉醒生：《庄谐选录》卷 8，清末铅印本。

跪烂九条裙！①

张杰认为这一原因并不具有特殊性：

传统社会要求妇女三从四德，在丈夫公婆面前，为妻为媳者地位低下是汉族文化区域的普遍现象，绝非少数地区所独有，而金兰契却只是存在于少数地区。所以这一原因只能是属于背景原因，它是金兰契的发生基础，但不能解释为什么特定的某些地区会发生，而其他地区却未曾存在。②

“金兰契”又名“金兰恋”，俗称“契相知”，为两自梳女子订立契约关系的同性友好关系。③

其实岭南女性并非完全因畏惧婚姻生活、反抗“压迫”才无奈选择“自梳”“不落家”的。如此做法对于当时的女性来说，首先是一种自主行为，尽管这种自主选择客观上在后人眼中充满了悲剧意味，对其本人来说却是迫切希望达到的结果。再者，回到当时的岭南社会，大部分人们对此采取的是认可甚至鼓励态度。在鼓励之下，女性受到激励更倾向于去选择此种行为，其社会地位不仅没有降低，甚或因此而得到极大提高：她们源于对“孝”的追求而采取的不嫁和不落家行为，不但受到时人的尊重，还被赞为“贞”“节”，受到父系家族后人的世代祭祀或为其建立表彰用的祠坊。

---

① 陈遹曾、黎思复、邬庆时：《“自梳女”与“不落家”》，《广东文史资料》第十二辑，广州：广东人民出版社，1964年。

② 张杰：《金兰契研究》，《中国社会历史评论》，2006年第2期。

③ 叶春生、凌远清编著：《顺德民俗》，北京：人民出版社，2005年，第76页。

当然,我们并不否认岭南女性“自梳”“不落家”现象的产生可能有反抗公婆虐待和女性饱受压迫的因素在内,但公婆虐待和女性受压迫的现象在全国各地都普遍存在,仅凭这点猜测就认定“自梳”“不落家”是女性解放和抗争的结果显然是不全面的。不但如此,此种认为是“反抗”的观点,更应是某个特定时代思潮影响下的特定观念的产物。女性的反抗自然只是众多原因中的一个而非全部,实际上岭南的部分女性选择自梳或不落家,其原因是多方面的,有不少即源自对父族“孝”的执着。如上文中提到的陈妙圆、吴妙静、陈贞姑、明代魏谦之妻陈贞姑等诸多女性均是如此,只是正统儒家文人为了宣扬主流的文化思想和观念,在编写的志书中不可能明确地写出她们“自梳”和“不落家”的身份罢了。

二、独立说

随着改革开放和经济的发展,学者们重新关注研究中国所谓的资本主义萌芽问题,于是清末民初岭南地区经济的迅速发展也进入研究者的视野。托普莱即认为以“自梳女”与“不落家”等形式出现的抗婚与华南机器工业的兴起密切相关,它使女工获得经济独立,加强了缫丝女工内部的团结,导致抗婚的兴起。[①] 美国学者苏耀昌在研究华南地区的丝织工业时完全接受了这种观点,他指出:

> 国际市场上价格的上升和需求的增加,使资本家可以向女工们支付较高的工资,以吸引她们到工厂工作。较高

---

① 转引自刘永华:《清代广东“不落家”史料一则》,《民俗研究》,2000年第2期。

的工资使女工们取得了经济独立，从父母的管束下获得了自由。所以她们不愿进行反对资产阶级的斗争，而把不满情绪集中到反对男权专制统治上。士绅、宗族和资产阶级容忍了这种拒婚运动，因为这些拒婚的妇女都是容易管教而且工作勤奋的工人。

即认为“自梳”“不落家”风俗的出现与当地缫丝业的发达和女性经济自主有关，是女性经济的独立自主促使她们开始了对男权的反抗。① 笔者将类似观点归纳为“独立说”。

有不少学者接纳了这种观点并在此基础上继续深入进行研究。如叶春生认为自梳风气崛起于资本主义已经萌芽的明朝，丝织业的兴起造就了一批女工相对集中的企业和经济独立的女子，因此“自梳”风气在此时形成第一次高潮；辛亥革命前夕则形成第二次高潮，一批自梳女下南洋开始独立生活，闯荡世界。② 叶先生立足于女性经济地位的改变，同托普莱和苏耀昌等学者一样，认为自梳女的产生是受到了资本主义萌芽出现的影响，女性在经济上的独立促使她们走上婚姻的独立。李宁利等则从珠三角特有的桑基鱼塘的农业生产模式、女性特殊的经济角色等方面入手分析，认为女多男少的人口状况导致女性减弱对男性的依赖，自食其力，成为家庭的主要劳动力。女儿的出嫁会对娘家造成损失，于是导致了娘家对“自梳”与“不落夫家”行为的默许。③

---

① 〔美〕苏耀昌：《华南地区：地方历史的变迁与世界体系理论》，郑州：中州古籍出版社，1987 年，第 228 ~ 229 页。

② 叶春生：《珠三角的“自梳女”》，《西江大学学报》，2000 年第 4 期。

③ 李宁利、周玉蓉：《珠江三角洲“自梳女”兴起背景探析》，《云南社会科学》，2004 年第 4 期。

上述观点成立有一个最重要的前提,即均是假设女性在华南经济兴起前在家庭和经济生活中一直处于弱势地位。岭南的丝织业兴起之后,由于女性的经济地位发生了改变,她们的社会地位亦得以提高,遂借助“自梳”“不落家”这类婚姻选择的方式,使自主话语权得到彰显。或许此种风俗的出现与当地缫丝业的发达和女性经济开始独立有一定的关系,但这些因素远远无法达到左右女性做出“自梳”“不落家”选择的程度。

通过前面几章的研究,我们已经有所了解,恰恰因为岭南“妇人强、男子弱”现象的存在,女性在社会经济生活中一直占据着重要地位。与中原文化熏陶下囿于闺门之内的女子不同,岭南的女性一直是社会经济发展的主力。但是,并非女性在经济上占有独立地位的每个地区都会出现“自梳”和“不落家”现象。相反,在经济不发达的地区却有着类似“金兰契”的存在。张杰指出,在经济水平落后的湘南江永、道县、闽东南惠安县等地区,都存在着典型的金兰契。这说明金兰契的产生与农业社会的经济发展水平并无直接关系,它更主要的是一种社会文化现象。[①] 故而,虽然不排除珠三角地区的女性之所以自梳确实有经济因素在内,但我们宁愿相信这是岭南大传统与后世礼教政策磨合下的一个变种。

就珠三角地区而言,可以说明经济原因并不能完全造就“自梳女”“不落家”的兴盛的还有一些反面例证,如出生在富裕或者官宦家族的女性。对出生在这样家庭的女性来说,经济不是困扰,生存更不是问题,但她们仍然可能选择“自梳”生活,如:

---

① 张杰:《金兰契研究》,《中国社会历史评论》,2006 年第 2 期。

康熙《南海县志》卷13《人物·列女》中记载的明末南海县丹桂堡的“自梳女”方斋姑：

> 少保方文襄（方献夫）曾孙方之琨女也，赋性灵慧，好读书，通晓大义，见《性命金册》《修真宝卷》辄欲学之。尤注意《黄庭内经》，昼夜读数千遍。闭户焚香，亲戚往来罕见其面。母欲许适宦族，姑拂然坚志不从。母不得已，拨田百亩以赡之。乃筑室于三元里，与寡嫂谈氏居焉。庚寅（顺治七年，1650）两藩入粤，屯兵北郊，姑恐遭掠，与嫂同赴水死。翼日尸浮，面色如生。乡人为之恸然。年仅四十五。①

一些大户人家的父母“怜惜女儿，不愿其婚后受制于人，会同意女儿自梳，还会分给部分房屋财产，使她们在往后的独立生活中有所依靠”。女性的这种做法还会得到家庭和社区成员的认可。② 道光年间的梁媛玉、梁媞玉，伦教梁廷楠之女，是一对姊妹诗人，从小跟随父亲读书，精通群籍，合著《同怀剩稿》。媛玉，字贞卿，许字黎村举人林桂子，未嫁先卒。后梁廷楠因母陈氏年老，不忍抛母外出，陈氏解劝说孙女可侍养，令其外出从师。梁媞玉遂矢志不嫁，留于家中奉养祖母。梁家请来亲戚乡族，宣告此意。梁廷楠专门为女儿做“守贞说”以勉之，为她字曰“莹楣”。后祖母病重，媞玉数月衣不解带随父母侍奉汤药于左右。陈氏病故，她“哭之恸，誓以身殉，呕血盈斗，将死，请素服殓葬祖母坟侧，曰：‘儿之守贞，为奉祖母也。’”媞玉死后，道光二十四

---

① （清）郭尔㤰、胡云客修：《南海县志》卷13《人物志下·列女》，广州：岭南美术出版社，2006年，第256页。

② 萧凤霞：《妇女何在？——抗婚和华南地域文化的再思考》，《中国社会科学导刊》（香港），1996年春季卷第14期。

年(1844)获得旌表,官府加恩给坊价建坊。[①] 后梁廷楠又建孝女祠于“坊南”,撰写《孝女祠记》以记。[②]

像方斋姑、梁媞玉这样出身士族的女性,其“自梳”行为并不存在经济因素,她们既不用发愁生活来源,也不用承担养家糊口的重担,选择不嫁应该是出于自我意志。更重要的是,出身这样家庭的女性,她们的行为不仅能得到家庭和家族的支持,甚至还能像出嫁一样隆重地举办仪式、遍告乡族。有的富裕家庭还会为自梳的女儿提供独立的房屋和费用,以备日常所用。在顺德大良的《龙氏族谱》中可看到大量未婚女性,自梳几乎成为“家族传统”。[③] 龙家的这些自梳女,由娘家拨给大量资财维持生活的同时,还虑她们索居寂寞,特地在大良城华盖里建大厦一座,使她们能结伴聚居。宅内一切厅房间隔,都是专供一群自梳的女儿们分户同居而设计的,单是厨房,即如一座大厅,炉灶多至十余通,以便她们分炊。同样,出身于官宦之家的顺德昌教黎氏的自梳女倩初[④]也获家中巨款赡养,并在广州购入大宅。[⑤]

这些故事引发了我们对“自梳”这一现象的重新解读。从

---

① (清)郭汝诚:《(咸丰)顺德县志》卷29《列传九》,咸丰、民国合订本,广州:中山大学出版社,1993年,第882页。

② 冼玉清:《梁廷楠孝女祠记》,《艺林丛录》第四编,香港:商务印书馆香港分馆,1975年,第279~281页。

③ 龙景恺、龙光总:《龙氏族谱(顺德)》,民国十一年(1922)敦厚堂刻本。

④ 黎倩初的父亲为清福建海关道,兄为民国初年胡汉民督粤时的民政司长。

⑤ 陈遹曾、黎思复、邬庆时:《“自梳女”与“不落家”》,《广东文史资料》第十二辑,广州:广东人民出版社,1964年。

延续的历史脉络里可以发现，对于岭南女性来说，即便不用打着孝养双亲或者为父育嗣的旗号，女性不嫁在父家终老也是为人接受的，这是岭南历史上固有的传统。由此可见，经济原因固然是女性获得独立、减少依附性的一个重要条件，却不能由此就推断是它导致了岭南“自梳”与“不落家”现象的产生。任何事物的出现均有因果关系，可能是多种因素共同作用、多种方面共同影响，才能形成最终的结果。也就是说，当地传统同经济独立一样，对岭南“自梳”“不落家”现象的盛行都是一个必要条件而不是充要条件。

三、民俗说和文化调适说

鉴于上述研究成果未能真正地解决“自梳”“不落家”现象为何发生，其结果自然未能让学者们信服，有些学者遂从岭南地区存在的各类民俗和地方的文化元素入手进行研究分析，遂产生了所谓的“民俗说”和“文化调适说”。

如试图从岭南当地的婚嫁风俗中找出“自梳”这种特殊习俗发生的原因的，就是所谓的“民俗说”。林惠祥通过自己的调查归纳道：由母系制度改变为父系制度的重大变革，对妇女及其家庭产生很大打击，嫁出的女子和母家便采取长住娘家的方式以拖延改革的完成。于是由长住娘家风俗又连带出“自梳妹”或“金兰契”风俗，即已婚妇女因恐长住娘家个人势弱，遂结成“自梳妹”或“金兰契”等组织，以集体力量对付男家。有了这种组织，自然可以加强长住娘家风俗，也便是延长母系社会的一部分。①

---

① 林惠祥：《论长住娘家风俗的起源及母系制到父系制的过渡》，《厦门大学学报(社会科学版)》，1962 年第 4 期。

钟伟华在此观点的基础上继续深入调查思考,他认为“自梳女”习俗出现和存在的深层原因是母权制在珠江三角洲的遗存,与越族的“断发纹身”“凿齿拔牙”“不落家”“布隆闺”等习俗有直接或间接的渊源关系。因此女性在家族、家庭中占有特殊的地位,女儿们不仅掌管家庭的财政大权,同时对家庭负有很强的责任。①

李宁利等人则从珠三角地区的“阻头”“跨头”和“驮衰家”等婚嫁风俗进行分析,认为这是自梳女在嫁与不嫁矛盾中进行的自我调适。“阻头”是指兄姊延误弟妹的婚期;“跨头”是弟妹嫁娶在兄姊之先;“驮衰家”是说女子不嫁会对家中不吉利。阻头、跨头多为世人所嘲笑、厌恶,而按乡规女子不能死在本村,更不能死在娘家,死后其神主也不能放在父母家中;女子如果不嫁就有无处容身、引发家里的不祥、死后成为孤魂野鬼的可能。为了解决一系列问题,免于非议,女性就利用具有象征结婚仪式的梳起仪式,于是既拥有了已婚女性的形象,又满足了不想有丈夫的愿望。② 这亦是从传统文化中的祭祀体系入手进行的观察思考。

“文化调适说”,则是指外来文化与本地文化的冲突与融合。如方英认为,珠三角地区在19世纪中叶是一个多元文化相互交汇的地方,像古越族文化、儒家文化、西方文化等,“自梳女”现象就是吸收了古越族的“不落夫家”、儒家文化中的“贞

---

① 钟伟华:《从民俗学看“自梳女”习俗的成因》,《顺德职业技术学院学报》,2004年第2期。

② 李宁利等:《自梳女的“婚嫁”象征》,《广西民族研究》,2004年第3期。

洁”、西方文化中的“独立、自由”的文化因子,形成了其面对主流文化的独特亚文化调适策略。① 这种观点亦有一定的影响力。

不过,通过我们之前对岭南历史上有关材料的梳理,确实能得出部分结论:母系遗存对岭南社会有着不可低估的影响力,原有风俗确是“自梳女”和“不落家”现象形成的因素之一。尽管岭南因地理便利成为对外交流的口岸,但在帝制中国的早期和中期,对其影响最大、与其接触最多的仍是中原王朝,西方文化和思想渗入较晚。直到清末随着西方思想文化的全面入侵,岭南受西方的影响才逐渐加强,人们才逐步接触西方“独立”“自由”的概念。因此,对以珠三角为经济、文化中心的岭南地区来说,最重要的冲突仍是中原儒家文化与本地风俗的碰撞与融合。可以说,“文化调适说”是“民俗说”的另类延伸。

关于为什么在岭南会产生女性“自梳”“不落家”现象,如今依然处于不断的探索研究中。许多学者引入了新的研究思路,采用历史人类学的方法对现存的、已为数不多的自梳女进行文字和影像的访谈记录,在前人基础上得出了大量新的研究成果,试图对这种现象做出更加全面、更加合理的解释。

第三节 “父权”与“夫权”的博弈

杜芳琴在谈到明清时期女性贞节的特点和成因时说道,妇女贞节的制度化、普泛化与家国同构的父权制向夫权—父权制

① 方英:《“自梳女”的文化调适策略探析》,《江西社会科学》,2006 年第 5 期。

的转型密切相关。从宋代开始就从经济、政治、社会、家庭结构上悄然发生变化并逐渐完成这一转型过程。如土地买卖、商品经济发展、城市化加快、科举取士庶族地主取代世族地主跃上政治舞台,以夫权家庭为基础联合起来的新的宗族制的形成……这一连串的互为因果的社会结构的变化必然影响到人际之间(包括阶层、性别)的关系、利益、规范的适应性调整。而渗透于政治、经济家庭诸领域的性别关系与结构在这个转型期也发生了深刻的变化。如从妇女角度来看,这种变化更为明显:从宋代起改变了出嫁女儿与父母家、夫家的传统关系。宋代更认同出嫁女应是夫家人,婚姻上的夫家本位制使妇女对丈夫的家族有了更多的依赖,也同时就受到更多的支配;夫家本位的婚姻倾斜赋予妇女更多的责任和义务,与之相应的妇女也更多得到夫家的庇护以至于作为儿子的母亲受到较前代更多的尊孝。① 这就意味着对于女性来说,她们的所有权由父家向夫家转移了。于是,围绕着女性的所属权,父族和夫族开始了长时间的抗衡与角逐。对岭南来说,这种角逐细节化地体现在了女儿的婚姻上,从而引发了后人对“自梳”“不落家”现象的无限思考。

一、岭南士大夫对“自梳”“不落家”现象的矛盾心理

咸丰《顺德县志》在讲述选择节孝女性入志标准时有这样一段话:“乾隆以前,土俗颇与会城殊。今归宁不返之习,已化除净尽,而守节者视他县独多。自来举报,往往为吏胥诈索。有心风化者,但当择其境地艰难,奋志殉节,心如止水,无所为而为者

① 杜芳琴:《明清贞节的特点及其原因》,《山西师大学报(社会科学版)》,1997 年第 4 期。

举之,以阐发幽光,而恋金兰、囿乡俗者不与焉。”①编纂者专门强调:在乾隆以前,顺德盛行不落家之风,后经外来官员和本地士绅的共同努力,这种习俗“已化除净尽”。但真的像县志的修纂者所说的,已经“化除净尽”了吗?事实上,从诸多材料里我们可寻出端倪,这种风俗并未销声匿迹,甚至还顽固地存在着。之所以有“化除净尽”之语,有可能是经过编写者的有意选择或改头换面,将自梳和不落家换了种方式进行记载,比如以未婚守节或者为父母尽孝的形式来表达。

对于当时生活在珠三角的人们以及我们这些后世的研究者来说,很难真正清晰地区分史料中记载的“未嫁守贞女”与“自梳”“不落家”的区别。尽管县志的编写者一再强调自己选择女性入传时只选择那些真正殉节或者守贞者,而结“金兰”、不落家者概不记入县志,实际上此类标准根本无法真正贯彻执行,因为女性的这些身份在某种情况下完全可以实现自由转换。当女性决定不嫁而在家赡养父母或者养育弟侄时,她们会以“孝女”的形象出现在文献记载中,此时她们与“自梳女”的身份是相同的;但当她们未婚夫死而选择守贞或者以“守墓清”的形式即嫁给一个去世的人的身份出现时,她们被文献记载者称为“贞女”,此时的她们又与“不落家”女性难以划清界限。

我们在前面已经讲过,珠三角有不少二十多岁的女性都是许字而未出嫁,一旦她们的未婚夫去世,这些在当今社会都可被称作“大龄”的女性就会以妻子的身份从娘家来到夫家奔丧守节,成为夫家的主妇。这样的人究竟有多少我们难以估算,但两

① (清)郭汝诚:《(咸丰)顺德县志》卷14《表八》,咸丰、民国合订本,广州:中山大学出版社,1993年,第440页。

者的转化在操作层面上确实极为随意，只要聘夫一死，她们的角色马上就可以从“孝女”“不落家”变成守节的“贞妇”。于是大量隐性存在的“自梳”与“不落家”现象在士大夫的塑造下，由士绅们深恶痛绝的传统陋习转变为礼教努力宣传的贞节孝行。所以当记载者故意淡化这类女性的一些特征而突出表扬另一方面的特质时，是完全有可能塑造出编者眼中理想的人物形象的。我们阅读史料记载的这些女性时，极容易受到编写者的误导，只看到她们凭借着“孝”与“贞”被写入《列女传》，而忽略她们不嫁或者不落夫家的事实。

不过即便是没有士大夫的渲染和塑造，在岭南地区迥异中原文化的传统风俗影响下，女性的生存状态本身就不同于礼教盛行的中原区域。这里早期历史上的女性有着较高的社会地位，相对而言就有着较强的自主性，尤其是岭南的少数民族女性，其婚嫁习俗的自主选择性极强。

清乾隆、嘉庆年间花溪逸士写的章回小说《岭南逸史》[①]，讲述了明代万历年间潮州才子黄逢玉与四位才华出众的女子（其中两位是瑶民）发生的悲欢离合的爱情故事。故事中的女性各有特色，完全跳出了明清以来才子佳人的叙述模式，关于这点汪平秀曾有过研究。[②] 小说中出现的女子确实形象各异，张贵儿、谢金莲是礼教衡量下最为标准的女性，但有意思的是，她们身上还体现着卓越的领导和军事才能，这与单一的才女形象不同。嘉桂岭瑶军都贝大王李刚之女李小环和天马山瑶王梅英之姊梅

---

① （清）花溪逸士：《岭南逸史》，天津：百花文艺出版社，1995 年。

② 汪平秀：《〈岭南逸史〉中女性群体刍议》，《嘉应学院学报（哲学社会科学）》，2008 年第 1 期。

映雪则继承了岭南历史上女性的强势，以一方霸主的形象出现。但作者着力塑造了这两位女性的儒化，李小环被明政府封为一品金花公主，武艺诗书样样精通；而起初不识字的梅映雪，在嫁与黄逢玉后也学会了作诗，这暗示了儒家文化对岭南的影响及少数民族的汉化。

至于其他一些女性，如不轻易嫁人的两位疍民姊妹，她们一方面游历江河，打鱼为生，另一方面又多次搭救主人公黄逢玉于危难，向他自荐枕席，后来成为神仙，这体现了岭南疍家女性的生存状态与作者潜意识中对疍家女的赞扬。李小环手下的女将邓月娥战死之后也成为女神，则体现了岭南女性的“忠”。正如西园老人的序中所言：“《逸史》者，离奇怪变，盖不知其几千万状也。即女子也，而英雄，而忠孝，而侠义，而雄谈惊座，智计绝人，奇变不穷，抑亦新之至焉者乎。”①

作者在塑造这些女性形象的同时，也间接地表达了心目中衡量理想女性的矛盾标准和心理。一方面，作者摆脱不了礼教与儒家文化影响下对女性才与德的要求，这集中从张贵儿、谢金莲身上体现出来；另一方面，他赞赏那些如李小环、梅映雪等叱咤风云、有勇有谋的女首领，这亦是根源于唐宋之前岭南女性在社会、政治生活中所处的较高地位进行创作的；然而对于神龙见首不见尾、不受世俗观念和礼教约束、最终成为神灵的疍家姐妹的刻画，则是此部小说中的一个思想异数。

由此可见，对于女性究竟应该是什么形象，在岭南士大夫群体中其实是存在矛盾观点或者说争议的。除了少部分士人完全

---

① （清）花溪逸士：《岭南逸史》，《序》，天津：百花文艺出版社，1995年。

按照儒家的贞烈观要求女性，部分岭南本地的士大夫会依照岭南传统风俗，对女性的自主选择持尊重、支持态度，这从人们对“自梳”“不落家”现象的支持就可以看出。也正因此，该风俗一直到清末民初时依然盛行。

道光二十年(1840)出生的简岸人简翠蝉就是位以孝著称的自梳女。她是简承达第三女，承达无子，翠蝉生而右手无掌，父知医，在她七岁时，授以《女孝经》，十二岁授《医经》，十五岁授以卜书。随着翠蝉渐渐长大，父母张罗给她找婆家，翠蝉却说：“女子亦子也，今家贫，两姐于归，儿又许字，谁为子养乎?”她矢志不字，“资女医及卜得钱，供父母甘旨”，又省吃俭用，买来一个婢女。翠蝉右手虽无掌，但父母的饮食一定自己亲手准备，父母衣裳也亲手洗涤。当父母老病，“中裙遗矢”时仍完全由她包办照料。有人劝她：“汝弗使婢，畜之奚为?”翠蝉答曰：“父母，我之父母也，而使他人事之，安乎? 吾畜婢，使得侍色笑，父母不落寞耳。”大姐因夫死子幼，生活穷困，二姐也不富裕，翠蝉“岁时恤之”。父母心疼她，“以女兼顾为难，偶嗟叹”，为了不让父母担忧，她只好暗地帮助两位姐姐。平日里翠蝉绝不在公共场合露面，“虽鱼龙百戏近在里社间，士女游观未尝往。日入闭门，虽有急者百呼不启”。即使出外就诊，必以一名老媪相伴，出诊的范围也是乡邻附近。她解释说：“乡邻不远，旋往旋返，若夙夜远行，非女也，且父母何依?”在翠蝉的细心照料下，简承达夫妇“泽颜谭笑终日，年逾八十不衰”。同宗之人称赞翠蝉：“有子者弗如也，成人者亦弗如也。”光绪十四年(1888)，简承达年八十六卒，此时翠蝉四十九岁，为父守丧三年。父卒后五年，翠蝉母亦卒，年八十九。光绪十五年(1889)，顺德大儒简朝亮将翠蝉之事上报有司并请旌表,光绪十六年(1890)获旌表建坊,并在节孝祠内题名设位。[①] 同时,简朝亮写了多篇文章记载翠蝉的孝行,还将她载入《粤东简氏大同谱》中以广传后世。由此可见,岭南本地的士大夫对不嫁守贞的现象是采取理解支持态度的,“自梳”行为往往通过女性的突出孝行而得以很好地掩饰。

民国《顺德县志》中记载了这样一则故事:顺德人胡砥隅因嫡妻杨氏归宁不返,也就是“不落家”,而又娶庶室罗氏。砥隅去世时,杨氏返回争夺嫡妻之位,尽管官府之前已判定杨氏为不落家,但罗氏仍虚左以待。后来杨氏以嫡妻身份虐待罗氏,她跪受无怨,杨氏生病她又亲自煎药。虽然两人并不同房居住,但每天早晨罗氏必率诸子向杨氏问安。众亲戚因而愤愤不平,罗氏却善为解劝,让众亲戚反怒为愉。后罗氏积劳成疾,五十岁时去世。[②] 这则材料告诉我们的是,从官府层面上来说对女性“不落家”是极力禁止的,所以才会判定罗氏为正妻。但是从罗氏的态度上可以看到,传统的力量是强大的,尽管有了官府的判决,“不落家”的妻子依然拥有正妻的天然身份,这种身份在日常生活中成为当地约定俗成的惯例。

1907 年的《时事画报》第十期就以插图兼文字的方法记载了一个类似的故事,即番禺县某人因妻子长年居娘家而另娶妻

---

① 周之贞、周朝槐等修:《(民国)顺德县志》卷 21《列传六》,咸丰、民国合订本,广州:中山大学出版社,1993 年,第 1298 页。另简朝亮的著作中多有记载翠蝉之事,如《读书堂集》卷 5《孝女翠蝉事》;简朝亮编写的《粤东简氏大同谱》等。

② 周之贞、周朝槐等修:《(民国)顺德县志》卷 21《列传六》,咸丰、民国合订本,广州:中山大学出版社,1993 年,第 1294 页。

室的情形：

《不落家者看》：归宁不返，各县多有此恶习，番禺沙茭两司，此风亦盛。刘明府为改良风俗起见，特出示严禁，略谓妇之归宁不返者，准其夫另娶妻室，该妇不得争论嫡庶，若因此滋闹，则拘该妇及其父兄到案严惩，以挽恶习。有何某者，沙湾人也，以娶妻数年，仍未落家，日昨来省娶妇，彩舆鼓乐而归，行谒祖礼如式。妇虽知之，然以示禁森严，不敢争论，唯深悼悔而已。

图 6.3.1 《不落家者看》

妇归宁不返，此最妙之对待法也。然富者有余赀以再娶，贫者或恐不能，则各亲友宜仗庞公之义，理会以助之。家贫不能养二妇，则前娶之妇概令大归，养与葬均不之理。其初娶者，则虽女子在父母前承认情愿落家，乃迎接过门，谒祖时宜效西式，当堂交换指环，由族长问明果属两相悦爱，乃使下拜，否则停婚另娶，此风庶可稍挽也。若何某者，其首功欤！①

作为舆论导向的画报，其中宣扬的自然是官府倡导推行的那一面，也就是对“不落家”的批判与禁止。为了挽此“恶习”，官府不得不强势介入并采用武力和律令进行干预。从反面亦说明了当地“不落家”现象的盛行。对外来的士大夫来说，他们无法理解珠三角的此类习俗，在他们眼中这些都是与正统儒家文化格格不入的“蛮风”。他们认为女性不嫁是丧失了人伦，未能尽到身为女性而应承担的孝养公婆、照顾丈夫、生育子嗣的义务。清人张心泰来到岭南后就对“自梳”“不落家”现象提出批评：

有若婢女不愿嫁，积资自赎，开脸佣工者，广俗谓之自梳妹，实为物色，尚未有属也。至广州女子，多以拜盟结姊妹，名金兰会。女出嫁后归宁，恒不返夫家，至有未成夫妇礼，必俟同盟姊妹嫁毕，然后各返夫家。若促之过甚，则众姊妹相约自尽。此等弊习，为他省所无。近十余年，风气又复一变，则竟以姊妹花为连理枝矣，且二女同居，必有一女俨若藁碪者。然此风起自顺德村落，后传染至番禺沙茭一带，效之更甚，即省会中，亦不能免，又谓之拜相知。凡妇女订交后，情好绸缪，逾于琴瑟，竟可终身不嫁，风气坏极矣。②

---

① 广东省立中山图书馆：《旧粤百态：广东省立中山图书馆藏晚清画报选辑》，北京：中国人民大学出版社，2008 年，第 126 页。

② （清）张心泰：《粤游小志》，（清）王锡祺辑：《小方壶斋舆地丛钞》，杭州：杭州古籍书店，1985 年，第 307 页。

据张心泰的表述来看，外来士大夫对此多持否定态度，他们不仅多次发表言论抨击这种现象，还像《不落家者看》中描写的一样：特出示严禁，予以严惩，以杜绝女性“不落家”现象的发生。意外的是，依然屡禁不止。屡禁不止的原因自然就是缺少了本地人的支持与合作。因为对多数本地人来说，他们的态度是极为暧昧的。如果说家中贫困，那么家庭自然不愿损失女儿这个重要劳动力，这是可以理解的。家境富裕的家庭对立志“自梳”或者“不落家”的女儿亦予以物质和精神上的双重支持，这就让人费解。他们一方面同外来士大夫一样，将这种习俗呼之为“陋俗”，另一方面又以实际行动表达自己的支持。而女子自梳因为得到了父母、家庭乃至家族的支持，又愈益流行。于是，在文献记载中，“自梳”换成了“守贞”，“刁风”换成了“表率”。对此已无能为力的士大夫们不得不变通地将这种现象换了一种大家均可以接受的说法来解释，堂而皇之地将之纳入到伦理纲常的正常轨道内，这是官方意识形态与地域文化的一种折中。

二、“父权”与“夫权”的角逐

之前已经探讨过儒家礼教对女性形象由“孝”到“贞”演变的作用，明清时期这种转变更为明显。社会的稳定离不开家庭的稳定，而家庭的稳定首先需要保持家庭的存在。当家庭中的成年男性死亡后，守节的女性不仅要承担起养家糊口的重担，还要代替男性奉养父母，抚育幼小。如果丈夫死时无子，女性的生存意义又体现在为丈夫立嗣上。只有家庭有了男性子嗣，节妇的价值才算真正完全实现。身为寡母，如果她在奉养舅姑、照顾家庭之外，还能将男性继承人教育成人，尤其是教导“儿子”（亲子或嗣子）取得功名，那这位母亲在礼教的标准下才算完美。随着这种观念深入渗透到社会机体的每一寸肌肤，女性不得不在来自各方面的压力中顺应社会与礼教的改造，努力将自己塑造成为完美的节妇或烈女，成就了男性的占有欲与控制欲。

并非每位守贞女性都是一帆风顺的，她们在守节的过程中不少都遭受到迫嫁的压力。如咸丰《顺德县志》有传的守节女性中，清以前105人中有11人、清以后守节296人有20人，都明确地记载曾被逼迫改嫁。据不完全统计，其中由父家提出的12例，夫家提出9例，其他人提出的4例。可以看到，母家劝女改嫁居于首位。卢苇菁认为，父母反对女儿守贞的背后有经济、情感、文化上的各种关切。文人强调父母—女儿的冲突有两个目的：“其一是为了显示女儿守贞的决心。在一个以遵从父母为最高价值的社会中，违反父母的意愿给女儿带来的精神痛苦不言而喻。因此，违背父母而产生的情感煎熬的细节，可以彰示贞女的勇气和自我牺牲。”“其二，父母的反对被描绘为父母之爱的一种表达。”①他们希望女儿改嫁，更多出于情感的考量，而夫家则往往出于情感和经济的多种原因而让寡妇改嫁。

在一个“百善孝为先”的社会中，儿女是应当遵从父母的意愿不能违逆的，但是为什么会一再有女儿违背父母的现象发生呢？这就出现了一组不可调和的矛盾——孝与贞的冲突。正如

---

① 〔美〕卢苇菁著，秦立彦译：《矢志不渝——明清时期的贞女现象》，南京：江苏人民出版社，2010年，第112页。

卢苇菁总结的，“在父母看来，作为未婚的女儿，她应该服从、孝顺父母。但贞女却把自己看成妻子和儿媳。这在父母看来是不孝之举，在贞女看来却是忠贞之行”。其实不仅是针对贞女，对那些矢志守节的女性，上面的解释也完全适用。据此我们可以看出这样一种隐藏矛盾：父权与夫权的冲突一直在通过女性进行着较量。国家在这一意识形态的冲突中选择了支持贞女的举动：国家选择削弱父母的权威，实际上把贞置于孝之上。①

据此反观岭南，有大量父母反对女儿守节或者守贞的记载，可见父母对女儿的影响力是巨大的，再加上我们上面已探讨过的“孝”在岭南一直被推到相当高的地位，自然更增强了父家和女儿之间的密切关系。尽管方志中记载的女性多会违背父母意志而以夫家为重心，似乎是夫权战胜了父权，但是载入《列女传》的女性和明清珠三角的女性总量相比，终究是极小的一部分，从这点来看，父权未必尽输。再考虑到珠三角地区盛行的“自梳”“不落家”现象，女性完全有可能站在父族立场行事。她们以养育自己的家庭为中心规划人生，以未嫁女的身份处理父家事务，孝养父母，甚至为父母立嗣而得到父系后人的尊重，这完全是父家本位的表现。岭南的情况与卢苇菁对明清时期以全中国为基础所做的分析结果有一些偏移，即“贞与孝的这种等级区分再次表明了明清社会道德实践的极端性：压制或摈弃自然的情感，是这一时期极端道德实践的本质特征”②。尽管这些许

---

① 〔美〕卢苇菁著，秦立彦译：《矢志不渝——明清时期的贞女现象》，南京：江苏人民出版社，2010 年，第 115 页。

② 〔美〕卢苇菁著，秦立彦译：《矢志不渝——明清时期的贞女现象》，南京：江苏人民出版社，2010 年，第 116 页。

的偏移在对“贞”“孝”不遗余力的宣扬表象上无法察觉，却在实际的细节、内涵和处理方式上发生了不小的改变。

这种真正内涵上的不同在文人记载的一些故事中可以透露出来。苏州人古吴靓芬女史贾茗所辑的《女聊斋志异》中花大段笔墨记载了《普依祠》的故事：

> 粤东女子，往往于未嫁之先，拜结姊妹，誓以十女尽嫁，方与夫同房，名曰金兰盟。后若有先嫁者，朝拜花烛，夕拒欢床；其夫欲谐伉俪，结束衣束，坐以待旦。三朝即吵归宁，与之归则豫；否，或投水，或悬梁，或饿或刎，舍此一命而后已。死之日，群姊妹哭尽丧，设牌醮荐，誓不出嫁。亦有一女死而九女俱死者。此等恶风，父母虽严加训诲，而不能革其痴心；有司虽剀切示诫，而不能挽其恶习。
>
> 惟闻香山小黄圃司翟小尹，调理兹土，见石岩上、树荫下，类多木主，风雨飘零，蝼蚁剥蚀，询之甲长，曰：“谁家木主，虽无子孙，亦有族姓，胡为任其抛掷郊野也？”甲长曰：“此乃金兰会中之女也。一誓千金，之死靡他。当其死时，结盟姊妹以其有义而隆祀之。迨后姊妹俱亡，岁时伏腊，谁记忆之？其兄弟子侄皆厌恶之，于是弃诸郊野。日积月累，故有如是之多也。”翟小尹性本慈祥，始闻其言，深为痛恨；继想其形，心起恻怛。爰损廉创建小祠，饬役于治里之中，尽检而入之于祠，名曰普依，陈肴设醮，且为文以祭之曰：“女归男室，遵礼守常。轻夫重盟，背经坏纲。焉有十女，齐作鸳鸯？一言为誓，铁石心肠。亦知许字，命在高堂。朝拜花烛，夕拒欢床。保

兹洁体,结束衣裳。欲归不与,秉隙悬梁。众女闻之,同赴陌场。烈非所烈,例难表扬。封窆而已,了此痴肠。既无夫妇,何冀后昌。虽设神主,岁时何望?无怪日久,弃兹道旁。号风啸雨,情殊可伤。昔因倔强,今有凄凉。九原抱恨,追悔莫偿。我心恻然,爰创小堂。孤魂无主,凭式有方。默醒愚昧,安乐中央。谨具庶馐,束帛焚香。灵其鉴兹,来格来享。敢告。”翟小尹复为置产,添设春、秋、腊底三祭。

此嘉庆十九年事也,迄今已四载矣。乡邻无复有投水缢死事。①

身为香山小黄圃司的翟小尹极力抨击了女性缔结“金兰契”的“恶习”,他认为女性的本分就应该是出嫁从夫,“遵礼守常”,不应该拒绝夫婿的床第之欢而相约自尽,这在士大夫心目中是真正“背经坏纲”之事。也正因为女性这种错误的矫激之行,她们才会落得孤魂无依、亲人厌弃、木主无人祭祀的悲惨结局。作者的重点是在强调女性对出嫁为夫家延嗣的“天然本职”,但又恰恰从反面说明了事实上当地有众多女性选择不嫁而久在娘家。如果这段文字关于“本职”意味的表达仍较为含蓄的话,那么黄芝《粤小记》中记载的故事将女性与夫家的关系表达得更为露骨:

有番禺某,为其子就昏于顺邑龙江乡张氏。昏之明日,女与一老妪擎伞步归矣。屡促不返,某携子归。年余复促之,渐加诮让,女答明日早行,是夜自缢。后附魂于其寡嫂,

---

① (清)古吴靓芬女史著:《女聊斋志异》卷3,济南:齐鲁书社,2004年,第103~104页。

拉父衣言曰:“儿昔时不智,愤气自尽,愿告阿翁家为儿立主,不致游魂无所也。”张致书于某言其故,而某固儒者,以为诬幻不从。张愤谓曰:“彼既不为汝立主,我为汝立之。”鬼泣曰:“始回家时,宗祖皆促儿出,谓生为某也妻,死为某也鬼,不当回吾家,儿恳之再,方许入,父即立主,儿何能依?”张曰:“若是,何不附魂于汝婿?”鬼曰:“本欲相附,奈渠阳气太盛,方欲近之,婿回首与人言,被辫发击我,故不能近也。”自此寡嫂恒不饮食,唯呜呜作女泣,日将就毙。张不得已,携寡嫂至某家恳之,寡嫂作女言自明悔恨,某始许允。张既返,未数日,寡嫂忽作女言曰:“婿已为儿立主,从此幽魂得所,儿去矣,愿诸姊妹勿效所为,甚无益,徒自苦耳。”裣衽与众作别,遂仆地,半晌方苏。张使人问之,果符鬼言。近年更有传习巫蛊术,厌制新郎以致陨命者,良有司不可不严为之禁。①

我们无法知道这个故事的真假,但作者借此劝世的目的极为明显,或许黄芝代表的是岭南本地士人中倾向于反对“自梳”“不落家”现象的那部分人。他借龙江张氏魂无所依,附身寡嫂苦求父亲请求番禺的翁舅为自己在夫家设立神主的故事,说明女性在祭祀体系中所处的位置:女性在父家永远没有自己的一席之地,只有在出嫁从夫后,她死后才能得到后人的血食祭祀。但是这又与之前的大量事例,如邓六娘不嫁抚育弟侄而被尊为祖姑,受祭于族祠;明初入宫、为家族带来巨大荣耀和财富的番

① (清)黄芝:《粤小记》,《清代广东笔记五种》,广州:广东人民出版社,2006年,第442页。

禺女官陈司彩[①]享受陈氏后人祭祀的例子，产生巨大矛盾。按照上述理论，女性在娘家不可能享受血食，邓六娘等人却安享邓家血食几百年，这又要如何解释？唯一合理的解释是，士人在无力改变“自梳”“不落家”风气的蔓延时，故意编造出这样一些危言耸听的故事灌输给岭南本土民众，以达到思想观念上的彻底改变。

叶汉明曾有过统计：“珠江三角洲一带的自梳女人数在最高峰时约占女性人口的10%。”这种特殊的生活方式虽非由父权主文化所倡导，却也非绝不见容于社会。毕竟贞操观念是主文化的重要环节，而自梳女的养家能力对父族的繁衍大有裨助。自梳女姊妹群体就利用这种与主文化的微妙关系建立自己的社群力量。[②] 在基层社会中实际存在的情况是，普通族村中的家

---

① 陈司彩，名二妹，字瑞贞，是番禺仲裕之女。她相貌端庄，生有异相，“在乳不啼，睟日设物以验，则左取印，右取笔，以是知其不凡”。长大后“窥父书，指教数字皆不忘。至六七龄，示以女工，过目辄晓。就女师，闻爱亲敬长之言，必反复致问。《孝经》《内则》《列女传》《戒》诸书莫不潜心究之。深居闺阃，足迹未尝至中门”。入宫后因她“善六书，晓大义，精女工，嫔嫱皆师事之。人称为女中君子”。洪武二十四年（1391），她被任命为司彩，赐归省，仍给禄以养其家。平日里她“闺范严肃，人罕见其面，有司侯馈皆辞却之”。明成祖朱棣即位后，以陈司彩熟知典故，召复原职，年四十她以病终于官，朝廷遣中使护丧归葬。万历年间，其族孙光禄少卿陈堂，于广州甜水里建祠祀之，称其为司彩祖姑，谓“古今女德希有矣。司彩祖姑以内则佐高皇帝后母仪一世，吾家不惟丈夫子世受国恩，至于一女子应内召，享禄秩。令乡里之人称述之曰：此女官世祠，岂不亦一希世事哉！”关于陈司彩的生卒年纪，据乾隆《增城沙堤陈氏族谱》所设“司彩女官行宝”条记载，她生于元至正二十七年（1367）九月二十六日，永乐四年（1406）以疾而终于南京，时年三十九岁。关于陈司彩的详细论述可参见刘正刚、王潞：《明代家族建构中的性别位移：以增城女官为例》，《中国社会经济史研究》，2010年第3期。

② 叶汉明：《权力的次文化资源：自梳女与姊妹群体》，马建钊、乔健、杜瑞乐主编：《华南婚姻制度与妇女地位》，南宁：广西民族出版社，1994年，第80页。

庭对女儿独身的抉择并不一定坚决反对，反之，它们会采取容许长女及次女“自梳”以负起养家之责的家庭策略。事实上，自梳女都有极强的敬祖孝悌的家庭伦理观。养家对她们来说是一种天职。家庭也视她们与维持家计的儿子无异。对于父系家族而言，她们无疑扮演了男性子嗣的部分角色。这或可视为自梳制度与父权家庭制度的妥协。①

岭南女性的“自梳”与“不落家”风俗，应该就源自岭南传统中女性强悍与自主的风气，在明清的经济发展中随着女性经济上展现出的重要功能而得到变相加强。因为女性所处的强势地位，她们对父家的责任和义务在最初是得到肯定的，所以才在岭南历史上出现大量的“孝女”。随着国家整体环境的转变，父家本位向夫家本位的倾斜，加上政府对“孝”与“贞”在不同时期的不同政策，造成了“自梳”与“不落家”在清中叶以后的凸显。

岭南士大夫们对此所持的暧昧与矛盾态度，其实是在父权与夫权之间的一种折中，他们在父权与夫权的角逐中，担当着平衡的作用，也就出现了反对与支持两种完全相反的态度。可以说，“自梳”“不落家”现象在岭南地区体现了父权与夫权的一种对抗。但无论是父权还是夫权盛行，在礼教观盛行的时代，女性只是其中的一枚棋子。即便能够在家中拥有一席之地、能够在一定范围内自主选择命运的“自梳女”，也面临着太多的无奈。她们只能在保全贞节的前提下按自己的意志行事，而并非当今社会那种真正意义上的“女强人”。

---

① 叶汉明：《权力的次文化资源：自梳女与姊妹群体》，马建钊、乔健、杜瑞乐主编：《华南婚姻制度与妇女地位》，南宁：广西民族出版社，1994 年，第 74 页。

第　七　章

明清时期岭南才女文化的兴起

第一节　才女的大量出现

清代康熙、雍正、乾隆三朝处于王朝社会经济文化发展的鼎盛时期，学术界名之为盛清。但在中国历史上，一直到 20 世纪初，社会识字率都相当低，可以说是个半文盲的社会。[1] 尽管在能够识字的极少数人中，读书识字的女性所占比重更小，但大体来说明清时期女性的识字率似乎仍处于上升期。[2] 然而，在历

---

① 〔英〕科大卫、刘志伟：《宗族与地方社会的国家认同——明清华南地区宗族发展的意识形态基础》，载《历史研究》，2000 年第 3 期。

② 美国耶鲁大学教授孙康宜认为，始于明末清初的“女子无才便是德”的口号就是因此时大量才女出现而出现的，这个口号的产生不但没有反映出妇女受压迫的现象，反而显示出一些卫道士对才女文化的日渐兴盛所具有的威胁感。（孙康宜：《妇女诗歌的经典化》，见《文学经典的挑战》，南昌：百花洲文艺出版社，2002 年。）

史上还是有许多女性限于其女性身份,卓越的才华无处施展。在礼教的约束下,她们被限于闺房之内,阃言不出于外。在其内心深处,或多或少都会对这种生存规则产生不满并抗争。她们渴望自由以克服先天的性别弱势,展示才华,得到公众认可并取得成就,于是后世就有了“女状元”这一文学形象的出现。这种对自由的追求,是女性自我意识的表现。

岭南作为重要的对外贸易基地,明清时期成为我国与西方世界交流的主要窗口。在融合了中央王朝的政治理念之后,经济、文化各方面都随之发生深远变化,女性的形象、性格自然亦会随之发生转变。岭南地区才女文化的发展,如高彦颐笔下的江南一样,与这一地区因城市化和商品化而增殖的财富是相辅相成的。妇女受教育、读书、出版和旅行机会的不断增加,都是这一才女文化增长的必要条件。[①] 而这一相当大的文化女性群体的存在,也同江南一样给岭南城市文化留下了持久的印记。

一、岭南才女文化的概况及研究

宋明以前,岭南在中原士人的眼中仍是蛮荒之境,随着岭南与王朝关系的加强,儒家文化和正统理念大面积向岭南渗透。在这个过程中,女性不可避免地被卷入礼教旋涡,在其中浮沉。由明至清,除烈女的数量剧增外,接受儒家文化的闺媛也大量增加。她们由最初的被动接受到主动学习和传播儒家文化,成为岭南社会儒化和正统化的最好诠释。

到了明代,随着行政改革与宗族规章的制定,少数富贵之家

---

① 〔美〕高彦颐著,李志生译:《闺塾师——明末清初江南的才女文化》,南京:江苏人民出版社,2005 年,第 21 页。

开始追求士绅的生活方式，很多妇女的社会角色可能因此改变。尽管族规家训的普及并没有能完全杜绝妇女积极参与诉讼的风气，但少数家族已有足够经济能力把女眷局限于家内，并且在获得士绅地位之后，经过两三代的沉淀，这些女眷一般就可以不再从事粗重的体力劳动，而专职于家庭里的活动，例如纺织，甚至读书。[①] 从这个时期开始，岭南地区的才女数量逐渐增加，她们由被动地接受男性提倡的儒家教化到自觉主动地学习，开始用笔来表达自己的人生经历与态度。这类例子在文献中比比皆是，大量文人文集、地方志和族谱中都有体现。甚至一些文献在记载女性祖先时都刻意强调她们幼读诗书、以儒家理念以身作则教子读书的事迹，从而突显她们的才华和家族传统。在这个社会大背景下，女性作品得以传世，明清时期岭南的才女文化开始兴起。

冼玉清女士是岭南本地一位杰出的女性。她生于1895年（清光绪二十一年），殁于1965年，祖籍广东南海西樵，从小生长于澳门，受业于清末民初著名教育家陈荣衮先生，后又考入香港圣士提反女校。冼女士是近代岭南著名的画家、文献学家，被誉为“不栉进士”“岭南第一女博学家”，“千百年来岭南巾帼无人能出其右”者。著名作家秦牧评价冼玉清说：“我们虽然不必推许冼玉清什么‘一代大家’，但说她是近百年岭南杰出的女诗人、国学学者、广东文献专家，却是恰如其分的。我想来想去，想不出有哪一位妇女在这方面的造诣超过了她。”[②]冼女士著有

① 科大卫著，卜永坚译：《皇帝和祖宗——华南的国家与宗族》，南京：江苏人民出版社，2009年，第139页。

② 黄炳炎、赖达观主编：《冼玉清文集》，广州：中山大学出版社，1995年，《序言》。

《碧琅玕馆诗抄》《流离百咏》《赵松雪书画考》《广东印谱考》《招子庸研究》《更生记》《广东鉴藏家考》《广东女子艺文考》《广东丛帖叙录》和《广东文献丛谈》等。

在冼玉清的这些著作中,《广东女子艺文考》是她关于文献学的代表作之一。冼玉清女士借助参与纂修广东省志的便利,在广泛搜罗岭南士人著述的过程中,发现了不少女性著作,于是将这些著作编辑成目,加以系统阅读整理和著录。她首先对作者进行考证、介绍,然后概括著作的内容,接着摘录序言和部分诗作,最后汇成《广东女子艺文考》一书。正如她在书的自序中所写:"余年来纂修省志,博搜群书。妇女专集,辄有过眼。随手编目,所积渐多。爰有《广东女子艺文考》之作。"①

《广东女子艺文考》共记录了明清时期岭南的女性近百家,以及她们所著的106种书籍,然后又按地理区域进行了统计:其中,顺德22家,番禺19家,南海、香山各12家,吴川、东莞、新会各4家,海阳3家,嘉应州、茂名各2家,清远、博罗、阳春、石城、电白、信宜、良德、大埔、恩平、阳山各1家。另外有元和归入嘉应州者1家,德清归入顺德者1家。

统计之后,冼玉清总结道:

> 大抵吾粤文风,以广州府之顺德、番禺、南海、香山为盛。加以交通利便,易为风气。作者之众,理固宜然。而高州比他府州为多者,则以《高州府志》《吴川县志》《石城县志》皆经李文泰纂修。李本通人,又知诗者,故采高州女子集部特多。此又人事提倡之力也。至于外府僻县,刻书不易。即有

① 冼玉清:《广东女子艺文考·后序》,长沙:商务印书馆,1941年。

书矣，而流通为难。其中坐是埋没者，亦所在有之。[1]

也就是说，粤地的文风以珠三角地区最为兴盛，再加上这些地区交通便利，便于文化的传播，所以更易形成统一的风气，因此女性作者和保存流传的著作较多。而吴川、石城、高州等地的女子著作数量亦有一定规模，是因为当地志书皆是由李文泰[2]主持纂修的。李文泰出身于书香世家，是清代末年高州的著名才子、诗人。他的诗歌造诣颇深，因此编纂志书时就比较注意收集当地女性的诗作。正因为有了识人的伯乐，所以相较之下，各志中高州记载的女子著作就显得较多。至于其他地区，因为本身经济文化发达程度略逊，再加上刻书不易，流通较难，所以即便是有著作传世，也很容易被埋没。这也是其他地区出现的女性作家和著作数量不多的原因之一。

事实上，岭南在明清时期真正有诗文传世的女性人数远不止于冼玉清在《广东女子艺文考》中著录的百家左右。对于这些女性，除《广东女子艺文考》从目录学和文献学的角度记录之外，还有一些书籍中亦有介绍。但因为书籍刊刻、保存和传播的困难，很多女性的著作都未能流传下来，对她们的记载如今只能散见于诸书之中。这些书里或录有她们的部分诗作，或有其生平简介，如《粤东诗海》[3]和《广东名媛诗选》[4]。

---

① 冼玉清：《广东女子艺文考·后序》，长沙：商务印书馆，1941 年。

② 李文泰，字叔宽，吴川人，清末民初高州地区的著名诗人，曾担任《重修高州府志》的纂修。民国二年(1913)农历十一月病逝，享年七十四岁。

③ (清)温汝能著，吕永光整理，李曲斋、陈永正审定：《粤东诗海》，广州：中山大学出版社，1999 年。

④ (清)胡廷梁：《广东名媛诗选》，乾隆五十一年(1786)刻本。

《粤东诗海》是乾嘉之时顺德人温汝能所辑，该书卷帙浩繁，专门收录历史上岭南士人的诗作，里面专设有“闺媛”一类以记女性作品。《广东名媛诗选》则是顺德人胡廷梁所著，他广采岭南历史上传世的女性诗歌，将之汇编成一部女性诗作总集，并于乾隆五十一年（1786）刊刻。这两部书与《广东女子艺文考》的体例和记载内容完全不同，但均为后人研究岭南的才女及其诗作提供了宝贵材料。

另外有《岭南名媛集》，此书出自清代顺德一位才女邱掌珠之手。邱掌珠，字掬月，龙山诸生邱士超女，生于嘉庆己未（1799），卒于道光甲辰（1844）。她出身于诗书世家，从小学习儒家经典，六岁即谙丝竹，庭训诗书悉能洞晓大义，尤工吟咏，兼擅绘画，十六岁时已著有诗集《绿窗庭课吟卷》。二十岁时她嫁与陈虹为妻，安贫守俭，孝事舅姑。其父邱士超博学多才，旁及音律，著述很多，所作书的校雠多出于邱掌珠之手。父亲曾命她抄录岭南诗作，她以女子之身有感于女性读书写诗之难，遂极为有心地将抄录过程中发现的闺秀作品辑成一帙，名为《岭南名媛集》。《岭南名媛集》是邱掌珠未嫁之前辑录的，她于1819年即二十岁出嫁，此集应该已经辑录完成，遗憾的是这本集子并未留传下来。但比较来说，胡廷梁和邱掌珠两人的兴趣均在于女性诗作的编选，而不是像冼玉清的《广东女子艺文考》一样从文献的角度进行全方位的收集整理。

二、初现锋芒的明代才女

通过前面篇章的介绍可知，岭南的才女出现得很早，其诗作亦有流传，如七岁女子，还有《鞶鉴图》的作者南海女子等。但相对于后世来说，远远达不到形成规模的程度。直到明代，岭南地区的才女才开始在当地历史上显现出蓬勃发展的势头。

宋元时期士人对文化教育的重视，为儒家文化在岭南的广泛传播奠定了基础，也为女性读书识字提供了条件，这一点在明初出现的广东籍女官中得到了反映。明代自洪武二十年(1387)至永乐二年(1404)，曾在各地选取女官，时广东就有黄惟德、陈二妹、屈氏、叶氏、王氏五位入宫，她们是南海、番禺两地的平民女子。对明初广东入宫的这几位女性，刘正刚教授和王潞曾分别以黄惟德和陈司彩为中心进行考察，试图通过她们二人形象在历史上的不断变化来考察当时的社会状况。[①]

在众多的材料中，值得关注的一点是，几乎所有能够入宫为官的女性都是"识字"者[②]，由此可见文化知识在岭南的大面积推行。如永乐二年(1404)被选入宫成为女官的番禺人王司彩就曾作宫词曰："橘花移入大明宫，旖旎浓香韵晚风。赢得君王留步辇，玉箫嘹亮月明中。"此诗一直为人所传诵，被誉为有唐诗之风，后人称赞她"盖宋昭容之流，而持操过之"[③]。明嘉靖年间，岭南士人科举入仕的越来越多，"南海士大夫集团"的兴起为文化的传播创造了便利条件，女性读书著述的现象明显增多，她们的诗作也开始在民间流传。于是，一些女性在家庭的支持下将

---

① 关于粤籍女官的研究可参阅刘正刚、王潞：《明代家族建构中的性别位移：以增城女官为例》，《中国社会经济史研究》，2010 年第 3 期。

② 可参见(清)陈梦雷：《古今图书集成》第 249 册，《明伦汇编·宫闱典·宫女部》第 53 卷，北京：中华书局；成都：巴蜀书社，1985 年。

③ (明)黄佐：《广东通志》卷 63《列传二十》，嘉靖三十六年(1557)刻本，广州：岭南美术出版社，2006 年，第 1654 页。

自己的作品结集出版，从这一点上来说，岭南或许并不逊于文化发达的江南地区。①

事实亦是如此。在《广东女子艺文考》中著录了近百位女性，其中明代有10人，余者为清代，由此大致可见明清时期岭南才女的规模。实际上，由下面的统计表格中即可看出，岭南在明代真正有诗文传世的女性人数远不止于此：

表7.1.1 明代岭南才女名录

项目 姓名	籍贯	著作名称	广东名媛诗选	粤东诗海	情况介绍
王司彩	南海		3	1	宣德中女官。
冯银	琼山		5	4	教谕冯源女，唐继祖室。尝刲股疗姑。
丘夫人	琼山		2		丘文庄室，善于诗，其诗清新。
刘苑华	香山	落霞山下女子吟一卷	4	5	安仁知县刘士腾孙女，户部郎何藻室。
刘祖满	顺德	丛桂剩稿、梅妆阁集	23	51	番禺明尚书何维柏从孙、庠生何允衎室。

① 〔美〕高彦颐著，李志生译：《闺塾师——明末清初江南的才女文化》，南京：江苏人民出版社，2005年，第62页介绍江南印刷业时提到："在明、清时的江南，妇女不仅是以读者而且也是以作家和出版者的身份，参与进了繁荣的出版业中。由妇女自己创作的作品甚至比道德女性故事更具投资价值，它能够带来丰厚的回报。不单有不少诗歌选集非常畅销，而且其他文体，如书信集和戏剧，也同样找到了它们的出版途径。"

（续表）

项目 姓名	籍贯	著作名称	广东名媛诗选	粤东诗海	情况介绍
余玉馨	顺德	篋中集	12	9	正德辛巳进士、瓯宁令余经女，举人许炯室。
陈云仙	顺德	兰轩诗草	5	6	太学生陈士贤女，余玉馨表姐。
何瑶英	新会		3	4	明尚书何熊祥女。
王氏	东莞		4	4	其夫某太史，严嵩欲迫为赘婿，王寄春夏秋冬四闺怨，见氏诗怜其才乃止。
谢五娘	潮州	读月居诗集一卷	诗12，词4	10	万历年间人，人称潮州才女，曾入狱。
丘恭娘	潮州			1	明末罹乱被俘，作题壁诗。
赵玑姊	潮州			1	丘恭娘小姑。
李氏	番禺			1	明末被掳，赋诗十首自缢，存一首。
梁指妹	高要			2	周颂室，颂卒，指妹自缢。
三娘	不详			1	考其诗《衣带中诗》当为乱世抗迫嫁而死。

（续表）

项目 姓名	籍贯	著作名称	广东名媛诗选	粤东诗海	情况介绍
徐亚长	东莞			1	传见《明史》卷三百二，为保名节投江死。
林淑温	琼山			1	明末海寇掠其家，碎首嚼舌骂贼而死。
蔡平娘	潮州		2	1	孝廉钟梦鹤室。
谷氏	南海	静阁草一卷	6	3	萧志崇室。
黎瑜娘	琼山		12	12	明末庠生符骆室。
文氏	三水		2	1	少寡，守节终。
郭王雩娘	番禺		3	3	庠生郭蛟女。
文三娘	南海		4	4	善弹琴、能诗画。
朱氏	顺德		3	3	龙江李朝昊室。
李梦兰	顺德		4	1	顺德大良人。
佘五娘	顺德		43	21	明末进士钟希玉继室，其父仇人妒之，编他集入淫词。
张乔	广州	莲香集二卷	诗19，词4	63	名妓，善弹琴、画竹兰，年十九亡。
徐婉卿	番禺		2	1	有《和黎美周过张乔故居诗》。
熊叶飞	电白	和妹诗一卷	4	4	明庠生熊兆祥女，与妹瑶飞俱知书能诗。

（续表）

项目 姓名	籍贯	著作名称	广东名媛诗选	粤东诗海	情况介绍
附:《广东女子艺文考》中录有专著却未被《粤东诗海》和《广东名媛诗选》收录者					
易氏	新会	名闺吟、兰圃草			永昌知府易道源女,南海诸生朱畴妻,生于万历五年,工诗歌,善楷法。
辜兰凰	海阳	易解集、啸雪庵集			辜冏卿朝荐女,贡生夏含曜室。崇祯癸巳城陷,凰恐受辱,自经死。

以上人物及其介绍来源于《广东名媛诗选》和《粤东诗海》,并参补了《广东女子艺文考》。其中没有特别标出的数字指的就是入选两部诗集的诗作数目。因为材料的不完整,我们甚至无法确认上面开列出来的全部女性都生活于明代。笔者只好根据三部著作中诗作罗列的顺序,大致判断而将她们归入明代。除上面列出的女性外,还有一些女性因为完全无法猜测其生活年代,所以只好舍弃不录。所以尽管上表给出的仅有 31 人,有专著的 10 人,却并不代表明代岭南的才女或者女性著作仅有这些,只是因为各种条件所限我们未能明确断代或者见到而已。不过,仅就上面给出的数据来看,依然能大致了解明代岭南才女文化的情况。

三、清以后岭南才女文化的兴盛

清末民初学者梁乙真认为:“乾嘉之际,其清代妇女文学之极盛期乎。斯时也,袁简斋既高标女教,招收弟子,其他有力之人,如毕秋帆、杭堇浦、郭频伽、阮芸台等,亦复奖挹倡导,不遗余力;而妇女文学,遂跻‘黄金时代’。”[①]到了道咸之后,因国家多故,清代的妇女文学趋于衰落。[②] 这种观点无论在时间上还是空间上影响都相当大。美国学者魏爱莲指出,西方最近的研究假设,与17世纪和19世纪相比,18世纪代表着江南女性文学活动的衰落。魏爱莲并不赞成这一观点,她认为在江南之外的广东,却证实了另一种事实,就是18世纪广东女性的文学活动没有衰退。[③] 笔者在硕士学位论文中曾提出这一想法,虽然当时仅是针对顺德一隅,实际上隐含的却是以珠三角为代表的整个广东地区。即岭南地区的妇女文学并未像梁乙真和一些外国学者认为的同江南等地一样,在清朝的鼎盛时期过去之后,妇女文学也和大清国势一样成为弩末。相反的是,其余势未衰,继续发展了下去。[④] 这种观点持续到如今更加明晰,正好与魏爱莲的说法不谋而合。今天的学术界,随着对地域文化史和妇女文化史研究的深入,对岭南地域中清代女性文学的发展状况有了更成熟的观察论断。

我们可以先直观地从数字上进行了解。上面已经说过,冼

① 梁乙真:《清代妇女文学史》,上海:中华书局,1927年,第146页。

② 梁乙真:《清代妇女文学史》,上海:中华书局,1927年,第215页。

③ 〔美〕魏爱莲著,赵颖之译:《18世纪的广东才女》,《中山大学学报(社会科学版)》,2009年第3期。

④ 乔玉红:《明清顺德知识女性探析》,2008年暨南大学硕士学位论文。

玉清的《广东女子艺文考》中著录约100位女性作家，有90余位都是清人。《粤东诗海》中记载清代女性诗人47位，《广东名媛诗选》中有46人左右。因材料原因，一些人所处朝代无法判断，所以这是一个约数。这两部书最晚在乾嘉之前出现，书中记录的女性至少也是与作者生活在同一时代。这就意味着，从1644年清政府建立到嘉庆朝结束的1820年，在不到180年间岭南出现40多位才女，她们中有不少仅有诗作流传而无编辑成册的著作。而在冼玉清的书中，著录的清代才女多达90余人，且均有著作传世。去除三部书中重复记录的部分，那么在乾嘉之后到清亡的不到百年间，岭南新出现的才女人数至少在50人以上。

这个数字仅是就冼玉清的记录来判断。由于冼玉清是针对她所见的女性作品进行统计，未能看到或者听闻的女性著作应该还有不少。我们推测，应该有不少才女带着她们的著作无闻地湮没于历史中，散布在民间的大量女性著作亟待发掘整理。例如在收集材料的过程中，我们就曾在十三行之天宝行梁家的后裔家中访得清末梁家周太夫人之遗稿《幽兰轩诗选》①，又在其他丛书中发现化州茂才陈玉山公之德配李氏的遗稿《吴阳女士诗》②等。这些都是因种种理由前人未能记载的，相信这样的例子在民间还有很多。

但是与江南地区的清代女诗人团体不同的是，岭南的女性作家们始终未能组成类似于蕉园诗社这一类的女性社团。台湾的钟慧玲女士研究清代江南妇女的文学活动时从结社、从师、交游三个层面来考察。她指出："有清一代，诗社遍立，吟风鼎盛，

---

① （清）周曜云：《幽兰轩诗选》，光绪二十年（1894）梁鼎芬未定稿。

② 见桑兵主编：《清代稿钞本》第43册，广州：广东人民出版社，2007年。

妇女也多能组社唱和，其动机不过在消闲取乐，以添妆台逸兴而已。”[①]令人不解的是，岭南才女之间虽有诗歌的往来唱和，亦有好友间的聚众宴请，珠三角甚至流行金兰会、迷夫教等女性组织和自梳女团体，却始终未出现过类似于江南女性结成的诗社组织。哪怕是清代岭南确实有几位才女通过婚姻关系打破了空间的阻碍，与江南才女建立起沟通，但结社的风气仍未能传入到岭南。这确实令人费解。

在大量材料中，笔者仅看到过一条关于女性参加诗社的记载：“吴媛，名兰顺，顺德县龙江乡。娴吟咏。雍正丙午年与其夫婿来榄，榄之诗人同结一社名‘十鸿诗社’。时余年尚幼，未及偕之唱和。其诗近玉台、西昆一派。”该材料来自于清乾隆年间小榄人何大佐所著的《榄屑》。他还录有吴媛诗一首：“仙衣生长本天然，五色文章错锦笺。三径有香难入梦，二尘无路可寻仙。魂销薄命理青史，春老芳情结简编。一自落花同幻化，画工虽巧亦空传。”[②]从何大佐的记载来看，吴媛参与的诗社应该是小榄地区男性诗人所结之社，她有可能是跟随丈夫一起参加过这个“十鸿诗社”的聚会。除此之外，岭南女性像江南地区一样成立专门的诗社组织进行交流的材料确实未能见到，只能有待于继续发掘了。

清代曾与江南建立起联系的岭南才女，主要就是方京和黄之淑了。

方京，初名洁，字彩林，番禺人，方殿元女，江苏吴县金铤之妻，因儿子祖静贵而被封为恭人。据说她“工诗，得家法。古体

---

① 钟慧玲：《清代女诗人研究》，台北：里仁书局，2000 年，第 173 页。

② （清）何大佐：《榄屑》，广州：中山图书馆 1987 年复印本。

宗汉魏,近体宗盛唐。所作诗无宋元气味,著有《方彩林诗》二卷”①。方京生活于康熙年间,美国学者魏爱莲认为她很可能跨越了17和18世纪,而且她的儿子成为苏州著名作家。方京也以母兼师,“教育她的儿子,他们对外祖父的文风掌握圆熟。她与苏州的一个侄女亦有持续的文学来往”②。

另一位与文风兴盛的江南发生关系的是晚于方京一个世纪的吴川人黄之淑。黄之淑,字耕畹,诸生黄祖香之女,《国朝闺秀正始集》中将她误记为南海人,说她“早寡,寄寓维扬,工诗善书,尤精六法”③。冼玉清则考证黄之淑生于乾隆五十七年(1792),四十而寡,晚年自号兰娵老人,著有《兰娵女史诗》一卷。④ 黄之淑凭借自己的才华成功地融入了江南文人的圈子,“成为陈文述(1771～1842)的弟子,几乎是名誉上的女儿以及他有名的侄女汪端(1793～1839)的朋友。她绘画和诗歌的才能受到广泛赞许,尤其在她丈夫死后,因此她在扬州奠定了画家的声誉。1852年她随弟弟回到广东,但在1853年太平天国运动时和儿子一同死去”⑤。

即便有了两地游历和交流的经历,方京和黄之淑也未能将

---

① (清)温汝能:《粤东诗海》卷97,吕永光整理,李曲斋、陈永正审定,广州:中山大学出版社,1999年,第1812页。

② 〔美〕魏爱莲著,赵颖之译:《18世纪的广东才女》,《中山大学学报(社会科学版)》,2009年第3期。

③ (清)恽珠等辑:《国朝闺秀正始集续集补遗》,道光十六年(1836)红香馆刻本。

④ 冼玉清:《广东女子艺文考》,长沙:商务印书馆,1941年,第15页。

⑤ 〔美〕魏爱莲著,赵颖之译:《18世纪的广东才女》,《中山大学学报(社会科学版)》,2009年第3期。

江南地区妇女文学最繁荣之时的社团交流方式带回岭南。这里的女性依然在有限的闺阁圈形成的小团体内进行着交流互动。但是这两位女性无疑沟通了江南与岭南的女性文坛，从客观上促进了两地女性文学的交流。

虽然除了嫁到外地的这两位女性，岭南本土杰出的才女能够将名头打响到外省的不多，但是她们与同时代的江南才女相比，在同一时段的不同地区却完成了同样的工作。正如魏爱莲所说，她们的文学文化显示出积极参与的多种迹象，“诸如教书、题词、在区域间活动、地方名气、绘画和其他艺术才能、刊刻作品、作品出现于地方选集，这些也正是人们与 17 和 19 世纪的江南女性相联系的”。她认为在 18 世纪的广东女性中涌现了一系列强势作家，这一趋势与江南的情形形成对比。[①] 有了大量已知的和未知的这类女性的存在，岭南的才女文化才没有像江南那样在 18 世纪衰落下去，反而越来越走向高潮。也因为其人数和著作众多并达到一定规模，才会引得学者瞩目，出现了《广东女子艺文考》这一类总结性质的文献学著作。

第二节　岭南文人提倡的“才女观”

高彦颐在谈论江南地区家刻的繁荣时指出，在推动人们接受女性作为智力型人类这一新形象上，家刻起到了重要作用。家刻将文化和学问这一世界带入妇女的传统领地，促使妇女和学问结合成一种新型关系：

---

① 〔美〕魏爱莲著，赵颖之译：《18 世纪的广东才女》，《中山大学学报（社会科学版）》，2009 年第 3 期。

不仅更多的妇女在这样一个潮流性的氛围中学习读和写，而且许多妇女还被视为其家庭的骄傲，这些家庭资助她们的作品出版。将女性才华融进家庭文化资本中，促进了对女儿进行文学教育的合法性，也促使了地方志对女性作家的推助。①

由于明代商品化经济的推动和文化的交流，关于女性获取知识的正当性就成为一个极为暧昧的问题。士大夫之家倾向或者说鼓励女儿成为能读会写的才女，这样的女性在同一阶层之间构成的婚姻市场中成为双方家族文化的象征和骄傲。虽然社会上依然有“女子无才便是德”的言论，却流于了形式。社会上整体出现了欣赏才女的风潮，这其中自然也包含岭南的文人。

一、才女塑造的最初摇篮：家庭

冼玉清女士在《广东女子艺文考》中谈到女性读书并能够取得成就的不易：

吾国女子，素尚早婚。十七八龄，即为人妇。婚前尚为童稚，学业无成功之可言。既婚之后，则心力耗于事奉舅姑，周旋戚□者半。耗于料理米盐，操作井臼者又半。耗于相助丈夫，抚育子女者又半。质言之，尽妇道者，鞠躬尽瘁于家事且日不暇给，何暇钻研学艺哉？故编中遗集流传者，多青年孀守之人……此辈大抵儿女累少，事简意专。故常得从容暇豫，以从事笔墨也。至于弱年谢世者，遗集煌煌，

① 〔美〕高彦颐著，李志生译：《闺塾师——明末清初江南的才女文化》，南京：江苏人民出版社，2005 年，第 41 页。

又大都受乃父乃夫乃子之藻饰，此亦无可讳言者。①

直言女性童年时期因年纪幼小，学业难有成果，稍长成人又嫁为人妇为家庭琐事所扰，更没有时间读书的事实。这也是《广东女子艺文考》中摘录青年守寡女性较多的原因。还有一些英年早逝的女性，她们之所以能有遗集传世，则是因为有父亲、丈夫或者儿子助其成名。无论哪种原因促成了女性的令名，其实都离不开女性所处家庭的推波助澜。

李晚芳在其《女学言行纂·自序》中说：

平治之道基于家齐，齐家之道责成夫妇，男治乎外，女治乎内。厥职维均，皆不可不学。然男子终身皆学之日，女子自成童以后，所学不过十年，即于归而任人家政，事舅姑，奉宗庙，相夫子，训子女，和娣姒伯叔诸姑，齐家之务毕集，皆取给于十年之学。故学于女子为尤亟。是以古昔盛王男女并教。

对女性读书来说，李晚芳的分析极为客观，她认为女性学习的黄金时期就在于幼时未嫁而在娘家的十年，这也正是她自己读书生活的真实写照。她从小跟随五兄一姊读书，而其姐的知识也来源于父亲和兄长。纵观岭南历史上出现的诸多才女，多是出身于书香之家，由家中的父母或者兄姊教授知识。可以说，她们的知识绝大部分来自家庭的熏陶。

南海人余玉馨是明代岭南较著名的女诗人之一，她聪慧强记、娴于词翰并淹通经史。据学者考证，余玉馨生于正德十二年（1517），卒于嘉靖四十年（1561），著有《篋中集》十卷行世。②

---

① 冼玉清：《广东女子艺文考·后序》，长沙：商务印书馆，1941 年。

② 黄昏：《岭南才女》，广州：广东人民出版社，2002 年，第 52～57 页。

她父亲余经，为正德十五年（1520）进士，官至给事中。在余家祖居后有山一座，其石结龙成珠。方舆家认为，余家将来必有显赫者，因此余经又号“石龙”。余经曾做过瓯宁县令，因为官清正，升为给事中，出仕京官，但他秉性耿直，“好持风议，以廷议大礼为权势所忌，左迁漳浦丞。自作诗有‘崛强每辜良友戒，要枢甘让别人登’句”。因此罗天尺评价这对父女时感慨道：“玉馨之渊源家学，有以夫！”[①]《广东名媛诗选》录余玉馨诗九首，《粤东诗海》录十二首。其诗婉转缠绵，深沉含蓄而又严正方刚，以近体律、绝为主，杂以古风，内容多为日常生活的感受。

余玉馨未嫁时，父亲携全家北上赴京为官，使她有机会游历名山大川，开阔视野。在京城，她与另一些名宦之女如林瑞鸾即侍御林士元之女成为同学。她二人皆秀美能文，一起从学名师、穷研经史和诗词，结下深厚友谊。余经失官回乡，余玉馨随父而归，从此与林瑞鸾天各一方。一别十年之后，林瑞鸾挂念昔日同窗并写诗以寄，诗云：

往年同学换鹅经，冰镜无尘玉有馨。织锦女高称独步，落梅妆好对双清。春朝携手看花发，秋夜凭肩待月明。别后相思烟水隔，海棠红绽想仪型。[②]

诗中对余玉馨的形象和个性特征做了描述，以名字入诗，赞扬她高洁的品行如玉能散发馨香，其人就像冰镜一样纤尘不染，可见她品貌的出众。为回报同学的相忆之情，余玉馨步韵和答，但因此诗韵脚中首韵为“经”字，是其父名讳，所以她更韵为“京”：

---

①② （清）罗天尺：《五山志林》，《清代广东笔记五种》，广州：广东人民出版社，2006 年，第 76 ~ 77 页。

忆昔分携共玉京，至今罗袂有余馨。才如池草争春绿，人似梅花对雪清。为别十年天共远，相思千里月同明。夭桃一树临窗发，犹向枝头想旧形。[1]

且不论此诗的词采清丽与其中体现余玉馨的机敏乖巧、孝而知礼，单就其诗作对象是其同学来言，明代官宦之家对闺中女性的教育是实实在在进行的。尽管余玉馨等人的诗作中未能指明她们是如何形成这种同学关系的，但是她们在共同的场所、共同从师是可以肯定的。或许在京城地区有专门的机构对士大夫之家的女性进行教育，抑或者有专门的闺塾师将这些女性集中起来进行授课。无论是哪种方式，女性都能够光明正大地获取知识，而且受到了家人的鼓励与支持。

陈广逊，字素恭，号静斋，应生于乾隆初，海阳训导陈次文[2]之女，羊额布衣何文宰妻，画家何笔江[3]之母。她自小便接受良好的教育，跟随母亲罗临[4]学习声律，“诸体皆工，又善画兰竹草，草有生致。能琴及卜筮，辄验。与文宰极倡随之乐”[5]。陈广逊著有《静斋小稿》，与阳春谢方端并称为清代广东著名才

---

① （清）罗天尺：《五山志林》，《清代广东笔记五种》，广州：广东人民出版社，2006年，第76~77页。

② 陈次文，即陈经世，字次文，号博堂，清优贡生，官历香山海阳训导，著有《博堂集》。

③ 何笔江，清嘉庆间人，字一坡，羊额人。母陈广逊善画，笔江承家学，作山水高雅。见林家强编：《顺德古今美术人物录》，顺德市图书馆复印版，1994年2月，第13页。

④ 罗临，字福五。其先河南怀庆人，寓居广州。庠生罗日阳女，广文陈经世室，才女陈广逊之母。著有《猗兰小草》。《粤东诗海》录其诗四首。

⑤ （清）戴肇辰、苏佩训修，史澄、李光廷纂：《光绪广州府志》卷147《列女六》，上海：上海书店出版社，2003年，第570页。

女。乾隆四十一年(1776),陈广逊的《静斋小稿》出版,父亲陈次文自豪地为她作序,其序曰:

广逊以生甫数龄,喜弄笔墨,读书声琅然,予与室罗顾而乐之。稍长,学拈韵为诗,先室欣然指授诗法,用是解声律焉。后予以亲老挈家归里,而广逊年十二矣,性益嗜书。予因为之讲解经义及史记两汉文,听受悉有所得。……诗颇多,一一名流索观者。或课见推许。而老友潘丈景最尤有昌黎之嗜,去年冬,潘君慨然谋付梓而广逊吕止名多。特书来请命于予。予谓女子诗如纫□,□清芬□,志集皆有专刻。今广逊诗固不敢希□古人,然潘君雅意又何容负!……今广逊年逾三十,所作诗藉,潘君力□,克有成书,而先室不及见矣。

可爱聪明的女儿在文人眼中,有着青春的活力与激情,或许因为异性间的吸引,通常父亲对女儿有着更强烈的爱。因此,与限制家中女性读书这种倾向相比,男性士大夫们更倾向于教育家中聪慧的女儿识字读书,这为他们带来极大的满足感与乐趣。清初"岭南三大家"之一的梁佩兰写过一首《七夕赠女温荑》:"人家乞巧寻常过,小女聪明独好奇。丫角髫行参佛礼,生罗衣写望仙词。沉香拣出熏空处,花药穿齐赛一时。捉得蜘蛛载金盒,要同天女斗天丝。"①对女儿的怜爱之情充盈诗句之间。嘉道年间南海的吴荣光②对自己的

① (清)梁佩兰:《六莹堂集》卷8,(清)伍元薇辑:《粤十三家集》,道光二十年(1840)伍氏诗雪轩刻本。

② 吴荣光(1773~1843),广东南海人。嘉庆四年(1799)进士,官至湖广总督。精鉴金石,工书,能画。著《历代名人年谱》《吾学录》《绿伽楠馆诗稿》《帖镜》《辛丑销夏记》。

女儿吴尚憙[1]亦是珍爱以极，宦游所至，往往挈之以行。两地分隔时偶尔收到女儿的家书，也会令他欣喜异常，他曾写有《满江红》一词，表达了对爱女才华不让诸兄的骄傲：

恩许归来天涯路，迢迢闽粤。频念汝，三山烟雨，正逢秋热。四十三年前夕梦，五千余里今宵月。待家书，一纸万金来，心如结。检初服，收残帙，锦囊贮，青箱物。报清风，两袖几行芳札。南北东西随侍处，陕黔湘浙承欢日。笑群钗，原不让诸兄，吾何歉。[2]

乾嘉时期号称诗书画"三绝"的岭南才子黎简亦是一例，他的两个女儿黎琼和黎芸的才华直接秉承了她们慧而早亡的母亲梁雪。黎简在诗作中也多次提及女儿的聪明与善解人意，爱怜之情溢于辞章："阿琼生小检形骸，九岁镌花自绣鞋。便拉阿芸学点字，不防慈母佛前斋。"[3]"弱女初能绣五文，天吴紫凤细勾云。从渠识字添闲事，又取爷书学八分。"[4]

邱士超对早慧的女儿邱掌珠视若掌上明珠，取名掌珠，并以名取义，因掌珠有"掬水月在手"[5]之意，遂取字掬月。对女儿的

---

① 吴尚憙(1808～1850以后)，字禄卿，一字小荷，太守叶应祺室，著有《写韵楼诗词》。叶应祺，字芑田，广东南海人，官山西蒲州府。叶应祺画兰竹师铁载，与其妻吴小荷，闺房翰墨，称一时韵事，著有《留庵随笔》。

② (清)许玉彬、沈世良辑：《粤东词钞》第四册，道光二十九年(1849)羊城学院前艺芳斋刊，第8页。

③ (清)黎简：《五百四峰堂诗钞》卷9己亥年，清嘉庆元年(1796)，广州儒雅堂陈氏版，《杂记》。

④ (清)黎简：《五百四峰堂诗钞》卷12壬寅年，清嘉庆元年(1796)，广州儒雅堂陈氏版，《绝句》。

⑤ (唐)于良史《春山月夜》："春山多胜事，赏玩夜忘归。掬水月在手，弄花香满衣。兴来无远近，欲去惜芳菲。南望鸣钟处，楼台深翠微。"

才华,他充满自豪,日常生活中就经常有意识地让女儿代己题诗、点校著作,并将她介绍给自己的朋友,后来又将她的诗集托有名望的老友点定出版。潘飞声①称赞邱掌珠:"少习庭课,卓擅清才,诗数十首,闲雅而有远思,绝去纤巧之习。词不多作,亦落落洒墨者。"②

香山人刘慧娟,字湘舲,晚号幻花女史,道光十年(1830)生于香山溪角乡,二十一岁嫁与顺德黄连举人梁有成为妻,是进士梁棨熙、廪生梁步云之母。她工诗词,善作赋,并精术数,小时尝刲股疗亲,嫁为人妇后,孝舅姑,和妯娌,教子严而爱,持家井井有条。③ 著有《昙花阁诗钞》初、二、三集。其子梁棨熙考中进士后当过知县,并为陈子褒④、赖振寰等人在顺德龙山倡办的戒缠足会题写叙言。刘慧娟在《昙花阁诗钞》自序中大概介绍了自己的生平。她是老大,下有弟妹八人,十岁时,在舅家从师受学,过目成诵,外祖母对她视若掌珠。她所从之师已无从考证,但她出身仕宦,从小就受到良好的教育是可以确定的。十二岁时,刘

---

① 潘飞声(1858～1934),字兰史,番禺人,近代著名诗人、书画家,香港《华字日报》《实报》主笔,南社成员。与罗瘿公、曾刚甫、黄晦闻、黄公度、胡展堂并称为"近代岭南六大家"。

② (清)邱掌珠:《绿窗庭课吟卷》,清光绪二十二年(1896)龙山邱园刊本,潘飞声《序》。

③ (清)刘慧娟:《昙花阁诗钞》,光绪十六年(1890)刻本,方秀洁、〔美〕伊维德主编:《美国哈佛大学哈佛燕京图书馆藏明清妇女著述汇刊》第三册,桂林:广西师范大学出版社,2009年,第149～150页,梁煦南:《师母刘太恭人〈昙花阁诗〉序》。

④ 陈荣衮(1862～1922),新会人,号子褒,珠三角地区妇孺教育的积极倡导者,编著大量妇孺教育书,如《妇孺女儿三字书》《妇孺四字书》《增改妇孺须知》《妇孺浅解》等。他还撰写《大脚歌》,用以宣扬女性放脚。

慧娟辞别老师回家学习女红，刺绣之余涉猎书史。因为她的聪慧，祖父母、父母对她极为疼爱，她父亲甚至常对诸位弟弟说："此吾家女学士也。尔等慧不及姊，惜哉！"她未嫁时的闺中生活，有着极强的学术氛围，据她自己说："每夕天伦乐聚，讨论词章，各言所得。"①

除了教导女性读书，家中的男性成员对女性的令名亦有着不可低估的推介作用。他们将女眷的作品公布于世，大大增强了她们的声誉和影响力。为扩大这种效果，男性亲属们还将她们的诗作寄与当时名士，请为之作序以提高作品的知名度。如刘兰雪去世之后，其夫何允衎将诗集携示虞启昆并请作序；陈广逊之父陈经世在司训海阳时寄女儿诗作与山东青州金石学家李文藻求序；才女邱掌珠之父邱士超将她所著《绿窗庭课吟卷》寄与香山黄培芳嘱其点定；李晚芳之子梁炜请进士梁景璋、历任顺德县知县和茂名县知县的王勋臣等为其《读史管见》和《女学言行纂》作序；林则徐应梁廷楠之请为其女梁媛玉、梁媞玉的《同怀剩稿》作序等。

冼玉清曾说，女性作者能够成名大抵依赖以下三种情况："其一名父之女，少禀庭训。有父兄为之提倡，则成就自易。其二才士之妻，闺房唱和，有夫婿为之点缀，则声气易通。其三令子之母，侪辈所尊。有后嗣为之表扬，则流誉自广。……以上三者，气类相引，因果自然，较诸无根之芝无源之醴，其难易殆不可

---

① （清）刘慧娟：《昙花阁诗钞》，光绪十六年（1890）刻本，方秀洁、〔美〕伊维德主编：《美国哈佛大学哈佛燕京图书馆藏明清妇女著述汇刊》第三册，桂林：广西师范大学出版社，2009 年，第 150 ~ 151 页。

以道里计。则人有幸有不幸也。”①可以说,女性所处家庭的支持是成就她们才名并使其能够迅速成长、有所成就的摇篮和坚强后盾。

二、才女成长的温床:社会

胡晓真指出,妇学及才女文化是盛清时期十分重要的文化现象,她在总结曼素恩的观点时说道,盛清时期的经济发展促使人口大量增长,也使得妇女存活率提高,同时,“社会对妇女‘投资’的意愿也随之提升了,有才之女甚至成为上层阶级的象征资本。妇女教育在盛清成为婚姻的重要条件,代表女家的门第修养,也成为夫家的炫耀资财”②。成为家庭骄傲的才女,引发了婚姻市场上对女性整体素质期望值的升高,因为许多政治家相信妇女应该受教育,“不仅为了实际的理由——她们必须教养儿子,让后者做好应考的准备;也为了道德上的理由——她们担负着抚育后代子孙的责任。同时,身为妻子与持家者,妇女也需要一定的道德权威”③。

女性的才华成为家族文化的有力标志,成为传承儒家文化、

---

① 冼玉清:《广东女子艺文考·后序》,长沙:商务印书馆,1941年。

② 胡晓真:《〈兰闺宝录:晚明至盛清时的中国妇女〉导论》,见〔美〕曼素恩著,杨雅婷译《兰闺宝录:晚明至盛清时的中国妇女》,台北:左岸文化出版,2005年,第11页。《兰闺宝录:晚明至盛清时的中国妇女》与曼素恩著,定宜庄、颜宜葳译:《缀珍录——十八世纪及其前后的中国妇女》,其实是同一书的不同译本,杨雅婷所译为台北左岸文化出版,但因两个版本不同,翻译的具体内容亦有差别,所以在引用时两个版本均会参考。

③ 〔美〕曼素恩著,杨雅婷译:《兰闺宝录:晚明至盛清时的中国妇女》,台北:左岸文化出版,2005年,第184页。

成功教育子女的关键环节。知名士人对这些才女的讨论和赞誉,又成为对女性学习儒家文化的一种鼓励。此时,才华横溢的女性在男性士大夫的眼中,不再仅仅是持家有方的妻子,其诗人身份使她们集儒家正统规范和贤妻这两种身份于一体,成为一种具有“凸显道德规范的陪衬”。① 鉴于此,这些身为精英的父亲都倾向于让女儿接受适当的教育,研读经典,学习使用文字的技巧。社会整体环境慢慢形成了表面纠结、实际赞许的推崇女性学习的风潮。

明代略晚于余玉馨的刘兰雪也是一位享有盛名的才媛。她不仅得到当时士大夫们的推崇,也引起后人的极大兴趣。冼玉清女士就写有《顺德才女刘兰雪考》,发表在 1947 年 12 月《妇女生活》创刊号,以考察这位才女的生平与诗作。刘祖满,字兰雪,一字畹卿,生于泰昌、天启间。② 其先祖刘魁入粤,占籍番禺,后徙居顺德容奇乡石阁坊。刘兰雪生而端庄,好读古书,过目成诵,善于吟咏,悉如唐法。她嫁与大宗伯何维柏之后裔、生员何允衎为妻,著有《丛桂剩稿》《梅妆阁诗》。《广东名媛诗选》录其诗 51 首、《粤东诗海》录 23 首,康熙十三年(1674)黄培彝修的《顺德县志》录 6 首,评价其诗均“出自胸臆,字字庄雅,是才而

---

① 〔美〕曼素恩著,定宜庄、颜宜葳译:《缀珍录——十八世纪及其前后的中国妇女》,南京:江苏人民出版社,2005 年,第 144 页。

② 陈永正《岭南诗歌研究》(广州:中山大学出版社,2008 年,第 444 页)载刘兰雪生于万历三十五年,殁于崇祯四年,即 1607 ~ 1631 年。冼玉清曾有《顺德才女刘兰雪考》,刊于 1947 年 12 月的《妇女生活》创刊号,第 5 页,上面考证刘兰雪生于泰昌、天启间。从材料上看,陈说有不符合之处,故以冼玉清的说法为尚。

得性情之正者也”①。

其实刘兰雪最初并非是以才学显，而是以孝闻的。她十四岁时，母患眼疾，无法视物，刘兰雪“哀鸣拜祷，愿代以身。梦神教以燃指救母。火发昏痛仆地，母抱大哭，泪尽而目旋明，孝所感也”②。后人论其行“是孝感动天帝，与曹娥③溺水救父亦复何异”④。她嫁与庠生何允衎后，“事舅姑，修蘋藻，课女红。以其学识布之，绰绰余裕”。可惜的是，她在父亲死后，哀伤过度，“丁外艰，自居一室，不与夫通。抱恨终天，渐成骨立。揆父殁期，不一越月，呕血数升而逝，时年二十有四”⑤。死时留有一子，名玺书。刘兰雪去世后，人们“甚为痛悼，直指使王公化澄、太守严公起恒旌表孝义。邑令朱公光熙援笔纪其事，非虚美矣”⑥。后来广州府推官黄公申详，提学道袁公转详两广部院，又檄行南海县，送匾题曰“至孝可风”以旌表之；广州府宪严起恒也为她题匾曰“孝文女士”。⑦

刘兰雪死后，解元罗国器编其诗为一集以行世，顺治二年（1645），刘兰雪的丈夫何允衎将诗集携示虞启昆并请为之作序。虞启昆在序言中对刘兰雪的生平作了高度的评价：

> 予于刘兰雪，奇其才，以为有古绛纱受业、椒花献颂遗风。及得其燃指救母一事，百死一生，为烈丈夫所难

①④⑥　（清）黄培彝修，严而舒纂：《顺德县志》卷9《人物》，康熙十三年（1674）刻本，《中国地方志集成》第31册，上海：上海书店出版社，第307页。

②⑤⑦　（清）范端昂著，汤志岳点校：《粤中见闻》卷19《人部七》，广州：广东高等教育出版社，1988年，第222页。

③　东汉年间，曹娥之父盱，因龙舟竞渡溺于江中，尸不得见。娥投江自溺求父尸，故以孝女闻。

为。……吾以是益奇兰雪诗,每一读一叫绝,竟欲与忠烈古贤诸集并笥藏之,不仅作女史观。惜也!兰雪十四而孝行闻,二十而诗名著,廿四而身殒,奇才壮节而夭以年,徒为有心人惋惜。兰雪夫汝和氏,固亦忠孝遗裔也。大宗伯古林公于世庙时有建白大议布闻于朝,平生重清节,故汝和氏虽世家子,犹食贫游艺如故。乙酉秋,携是集至,友人读而慕之者无虑数十人,或乃比之江左之柳絮、魏文之博士。但觉儗人非伦尔,疾风劲草,安得当世尽如此。指可爇,身可殉,严霜烈日,义不独生也。则《梅妆阁》《丛桂轩》诸稿将为十五国风续编乎、古烈女外传乎?一语流传,可泣鬼神,可镂金石,不在国门亦在名山,吾乌知廿四龄不寿于八千春秋也。①

可以说,整个社会包括士大夫的赞扬,成就了刘兰雪“孝义”的令名。

张廷玉修纂的《明史》卷99《志第七十五·艺文四》记载了一部闺秀诗集《刘苑华诗》一卷,是以作者的名字命名的,其实这本诗集的全称为《落霞山下女子吟》,是明代香山闺媛刘苑华所撰。刘苑华,小榄人,安仁知县刘士腾孙女,万历四十年(1612)举人、户部侍郎何藻之妻。② 冼玉清曾引何天衢的《榄溪何氏诗征》对刘苑华予以更为详细的介绍:“苑华之祖,曾官县

---

① (清)潘尚楫修,邓士宪等纂:《(道光)南海县志》卷26《艺文略二》,道光十五年(1835)修,同治八年(1869)重刻本,广州:岭南美术出版社,2006年,第536页。

② (清)温汝能著,吕永光整理,李曲斋、陈永正审定:《粤东诗海》卷96,广州:中山大学出版社,1999年,第1791页。

令。翩翩女公子也。乃慕户部公才名，甘为篷室，已为巾帼所难能。平山蔡九霞辑《广舆记》[①]于本乡人物一无所采，独采苑华。岂果凤岭驼峰之秀，不钟于男子而钟于妇人欤？”[②]也就是说，刘苑华当为何藻之妾。然而无论她究竟是妻还是妾，在士大夫的眼中，她都是一位才华横溢的女性。这类女性对男性有较强的吸引力，她们代表天地灵气的结晶而成为男性心目中理想女性的化身。

岭南三大家之一的南海梁佩兰有一封写给番禺隐士王隼之女王瑶湘[③]的书信，被广为传诵。上面写道：

> 闻瑶湘读书，余甚喜。余与汝祖若翁交，凡两世矣。视汝一如己出，故甚望汝之成也。余有女龙端，小汝一岁，颇聪慧，余授以诗，上口即能背诵。而余性懒不能常授，以此龙端之学不及汝。闻汝近读漆园《南华》。《南华》之文章善幻，而其言道也，必溯乎未始有道；其言物也，必主乎齐而列以不齐之状。总归于化，善读《南华》者当知之。又读《礼》经。《礼》经，汉白虎诸儒之所著也。二戴、大小夏侯各师其传。然不越天下国家朝会燕飨，嘉劳赠答仪文缛节。

---

① (明)陆应阳辑，(清)蔡方炳辑：《广舆记》卷19《广东》，《四库禁毁书丛刊·史部》第18册，北京：北京出版社，2000年，第431页《列女》条：“刘苑华，香山人，户部郎何藻之妻。诗篇甚富，题曰：落霞山下女子刘苑华吟。”

② 冼玉清：《广东女子艺文考》，长沙：商务印书馆，1941年，第15页。

③ 王瑶湘，隐士王隼(1644～1700)女，能诗。隼择婿得故人子李孝先，遂妻之。隼性嗜音，常自度曲，孝先倚而和之，瑶湘吹洞箫以赴节，听者有月笙云璈之想。未几孝先卒，瑶湘怡然矢节，自称逍遥居士。隼为刻《逍遥楼诗》。传见(清)李福泰修，史澄、何若瑶纂：《(同治)番禺县志》卷51《列传二十》，同治十年(1871)广州光霁堂刻本，广州：岭南美术出版社，2006年，第614页。

至言闺门,则礼之节盖谨矣。更读《离骚》。楚臣屈原不得于君,发为奇文,香草美人,芳兰君子,三湘九岳之间,左倚桂旗,右揽揭车。汝诵之,倘亦有恍焉如见者乎。余何时得来汝父西山,见汝于溓庐,使汝将所读之书各诵一遍,俾我泠然称善也。①

信中,他以严师的身份首先对待字闺中的王瑶湘用心攻读予以鼓励,接着对她所读之书进行解释和指导,最后又为她开列书目并提出要求,甚至还专门提到要亲自检查她的学习成效,可见督促教导之严。

山东益都(今青州)人李文藻②为顺德才女陈广逊的《静斋小稿》作序时说:

顺德陈君次文司训海阳,与予为同官,数相见论诗。予将它迁羁羊城,君忽寄其女《静斋诗》一卷属序,其古体纵横有撑柱,近体清峭,绝不类妇人,读而异之。既从其里人张君药房闻静斋事翁姑甚孝,与夫子何君文宰闭户相倡和,有偕隐之风。药房并见何君诗,气格与静斋迥异,何其难也。

---

① 《广东文征》编印委员会:《广东文征》第五册,香港:香港中文大学出版社,1978 年,第 11 页;又见钮琇:《觚剩》,沈云龙主编:《近代中国史料丛刊续编》第九十四辑,台北:文海出版社有限公司,1982 年,第 135 ~ 136 页。

② 李文藻(1730 ~ 1778),字素伯,一字茝畹,号南涧,益都人。钱大昕《潜研堂文集·李南涧墓志铭》载其"十五岁为诗,二十一补县学生"。乾隆二十六年中进士,"廷对策博赡,为进士最,以补试例不与进呈之列,然读卷官交口叹赏无异词"。先后任广东恩平、新安、潮阳等知县,擢广西桂林府同知。其详细介绍见李文藻著,栾绪夫注:《岭南诗集注》,大连:大连海事大学出版社,1994 年,《前言》。

在此序中，李文藻在结尾专门提到张锦芳[①]对陈广逊所做的评价："静斋工画梅兰竹，不恒以示人，其殆恶世俗之名者与。"[②]张锦芳才华出众，与黎简等人是好友，在诗书画方面都颇有造诣，享誉极高，他对陈广逊的推崇自然极有分量。

何其芳在《邱孺人挽诗》中写道："休夸蔡谢擅才名，绛帐当年粉黛盈。今日嫦娥邀女传，广寒应有读书声。"[③]对于嘉道年间设帐授徒的才女邱掌珠给予极高评价。"粤东三子"之一的黄培芳也亲自为邱掌珠点定诗集并作序，"余既喜其能承父业，盖勉其远绍古之名媛，将增辉史乘，岂独王氏云尔哉"[④]。正因为有了这些知名士大夫的评价，女性的才名才愈加引人瞩目。

1917 年出版的《粤东新聊斋》是梁佩兰之后南海监生梁纪佩搜集粤东轶闻掌故撰写的。其中记有一段轶事，婢女玉琴在买菜时与人以"清和桥"三字联句，以"有木原是桥，无木亦是乔。除去乔边木，加女自成娇。娇娇娘娘绣房内，胜过豆腐煮斋菜"而传诵羊城。其主人方鸣谷知悉此事后亲为她提亲，嫁与士人之后即卖菜之罗甫，并作为归宁女相待。黎简还为这段轶事

---

① 张锦芳(1747～1792)，字粲夫，一字药房，龙江人，乾隆间人。通《说文》，识籀、篆分隶。与钦州冯敏昌、同县胡亦常称"岭南三子"；又合黄丹书、黎简、吕坚为"岭南四家"。著有《南雪轩文钞》二卷、《逃虚阁诗钞》六卷、《南雪轩诗余》。传见《(咸丰)顺德县志》卷26《列传六·国朝二》。

② (清)陈广逊：《静斋小稿》，清乾隆刻本，李文藻《序》。

③ (清)邱掌珠：《绿窗庭课吟卷》，清光绪二十二年(1896)龙山邱园刊本。

④ (清)邱掌珠：《绿窗庭课吟卷》，清光绪二十二年(1896)龙山邱园刊本，《绿窗庭课吟卷诗序》。

赋五言古绝一首。[①] 黎简是乾隆年间生人，此事发生在黎简之前，那自然不会晚于乾隆年间。在另一则故事里，一位乞讨为生以养育婆母和子女的妇女凭其偶然在一次乞讨时显露出的才华为人赏识，被聘为塾师，教其人之妻妾女儿读书。[②]

从上面这些例子中，可看出珠江三角洲地区社会整体对女性才华的尊重。在岭南，女性文学与中国文化的大环境是相匹配的，同样受到其所处时代的影响。明清时期远远不是所谓女性受到绵延不断的压迫的时代，事实上，这是长达数个世纪的一个动态的、多样化的时代，社会、政治、经济的变化导致了社会性别关系的深刻变化。[③]

---

① 梁颂虞:《粤东新聊斋初集》，民国七年（1918），广州科学书局，第37～39页。

② 梁颂虞:《粤东新聊斋初集》，民国七年（1918），广州科学书局，第19～21页。

③ 〔美〕曼素恩著，定宜庄、颜宜葳译:《缀珍录——十八世纪及其前后的中国妇女》，南京:江苏人民出版社，2005 年，第 7～8 页。

第　八　章

才女交际圈的建构

第一节　闺阁内的交流

从脱离乳齿到受教成长、嫁为人妇、生儿育女、养老育雏、度过晚年,正常社会中女性似乎就按照这样一个既定的生活模式走完自己的一生。在看似平淡的生命历程中,女性不断转换着生存的角色,由一个家庭步入另一个家庭,将原有的家庭关系逐渐淡化,然后以夫家为中心建立新的家庭伦理关系,并在新的社区结交新的伙伴。在不断地转变中,父母与幼女、丈夫与妻子、母亲与子女的关系当然是横贯其中的主线,但正如参天大树去除主干之外仍有许多细小的枝丫一样,女性的社会关系网也不是我们想象的那么简单。她们通过与周围女性、男性士大夫的交流,吸取营养,为自己才学的提高打下坚实基础。

一、女性之间诗作的唱和

高彦颐认为，尽管伙伴式婚姻并没有促进制度性平等的社会性别关系，但更重要的发展则在一个全异的场所中酝酿着——闺阁女性领地内的女性间亲密关系。在家族内男女分离领域的限制下，夫妻感情至多是家族主妇的感情和社交世界中的许多构成因素之一。于是，女性同伴便成了闺阁内最显著的一种存在。不仅如此，一个受过良好教育的批评群体在同一邻里的存在，与增加了的同远方之人交换书信和手稿的机会一道，推动了明末清初江南女性社团的激增。①

对于明清时期岭南的女诗人来说，尽管像江南那样定期举行活动、相互交流的诗社并不存在，但事实上在一个隐性的空间内，依然有着女性同伴的交流。这些来自相同或不同家族的女性之间存在着默契，共有的教育背景使她们有能力一起谈论生活与学术，进行感情与文字的交流。无论是诗作的唱和，还是手稿的应答，均为她们构建了不同于男性所拥有的闺内空间。岭南女性同高彦颐笔下明末清初的江南才女一样，栖居于这个扩展了的社会空间内，这种情况同样的与官方宣传的与世隔绝大不相同。

如余玉馨一样，刘兰雪的闺阁生活并不乏味单调，她虽不同于余玉馨随父宦游京师结交同学，但在当地同样有不少闺中密友。这些同伴与她一起写诗游玩，进行文字与感情的双层交流。限于闺内的条例不可能完全束缚这些花样年华的女子，她们共

① 〔美〕高彦颐著，李志生译：《闺塾师——明末清初江南的才女文化》，南京：江苏人民出版社，2005 年，第 191 ~ 192 页。

同出游，以诗写景，构建起自己的交际圈。从女诗人的诗作中，我们可以看到她日常生活的交际与活动圈。在刘兰雪诗中出现的人物就有表妹蕙若、周小姐、张太夫人、朱叔母、李郁李诸姐妹以及黄嫂等诸多女性。亲戚之间的女性交流最为普遍，刘兰雪与其表妹蕙若在经过多年离别之后，再次相见，时光的变迁使得两人都觉得这种重逢像是在做梦：

手谈心力拙，耳语口脂香。以旧相思告，将新嘉会忘。乡音方半改，卷发尚前妆。既见终疑梦，悬心犹未降。

在众多亲友中，“朱叔母”在兰雪的诗中出现的频率极高。这位“朱叔母”应该就是“明末三忠”之一陈子壮之母，她与刘兰雪家究竟有什么样的关系，因材料所限我们还不得而知，但非亲即友是可以肯定的。不仅李郁李姐妹因这个朱叔母而与兰雪关系笃亲，连陈子壮也因她为介而与刘兰雪相熟。陈子壮，号秋涛，曾于天启四年（1624）抗疏魏忠贤被罢官回到原籍。崇祯九年（1636），陈子壮再度上书言事被入狱除名，后减死放归。具体在什么时候尚不清楚，但肯定是在陈子壮下野的时间段之内，其母朱太夫人曾招兰雪宴集家园。当时她尚在垂髫，子壮命她赋诗庭前竹，她即应声道：

为爱庭前竹，猗猗曲槛中。孤高撑落日，劲直扫秋风。龙去投筇巧，鸾归制笛工。平生好修节，赖有此君同。①

诗中的颔联用“孤高”与“劲直”等词，巧妙地把陈子壮的抗疏之行与竹子的高节相比，表现出高尚的审美情趣与熟练的艺

① （清）温汝能著，吕永光整理，李曲斋、陈永正审定：《粤东诗海》卷96，广州：中山大学出版社，1999年，第1792页，《与表妹蕙若舍奕话旧》《靖节堂竹陈太夫人限韵命赋》。

术技巧。刘兰雪还写有《陪陈太夫人游海珠诗》，再次隐喻了陈子壮的高节：

五日乘潮似渡泸，钗头争挂辟兵符。珠遗洛浦谁家女？印解湘潭楚大夫。雪撼怒涛摇垒堞，波侵斜日浸浮屠。归来试把诸姬问，适听莲歌记得无？①

海珠石原为珠江中的巨型礁石，位于珠江河道中，相传为广州的镇城之宝，与浮丘石、海印石并称为"羊城三石"，为羊城八景之一。端午节时，刘兰雪陪陈太夫人及诸女共游此地，归来后赋诗一首。诗中描述了珠江怒涛如雪的壮观景色，并用壮志难抒的屈原来喻陈子壮。在别人心惊胆战于船行的凶险时，她怡然自得，熟记舟人所唱的采莲之歌，展现了不同于诸女的豪迈与胆识。罗天尺评价这首诗："珠遗、印解，关合己与文忠，不卑不亢，真风雅正则，岂李易安等所敢望哉！"②李易安即李清照，是众所周知的著名女词人，她帮助丈夫编写《金石录》，其《漱玉词》被视为宋代婉约词的正宗，在中国女性文学史中的地位罕有匹敌。罗天尺评价刘兰雪之诗"风雅正则"，非李易安所能比拟，可见赞誉之高。

诗题中的陈太夫人即朱叔母，其身份颇有点类似于高彦颐笔下的商景兰、顾若璞等人③，以自己不平凡的身份为身边的才

①② （清）罗天尺：《五山志林》，《清代广东笔记五种》，广州：广东人民出版社，2006年，第80页。

③ 商景兰（1605～约1676），是忠明烈士祁彪佳（1602～1645）的孀妻，她教授女儿、儿媳诗歌，结成诗社，并为其他女性的作品书写序跋。顾若璞，杭州人，1606年嫁黄茂梧为妻，十三年后守节。她是一位母亲兼教师，利用自己在家庭中的领导作用，为女性亲友们提供了一个相互交流的平台。此后的蕉园诗社中的女诗人就多是出自她的家族或者是她的精神后人。见〔美〕高彦颐著，李志生译：《闺塾师——明末清初江南的才女文化》，南京：江苏人民出版社，2005年，第239～256页。

女们搭建了一个交流的平台。她经常招集诸女一起出外游玩，命她们当庭赋诗，有意无意地为这些闺中才女们创造更多交流机会。刘兰雪有《朱叔母招同李郁李诸姊妹游北园》诗记载了她们出游的情况：

北园之乐乐如何，花底藏阄石上歌。云破数峰浓似墨，风摇一水绿于萝。地烹甫里能言鸭，草乳羲之换帖鹅。醉插山花君莫笑，人生会少别离多。①

这种出游的闲暇生活即便是在极力强调不出闺门的儒家文化圈内也是被允许的，明末清初的江南女性中大量存在着这种为享乐而开展的旅行。我们可以肯定地说，在儒家理想的女性生活中，广东的女性与江南的闺媛一样，在隔绝的女性理想和对其流动性和可视性的某种程度的事实接受之间，存在着一种差距。在这一空隙中，妇女享受着一定的自由。②

女性朋友间互赠礼物在闺中是常有之事。明代才女刘兰雪喜临池学书，李家小姐李郁李便以古砚赠之。砚以有鸲鹆眼者为贵，其坚致可比喻不屈不挠之气概，李小姐便以此来借喻兰雪的性格。刘兰雪作《谢李郁李古砚》诗以谢：

铜雀云封泽未干，摛文墨海起狂澜。蟾蜍滴带阴山润，鸲鹆星分壁水寒。晋帝赐司麟笔重，王慈取并素琴端。不磷磨尽坚如许，敢作他山一石看。③

兰雪在一个夏末将成熟的莲蓬送与相交甚笃的周小姐品

---

①③　(清)温汝能著，吕永光整理，李曲斋、陈永正审定：《粤东诗海》卷96，广州：中山大学出版社，1999年，第1793页。

②　〔美〕高彦颐著，李志生译：《闺塾师——明末清初江南的才女文化》，南京：江苏人民出版社，2005年，第237页。

尝，随物而至的还有诗笺一首，即《馈周小姐莲蓬却寄》：

粉坠红销水殿香，西风摇动绿蜂房。也知心苦难成蜜，寄与云英捣玉霜。①

直接为我们展现了作者与闺中密友的日常往来。

因亲情和地缘关系造成的经常性接触帮助闺中的才女们建立起了亲密的感情，但由此而建立的女性关系网并不稳定。如高彦颐所说，因为它们的成员身份是伴着女性随父、随夫的离去而改变的。② 女性亲友间的分别随着父亲或丈夫所处环境的变更由预想变为事实，这些变更表面会使女性之前建立的关系网趋于薄弱和淡化，但身体的距离并未削弱、割断这些关系网。她们写诗送别或者在远方遥寄特产和诗句来联络，同时交流双方的近况与感情，极大地拓展了她们知识和思想上的空间范围。

刘兰雪的诗作中有一首《送黄嫂从宦中州》云："杨柳千条复万条，断肠攀折在今朝。剩枝不许黄莺坐，留结同心寄洛桥。"③这位"黄嫂"随着丈夫到中原做官暂时离开了岭南，刘兰雪为她赋诗送别。两个人的感情似乎很深厚，因此送别显得极为落寞，但是她们的惺惺相惜并未因距离而断绝，这在诗作中已有所体现。即便相隔万里，这些女性同男性一样，依然能够通过冥想和诗作来保持感情的沟通。不负刘兰雪的深情，黄嫂到中

---

① （清）温汝能著，吕永光整理，李曲斋、陈永正审定：《粤东诗海》卷96，广州：中山大学出版社，1999年，第1794页。

② 〔美〕高彦颐著，李志生译：《闺塾师——明末清初江南的才女文化》，南京：江苏人民出版社，2005年，第229页。

③ 汤志岳：《广东古代女诗人诗选》，广州：广东人民出版社，1997年，第71页。

州之后，即远寄茶叶，为此兰雪再次赋诗《谢黄嫂惠茶》云："斜印遥封寄远情，品泉敲臼按经烹。卢仝未必相如渴，只爱清风两腋生。"①感情就在这种相互的惠赠之后继续保温。

刘兰雪还有一首《送张太夫人还楚》诗云：

满船箫鼓夕阳中，顷刻云山即万重。清泪下同三峡水，绪怀叠作九疑峰。今从跃鲤桥边别，后向华胥国里逢。挥手挂帆天际外，深闺何处问行踪。②

仅活了二十四岁的刘兰雪肯定要比这位张太夫人小得多，她们间的交往估计由双方家长或者邻里关系促成，这再次证实了女性在闺房之内的隐性交际圈并不像人们想象的那样狭小。

女性跟随家中男性而迁居远方不仅表现在岭南女性的走出，也表现在外地女性的走入。她们与本地女性往往以交游为媒介相互结识并结下深厚的友谊。当外来者的宦游生涯结束后，女性作家之间亲密的关系往往告一段落，再此后就只有凭借书信作为沟通的媒介，但女性作家的思绪和历程也借此而走出岭南。

山阴的刘三妹随宦游的祖父来到岭南，就在其祖父任职将要期满时，诸生黄沃棠的妻子、香山人杨如梅与刘家成为邻居。两人在一起相处半年有余，从而结下深厚情谊。刘三妹返回家乡之后，二十年间两人只书信往来三次，而且最后一次十年都未有消息，但是感情一直很深。直到多年后刘三妹的弟弟游历岭南，才向杨如梅转达了问候，杨如梅遂赋诗六首以赠，其序为：

浙粤各天，离群南北。有怀欲寄，云山间之。曩者尊大

①② 汤志岳：《广东古代女诗人诗选》，广州：广东人民出版社，1997 年，第 88、59 页。

父宦游将归，幸接孟邻，叨陪谢女。半载谈心，乐数晨夕。自谓个中缘分，寸心千古矣。既而仙槎返后，云散风流。忽忽廿年，星移物换。雁书三至，附锡琼琚。采蘋报复，都属浮沉。嗟乎！千里云遥，百年易逝。秋水伊人，几堪溯洄耶。今年孟夏，令季来游。远怀珍重，慰我实深。悲喜之余，用赋小诗，题之便面。亦凭天末而写心，望湘君而如赠耳。时丁巳孟夏中浣。①

在社会风气的推动下，女性从师学习儒家文化成为常有之事。共同从师于一人，使得闺媛们借共同学习的机会建立起亲密的同学之谊。明代的余玉馨和林瑞鸾应该就是一例。到了清代，这种事情就更多了。如梁文娴，阳春人，曾与谢方端是同学。她在与谢方端同窗三年之后远行，专门远寄赠诗一首以表惜别：

大家风度世间稀，文藻妆台肯让谁。诗压谢姬吟柳絮，才欺卓氏画蛾眉。竹松雅操无双调，兰桂馨香第一枝。三载同窗今远别，闺中翰墨会何时？②

十来年之后，谢方端翻检旧物时无意中又发现了梁文娴给她的赠诗，此时世事变幻，谢方端不由伤怀感事，悲从中来。她写道：

少从严君游，不识愁与苦。涉猎翰墨场，雕镂花月圃。所学都无成，谁欤谬推数。鲤鱼海上来，瑶函达江浦。柳絮风已微，猥云敢接武。感此十数年，人事况非故。花落泪同零，燕归愁独处。日蹙新愁眉，长抛旧乐府。今触故人诗，

①② （清）温汝能著，吕永光整理，李曲斋、陈永正审定：《粤东诗海》卷97，广州：中山大学出版社，1999年，第1824、1822页，《寄山阴刘三妹》《寄赠闺秀谢方端》。

往事杳难睹。茫茫伤余心，寒风惨庭树。①

晚于陈广逊将近百年的女诗人刘慧娟也是位人际交往广泛的女性。她的诗作中有相当一部分记述她与自己的姊妹、族中女性进行交流，还有一些则是写给自己的女性朋友的。如梁家在举家迁往大良时，朋友们为刘慧娟在李府设宴饯行，她即席口占一首惜别诗《将迁凤城李府饯别席上口占》云："浮生原是转篷身，梦断香城五十春。小凤有心怀梓里，孤鸿无意恋芦滨。杯倾薤白情如旧，烛换莲红泪复新。后会有期应不爽，梅开庾岭待归人。"到了大良，她和朋友间的感情也没有因距离而生疏，经常互赠诗作联络感情，如《迁凤城后寄方夫人》云："掌珠相惠拜堂前，谊结通家信夙缘。笑我游踪同傀儡，羡君行地亦神仙。袂分南浦烟笼树，棹泛岐江月满船。去去不堪回首望，寒蝉衰柳别离天。"又如《寄梁夫人》云："记曾泛棹鼎湖游，香火缘深两意投。东阁筵开招旧雨，南园曲按赏新秋。双星再渡骊歌唱，一水遥分鹊影收。惜别汪伦劳送远，桃花潭水话重修。"②

二、岭南女性的结缘风俗

应该说，外表看来沉闷的闺阁生活其实充满了活力，闺中女性常利用赠送礼物、节令时的走动来联络感情、相互交流。受岭

---

① （清）温汝能著，吕永光整理，李曲斋、陈永正审定：《粤东诗海》卷97，广州：中山大学出版社，1999年，第1818～1819页，《偶检旧箧得闺秀梁文娴旧所赠诗感而有作》。

② （清）刘慧娟：《昙花阁诗钞》，光绪十六年（1890）刻本，方秀洁、〔美〕伊维德主编：《美国哈佛大学哈佛燕京图书馆藏明清妇女著述汇刊》第三册，桂林：广西师范大学出版社，2009年，第184页。

南传统习俗的影响，她们间的往来极有特点。乾隆年间的《佛山忠义乡志》记载，每年七月十五日，“闺中妇女以彩丝结同心缕，镂菱藕为花鸟形，辅以龙眼、青榄，互相馈遗，曰结缘。婢仆络绎于道。今此风稍希矣”①。

记载这段材料的方志编写于乾隆时，不排除此习俗在当地已经存在很久的可能。虽然作者专门强调“今此风稍希”，但道光年间编写的《佛山忠义乡志》却仍然记载如故。② 这就意味着此种风气到道光年间有可能仍然存在，并非是士大夫们所期望的从“稍希”到灭亡。由于明清珠三角内部经济文化的交流，以广州为中心的周边地区有着频繁的人员流动，我们完全有理由相信，随着家族的迁移，各种习俗会在珠三角内部迅速地融会贯通。闺阁女性之间的结缘，就极有可能成为珠三角地区的女性内部通行的一种交流感情的方法。

我们无法确定这种所谓的“结缘”与岭南固有的“自梳”“金兰契”有多大关系，但是极有可能是这些形式的一个变种，所以文人们在提到此种风俗时会故意说此风渐希，毕竟连外来的士大夫都敏感地感觉到了。广西桂林人倪鸿，字延年，道光年间曾在粤为官二十年，著有《退遂斋诗钞》。他将在珠三角地区看到的“结缘”习俗记入一首竹枝词：“姊妹花开到处妍，家家楼阁住婵娟。筠篮龙目争相饷，儿女青红说结缘。”旁边小注为：“七月十四日以龙眼相饷，谓之结缘。”③其中“姊妹花开”一句与顺德

① （清）陈炎宗总辑：《佛山忠义乡志》卷6《习尚》，乾隆十七年（1752）修，刻本，第16页。

② （清）吴荣光：《佛山忠义乡志》卷5《乡俗》，道光十年（1830）修，刻本，第16页。

③ 潘超、丘良任、孙忠铨等编：《中华竹枝词全编》第六册，北京：北京出版社，2007年，第21页。

盛行的“金兰契”颇为相似，虽然二者不一定完全相同，但多少也脱不了干系。

高彦颐在谈论明末江南社会的上层之妻、名妓和歌女的亲密关系时指出：

> 这些女性情谊，是介乎友情—爱情之间的混合体，她们的亲热摇摆于纯精神和肉体的两极间。而且，这种亲热是闺房内女性爱情、性和美之话语的一部分……这些联系是否能被称作“同性恋”，并不是一个合宜的问题。相反，重要的是强调女性于闺阁内所追寻的范围广泛和性质多重的亲密关系，及上层之妻享受着的追求其他女性爱情—友情的自由。①

对于江南的情况，高彦颐只是一种猜测性的推断，她不敢得出同性恋的结论。但透过岭南女性交往的种种习俗，以及存在的“金兰契”“自梳女”团体来观照当地的情况，似乎一切都指向了高彦颐所说的“同性恋”的可能。这种在现实中可能存在的情形也不止一次被学者在研究自梳女时提及。② 且不论闺阁女性间的亲密交往夹杂多少同性之爱的成分，但她们确实通过彼此的诗作交流、礼物互赠，构建了一个广阔的闺阁交流空间。

---

① 〔美〕高彦颐著，李志生译：《闺塾师——明末清初江南的才女文化》，南京：江苏人民出版社，2005 年，第 280 页。

② 张杰：《金兰契研究》，《中国社会历史评论》，2005 年；李宁利、黄淑娉、司徒尚纪、周玉蓉：《自梳女的“婚嫁”象征》，《广西民族研究》，2004 年第 3 期；叶春生：《珠三角的“自梳女”》，《西江大学学报》，2000 年第 21 卷第 4 期；李宁利、周玉蓉：《珠江三角洲“自梳女”兴起背景探析》，《云南社会科学》，2004 年第 4 期。这里只是随便列出一些研究成果，相关的内容还有很多，暂不多举例。

第二节 与男性文人的互动

虽然明代岭南才女的作品有很多都像明末名妓张乔的《莲香集》①一样被辑佚成集，但由于各种原因，不少都已亡佚。我们无法窥知那些诗集全貌，只能依据留传下来的部分诗篇进行研究。从清代开始，岭南女性留下的作品多了起来，这些流传的诗作多由作者或者其家人结集出版以传世。她们的著作之所以能够保存下来，可能与经济的发展和时间不是很久远有关。从清乾隆年间开始，越来越多才女的著作刊本得以被发现。这些著作的内容相当丰富，不仅表现在书写对象的庞杂，更表现在牵涉其中的人物之多。除了同明代闺媛一样与家内、家外的女性亲友进行交往，清代岭南女性的笔下出现诸多男性。很明显，这些男性并非全是女诗人的父兄，还包括大量非亲友的男性文人，他们或因女性的父亲、丈夫，或因邻里关系与女诗人相识，之后便来往唱和、交流诗作。

一、明末女性与文士的交流

明末清初之时，以柳如是等秦淮八艳为代表的名妓文化兴起。这些名妓凭借自身的美貌、卓越的才华与当时名士建立起交往圈子。他们之间经常或小坐，或宴饮，诗酒酬唱，信札往来，情同至交，关系十分亲密。② 因其交往之人多为当时士林名士，

---

① 《莲香集》，明末广州名妓张乔撰，乾隆乙酉（1765）重镌，西城草堂藏版。

② 柳素平：《晚明名妓文化研究》，武汉：武汉大学出版社，2008 年，第 18 页。

所以这些名妓也性格丰满、各具特色，像柳如是等还因不屈的风骨而成为后世赞美的对象。

类似于同时期的江南，明末岭南地区的名妓文化也蓬勃发展着，最具代表性的就是广州的名妓张乔。张乔，“字二乔，美而工诗。明季陈文忠子壮复结南园社，集名流十二人。乔每侍公弄笔墨赋诗。善画兰。公尝为题云：‘谷风吹我襟，起坐弹鸣琴。难将公子意，写入美人心。’其眷之如此。乔诗清矫有风致……年二十一病垂危，彭文学孟阳以数百金赎之，乔竟不起。孟阳葬之。诸名士暨送者数十百人，下至缁黄人诗一章，植花一本以表之，号曰花冢。凡吊乔诗及乔传墓志，孟阳集为一编，载某人栽某花云”[①]。张乔与当时岭南著名的文人如陈子壮、邝露、黎美周[②]、彭孟阳等人都有密切来往。她与这些文人一起弹琴、作画、园中观雨、游历七星岩等并写诗互答。[③]

张乔早逝之后，曾有一大批人尤其是男性士大夫写诗悼念她，其中便有“牡丹状元”黎美周的诗作。与黎美周同乡的才女、番禺人徐婉卿看到黎的悼亡诗后，亦写下两首《和美周黎先

---

① （清）任果、常德主修，檀萃、凌鱼纂修：《番禺县志》卷5《古迹》，乾隆三十九年（1774）刻本，广州：岭南美术出版社，第53页。

② “黎美周，讳遂球，字美周，番禺人。举乡荐，上公车，不第。南还过扬州，适遇进士郑元勋集四方才士于其影园赋黄牡丹诗。钱宗伯谦益品其高下，悬金罍为赍。公即席立成十首，竟冠通场，共呼为‘牡丹状元’。”见（清）范端昂著，汤志岳校注：《粤中见闻》卷18《人部六》，广州：广东高等教育出版社，1988年，第201页。

③ 这类诗作较多，故不一一举例，详见（清）温汝能著，吕永光整理，李曲斋、陈永正审定：《粤东诗海》卷97《张乔》一条，广州：中山大学出版社，1999年，第1832～1839页。

生过张二乔故居》以悼念这位风尘中的才女。其诗为：

燕语莺啼又夕阳，闲愁黯黯入年芳。何人系马哀瑶瑟，有客题诗忆靓妆。泛水芙蕖生带艳，浴汤豆蔻死留香。风人面对空城恨，寂寞飞花过短墙。

幽恨多关旧日欢，沿溪碧水暮生寒。香销芍药何堪赠，肌薄芙蓉不耐看。四韵新诗吹白凤，一缄残字断青鸾。贞元花下人如玉，惆怅雕栏十二杆。①

从两首诗来看，徐婉卿应当与张乔和黎美周都认识，所以她才能够见到黎的诗作并以之为韵相和。徐婉卿的身份我们难以考察，不排除她同张乔一样，是明末岭南的一位名妓，而她所留下的诗也就是这两首。如果其身份是良家女性，那么她的态度就颇耐人寻味了。也许真的就像高彦颐所认为的，在明末清初的社会性别体系中，女性间的相互吸引本身是能够被人接受的。② 闺阁中的女性以妻子和女儿的身份出现，借由男性的媒介作用而熟识，通过与男性的交往而与名妓交流，这可能成为明末清初之时的一种社会特色。这种特色随着清政府的掌控而逐步消失，从此以后贤妻与名妓成为两种完全相反的存在。

二、清代以后女性与周边男性的交往

清代以后，套在女性身上的贞节枷锁越来越倾向于将女性限制于家门之内，但是官方所希望的却往往和真实社会不符。

---

① （清）温汝能著，吕永光整理，李曲斋、陈永正审定：《粤东诗海》卷97，广州：中山大学出版社，1999年，第1799～1800页。

② 〔美〕高彦颐著，李志生译：《闺塾师——明末清初江南的才女文化》，南京：江苏人民出版社，2005年，第285页。

才女们突破了闺阁的约束，部分代替了明末清初之时名妓所起到的特殊作用：与士人进行精神上的交流。她们凭借自己卓越的才华，真正成为男性肉体和精神上的双重伴侣。不只如此，从才女们的诗集中还可以看到这样一种现象：诗作中出现的女性趋于减少，男性朋友增多。这并不意味着她们与其他女性的关系趋于淡薄。事实上，作为隐性存在的闺中良伴必不可少，但男性亲友亦可以成为她们从学与交流的对象。士族之家的女性交际圈极大地拓展了。我们可以先看一下现存的部分女性诗作中出现的亲友名单，以便从中找规律。

陈广逊的《静斋小稿》内容颇为丰富，涉及的社会人际关系也相当庞杂，我们将其社会交际圈罗列如下：

女性亲朋：	男性亲朋：
叶澧兰表妹	罗雨三
妯娌陈氏	欧阳慎思
闺秀梅颜芳	潘景最
闺秀谢菩英	梁一峰
何母劳安人	孄堂叔舅
何宜人（胡同谦母）	余渭西
	张锦芳
	何文宰

在上面列出的名单里，叶澧兰和陈氏都是与陈广逊熟识的族中女性；梅颜芳、谢菩英是与诗人惺惺相惜的朋友；劳安人、胡同谦[1]

① 胡同谦，即胡亦常，字同谦，号豸浦。与张锦芳、黄丹书、欧阳芬游，与张锦麟尤深契，著有《赐书楼诗》二卷。传见（清）郭汝诚：《（咸丰）顺德县志》卷26《列传六·国朝二》，咸丰、民国合订本，广州：中山大学出版社，1993年，第809页。

母何氏则是作者因与该家庭中的男性相识,然后为这两位女性写诗贺寿的,这在《寿何宜人》一诗中表现得很清晰:

读书日坐森林边,荆钗绾髻草为毡。调羹惯钓缩项鳊,偕隐不被浮名牵。院静忽来中山笺,乞我寿母诗一篇。母也遭逢太史贤,十年游宦趋□燕。午夜侍草寒镫前,金花浩锡九重天。伟哉!知之归力田,柏舟忽矢心弥坚。和丸教子猛著鞭,倾囊购书不论钱。只今方逾六十年,消摇仿佛疑真仙。北堂瑞气流管弦,斑衣戏舞何蹁跹。文士称觞集华诞,赋诗满座人争镌。笑我寒闺耸吟肩,批风抹月终徒然。何时访母其谈元,放歌买醉中山巅。

出现在陈广逊诗作中的男性也比较复杂,胡同谦与陈广逊熟识自不必说,估计这是因她的丈夫何文宰的引见,斓堂叔舅肯定是族中亲戚,梁一峰、梁锦芳是何文宰的朋友,梁锦芳还为陈广逊的《静斋小稿》作跋。至于罗雨三、欧阳慎思、潘景最,应该与陈广逊之家相隔不远,或为邻居,或为其父陈次文之友。欧阳慎思在何家窘迫之时,不止一次接济陈广逊夫妇,给他们送布、酒,与何家有着深厚的交情。而潘景最作为陈次文的老友,不仅尤喜广逊之诗,还资助她将《静斋小稿》刊行。应该说,陈广逊的诗作能流传下来,与她的社会交际圈有很大关系。

陈广逊嫁与何文宰为妻后,甚得舅姑欢心,公公古巢公间命她赋诗,辄击钵而就。他们夫妻二人琴瑟相得,感情深厚,暇则一起弹琴饲鹤,啸傲林泉,吟诗互答。他们夫妇又与张锦芳、黎简是好友,黎简在自己的诗中就曾提到何、陈二人的日常生活,有“谙诗闻女弟，小稿问何郎”[①]之语。黎简的诗作中还有专门寄与陈广逊的：

山霭霏霏青拂眉，将秋天气立秋时。溪花湿抱黄蝴蝶，烟水干飞白鹭鸶。夕浪吟灯虹贯月，暮云峨髻雨登陴。漫翁漫出人何识，清照清才我所思。[②]

明末清初之时，在江南的富裕地区和都城周围，职业女塾师较为盛行，她们被同时代人以“闺塾师”的名称相称，这些巡游的女性通过为上流人家的女孩教授儒家经典、讲述艺术和绘画而谋生。[③] 因此学者们认为，这些现象都使得男女、外内、上下之别趋于松动。不过，入清以后，尤其18世纪以后，风气转趋保守，正统价值观再次确立，妇女也受到比较严格的限制，这在妇女建立的自我形象及其文学作品中都有表现。[④]

在同时代即明末清初之时的岭南，我们并未看到类似于高彦颐笔下的黄媛介等以教授闺阁女性读书为职业的“闺塾师”。这种职业直到乾隆年间才在岭南出现，出现的时间恰是风气已趋于保守的18世纪前后，这和江南的才女文化有着显著的不同。虽然此时这里的女性受到的限制并不比全国其他地方的少，而且烈女数量在广东大量增加，但妇女通过写作展现个性或

① (清)黎简:《五百四峰堂诗钞》卷8“戊戌年”，清嘉庆元年(1796)，广州儒雅堂陈氏版，《重寄陈征士元则得十二韵，兼寄何勤良(文宰)》。

② (清)黎简:《五百四峰堂诗钞》，广州:中山大学出版社，2000年，《舟中柬静斋》，第417页。

③ 〔美〕高彦颐著，李志生译:《闺塾师——明末清初江南的才女文化》，南京:江苏人民出版社，2005年，第134页。

④ 李贞德主编:《中国史新论——性别史分册》，台北:联经出版事业股份有限公司，2009年，第345页。

者成为塾师以实现自我价值的做法却明显多起来。陈广逊便是顺德历史上有记载的第一位以教授士大夫家庭中的女性为职业的闺塾师。

何文宰和陈广逊夫妇二人隐居羊额村北郭后,因家贫之故何文宰岁出授徒,“广逊亦应巨室聘,教其女子。每撤帐归,同居一室,吟和无暇晷”①。乾隆五十五年(1790),她就以闺塾师的身份馆于黄五塾内②,这时的陈广逊应有四十多岁。她的《谢欧阳丈慎思惠酒》估计就是之前家贫时所作,此诗借感谢欧阳慎思老人赠酒一事,表达了对家境窘迫的豁达和自己自由狂放、鄙视尘俗的气质以及对贫困生活的超然:

深林寄傲四月天,有酒欲酤囊无钱。鹔鹴之裘典已尽,曲种断绝厨萧然。诗叟欲赐松花酿,痴儿拍掌争流涎。相邀邻妪共斟酌,竹阴坐牟双吟肩。丁娘子布去年赠,轻软绝胜同功绵。更怜苦吟喉吻燥,遣致绿蚁浮觥船。三杯扶头恰犯卯,胸次块磊犹隐然。红闺论文世所怪,宿习未尽知难捐。独持樽酒助幽讨,嗜好殊俗真豪贤。径须引满黄花前,此中风味非尘缘。歌成试付老妪读,酒气拂拂生苔笺。③

陈广逊晚年时,他们夫妇以女嫁伦教梁章锡子,“梁亦喜吟咏,性不羁,所居相去不二里而近。广逊每持巨葵扇访梁,不入室,至即呼使出。门有条石二,各据而坐谈诗,竟即去。梁妇延

---

① (清)郭汝诚:《(咸丰)顺德县志》卷29《列传九·列女二》,咸丰、民国合订本,广州:中山大学出版社,1993年,第872页。

② (清)黎简:《五百四峰堂诗钞》,广州:中山大学出版社,2000年,第416~417页,《县城得黄五家问,寄黄五燕邸并示陈静斋》。

③ (清)陈广逊:《静斋小稿》,清乾隆刻本,《谢欧阳丈慎思惠酒》。

之人，不顾。当时以为有名士风”①。以一闺阁内的女子能为人们誉为“名士”，足见陈广逊性格之豪迈与特立独行。

在与陈广逊同为闺塾师的香山人刘慧娟的诗作里，出现的人物更多。如：

女性亲友：	男性亲友：
二妹	翁
四妹	叔翁
九妹	丈夫梁有成
晓山弟妇黄氏	晓山弟
族九姊	兰缫弟
郑秋馨七嫂	干儿高士辉
李七姑	门人郑竹居
宗二姑	门人吴棣生
谊女又元	夔谱夫子
女弟子裘蕙裳	杨副将
北妇郑氏	袁俊民太守
龙氏二小姐	门人梁煦南
方夫人	门生戴鸿慈
梁夫人	
梁母唐太君偕两位儿媳	
罗孺人	
林太宜人	

刘慧娟的诗中牵扯到的女性不只是亲属、女性朋友，除干女

① （清）郭汝诚：《（咸丰）顺德县志》卷29《列传九·列女二》，咸丰、民国合订本，广州：中山大学出版社，1993年，第872～873页。

儿外，还有女学生；而男性中除了家翁、丈夫、兄弟等亲属，还有义子、丈夫的门生。由此可见，刘慧娟的社交圈子相当广泛。

刘慧娟与梁有成共同生活了约三十年，夫妻二人琴瑟相得，如名师良友，她的诗作中有不少描写二人关系的。清末民初的民主人士梁煦南曾于城南李氏园中从学梁有成，他很早就听说师母刘太恭人“工诗词，善赋数，于同人中聆其著作颂椒赋茗，穆如清风。虽班昭博学、左芬逸才，不是过然。同人又啧啧称其孝舅姑，和妯娌，教子严而爱，持家井井萧若，生有至性。幼尝刲股疗亲，此岂女相如不栉进士之流。醉草香兰增重殷淳妇人之集云尔哉”。刘慧娟精于命理，曾为梁煦南审阅评骘，说他微有命不逮才之憾。梁煦南初不以为意，等他掉鞅名场，所遭郁郁之时，才感叹到刘慧娟数理之精妙。他披览《昙花阁诗钞》全集后评价道：“急雨凄风，肝肠寸断，其情之一往而深者，几不知涕泪竟是何物也。煦读竟而益悲泣然。”又由自己身世感叹师母与业师：“先君弃养，事事凄酸恸心，宜也。太恭人庭闱顺遂，适当五十不致毁之年，何必悲。今潮人士感念师恩，禀上宪于六月望日奉师配享文公于韩山书院，俎豆馨香，师表百世，闺阁中与有荣施矣。太恭人其勉进一觞，招在天之灵而下之相与破涕而为笑也。又何归道图之足云。”①

因为刘慧娟的才华出众，所以家人以此为傲，她的公公还命她替自己给弟弟即刘慧娟的叔翁写诗相和：

① （清）刘慧娟：《昙花阁诗钞》，光绪十六年（1890）刻本，方秀洁、〔美〕伊维德主编：《美国哈佛大学哈佛燕京图书馆藏明清妇女著述汇刊》第三册，桂林：广西师范大学出版社，2009年，梁煦南：《师母刘太恭人〈昙花阁诗〉序》，第149～150页。

岁月催人电影过，年华渐与墨同磨。池塘梦草离情切，风雨联床旧感多。卅载莺花怀梓里，半生萍梗泛江河。吾家自有壎篪乐，棠棣联芳挹太和。

青鸟频来问讯殷，雁行两地怅离群。干戈扰攘无安土，戎马驱驰尽寇氛。但向心田培善果，立看妖雾化祥云。浮生百载休辜负，老大栽花意更勤。①

刘慧娟的丈夫梁有成执教潮州，她亦设帐授徒，成为职业的“闺塾师”。她颇为器重自己的女弟子裘蕙裳，还让自己的孙女梁婉娴从学于裘。不幸裘蕙裳早亡，刘慧娟心痛之余写下不少诗篇哀悼。② 除了自己的女学生，她与丈夫的学生接触也相当频繁，所以对这些学生的品性与学识极为了解。当丈夫的学生郑竹居和吴棣生英年早逝之时，她悲痛地写诗哀悼他们。如《挽门人郑竹居》云：

潘鬓青青尚未斑，路人闻讣泪犹潸。云霄有路光阴短，医药无灵寿算悭。此地珊柯应首选，他年玉笋定联班。如何遽赴修文诏，不待长江夺锦还。

梦醒黄粱万事捐，断肠人唤奈何天。瓣香空费慈亲祝，呱泣何知稚子怜。月冷南楼分雁影，尘封东壁剩虫编。泉台尚有良朋待，分手河梁未半年。

---

① （清）刘慧娟：《昙花阁诗钞》，光绪十六年（1890）刻本，方秀洁、〔美〕伊维德主编：《美国哈佛大学哈佛燕京图书馆藏明清妇女著述汇刊》第三册，桂林：广西师范大学出版社，2009 年，第 173 页，《代翁和叔翁原韵》。

② （清）刘慧娟：《昙花阁诗钞》，光绪十六年（1890）刻本，方秀洁、〔美〕伊维德主编：《美国哈佛大学哈佛燕京图书馆藏明清妇女著述汇刊》第三册，桂林：广西师范大学出版社，2009 年，第 202 ~ 203 页，《哭女弟子裘蕙裳》。

君与吴君棣生契好，皆外子高徒，惜先后物故。①

刘慧娟的交际远不限于此，她还有谊女又元和干儿高士辉，也为他们留下了自己的诗作，体现了她对他们的关爱。如其《哭干儿高士辉》云："劳人草草数何穷，三十余年侘傺中。半世风尘虚岁月，一生羁旅逐西东。蓼莪早痛终天恨，棠棣惊摧五夜风。弦断又占炊臼梦，几番血泪洒鹃红。"又云："认义当年始六龄，依依膝下仿馨宁。说诗善解才非短，学艺能通性本灵。服贾遍传忠信誉，立身恒守节廉铭。如何壮岁深期许，先我南柯一梦醒。"②虽然这些都是挽诗，却能反映出她交际圈的广泛，这在明代顺德女诗人的诗作中是不多见的。

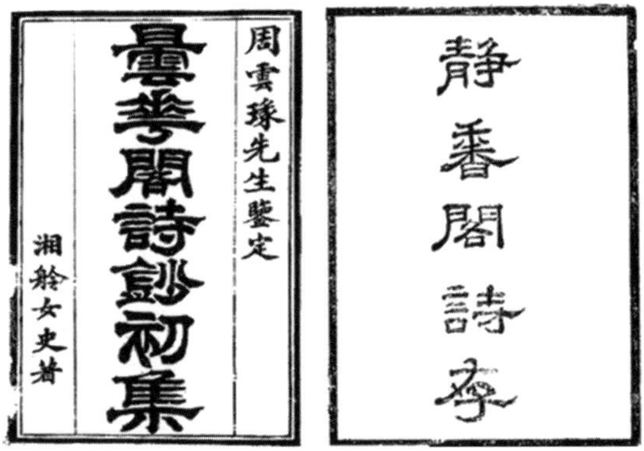

图 8.2.1　刘慧娟的《昙花阁诗钞》与黎春熙的《静香阁诗存》

① （清）刘慧娟：《昙花阁诗钞》，光绪十六年（1890）刻本，方秀洁、〔美〕伊维德主编：《美国哈佛大学哈佛燕京图书馆藏明清妇女著述汇刊》第三册，桂林：广西师范大学出版社，2009 年，第 177 页。

② （清）刘慧娟：《昙花阁诗钞》，光绪十六年（1890）刻本，方秀洁、〔美〕伊维德主编：《美国哈佛大学哈佛燕京图书馆藏明清妇女著述汇刊》第三册，桂林：广西师范大学出版社，2009 年，第 200 页。

为了验证这种情况，我们可以列举另几位女性诗作中出现的人员名单，如清代邱掌珠的《绿窗庭课吟卷》[①]、黎春熙的《静香阁诗存》[②]：

	男性亲友名单：	女性成员名单：
邱掌珠——	李翊	诸姊
	卢斌	
	何其芳	
	梁龄	
	周锡培	
	周作孚	
	陈式伦（夫弟）	
	姚芳	
	许炳章	
	陈嘉颐（注：以上几人均为邱掌珠撰写挽诗）	
	弟家驹	

	男性亲友名单：	女性成员名单：
黎春熙——	弟国康	冯氏祖姑
	伯父方流	
	父亲黎兆棠	
	璧㑺兄（即黎荣翰，字璧侯，一字笔侯。黎春熙族兄）	

① （清）邱掌珠：《绿窗庭课吟卷》，清光绪二十二年（1896）龙山邱园刊本。

② （清）黎春熙：《静香阁诗存》，清光绪二十四年（1898）顺德龙氏螺树山房刊，朱印本。

君乐弟

诸昆(锡田兄、福田弟等)

从清中叶起,在岭南这些有诗集传世的女诗人的作品中可以看到这样一种现象:其中出现的女性趋于减少,男性增多。如在邱掌珠的《绿窗庭课吟卷》中出现的男性有11人,其中10人在她去世后撰写过挽诗,女性则以无法查知实际数量的"诸姊"代称;在黎春熙的《静香阁诗存》中,男性7人,女性仅有1人。这就意味着,女诗人们除了日常生活中与同性的交往,异性的亲友亦开始成为她们从学与交流的对象,而且互动相当频繁。女性日常交际圈范围的拓展也再一次证明,岭南的士人在生活中并非完全严格地划分闺阁内外的界限。相反,他们带着欣赏的目光努力地把身边的女性培养为多才多艺的名媛。

正因为有了男性家人的呵护和整个社会的推波助澜,女性的生活圈子才不会像人们想象的那样狭小、压抑。叶汉明曾强调过,在以男性为文化价值所系的社会中,男性对女性有一定的权威统御力,而这种权威力量是以文化的合法性为基础的。①如果说在以礼教为核心的儒家文化里,男性掌握了合法性的权威,成为文化的主体,那么在那个时代女性对文化的追求就成为一个次文化资源,就像自梳女及姊妹群次文化对华南社会父权主文化的影响一样,才女次文化资源的出现同样能给父权/夫权社会带来影响。这种影响在清代的岭南地区达到极盛。

---

① 叶汉明:《权力的次文化资源:自梳女与姊妹群体》,见马建钊、乔健、杜瑞乐主编:《华南婚姻制度与妇女地位》,南宁:广西民族出版社,1994年,第70页。

第　九　章

岭南女性的写作内容

第一节　女性作品的多样性

李国彤曾对明清时期妇女著作中关于家族和政治题材的作品加以分析，考察其咏史、寄外、教子主题创作中所反映的自我意识与角色认同。然后他得出结论，女作家在诗书之教和文学创作中承袭并表达了历史使命感和家庭乃至社会责任意识，虽在内则箴规的挤压裹缚下难伸抱负，但仍积蓄着一种力量。[①]对岭南的才女们来说亦是如此，她们的作品有着不同于江浙地区女性的显著特点。从交流对象来说，她们交际广泛，不仅与女性而且与男性文人之间都有着相当程度上的自由沟通；从内容来说，她们涉猎宽广，出现了江南才女未能涉足的经、史、子的领

---

① 李国彤：《明清妇女著作中的责任意识与“不朽”观》，载《燕京学报》第二十期，北京：北京大学出版社，2006 年，第 55 ~ 77 页。

域，尤其是在个人的诗歌创作中，出现大量关注历史与社会现实的作品。她们在描写自身的生命历程之余，通过对历史和现实的描述，表达自己的观点，充满了忧患和担当意识，从而表现出个性鲜明、有血有肉的形象，而不再是千篇一律的孝妇、贞女。

一、对个人生命的体验

在男性掌控了文字的使用权与解释权的时代，女性运用文字的能力不强，但是一旦拥有这种能力，她们就会借此来表达自己对生命的感受，描写和展现自己的生活。这是女性诗人作品的一大主题。通过零散的诗篇，我们可以大概勾勒出作者的生平、性格、生活环境等情况，为后人展现出作者大致的生活图景。

明代的余玉馨长大后嫁与南海许炯为妻，她为人所称道的不只是她的才华，更有她的贤良淑德。同邑孝廉许炯自小就有神童之称，余经将爱女玉馨许配与他。但许炯年少轻狂，喜好斗鸡走狗，不务正业。玉馨切谏不听，又和颜百般劝解，许炯还是不听。无奈之下玉馨开始跪谏，而且同时绝食。许炯至此感悟，改为笃行君子。① 她曾写过一首《围棋即事呈夫君》以劝谏许炯："重围或是兴王地，一子能当生死关。到得功成无着处，机心用尽不如闲。"②此诗将围棋喻作兴王定霸的天地，借用一枚棋子的功效来说明人生得失的道理，她认为机关算尽只是枉费心机，不如恬淡豁达地看待人生。她以冷静的思维，形象地通过棋

---

① （清）罗天尺：《五山志林》，《清代广东笔记五种》，广州：广东人民出版社，2006 年，第 76～77 页。

② （清）温汝能著，吕永光整理，李曲斋、陈永正审定：《粤东诗海》卷 96，广州：中山大学出版社，1999 年，第 1795 页。

局游戏婉转劝说夫婿认清人生的得与失。在妻子苦口婆心的劝说下，许炯终于改掉旧习，奋发向上。

余玉馨还写过一首《与姑对奕》："听雨开芸阁，看花倚绣楹。遣怀棋数局，原不为输赢。"①可以看出，多才多艺的玉馨不愧为名门才女，她琴棋书画样样皆精，棋艺颇高。但对于她来说，棋局中的胜负并不是她所关心的，下棋的目的是为了消遣。她能以豁达的人生态度对待生活，无论宠辱胜负都能泰然处之，体现了胸襟的开阔和对世事人生的透彻感悟。

不同的人有不同的生活境遇，并非全部的士家女性都能像余玉馨那样安稳丰足地过完一生。乱世之中的一些女性在遭遇国破家亡的命运之后，只好将自己的满腔悲愤写入诗中，以表达身逢乱世的凄凉。丘恭娘，明末清初潮州人，顺治十年(1653)罹乱被俘后在官梅阁作题壁诗，抒写了渴望与丈夫早日重逢的心情。不久，其小姑赵巩姊逃难至此，见嫂诗遂和之，感叹两人空有才华却生逢乱世，以致命运多舛。两诗并序为：

> 妾赵家妇，居潮州城。命薄罹难，号死未遑。旅次残魂，哀音恨句。庶祈灵于雁使，早合镜于鸾班。血洒官亭，见者怜之。
>
> 十日离家心已稀，愁眉生怕送残晖。天涯破镜知谁在，塞外悲鸿去不归。望到故山心化石，听来杜宇泪沾衣。五更画角城头月，吹落旗亭促马飞。(丘恭娘《官梅阁题壁》)
>
> 顺治癸巳，城陷。姊出走，至官梅阁前，见嫂诗，遂和之。

① (清)温汝能著，吕永光整理，李曲斋、陈永正审定：《粤东诗海》卷96，广州：中山大学出版社，1999年，第1795页。

分明笔仗影依稀，惊阵啼鸦散夕晖。去国元同千古恨，抱琴应共九泉归。才高柳絮余香沉，命薄桃花卸舞衣。泪眼相逢何日事，一声鼙鼓各魂飞。(赵玑姊《和题壁无韵》)①

还有一些女性虽然不是生逢乱世，但是艰苦的生活环境加上病痛给她们带来精神和肉体上的双重折磨。为了排解这种痛苦，她们只好用诗和笔来倾诉以缓解压力。陈贤，雍正年间人，字仲妫，龙山陈华封女，张晖良妻，乾隆五十三年(1788)举人、著名画家张如芝母，著有《秋香亭诗草》一卷。《龙山乡志》中记载，她作有《柔存堂遗草》，应与《秋香亭诗草》为同一本书。② 陈贤是陈邦彦的后人，父亲陈华封是陈恭尹之孙，字祝三，号复斋，著有《复斋诗钞》。母吴氏，名门才女，著有《唱随诗稿》。《粤东诗海》录吴氏诗《拟袁女留别孙刺史兼呈峡山和尚》《题画柳燕》③二首。弟陈次蕃，著有《小禺诗草》。陈家可谓一门才俊。

但命运偏与这位多才的女子作对，她嫁与张晖良后，生下二女一子，丈夫就撒手人寰。陈贤"食贫早寡"，因生活所迫无奈忍痛将大女儿卖与梁家，才使其得以存活；二女儿却因贫病交加于端午时节死亡。失去爱女的痛苦无时无刻不在折磨着诗人，这种感情在她的《闰五月忆亡女阿娥》一诗中表露无遗：

---

① (清)温汝能著，吕永光整理，李曲斋、陈永正审定：《粤东诗海》卷96，广州：中山大学出版社，1999年，第1799页。

② (清)郭汝诚：《(咸丰)顺德县志》卷18《艺文二·闺秀》，咸丰、民国合订本，广州：中山大学出版社，1993年，第567页。

③ (清)温汝能著，吕永光整理，李曲斋、陈永正审定：《粤东诗海》卷97，广州：中山大学出版社，1999年，第1817~1818页。

重逢佳节不堪论，物在人亡只泪痕。萱草几曾忘旧恨，彩丝无计续娇魂。风传远浦舟声急，雨过疏帘日色昏。我亦有怀同楚子，《离骚》痛读对南轩。①

在闰五月时节，陈贤睹物思人，想到亲人亡故、女儿离去，不由得心如刀绞。悲痛之余，她只好坐对南窗，痛读《离骚》以转移注意力，借缅怀屈原来感慨身世、悼念亡人。她还写有《赠梁女》一诗，叮嘱已改姓梁氏的长女，不要忘记家园，莫使故园零落，字里行间透露出深深的无奈与悲凉：

归宁长欲慰庭萱，之死无他志独存。莫使故园零落尽，东风斜雨透残垣。②

陈贤的《除夕》一诗受到士大夫的广泛称颂，诗中并未过多使用伤情的字眼，读后却使人愁肠百结、无法释怀：

病久愁多只自怜，新春宿雨送残年。儿童未解囊空尽，膝下犹争爆竹钱。③

此诗语言平实，没有华丽的描写，亦没有辞藻典故的堆砌，仅用直白的话语讲述了除夕之夜家中发生的一件小事，形象地刻画出除夕夜雨、爆竹喧闹，以及诗人的久病不去、家中的清冷等诸种图景，将孩子的天真与诗人的悲哀和无奈形成了鲜明对比。简练的语言勾勒出除夕之时的人间百态，引起了人们的强烈共鸣，梁九图评价“儿童未解囊空尽，膝下犹争爆竹钱”两句为“眼前情事掇拾不尽”④，极尽感慨唏嘘之意。在残酷的生活

---

①②③ （清）温汝能著，吕永光整理，李曲斋、陈永正审定：《粤东诗海》卷97，广州：中山大学出版社，1999年，第1822～1824页。

④ （清）梁九图：《十二石山斋诗话》卷8，清道光二十六年（1846）梁氏十二石山斋刊，第30页。

现实和压力下，诗人贫病交加，孀居之后不久也去世了。去世前，她写诗一首寄与自己的弟弟陈次蕃：

半林风雨秋将去，万物萧条树欲枯。坐久自知情恍惚，愁多空费药工夫。堂前衰弱双亲老，膝下痴顽幼子孤。已矣此生休再问，少年甥舅可相扶。①

陈贤已经预感到自己就如将枯之树一样，去日无多，她所放心不下的就是双亲之“老”与幼子之“孤”，即她笔下的一“衰弱”一“痴顽”。无奈之下，她只好将这个重担交托给年轻的弟弟，叮嘱他以后要与外甥相互扶持。她去世前口占的一首诗中把自己此时的处境介绍得更为清楚，当时家中尚有三岁孤儿、六旬老母：

以我今将死，堪怜母共儿。扶篱三岁小，霜鬓六旬悲。渺渺辽城鹤，浓浓紫府芝。仙人迎我去，何日是归期。②

作者在诗中将自己当前的状况和家庭的困境描写出来，夫死之后自己就是家族的支柱，可如今自己也即将死去，以后只有六旬老母与三岁孤子相依为命。其“扶篱三岁小，霜鬓六旬悲”之句，更将作者去世前的悲苦无奈表达得淋漓尽致。

二、对经史子集的涉猎

关于日常生活的诗作是每个女诗人都会涉及的内容，岭南女性的这类作品自然也不少，这一点同于其他地区的才女作品。但是岭南女性与江浙才女的创作内容却有不小的差距，她们不像同时期的江浙女性，在大量创作诗歌的同时还著

---

①② （清）温汝能著，吕永光整理，李曲斋、陈永正审定：《粤东诗海》卷97，广州：中山大学出版社，1999年，第1823页，《寄又蕃弟》《临终口占》。

有弹词小说。[①] 相反，岭南才女的作品中并未出现类似的通俗读物著作，而在岭南女性著作中频繁出现的经、史、诸子等作品，在江浙这一文化繁荣地区的女性中却不多见。

按冼玉清的统计，岭南女性经部著作除仅存书目的李晚芳的《释古周礼》外，还有石城余云馨的《周易本义辑录》四卷、南海陈霞浣的《字海辨似》。余云馨，雍正间廪贡生邹士操之妾。邹士操笃学授徒，著有《周易一说》五卷、《翼经览要》四卷、《古文法规》六卷、《江南问答》一卷，年三十八卒，时云馨二十六岁。[②] 陈霞浣，字雪心，嘉庆间人，庶吉士陈炎宗次女。据说其母吴氏也是位才女，通书史文辞，却早卒，陈霞浣每出其遗稿辄对之涕零。[③] 她"事庶母以孝闻，善女红，耽书史，许字本乡冯氏子。及笄而夫亡，奔丧守节，嗣子炘继夭。氏读书稽古以自遣，能背诵《康熙字典》全部，识疑难字及切法兼工韵语，合河康基田为粤藩时欲延教其女，氏以寡守畏清议不就，晚年家有余赀，常赒恤冯陈二族之贫者。著有《续古事苑》《雪心诗钞》《字海辨似》。嗣孙叶询庚辰连捷进士"[④]。

关于史部著作，我们下面会有专题讨论。至于子部著作，则有李晚芳的《女学言行纂》三卷、《乡俗居丧辟谬》、《续女诫》。这些我们上面已有涉及，如今只有《女学言行纂》存世，《乡俗居

---

① 台湾学者胡晓真曾专门对清代女性的弹词创作进行研究，参见其《才女彻夜未眠——清代妇女弹词小说中的自我呈现》，李贞德、梁其姿主编：《妇女与社会》，北京：中国大百科全书出版社，2005 年。

② 冼玉清：《广东女子艺文考》，长沙：商务印书馆，1941 年，第 1 页。

③ 冼玉清：《广东女子艺文考》，长沙：商务印书馆，1941 年，第 2 页。

④ （清）吴荣光：《（道光）佛山忠义乡志》卷 9《人物》，道光十年（1830）修，刻本，第 54 页。

丧辟谬》《续女诫》两书已找不到。另有番禺屈凤竹编撰的《治家要议》一卷，刊刻于民国十七年(1928)。屈凤竹是沙亭屈应丁女，南村邬宝珍之妻，生于咸丰四年(1854)，卒于民国十五年(1926)，享年七十二岁。邬宝珍以光绪初京兆试挑取誊录，“不求仕进，恣力学问”，卒年三十五岁。“凤竹青年孀居，能诗。袁祖光以其诗采入《绿天香雪簃诗话》。”她殁后一年，其子邬庆时为刻《治家格言》以志永念。其书要旨在于不赊、不借、不贪、不谋，以养成廉洁之道。[①] 还有刘慧娟的《治家恒言》，从修身、正心、言语、行藏开始，指出居家事父母、为妻妾、为朋友以及教子、训女之道。同时她节录《程董学则》与《闺箴十则》以树立规范，其用意在于强调治家必要有礼，要尊卑有序、内外有别。因为《治家恒言》附于《昙花阁诗钞》之内，冼玉清并未对此专门著录，但它仍是岭南女性的子部重要著作之一。

岭南女性作品的多样性还表现在女性对作品本身的评论和整理出版上。魏爱莲谈论18世纪的广东才女时认为，岭南才女有两个与江南女性的不同点存在，其一是她们对历史的关注，其二是认为18世纪的广东女性对自身的文学文化获得的女性控制没有达到设想的江南模式中的女性控制同等的程度。[②] 她的这句话有些拗口，其实就是指在岭南这一区域内没有发现女性编者。无可否认的是，在岭南地区确实是女性作品多由男性亲友主持编定并出版，如许炯为妻子余玉馨刻集，何允衎为妻子刘兰雪刻集，梁炜为其母李晚芳、朱实莲为其母

---

① 冼玉清:《广东女子艺文考》，长沙：商务印书馆，1941年，第8页。

② 〔美〕魏爱莲著，赵颖之译:《18世纪的广东才女》，《中山大学学报(社会科学版)》，2009年第3期。

易氏[①]刻集,龙令宪为其姊唫芗刻集等。女教双重观念的影响为女作家的创作和出版制造了矛盾心理,从这其中却流露出了以写作和结集出版追求不朽的渴望。[②] 事实上,岭南女性并非真的像魏爱莲所认为的、没有女性编著者出现,只是较少而已。清代顺德才女邱掌珠(1799～1844)就是一位较早开始对岭南历代名媛的诗歌进行收集整理的女性作家。她在幼小时就辑有《岭南名媛集》,并赋诗云:

今录岭南诗,名媛喜璀璨。缮存几案旁,时时一把玩。自恨学殖荒,骚雅愧淹贯。庭训义有疑,无人可问难。闺阁寡交游,行不出里闬。槛外闻嘤鸣,求友声相唤。(《读岭南名媛集》)

美人珠玑浣肠胃,咳唾含春有情致。腹笥长舒卷轴光,摛毫自具烟霞气。仙姑吐属何清新,琼台我爱邱夫人。鸳鸯绣处金针度,下笔输君能有神。(《读岭南名媛集》)[③]

还有不少女性不甘于仰仗男性亲友的帮助,自己主动地将作品结集出版,如刘慧娟和顺德人黎素心就是其例。

刘慧娟五十岁左右时,丈夫梁有成病逝。她悲痛不已,决心以身殉夫,取瓷枕碎首,鲜血淋漓,经女妇环跪苦劝后才打消以

---

① 易氏,新会桥头乡人,永昌知府道源女,南海诸生朱畴妻,朱实莲之母,生于神宗万历五年(1577),少才慧,手不释卷,著有《名闺吟》《兰圃草》。冼玉清:《广东女子艺文考》,长沙:商务印书馆,1941年,第19页。

② 李国彤:《明清妇女著作中的责任意识与"不朽"观》,载《燕京学报》第二十期,北京:北京大学出版社,2006年,第55～77页。

③ (清)邱掌珠:《绿窗庭课吟卷》,清光绪二十二年(1896)龙山邱园刊本。

死相殉的想法。但是自此之后她一直郁郁寡欢,按自己的说法是“今将迟暮,愁城已筑,虽生不久”①。她将生平所写的诗文,搜辑成册,并附治家恒言,交付梓人刊刻,希望后人能知道她训诫治家的苦心。

黎素心,顺德人,号容城女士,光绪间人,二十岁嫁与同知麦凤华为妻,有《莲须阁楹帖》。麦凤华,字蓉磵,嗜楹联,平日亦留意于此,凡出游所见、做客访友所闻,均告之素心。夫妻二人经常于闺中相唱和,切磋对答,一时传为佳话。夫妻二人对楹联的共同爱好,促使黎素心用心收集整理。二十余年后,井臼之余,她又检点竹箧,将所录的文字于光绪十一年(1885)刊刻。莲须阁是她未嫁之时的梳妆之地,与明末遗臣“牡丹状元”黎遂球的旧阁名亦偶合,遂将书命名曰《莲须阁楹帖》,并自为之记。该书刊刻成功之时,麦凤华客游未归,黎素心还邮寄一本请他订正。书中误将善化卢尚书之姓错印为罗,他们夫妻二人均未发现。后来肇庆一位梁姓朋友发现后找出来告诉她的丈夫,蓉磵命工人更正,黎素心还向梁君写绝句六首以谢过:

稽奚家世漫同云,门巷潇湘举似君。应有闲人嘲祖德,硬将杨氏与扬云。

岂果深闺记不真,尚书原是大罗人。况兼一代韩擒虎,死去犹能长百神。

竟将包老号阎罗,继世君侯近若何。见说抽簪早归去,纵然携砚亦无多。

---

① (清)刘慧娟:《昙花阁诗钞》,光绪十六年(1890)刻本,方秀洁、〔美〕伊维德主编:《美国哈佛大学哈佛燕京图书馆藏明清妇女著述汇刊》第三册,桂林:广西师范大学出版社,2009年,第151页。

藁砧头脑未冬烘，忘却颜标异鲁公。好个端人明肉谱，赁舂今尚滞梁鸿。

扫叶山房薛一瓢，叶家扫雪莫相骄。等渠走向书中扫，多扫差讹字几条。

不得余闲写韵篇，廿三女四是先仙。莺花明媚当正月，井臼消磨可十年。①

第二节　对历史的研读

岭南女性在历史上相当长的一段时间里拥有掌控一方社会、左右政局的辉煌地位。随着礼教对岭南机体的侵蚀，女性亦由被动到主动地接受儒家文化，自觉地将自身定位于闺中，成为贞孝的表率而被逐步排斥在政治之外。尽管现实社会已成定局，却并不代表女性胸无天下。身处闺阁的她们并不像后人想象的那样闭目塞听，完全沉浸于相夫教子的闺阁生活中，对自己所处的社会完全没有了解。这些女性通过各种途径了解社会，通过自己的作品表达对历史的看法、对现实社会的关注，岭南才女们关于此类的著作相当多。

一、岭南女性的史部著作

魏爱莲在《18 世纪的广东才女》一文中阐述了她的观点，即广东女性的独特之处是她们对历史的强烈兴趣。她举出李晚芳《读史管见》的例子，还有广东新兴人、嘉庆九年（1804）中举的

① 《广东历代诗钞》卷 5，香港：能仁书院，1980 年，第 492 ~ 493 页。

陈在谦(1783～1838)为乾隆年间东莞人林兰雪[1]的《小山楼诗草》作序时指出的陈广逊批《史记》的记载:“吾乡近代所称才女者,顺德陈静斋、阳春谢小楼最著。静斋固能诗,而其学多见于批《史记》。”[2]但是魏爱莲同时指出,在谢方端[3]以后其他女性对于历史的兴趣变得难以追索,在随后的几代人中这些兴趣可能消失。[4] 作者得出此种结论的原因应该是还未来得及深入研究。我们在参读了幸存下来的女性诗歌文本后发现,魏爱莲的猜测并不完全准确。事实上除了李晚芳的《读史管见》,还有嘉庆年间南海陈霞浣的《续古事苑》这类长篇的史论著作存在。可惜的是现在陈的著作已佚,我们无缘得见其面目,但是夹杂在女性诗歌中的咏史诗或者借咏史以讽现实的诗篇却大量存在。

不仅如此,岭南女性对历史的兴趣也不是在清代才兴起的,相关著作可上溯至明代。出身士大夫之家的余玉馨就尝著史论五十多篇,见解独特。如“西施、范蠡表里破吴,非褒姒、太真比;

---

① 林兰雪,生活于乾隆年间,东莞人,侍读学士林蒲封女,御史邓大林妻,性贞静,工声律,著有《小山楼诗草》一卷。陈在谦序其诗,谓其诗清婉流丽,不离闺阁本色,至其佳处,须眉男子时或逊焉。年二十五卒。见(清)温汝能著,吕永光整理,李曲斋、陈永正审定:《粤东诗海》卷96,广州:中山大学出版社,1999年,第1810页。

② 冼玉清:《广东女子艺文考》,长沙:商务印书馆,1941年,第28页。

③ 道光《阳春县志》卷11《列女》记载:谢方端,字小楼,解元仲芫长女,贡生刘宗衎妻,幼从父宦游,授以书,聪颖强记。通鉴史,工韵语。晚年就养其子世馨学署,诸生争执贽问诗法。时人比之宣文君。以寿终。所著《小楼诗草》二卷,李学使调元序以行世。

④ 〔美〕魏爱莲著,赵颖之译:《18世纪的广东才女》,《中山大学学报(社会科学版)》,2009年第3期。

项羽处太公,君度贤于高祖;留侯追项羽,诸葛取刘璋,皆图大计不顾小信;伊川恶子瞻,激成党锢祸;朱晦翁按唐季子,激成伪学禁,为贤者之过”等等,皆出于己见。① 清代顺德人罗天尺评价其史论多出于胸臆,赞其“真曹大家之流亚也”②。

岭南女性重史的传统延续到清代一直未衰,随着书籍流通加速、史学著作的容易获得,越来越多的闺中女性得以阅读到历史书籍,这加强了她们对史学的兴趣。李晚芳的《读史管见》是她出嫁前在娘家阅读《史记》时的体悟之集成,这与历史上女性文人多以诗词咏史见长不同。在中国历史上,研究和书写历史的权利几乎由男性独霸,女性尽管与男性共同创造了历史,却难以介入书写历史的领域。李晚芳则以女性特有的视角,对《史记》加以评判,指出其不足之处:

> 独惜其立意措辞,多有愤忿不平之过,或谓其遇使然,亦由其立心褊蔽,未闻圣人之大道也。昔孔子之作《春秋》也,心天地之心,法帝王之法,据事直书而善恶自见,由其心无执着,平如止水,正如悬衡。学者平心会之,各如己意之所欲出。而迁则挟一不平之意据于中,虽未必借立言为泄发,而灵台未净,则系累偏僻之私,往往吐露于字里行间而不自检,故其书肆而不纯,谐而多怨。究其大本所失,失在自是而不知其过。自是则偏,不知其过则蔽。深惜迁有如是之才,使其得闻圣人大道,则心胸洞豁,必无救李陵之误,

① (清)郭汝诚:《(咸丰)顺德县志》卷28《列传八·列女一》,咸丰、民国合订本,广州:中山大学出版社,1993年,第853页。

② (清)罗天尺:《五山志林》,《清代广东笔记五种》,广州:广东人民出版社,2006年,第76~77页。

又何致愤忿不平若此哉。①

李晚芳严守君臣大义，批评司马迁"不幸因而罹罪，亦当反己自责。罪实由己，于人何尤"。她的论述体现了她"忠"的思想，这又与她写《女学言行纂》时体现出的节烈观不谋而合，成为女性自觉践行儒家礼教思想的一个例证。《读史管见》在清人研究《史记》中是唯一一本被学者广泛认可的女性著作，有学者将《读史管见》与郭嵩焘《史记札记》、章学诚《文史通义·古文十弊》并列。② 此书甚至远渡重洋被学者带到了日本，安政三年即咸丰六年(1856)，日本人池内奉时鉴于借阅该书之人过多而不能遍应所求，遂以自己所藏之乾隆五十二年的谥园藏版为底本，在日本浪华书林群玉堂再次翻刻了李晚芳的《读史管见》并置之家塾中，然后为其作序云：

清菉猗女史李晚芳，就龙门之史，拔于其萃，阐发辨驳，以抒己见，著此书曰《读史管见》。其辞义稳雅，评骘精细，可为读史之彀率矣。夫晚芳一女子，而灵心如衡，慧眼如炬，论断之明晰，识见之卓伟，起史公于九泉质之，亦应首肯。非贯穿百氏而邃于性命之学者，所不能辨也。呜呼！龙门史家之巨擘，古今之至文，而其所慊者，惟未闻君子之大道耳。兹以史公之才学文章，修正谊明道之训，得若董子，则其是非自不至谬于圣人矣，岂容区区一女子之指摘也哉。抑女子之具有慧性、弄笔墨、工词翰者，世不为乏其人。

---

① (清)李晚芳：《读史管见·读史摘微》，乾隆五十二年(1787)谥园藏版，民国丁丑年(1937)五月周氏师古堂印。

② 董焱：《清代〈史记〉的研究成就》，载《社会科学论坛》，2007年第4期，第174~179页。

今晚芳针线余事，有此著述，真巾帼而须眉者欤。余旧藏一本，而人之借求者多，不能遍应所求，遂覆刻以置诸家塾，读者由是以长其识见，则一百三十卷，迎刃而解矣。顷者梓人告成，乃书此，以弁其首。①

晚于李晚芳有几十年的闺秀谢方端于乾隆五十一年（1786）为《读史管见》作序，此时李已经去世。谢方端说道：

自古名媛，多以诗词显，而著述则罕闻焉。……今读顺德梁李孺人《读史管见》一书，其摘微辨论，实能洞悉深奥。而乃出于闺帏手著，斯亦奇矣。昔曹大家上继史迁，今李孺人论注《史记》，古今辉映，令人不敢薄视弱质，其以此哉。曩者侍家君观察公，颇学吟咏，亦尝粗涉诸史，而未竟其学。今数十年来，每藉此以自娱焉。客岁从长子游龙门，其学署多藏史书，因得细读《史记》，爱其笔力疏荡有奇气，为诸史冠，每与儿辈挑灯纵论，然不能有所发明。今读李氏孺人书，则余之所论及者，与所未议及者，了如也，以视雕虫小技，岂可同日语哉？其足以传后，而为吾辈光者多矣。遂叙之。②

从序言中可知，谢方端从小跟随父亲读书，就已经开始了对史书的研读，长大之后也一直保留阅读史籍的习惯。等她到了儿子官署中后，因书籍获得的便利条件，才得以细读《史记》，又经常与儿孙们挑灯夜读，纵谈历史，甚至或许还有将自己的史

① 1856年日本人池内奉时以乾隆五十二年（1787）谧园藏版为底本翻刻了《读史管见》，此版现存于日本东洋文库。

② （清）李晚芳：《读史管见》，乾隆五十二年（1787）谧园藏版，民国丁丑年（1937）五月周氏师古堂印，《谢方端序》。

论、观点形诸文字的想法。但当谢方端读了李晚芳的《读史管见》后，因佩服李的见解而放弃了这个念头。

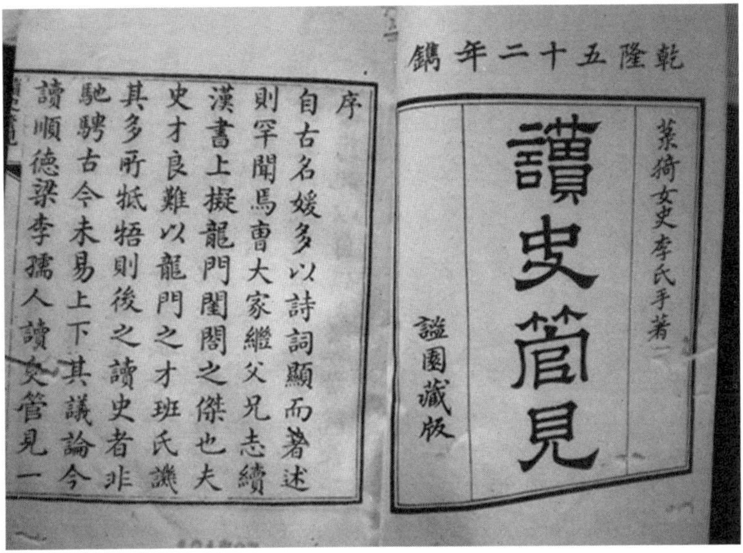
乾隆五十二年鐫

萊猗女史李氏手著

讀史管見

謚園藏版

序

自古名媛多以詩詞顯而著述則罕聞馬曹大家繼父兄志續漢書上擬龍門閨閣之傑也夫史才良難以龍門之才班氏譏其多所牴牾則後之讀史者非馳騁古今未易上下其議論今讀順德梁李孺人讀史管見一

图 9.2.1　李晚芳的《读史管见》书影局部

谢方端的序言中透露出的信息是，清代岭南女性读史并非个案，而史书在民间的普及也是一个重要原因。与陈广逊同宗的一位女子就曾于街上遇见卖《汉书》者，她慨然拔下金钗以之换书，一时成为美谈。这位少女许嫁茂才（即秀才）潘潮生，但她在购得《汉书》后不久就去世了，此书归于潘氏。为了纪念自己的未婚妻，潘潮生画《金钗换〈汉书〉图》以记。这件事在当时被广为传颂，陈广逊曾为此图题写九言诗一首：

在昔汉家青史班姬续，流传百代□耀名山麓。迩来少妇斗宝尚铅华，谁展古书据案日三复。吾宗淑媛帙帙独超群，质比幽兰节并凌霜竹。陟尔抛却妆楼金雀钗，为羡汉史新从市中鬻。购来高置蛮滕六尺床，下尽浊酒千杯还秉烛。但愿含今茹古祖班家，□愿浓妆致饰随流俗。夫何青鸾倏驾返蓬壶，半空环佩珊珊鸣结绿。此身应是嫦娥旧侍书，风鬟雾鬓飘然辞□局。只今遗编堆榻尚依然，谁思拂尘踞坐临风读。吁嗟柳絮飞残蕙帐寒，惟有嗜古芳徽留锦轴。[①]

这位潘潮生或许与诗人、书画家黎简相识，而且经由何文宰、陈广逊介绍，黎简肯定也听说了“金钗换《汉书》”一事，为此他专门寄诗一首与潘潮生以示安慰：

一轴金钗买史图，读时相伴梦时须。闲居白首应潘岳，风叶丹心有小姑。忆我苦吟成岛瘦，避人寻画逼倪迂。烦君是处真倾倒，好色怜才两事俱。[②]

二、岭南女性的咏史诗

对于历史，岭南女性了解的深刻或许远超我们的想象。余玉馨、李晚芳等人都是极好的例子。生于乾隆初年的香山人麦又桂关于汉高祖不孝不仁的论断也极为独到。[③] 此后相关的议论仍不绝于岭南女性的诗歌。刘慧娟曾有《淮阴侯》一诗，就犀利地指出汉高祖对待功臣的薄情寡义：

同是中原逐鹿秋，天生大将助炎刘。垓心一战归无用，鼎足三分枉进谋。但使汾阳能尽职，何须绛灌耻为侯。汉

---

① （清）陈广逊：《静斋小稿》，清乾隆刻本，《题金钗换〈汉书〉图》。

② 钱仲联主编：《清诗纪事 10 · 乾隆朝卷》，南京：江苏古籍出版社，1989 年，第 7044 页，《寄潘茂才潮生》。又见马以君主编：《黎二樵诗集》，顺德县志办公室印：《顺德文献丛书》，乾隆四十四年己亥（1779），第 51 页。

③ 〔美〕魏爱莲著，赵颖之译：《18 世纪的广东才女》，《中山大学学报（社会科学版）》，2009 年第 3 期。

家待士恩原薄，不及千金一饭酬。[1]

此类咏史诗在女性诗歌中相当多。周曜云，周碧珊署正第三女，黄培芳之外孙女，十七岁嫁与同县梁浦茂，年二十二守节，著有《幽兰轩诗选》。她出身士家，从小聪慧，喜爱读书，其外祖父黄培芳授以唐诗。[2] 长大后，她吟诗以自娱，曾专门写过一个系列的诗作《读史杂感》。她从介之推、伍子胥写到吴季子、郑安期、贾谊、苏武、岳飞等。从这也可以看出她渊博的历史知识。如其《读〈宋史·岳武穆传〉》就指责昏庸的宋高宗与误国的奸臣，为岳飞的枉死鸣不平：

山河半壁最堪伤，况戮精忠失栋梁。二圣蒙尘忘国耻，九重信佞惜君王。行看白马盟将定，痛饮黄龙愿未偿。功败垂成同一慨，闻鸡壮士夜彷徨。

克敌夺情前度事，金牌十二出长州。竟因三字埋牢狱，只有孤忠贯斗牛。神算漫劳夸八日，劫灰应尔问千秋。和戎岂独薰天相，半属朝廷自主谋。[3]

官宦家庭背景和开放式的眼界、思维为女诗人带来的更多是关于国事民生的关注与思考。黎春熙就大量借咏史诗谈今，其中交织了对国家、社会、人民生活的忧虑，如其《岁暮咏史有感》六首：

---

① （清）刘慧娟：《昙花阁诗钞》，光绪十六年（1890）刻本，方秀洁、〔美〕伊维德主编：《美国哈佛大学哈佛燕京图书馆藏明清妇女著述汇刊》第三册，桂林：广西师范大学出版社，2009 年，第 182 页。

② （清）周曜云：《幽兰轩诗选》，光绪二十年（1894）梁鼎芬未定稿，戴鸿慈撰《梁节妇事略》。

③ （清）周曜云：《幽兰轩诗选》，光绪二十年（1894）梁鼎芬未定稿。

佗城历尽劫飞灰，残腊无端感祸胎。紫贝明珠消息绝，何曾朝汉有层台。（丙寅之役，夷踞粤山。《赵佗》）

西极蓬莱别有天，风飚道阻几人旋。三千捬背离家子，犹道乘槎去访仙。（夷招生口往小吕宋。《徐福》）

闲关出走阖闾城，赠剑吹箫托死生。吴苑繁华犹昔日，怜他抉目不因兵。（入天主教者死即抉目。《伍员》）

万人学敌气斯张，一炬咸阳劫虎狼。今日阿房已焦土，方刀方斧笑秦皇。（天津民变，烧礼拜亭。《项籍》）

矢尽犹能御敌人，霸陵夜猎满霜雰。龙城飞将威名在，未许胡儿虏汉军。（津门团防，曾矦议战。《李广》）

餐毡啮雪葆忠贞，杯酒河梁去国情。不辱天朝持汉节，千秋肤使重苏卿。（朝廷命大臣崇公出使法国。《苏武》）①

这些诗文借咏史将史事和时事紧密地联系在一起，主要指的是1866至1870年之间发生的一系列事件。如《项籍》一诗借项羽火烧阿房宫之事隐喻1870年天津民变中百姓火烧望海楼。《李广》《苏武》这两首诗则借赞李广和苏武，表达了渴望当朝能有这样的名将、名臣以抵御外侮、重振国威的愿望。作者虽然没有言明，却委婉地道出自己对国家形势的忧虑：时局混乱，人人自危，没有名将以拒外、名臣以卫国。她的忧虑超脱了闺房对身心的限制，洋溢着强烈的爱国御侮热情，这种强烈的社会责任感在太平盛世的才女身上是很难见到的。

---

① （清）黎春熙：《静香阁诗存》，光绪二十四年（1898）顺德龙氏螺树山房刊。

第三节 对现实的关注

除了对历史的兴趣，女性诗作中也充满了对现实社会的忧虑与对弊端的谴责，她们虽然深处闺中，却与外界有着密切的联系。

一、对丑恶社会现象的揭露

生活在明末纲纪废坠、小人弄政之秋，幼小的刘兰雪作为一名聪慧的才女，拥有着超越常人的洞察力，她有不少借古讽今、隐意深远的作品。其《陪陈太夫人游海珠诗》《靖节堂竹陈太夫人限韵命赋》《斥野磷》诗，均体现了她对明末奸人当道、朝政紊乱的批判。尤其是《斥野磷》一诗的末二句借用晋温峤燃犀照水妖事，直斥当世拨弄是非、醉于自夸的小人：

> 临池耽访卫夫人，衔鼓铜龙已报寅。曲槛骋光金马影，画屏曦耀碧鸡磷。久将正气留天地，岂有文章泣鬼神。花际漫劳夸伎俩，燃犀曾照本来身。①

这些诗巧妙地采用了借指的方法对现实社会的种种弊端进行影射。她的思想活动或许与当时社会的开明、作者的家庭环境以及与陈子壮等士大夫的交往有关，这也证明她们所处的闺阁不是与外界隔绝的。

身为闺塾师的陈广逊因其职业性质和豪放的性格，对于现实社会的种种阴暗面关注颇多。其影响较大的诗作之一是《跛

① （清）温汝能著，吕永光整理，李曲斋、陈永正审定：《粤东诗海》卷96，广州：中山大学出版社，1999年，第1793页。

瘫行》,用王应奎[①]《箬包船纪事》韵:

邑中儿,年十一,为奸人诱去,缚桎之,逾年成跛瘫。挈至近村,索钱于市。义士梁其廉,得其情,絷鸣县宰。乡人又上诉大吏,始尽歼其党,作《跛瘫行》。

邑中有行乞,挈儿随所之。转徙浑不定,舟居尢茅茨。动思饱贪壑,来泊前溪湄。指儿为己出,称疾不能医。号呼彻苍旻,冀或哀烝黎。旁观问且难,夙本谁家儿?瞠视若有省,转瞬仍昏迷。饮恨江汉深,欲诉无为能。钳掣其唇口,拘挛其体肢。不必豪侠流,见此皆好施。居人不遑诘,行客不致疑。奇货真可居,厚利收中逵。此辈所由来,残酷其天资。百计绐群稚,梏拱加棰笞。逾时成废人,续命无一丝。同为父母身,瘠人求自肥。朝灌以斗醋,夕哺以粥糜。一身无完肤,惨毒伤肝脾。大则为鼎镬,小则为针锥。备历诸楚酸,不死即疲羸。烈士抱义愤,卒见生嗔訾。霁颜导儿言,啖以酥与饴。儿讶梦初觉,心图归祖祠。尽言告烈士,涕泣思瞻依。烈士发上指,振袂若扬旗。缚凶赴讼庭,命同待烹牺。胡为执法者,不肯暴其骴?怨声已载道,长官宁不知!未泄群儿冤,痛哉泉下尸。所赖上府明,冰鉴能穷治。除凶既务尽,拔根仍芟枝。从此村落安,保赤征仁慈。为恶无幸免,天道尽堪窥。即事足垂戒,用赋跛瘫诗。[②]

陈广逊的《跛瘫行》揭露了社会上拐带儿童致残,然后携其

---

① 王应奎,字东溆,江南常熟人,诸生,著《柳南诗钞》。见沈德潜编:《清诗别裁集》卷28,上海:上海古籍出版社,1984年,第1186页。

② (清)陈广逊:《静斋小稿》,清乾隆刻本,《跛瘫行》。

到处展览以赚钱的罪恶，表达了对饱受摧残的儿童的怜悯，对见义勇为的好汉和执法严明的循吏的钦敬。王应奎，生于康熙二十二年（1683），约卒于乾隆二十四、五年（1759～1760），其诗为：

有船锐其首，以箬包裹之。名为箬包船，聚泊疑茅茨。浮家无定所，忽湖忽江湄。居货挟土产，擅技兼卜医。中有无良者，行乞同残黎。讵料豺狼心，所志窃童儿。神咒与饼饵，绐儿儿辄迷。牵引至船中，毒手恣所为。或为矐其目，或为搉其肢。或屈曲其体，如籧篨戚施。形骸几变尽，父母居然疑。清晨负之出，索钱号九逵。夕仍负以入，倾倒囊中资。数倘有不充，攒刺加鞭笞。苟延此残喘，性命危如丝。有时更肆恶，视彼躯干肥。入之人鲊瓮，饱啖若餔糜。吸儿脑与髓，嚼儿肝与脾。从此筋骨强，便堪耐刀锥。更闻藏秘器，卖以疗尪羸。一匕为神膏，索值恒不訾。淫人祈长生，食之甘如饴。又闻湖海滨，茫洋有神祠。神曰抽筋姆，此辈所皈依。重午暨中秋，庙门搴灵旗。群船竞祭赛，以儿为牲牺。祭罢饮福酒，狼藉骼与胔。年来迭败露，官长胥周知。勿问所从来，立毙陈其尸。谓足抵儿命，此外无穷治。不穷其本根，徒然剪旁枝。官长法深刻，胡独偏仁慈。其毒仍滋蔓，其故难寻窥。谁为采风者，听我歌此诗。（此皆一一纪实，此曹恶败露后，被残肢体女子详述于公堂、详述于父母者也。独是官长只毙所获者命，不穷根株。此意作者不解，吾亦不解。）①

---

① （清）沈德潜编：《清诗别裁集》卷28，上海：上海古籍出版社，1984年，第1186～1187页。

王诗和陈诗讲述的是社会底层的同一肮脏面，即见利忘义之徒为谋取钱财，将幼儿拐带或者偷窃出来，加以摧残使其身体变形，然后利用这些儿童进行乞讨，以博取人们的同情心以获取钱财。1863 年出版的《点石斋画报》以图画的方式记载了路边乞丐身体扭曲的形态：

天赋人以身，即畀人以五官四体，虽其间不能无残废之人，而亦未闻有手足也可以倒置，五官也而竟缺其四者。乃甬东有二丐焉，形状之奇异不独见所未见，抑亦闻所未闻。据人传述，一丐左腿插入右肋下，右腿弯入左肩上，分毫不可攀扯，偶或倚坐墙隅，如东瓜然。一丐则耳目口鼻无一或备，鼻际有二孔大如钱，可以纳食。各执一袋沿街求乞。一时见者或念其残疾堪怜，略为施予，或恶其无复人状，掉头不顾，是岂天地生成有此缺陷而无可弥者耶？抑被匪徒矫揉造作致有此奇状耶？亦世不经见之事也，故志之。①

《点石斋画报》中画出的两个乞丐，其扭曲的身形应当不是自然长成的，这恰好验证了陈广逊与王应奎的两首诗。

岭南女性这种“盛世”下的关怀恰恰体现了她们对社会责任的担当意识。对王应奎之诗的同韵唱和，则显示了女性知识的广博与眼界的开阔，隐含着她们平日阅读范围的扩张与内容的丰富。

---

① 《点石斋画报》，广州：广东人民出版社，1983 年，第 40 页，酉 · 五《乞儿异相》。

图 9.3.1 《乞儿异相》

二、对现实生活和社会政治的关注

略晚于陈广逊的邱掌珠二十岁时嫁与陈虹为妻,安贫守俭,“逮事舅姑,承颜顺志”。后来陈虹以砚税糊口,邱掌珠亦设帐里中,“女弟子之出其门者,莫不敦姆仪,守壶则。以故束脩余润,内助殊多”。陈虹善画,邱掌珠亦不逊丈夫,她于摒挡家务之外,“从事丹青,生香活色,点缀天然。尤善徐黄花鸟、吟笺粉本。左右纷披,唱随中洵称乐事”①。在其诗集《绿窗庭课吟卷》的开篇有一首四言《兴云歌》:

---

① (清)邱掌珠:《绿窗庭课吟卷》,同里黄溥:《邱儒人墓志铭》,清光绪二十二年(1896)龙山邱园刊本。

早望云霓，翘首天东。触石而起，四野蒙蒙。如风从虎，虎起远空。如石成羊，羊奋霄中。霏霏高山，瑷瑷乔松。化作膏雨，慰我三农。①

作者以这首四言古诗表达了对雨水的渴望，体现了对民生疾苦的关切。诗中从热切盼望起笔，然后描写石罅生云，再从云因风起，联想到云的形状就像羊城的石羊奋起霄中，将美丽的传说与现实结合，希望天能降下膏雨滋润庄稼，使人们能够丰衣足食。作者悲天悯人的胸怀丝毫不逊于“先天下之忧而忧，后天下之乐而乐”的男性士大夫。

无独有偶，关怀农事的不仅有邱掌珠，不少女性对民生疾苦都倾注过极大的热情，尤其是对润泽万物的及时雨的关注，使这些女性的角色更加贴近生活、贴近民生。刘慧娟亦有类似的诗作《百谷仰膏雨》：

百谷含生意，为霖务及时。如膏深仰望，兴雨厚培滋。霡霂常瞻彼，芃芃乐膏之。群将歌帝力，众似待王师。早慰三农愿，休愆十日期。浡然多起色，肃若有余思。得润禾抽颖，流甘麦秀歧。圣恩汪秽足，应赋黍苗诗。②

重大的政治事件似乎根本不像后人想象的、闺中女性孤陋寡闻，它们会通过各种渠道渗透到女性的生活中去，并对她们产生影响。刘慧娟就曾作诗赞颂李元嘉太守于同治年间在甘肃任

① （清）邱掌珠：《绿窗庭课吟卷》，清光绪二十二年（1896）龙山邱园刊本。

② （清）刘慧娟：《昙花阁诗钞》，光绪十六年（1890）刻本，方秀洁、〔美〕伊维德主编：《美国哈佛大学哈佛燕京图书馆藏明清妇女著述汇刊》第三册，桂林：广西师范大学出版社，2009 年，第 170 页。

内镇压民变之事:"太府楚人,任甘肃知州,居官廉洁……擢升知府。百姓感恩建生祠。"她赋诗:

读书有策可平戎,力守孤城智不穷。长剑光分胡地月,一鞭气压朔方风。丹心具有安边计,赤手能成盖世功。谈笑顿教烽火熄,何须云阵列熊罴。

但愿民安不顾身,汾阳伟绩又重新。烟销潮海澄今月,水酌廉泉证古人。画锦堂开森玉树,瓣香祠奉现金身。夕阳红入桑榆景,箓有长生画有神。[①]

晚陈广逊约百年的顺德才女黎春熙,在《静香阁诗存》中也记录了在自己身边发生的一些重大政治事件。黎春熙,字文绮,昌教黎兆棠[②]女,生于咸丰元年(1851),卒于光绪十三年(1887)。她嫁与大良龙氏副贡龙泽鋆[③]为妻,著有《静香阁诗存》,生有二子二女。她生子龙裕光后不久,年仅二十八岁的丈夫便去世了,儿子裕光六岁时,黎春熙亦撒手人寰。十多年后,龙裕光从故纸堆中捡出母亲于同治八年(1869)到同治九年(1870)的部分诗作予以刊印,此时仅有古近体诗六十首,其余的都已亡佚,但这已经可以窥见其作品之一斑。

黎春熙未字时曾随父黎兆棠宦游赣南,同治二年(1863)到

---

① (清)刘慧娟:《昙花阁诗钞》,光绪十六年(1890)刻本,方秀洁、〔美〕伊维德主编:《美国哈佛大学哈佛燕京图书馆藏明清妇女著述汇刊》第三册,桂林:广西师范大学出版社,2009年,第188页。

② 黎兆棠,号召民,顺德昌教人。咸丰三年(1853)进士。历任礼部主事、总理衙门章京、江西粮台、台湾道台、直隶按察使、福建船政大臣等。传见民国《顺德县志》卷18《列传三》。

③ 龙泽鋆,字吉浦,大良人。光绪年间贡生,见民国《顺德县志》卷8《选举》。

同治三年(1864),黎兆棠任南安知府。① 同治三年八月十日,太平军将领李侍贤进攻南安。黎兆棠的母亲冯氏拒绝儿子将自己移到城外安全之地的请求,"申明大义,誓死不去,并出簪环犒士。俾合郡人心固结,地方赖以保全。实属教子有方,深堪嘉尚"②。冯氏后被赏给二品封典,并赐匾"教忠励俗"以彰冯氏之节,时冯氏已六十六岁。当时一直陪侍在父亲和祖母身边的黎春熙亲历了这场战事,她在诗中写道:

> 黑云浩浩卷双旌,陵雨滂沱夜泽城。壮士疆场争努力,家人生死早忘情。江翻雪浪喧鼙鼓,天倒银河洗甲兵。报国愧无奇计出,木兰奚用请长缨。

诗中描写了南安城被洪水淹没,更遭太平军围攻时的危急状况,表达了她渴望像木兰一样从军,战场杀敌,身为女子,却壮志难酬,无奇计可出的苦闷。在之后的诗中,她又写出了围解之后,骨肉得以重聚的感慨和喜悦:

> 谍报援兵奏凯旋,喜心翻倒泪潸然。干戈一死知谁惜,骨肉重生始自怜。似说贼营栖燕雀,何来军府靖烽烟。犒师恰是中秋节,桐子欢歌月正圆。("桐子"二字出扬子《法言》)

此时的黎春熙年仅十二三岁,以现在的眼光来看,这个年纪

---

① (清)黄鸣珂修,石景芬纂:《江西省南安府志》卷8《秩官》,据清同治七年(1868)刊本影印,台北:成文出版社,1975年,第602~603页。同治三年即改由黄鸣珂做知府。黄鸣珂,贵州安平县人,戊子优贡,庚子举人。同治元年即为南安知府,三年复任。八年二月卸仕,有去思德政碑。

② (清)李光廷、史澄、苏佩训、戴肇辰纂修:《广州府志》卷147《列传三十六》,光绪五年(1879)刊本,《中国地方志集成》(1~3册),上海:上海书店出版社,2003年,第571~572页。

应该还不谙世事，不太可能有忧国忧民的豪气与梦想。透过这些诗作却可以看到，作者的身上有着不同于弱女子的才华与豪情。首先，黎春熙应当自小就学习儒家经典，也只有这样，她才可能会在十二三岁就写出诗作。香港学者熊秉真在一次演讲时曾指出，在幼童时期，男孩和女孩其实接受的教育是相同的，并没有多少性别上的差距。相反有可能小女孩在童年时期可能会获得比男孩更多的关爱。[①] 其次，身为官宦之女，黎春熙的思想肯定凝聚了正统的官方意识。黎兆棠作为朝廷任命的南安知府，他要维护政府的权威与控制力，身为女儿的黎春熙肯定与父亲的指导思想是一致的。

这场战争过后第二年，也就是同治四年(1865)七月，黎兆棠卸任南安知府一职，“奉旨免补知府，以道员留江，遇缺即补，赏戴花翎”。自此他在江西负责总办清军将领鲍超所部霆军的粮饷一事。“莅事数日，适霆军分调各省，中途粮缺，叛，回南安索饷三十万，沿途抢掠，还趋赣州，全省震动。”当时的存饷仅有“三千金”，情势相当危急，黎兆棠为安抚霆军，“匹马出城，躬亲抚谕，事获寝”[②]。同治五年(1866)三月冯氏亡故。五月，时年十五岁的黎春熙扶祖母灵柩回乡。路过梅关时，她又忆起同治三年的战争和四年的霆军哗变：

> 梅关重度总劳薪，望见家山黯夕曛。北洗欃枪章水雨，西归王母素车云(时侍大母丧归)。英雄儿女轮蹄共，急雪

---

① 熊秉真于2010年3月26日在中山大学作了《记得当时年纪小——再访近世中国的性别与童年》的报告，其间反复强调了这一观点。

② (清)郭汝诚:《(咸丰)顺德县志》卷18《列传三》，咸丰、民国合订本，广州:中山大学出版社，1993年，第706页。

惊尘楚越分。棹楔路傍瞻拜罢，昔年曾此扫妖氛（大母承赐御书扁额，南安郡人即岭路建坊）。（《归度大庾岭》）

上陇军还噪饷骄，总戎空锡侍中貂。重生有幸如春梦，万死无功答圣朝。章水风尘鼙鼓震，金陵将帅姓名标（时江南已收复）。最怜冒雪单骑往，博得疆场杀气销（大人抚慰之，乱乃定）。（《赣州兵变》）①

同治八年（1869）七月，黎兆棠任职台湾。在台湾任职的三年中，他革除积习，裁撤贪酷的僚属以澄清吏治。他还创建玉山书院，购置图书使诸生诵读。台地物产丰富，法人垂涎已久，甚至调拨兵船来台恐吓，黎兆棠屹然不动，据理申辩，法兵不敢登岸而去。后法商或酗酒买官，或恃势走私，兆棠辄遣吏痛惩之，法国领事均不敢与较。民国《顺德县志》就称赞黎兆棠道："法人在台知有中国法律者，实自兆棠官台始。"

黎兆棠任职台湾的三年内，与家中的书信往来不断，他在寄给家人的书信中曾大量介绍台湾的风土人情和自己在台湾的作为。通过书信的交流，黎春熙知道了台湾的趣闻和政局变动，这些都成了她诗歌创作的素材：

涸泽焦原正闵农，冯夷翻海蹑虚空。天怜禾黍回生气，地异桑林入化工。南赣洗兵云已黑（大人守南安日……是夜大雨，章江涨，不能渡），台澎沃土粟犹红。秋来幸勿吹咸雨，害物全无润物功（澎湖滨海秋有咸雨，杀草。由大风吹海水所成）。（《闻大人台湾祷雨立应》）

碧溪尔本无愁者，终古流成长叹声。何事竟怀将别恨，

---

① （清）黎春熙：《静香阁诗存》，清光绪二十四年（1898）顺德龙氏螺村山房刊，朱印本。

于人定抱不平鸣。桥成鱼鳖朱蒙渡,地近蛟龙赤嵌城(台故城)。水已知归隶图籍,底须呜咽独含情。

奇石嵚崎黯夕曛,赤腾腾地尽氤氲。祝融翻海黑无雨,回禄烈山红有云。绝岛天骄谁扑灭(台夷构和约,大人折之),老亲炎徼剧辛勤。况闻立应桑林祷(时台地九月不雨至十二月大人十四日祷,次日即雨),未害池鱼一例焚。(《家书述台湾风土之异,有溪水终日作长叹声,有山昼烟夜火,风雨不灭,各纪以诗》)

雄镇东南荐剡来,始知天网不恢恢。十年孤愤填苍海,万里边愁入紫台。将帅荷恩鱼袋锡,鲲鲸跋浪虎门开。潜踪终作含沙蜮(萧近唆夷滋事,致副将江公自刎),军令分明绝祸胎。戟门家世滥簪缨,氛祲冥冥赤嵌城。三窟网开毚兔脱,九渊波撼老蛟惊。盾头磨墨难驰檄,匕首登床有伏兵(林有兄官提督,赠宫保。大人密令沈太守计擒之。次日沈公床下伏刺客亦被获)。一自板升骈戮后,楼兰剑气斗牛明。(《学老杜诸将二首》并序:台湾属彰化之在籍副将林文明积恶土豪,抗官阻险。又安平副将萧瑞芳即通夷起衅之苏成冒行伍,升今职者。大人一月内连请旨诛之。)①

梁乙真曾认为,清季之时,“其妇女文学,无卓荦特异之可述,仅毗陵诸女,袅袅余音,维持于不敝耳”②。但岭南的妇女文学并未衰落下去。在一本由顺德人潘学增编著的《顺德文学

① (清)黎春熙:《静香阁诗存》,清光绪二十四年(1898)顺德龙氏螺树山房刊本,朱印本。

② 梁乙真:《清代妇女文学史》,上海:中华书局,1927年,第215页。

史》中,作者谈论清初至乾嘉时代顺德文学时说道:"至若妇女文艺当时亦盛:容奇刘兰雪(祖满),石龙冈汤金英①,龙山陈仲(贤),均咏絮才高,巾帼中不可多得。黎二樵之妻梁飞素(雪)②为诗多玄妙,惜乎不肯力学而又早卒,是弃其天才也。容奇陈静斋(广逊)具名士之气慨,吟咏不疲;龙津李绿猗(晚芳)善论史之文章,判断甚允,则又其中之杰出者也。"③

当才女文化在全国趋于衰落之时,岭南才女的人数不但未减,而且其诗作脱离儿女情长、关注社会现实的题材越来越多。她们视野开阔,与时事紧密相连,充满了对国家命运的关注与忧虑。这种特质从宋代陈璧娘到元末明初的郭贞顺,再从盛清的陈广逊到晚清的黎春熙等人一脉相承,成为广东女诗人令人景仰的特质之一。可以说,这种关怀使广东女性长期积蓄的社会责任意识不断增加,广东妇女运动的蓬勃发展与此似乎不无关系。

---

① 汤金英,顺德人,汤子凤女,能诗,著《梅轩集》。见(清)温汝能著,吕永光整理,李曲斋、陈永正审定:《粤东诗海》,广州:中山大学出版社,1999年,第1816页。

② 梁雪,字飞素,佛滘拔贡生黎简妻。传见(清)郭汝诚:《(咸丰)顺德县志》卷29《列传九·列女二》,咸丰、民国合订本,广州:中山大学出版社,1993年,第876~877页。

③ 潘学增编著:《顺德文学史》,香港顺德联谊总会资助出版,1975年,第27页。

结　语

美国学者梅里·E.威斯纳－汉克斯在其著作里提到，虽然中国的一些史学家因为中文文字系统中一些字的发展、古代民间传说及一些考古学的证据而接受了人类社会原本是母权社会这个概念，但是大部分中国史学家不同意这种解释，他们认为妇女居从属地位的证据更为有力，并举出最早的文字记载材料为证。①

纵观岭南历史的发展可以看到，早期岭南历史上的女性形象与中原礼教观念中应有的贞节娴静完全不同。在政治上，她们叱咤风云。像龙母、征贰、征侧、冼夫人、琼山黄氏母女等，一定程度上左右了岭南的政局，决定了岭南对中央王朝的态度。一些女性还在死后得到后人祭拜，成为保卫一方平安或者身兼多种功能的女神，获得由人演变到神的、难以企及的殊荣。

加上岭南因为五岭的阻隔且濒临大海，形成了珠三角地区

---

① 〔美〕梅里·E.威斯纳－汉克斯著，何开松译：《历史中的性别》，北京：东方出版社，2003年，第19页。

海河纵横的地势特点,商业贸易发达,在对外经济贸易中富有活力。在对外的贸易与对内的农业劳动中,始终闪烁着女性劳作的身影。她们走出家门,参与田野劳动,参与商品贸易,融入社会生产和生活的各个方面,为岭南社会的发展做出不可缺少的贡献。

虽然受到了汉文化的影响,秦汉时期的岭南在表面上掌握政权的或许是赵佗等男性,但在基层百姓的实际生活中,女性仍然占据社会、政治、经济生活的主导权。这种现象直到很晚在岭南的少数民族中仍可找到其遗存。中原来的士大夫们看到了女性生活与中原的迥异,于是就有了外来士人笔下描述的“妇人强,男子弱”的“蛮风陋俗”,正好成为早期岭南社会异类形象的佐证。当然,外来者记下这类奇异风俗有猎奇的心理,无可否认的是,他们对此也带有鄙夷之心。鄙夷之心代表的其实还是他们对自己文化和泱泱天朝之国身份的优越感。

随着文化交流的加深,儒家文化不断对岭南加深渗透,人们开始习诵儒家经典。明代对于岭南来说是彻底融入中原王朝的重要时期,岭南的文化、经济都得到巨大发展。一方面政府确立了对岭南地区的全面统治,另一方面岭南文化与中原王朝文化迅速接轨,岭南由蛮风犹存之地一跃而成为“礼仪之邦”。这种变化和外来及本土士大夫的努力分不开,他们在岭南发展的黄金时代努力重塑岭南,从文化、传统、风俗各方面进行改造。许多制度和传统就在此时确立,其影响力直达后世几百年,比如根深蒂固的宗族制度,直到现在都影响着岭南地区。

此时,儒家文化已成为岭南的主流文化,不少士大夫凭借科举入仕进入中央王朝。以“南海士大夫集团”为主的岭南文人在政界崭露头角，成为支持嘉靖皇帝“大礼议”事件的重要后盾。经过这场事件，中国的宗族制度发生巨大变化，岭南也兴起了轰轰烈烈的造祠运动。我们在村落间进行考察访问时随处可见林立的各姓祠堂。平日里祠堂是人们聚集休闲之所，逢年过节时人们则在此举行祭祖典礼或者多种祭祀活动。

伴随宗族制度的建立，“孝”的观念开始普及到乡村。正如刘志伟所说，为了提倡纲常名教、倡导“节孝友爱”的主题，那些努力在地方推行教化的士大夫们重新塑造出了合乎正统礼教规范的女性形象。这种文化的创造，既是对国家道统的认同和归化，也被利用在国家权力体系中作为争取地方利益的手段；在地方文化士大夫化的同时，士大夫文化也深深地刻上了地方传统的印记。① 为了“治国、齐家、平天下”的政治理想，士大夫们在庙堂之上陈述己见的同时，也开始用自己学到的儒家文化来打造岭南社会。对于岭南来说，外来者的优越感不断刺激着本地士大夫敏感而脆弱的乡土情怀，为了改变这种令他们感到压抑的“异类”的面貌，本地士人与外来士大夫通力合作、“以夏变夷”，尽最大努力改造当地的文化传承与人文形象。于是，除了才女“被塑造”成岭南开化的象征，列女传中的“烈女”“贞女”，尤其是“孝女”均成为儒家文化深入民心的标志。

除了将礼教中“忠孝节义”等观念推行到岭南的每个角落，士大夫们还开展了毁淫祠与造祠运动，以打击与国家正祀不合的民间神祇信仰，树立与王朝同步的祭祀系统。为使贞节观念深入民心，士大夫们不惜重笔改变岭南社会中受到尊重的一些

① 刘志伟：《女性形象的重塑：“姑嫂坟”及其传说》，苑利主编：《二十世纪中国民俗学经典·传说故事卷》，北京：社会科学文献出版社，2002 年。

传统女性形象,使她们更符合“忠”“贞”的标准。士大夫们对以吴妙静为代表的一批女性和部分女性祠庙所做的重塑工作,取得了良好效果,确立了以忠、孝为核心的祭祀体系,将女性贞节观推广到基层。这些经过改造的女性转而成为士大夫们向民众宣传的样板与目标,起到了极好的示范作用。女性在这个被塑造的过程中,不知不觉进入了士大夫划定的框架之内,接受并实践礼教所要求女性达到的目标。

刘志伟曾指出,作为经济史研究领域与人类学对话的主要范畴,土地垦殖、宗族发展、神明崇拜、户籍制度的演变以及族群问题等,都展现了地域社会文化结构的动态过程。① 就我们的研究来讲,这个文化结构的动态过程的主要参与者就是“人”,包括外来官员和本地精英、男人和女人,其涉及面也达到基层社会生活的几乎全部。鉴于女性长时期在历史上所处的失语地位,这个过程实际的操纵者是男性士大夫,尤其是那些岭南本土的男性精英。对于这些地方精英来说,外来官员代表的是“国家”,而对于当地的百姓来说,地方精英和外来官员同样代表国家。地方精英对“国家”与“区域”的双重身份使他们成为国家与区域间的桥梁。他们一方面努力将国家的教化推行到乡里,将王朝的观念贯彻普及,另一方面将区域社会中适合当时需要、却不合官方话语、但在民间社会中根深蒂固的习俗,通过重新包装的方法使之延续和存活下来,使之得以继续在民众生活中

---

① 刘志伟:《地域社会与文化的结构过程——珠江三角洲研究的历史学与人类学对话》,《历史研究》,2003 年第 1 期。关于此方面的研究,陈春生、刘志伟、科大卫、萧凤霞等人已经从社会经济、制度、宗族发展等多方面进行过研究,可参见本书前部学术史回顾,在此不再赘述。

生长。

明代社会始终存在着一种奇特的社会现象,即一方面程朱理学占据垄断地位,宣扬女性贞节、从一而终;另一方面,一些思想较激进的士人开始宣扬反礼教、反传统的妇女观;同时因印刷业的繁荣,除大量女教书籍问世之外,社会也开始流行与主流话语体系截然相反的内容,即淫秽书籍在市场上流行,从而使纵欲和宣淫思想逐步渗透到社会各个角落。有研究者认为,这两种因素共同作用,汇合成强大的反礼教力量,猛烈地冲击儒家宣扬的伦理秩序,促使妇女们走向叛逆。① 在国家大环境的影响下,岭南传统的女强男弱风俗使士大夫忧心忡忡。他们开始重新塑造岭南女性,其核心由"孝"转移到"贞",希望借助对节烈女性的表彰挽救"颓风",倡导女性走上节烈之路。士大夫的策略相当成功,新旧政权交替之时,岭南出现了大量殉国、殉节女性。

男性之所以把女性的"贞""节"推崇到无以复加的程度,还与儒家观念中将女性对男性的"贞"与男性对国家的"忠"对等有关。经历明清易代,清政府取得了合法的统治地位,在努力恢复和发展社会经济的同时,也开始对明末的遗民进行重新定位。"忠"的概念发生了变化,男性既然可以忠于天下而不是一姓王朝、可以为天下苍生而保全性命,女性就应该为人伦大义、家庭责任而守节。官方的导向发生了改变,随之而来就是节妇大量涌现,殉节女性减少,产生了"明代尚烈,清代尚节"的现象。至此,女性对贞节观的态度由明代的被动接受转变为自觉主动执行。卢苇菁在谈到明清时期的大量贞女现象时指出:

---

① 赵崔莉:《明代妇女的二元性及其社会地位》,《辽宁大学学报(哲学社会科学版)》,2004 年第 5 期。

> 幼年订婚,漫长的聘婚礼仪,父系的家庭制度,社会对极端道德行为的崇尚,社会精英对女性贞节的广泛赞扬,政府通过旌表等举措对家庭和个人行为的干涉,印刷和书籍的日益普及……这一系列社会和文化因素都影响了明清时期的年轻女子,塑造了她们的心智。①

贞节观深入人心之后,岭南女性完成了被塑造的过程,开始自觉地将礼教作为穷其一生的主动追求。女性对以礼教为核心的价值观的认同,也从侧面反映了明清时期文化的高度整合。

事情的发展不会仅停止在女性的被动接受上,接下来就是女性将贞孝的要求作为行为规范进行的自觉主动追求。正如曼素恩所说:"随着盛清政府强势官僚机制的政策越过社会层级和族群而达到妇女的领域,随着节妇风尚变成清朝野心勃勃的计划——亦即从多样的地方文化当中建立起统一的帝国——的一部分,女性作者本身也接受了帝国的堂皇说辞。"于是她们"认为自己不但象征着清朝在边疆地区所施行的教化,同时也是中原文化中儒家道德规范的守护者"②。这部分女性在自我约束的同时,又以言传身教或者著书的方式来影响周围的人。李晚芳姐妹就是最好的代表。尤其是李晚芳的《女学言行纂》,极好地传达了谨遵礼教的女性自律律人的思想状态。

既然节孝观已悄然发生变化,矛盾也就产生了。岭南历史上,女性不嫁有悠久历史,这点源于对"孝"的追求,也代表了

---

① 〔美〕卢苇菁著,秦立彦译:《矢志不渝——明清时期的贞女现象》,南京:江苏人民出版社,2010年,第257页。

② 〔美〕曼素恩著,杨雅婷译:《兰闺宝录——晚明至盛清时的中国妇女》,台北:左岸文化出版,2005年,第106页。

“父”对女性的所有权。随着后来对“贞节”的强调,当女性被告知无论已嫁、未嫁,都应承担起夫家的责任时,不管是岭南女性的自主权还是传统“父权”都受到前所未有的挑战。大量关于贞女、节妇的传记中都描写父母与女儿因守节而引发的矛盾。而岭南女性作为劳动力挣钱养家已成为一种惯例。如果女儿不去夫家留在父家,对夫家来说是不合礼仪的;如果女儿不听父母之命为未婚的丈夫守贞,那对“父权”又是一种挑战。“父权”和“夫权”之间的角逐加上岭南女性原有的生活传统,矛盾就集中由“自梳”“不落家”这种表现形式发泄出来。

只是,由于岭南地区“孝女”不嫁传统的存在,在地方精英的笔下就有了“自梳”“不落家”往往和“贞女”混淆不清的现象,这造成珠三角地区贞女尤盛的局面。卢苇菁通过统计《大清一统志》中记录的贞女分布发现,广州府的贞女数列全国第一,甚至大大超过长江下游名列前茅的府。她的解释首先是贞女现象与经济、文化中心重合,而且贞女最多的地方往往位于该地区的核心地带。这恰好与明清时期,尤其清代珠三角成为帝国商业和城市化的一个中心对应起来。其次,她提到广州府强大的家族组织以及家族组织之间的竞争,又提到广州府某些地区妇女拒绝结婚的风俗和“延缓入家”的模式。“延缓入家”的核心地顺德,其贞女数量超过广东其他各县,雄踞全国之首。所以她认为,较为宽松的婚姻制度和结构,使青年女性追求作贞女较为容易,就造成广东地区贞女数量最多的现象。[①] 其实,所谓的延缓入家多半是指“不落家”,而家族竞争暗合的就是“父权”与“夫

① 〔美〕卢苇菁著,秦立彦译:《矢志不渝——明清时期的贞女现象》,南京:江苏人民出版社,2010 年,第 101 ~ 104 页。

权”的抗衡,宽松的婚姻制度和结构则对应传统社会中岭南女性的权力。实际存在的情况是,未婚夫/丈夫一死,女性既可以此为由摆脱婚姻束缚,又可以得到贞女/节妇之名,名正言顺地过起“梳起”或者长住娘家的生活。为达到这种目的,珠三角竟然还出现“迷夫教”,以咒死丈夫来达到摆脱婚姻的目的。

历朝士大夫的努力也对后世岭南的“自梳”“不落家”行为产生重大影响,促使女性自主权由显性向隐性的转移,并最终导致父权与夫权在“自梳”“不落家”等问题上的角逐与调适。在岭南历史上,女性为赡养父母或者养育父母后嗣而不嫁是不鲜见之事,她们因此被冠上“孝女”的称号。但是随着父权向夫权的倾斜,夫家成为女性的唯一归宿。这样导致的结果就是,岭南女性对父母的“孝”不断向对丈夫的“忠”与“贞”靠拢。她们只有在夫家才能获得应有的地位,才能有资格进入祠堂得到子孙的祭拜,不嫁守贞的“自梳女”反而成为士大夫抨击的对象。不仅女性的自主权被剥夺,而且父权相较夫权也开始处于弱势地位。种种矛盾就通过女性的“自梳”“不落家”现象爆发出来,社会矛盾激化。

针对岭南女性的“自梳”“不落家”现象,很多学者都做出了不懈的努力进行研究,甚至产生了各种各样的猜测和解释,如“抗争说”“独立说”等。我们不排除上述说法的合理性。但正如我们之前所说,历史的发展是合力的结果,一种现象的存在应是多种因素共同作用造成的。或许我们可以说,珠三角地区“自梳”“不落家”现象的盛行和传统上岭南女性的强悍风格、“父权”与“夫权”的角逐都有关系,是众多合力造就的结果,是儒家文化和中原礼教政策与岭南本土文化和传统冲突调适后达成的特殊现象。

对岭南本土士大夫来说,早期给人的“蛮荒”与“不开化”印象是他们的软肋,儒家文化走进岭南后,他们不断地努力打造岭南早蒙教化的形象,希望将岭南儒学的发展源头尽量提前而改变其落后形象。于是,岭南早期出现的才女、女仙都诗书满腹。对于男性来说,他们的关注点不在于早期岭南女性的神异事迹,而在于她们身上体现的儒家文化因子。无论她们真实与否,在岭南士人的眼中她们代表的都是那个时代岭南的儒化和文明程度。从某种意义上来说,她们引发的不仅是男性心灵深处对女性才华的欣赏,更是岭南文明开化的象征。男性士大夫们往往从儒家文化对女性的要求出发来审视女性,观照她们是否符合礼教标准,努力将她们改造成自己理想的形象。但是,从这些女性身上,依然能看到岭南早期女性身上强悍的影子。比如南汉时期出现的女官,她们一方面接受外来的儒家文化,另一方面又自幼熏陶在粤地“蛮风”之下,以性别的特殊优势,一度左右了南汉朝廷的政局与兴衰。

明代时由于儒家文化的深入传播,岭南涌现出一批极具才华的女性,这种情况到清代达到极盛。之前极少有人关注这批女性,高彦颐、曼素恩等人都以长江中下游地区的才女为研究对象,仅有魏爱莲对 18 世纪的广东女性给予了一定的关注。当乾隆盛世走向尾声,江南才女文化难以维系时,岭南的才女文化却正走向高潮。

纵观岭南才女的创作,我们可以印证胡晓真的结论——对她们来说,公众事业是不可得的,文学就成了唯一的选择,而写书是她们能想象到的最高成就。所以写作对妇女来说是一项有着意识性意义的行为。写作等于是在为自己于女儿、妻子、母亲的无名社会角色之外，另外建立一个自我，并且成就声名。① 于是才女们将自己对性别限制的挫折感投射到作品中，通过多样化的作品来表达自己的野心与梦想，这就是她们写作的真正目的与意图。

尤其是通过岭南女性作品的多样性，如经、史、子、集等著作内容，可以看出儒学在岭南的推广，已经细致地深入到社会机体细胞的内部，女性才能够对儒家的各种经典都有所涉猎。女性对自身生命体验的创作可以用来观照她们的生存与生活环境；她们对现实和历史的关注，则从侧面反映了岭南社会的风云变化。通过女性的文本作品我们得以从另一角度来观照岭南与中央王朝的整合：女性可以取得这样的文学成就，代表的不只是地区经济、文化的发达。她们对儒家文化掌握得越多，越能体现儒家文化在岭南的普及程度，才女的大量出现就成为岭南社会从思想到行动完全接受和融入王朝意识的最好诠释。恰是在这样一个不断博弈、不断整合的过程中，岭南终于成了中原王朝密不可分的一部分。

① 胡晓真：《才女彻夜未眠——清代妇女弹词小说中的自我呈现》，李贞德、梁其姿主编：《妇女与社会》，北京：中国大百科全书出版社，2005 年，第 349 页。

参考文献

一、史料

(一)一般典籍

(汉)刘安等著,杨坚点校:《淮南子》,长沙:岳麓书社,2006年

(汉)司马迁:《史记》,北京:中华书局,1982年

(汉)班固:《汉书》,北京:中华书局,1983年

(汉)刘向撰,刘晓东校点:《列女传》,沈阳:辽宁教育出版社,1998年

(晋)干宝:《搜神记》,上海:上海古籍出版社,1998年

(晋)刘欣期撰,(清)曾钊辑:《交州记》,《丛书集成初编》第3255册,北京:中华书局,1985年

(南朝宋)范晔:《后汉书》,北京:中华书局,1973年

(北齐)魏收:《魏书》,北京:中华书局,1974年

(唐)戴孚撰,陈尚君辑录:《广异记》,车吉心主编:《中华野史》2《唐朝卷》,济南:泰山出版社,2000年

（唐）房千里：《投荒杂录》，《古今说部丛书》第二册第四集，上海：上海文艺出版社，1991 年

（唐）李延寿：《南史》，北京：中华书局，1975 年

（唐）刘恂：《岭表录异》，《丛书集成初编》，北京：中华书局，1985 年

（唐）苏鹗撰：《杜阳杂编》，《丛书集成初编》，北京：中华书局，1985 年

（唐）王勃著，（清）蒋清翊注：《王子安集注》，上海：上海古籍出版社，1995 年

（唐）魏征、令狐德棻等：《隋书》，北京：中华书局，1973 年

（后晋）刘昫等：《旧唐书》，北京：中华书局，1975 年

（宋）范成大撰，严沛校注：《桂海虞衡志校注》，南宁：广西人民出版社，1986 年

（宋）胡寅：《斐然集》，《文津阁四库全书》（第 380 册），北京：商务印书馆，2005 年

（宋）江少虞：《事实类苑》，《文津阁四库全书》（第 289 册），北京：商务印书馆，2005 年

（宋）李昴英著，杨芷华点校：《文溪存稿》，广州：暨南大学出版社，1994 年

（宋）李昉等：《太平广记》，北京：中华书局，1961 年

（宋）刘攽：《彭城集》，《丛书集成初编》，北京：中华书局，1985 年

（宋）刘斧撰辑：《青琐高议》，西安：三秦出版社，2004 年

（宋）欧阳修、宋祁等：《新唐书》，北京：中华书局，1975 年

（宋）王象之：《舆地纪胜》，咸丰五年（1855）刻本，台北：文

海出版社,1971 年

(宋)王应麟著,(清)翁元圻等注:《困学纪闻》,上海:上海古籍出版社,2008 年

(宋)张君房编,李永晟点校:《云笈七签》,北京:中华书局,2003 年

(宋)周去非:《岭外代答》,张智主编:《中国风土志丛刊》第 61 册,扬州:广陵书社,2003 年

(宋)朱彧:《萍洲可谈》,广州:广东人民出版社,1982 年

(宋)庄绰:《鸡肋编》,北京:中华书局,1983 年

(元)方信孺:《南海百咏》,张智主编:《中国风土志丛刊》第 62 册,扬州:广陵书社,2003 年

(元)脱脱:《宋史》,北京:中华书局,1977 年

(明)宋濂:《元史》,北京:中华书局,1976 年

(明)张诩:《南海杂咏》,《四库全书存目丛书》,济南:齐鲁书社,1997 年

(明)陈邦彦著,温汝能校辑:《陈严野先生全集》,听松阁重刊,清嘉庆十年(1805)

(明)陈继儒著,胡绍棠选注:《陈眉公小品》,北京:文化艺术出版社,1996 年

(明)顾玠:《海槎余录》,《明代笔记小说》第 25 册,石家庄:河北教育出版社,1995 年

(明)郭棐著,黄国声、邓贵忠点校:《粤大记》,广州:广东人民出版社,2014 年

(明)申时行等:《明会典》,顾廷龙主编:《续修四库全书》第 790 册,上海:上海古籍出版社,2002 年

(明)黄瑜:《双槐岁钞》,北京:中华书局,1999 年

(明)黄佐:《广州人物传》,广州:广东高等教育出版社,1991 年

(明)黄佐:《泰泉乡礼》,《文津阁四库全书》(第 48 册),北京:商务印书馆,2005

(明)金堡:《岭海焚余》,南京:江苏广陵古籍刻印社,1981 年

(明)黎景义:《二丸居集选》,清光绪元年(1875)黎氏家重刊

(明)梁储:《郁洲遗稿》,民国元年(1912)顺德石啃乡梁丝纶堂重刊

(明)梁有誉:《梁兰汀诗集》,清樵山草堂刻本

(明)梁元柱:《偶然堂遗集》,清嘉庆二十五年(1820)梁廷楠重校刊

(明)陆应阳辑,(清)蔡方炳辑:《广舆记》,《四库禁毁书丛刊·史部》第 18 册,北京:北京出版社,2000 年

(明)魏校:《庄渠遗书》,《文津阁四库全书》(第 423 册),北京:商务印书馆,2005 年

(明)叶春及:《石洞集》,《文津阁四库全书》(第 430 册),北京:商务印书馆,2005 年

(明)湛若水:《湛甘泉先生文集三十二卷》,《四库全书存目丛书·集部》第 57 册,济南:齐鲁书社,1997 年

(清)陈恭尹:《独漉堂文集》,顾廷龙主编:《续修四库全书》第 1413 册,上海:上海古籍出版社,2002 年

(清)张廷玉等:《清朝文献通考》,杭州:浙江古籍出版社,

1988年

(清)《清实录》,北京:中华书局,1986年

(清)□□□辑:《岭南文存》,清末刊本

(清)陈广逊:《静斋小稿》,清乾隆刻本

(清)陈梦雷:《古今图书集成》,北京:中华书局;成都:巴蜀书社,1985年

(清)陈确:《乾初先生遗集》,顾廷龙主编:《续修四库全书》第1395册,上海:上海古籍出版社,2003年

(清)陈荣衮:《妇孺浅解》一卷,光绪二十四年(1898)经史阁刊本

(清)陈荣衮:《妇孺须知》一卷,光绪二十六年(1900)广州明经阁刊本

(清)陈荣衮:《改良妇孺三字书》二卷,光绪二十九年(1903)聚文书塾刊本

(清)陈荣衮:《改良妇孺须知》二卷,光绪三十三年(1907)刊本

(清)陈荣衮:《陈子褒教育遗议》不分卷,民国抄本

(清)陈徽言著,谭赤子校点:《南越游记》,广州:广东高等教育出版社,1990年

(清)陈在谦:《国朝岭南文钞》,清学海堂刊本

(清)程秉钊:《琼州杂事诗》,《丛书集成初编》第3128册,北京:中华书局,1985年

(清)虫天子:《香艳丛书》,北京:人民文学出版社,1992年

(清)施淑仪:《清代闺阁诗人征略》,民国九年(1920)刊本

(清)仇巨川著,陈宪猷校注:《羊城古钞》,广州:广东人民

出版社,1993 年

（清）丁柔克:《柳弧》,北京:中华书局,2002 年

（清）樊封:《南海百咏续编》,张智主编:《中国风土志丛刊》第 62 册,扬州:广陵书社,2003 年

（清）范端昂著,汤志岳校注:《粤中见闻》,广州:广东高等教育出版社,1988 年

（清）古吴靓芬女史:《女聊斋志异》,济南:齐鲁书社,2004 年

（清）谷应泰:《明史纪事本末》,北京:中华书局,1985 年

（清）顾光:《光孝寺志》,白化文、张智主编:《中国佛寺志丛刊》第 113 册,扬州:广陵书社,2006 年

（清）杭世骏:《岭南集》,光绪七年（1881）学海堂重刻本

（清）何大佐:《榄屑》,广州:中山图书馆 1987 年复印本

（清）花溪逸士著:《岭南逸史》,天津:百花文艺出版社,1995 年

（清）黄佛颐:《广东乡土史教科书》,光绪三十二年（1906）中学校刊

（清）黄玉阶:《粤东三子诗钞》,道光二十二年（1842）自刊本

（清）计六奇:《明季南略》,北京:中华书局,1984 年

（清）赖振寰:《戒缠足文钞》三卷,光绪二十七年（1901）顺德古榕书屋刻本

（清）赖振寰:《龙山乡竹枝词》一卷,光绪二十五年（1899）古经阁刊本

（清）赖振寰:《女学四五言合编》,光绪三十年（1904）顺德

古榕书屋刻本

(清)黎春熙:《静香阁诗存》一卷,光绪二十四年(1898)顺德龙氏螺树山房刊,朱印本

(清)黎简:《五百四峰堂诗钞》,嘉庆元年(1796)广州儒雅堂陈氏版

(清)黎简:《五百四峰堂续集》,清微尚斋刻本

(清)李调元:《粤东笔记》《粤风》《南越笔记》,《中国风土志丛刊》第56、57册,扬州:广陵书社,2003年

(清)李桓辑,民族图书馆古籍整理组辑:《国朝耆献类征初编》之《贤媛类征初编》,民族图书馆古籍室据清光绪湘阴李氏藏版影印,1984年

(清)李晚芳:《读史管见》,初刻于乾隆五十二年(1787),谧园藏版,嘉庆年间补刻

(清)李晚芳:《李菉猗女史全书》收录的《菽堂分田录》初刻于乾隆三十八年(1773),谧园藏版,嘉庆年间补刻

(清)李晚芳:《女学言行纂》,初刻于乾隆五十二年(1787),谧园藏版,嘉庆年间补刻

(清)李文藻著,栾绪夫注:《岭南诗集注》,大连:大连海事大学出版社,1994年

(清)梁九图:《十二石山斋诗话》,道光二十六年(1846)梁氏十二石山斋刊

(清)梁九图辑:《十二石山斋丛录》,道光二十八年(1848)刊

(清)梁颂虞:《粤东新聊斋初集》,广州:科学书局,民国七年(1918)

(清)梁廷楠著,林梓宗校点:《南汉书》,广州:广东人民出版社,1981 年

(清)刘慧娟:《昙花阁诗钞》,光绪十六年(1890)刻本,方秀洁、〔美〕伊维德主编《美国哈佛大学哈佛燕京图书馆藏明清妇女著述汇刊》第 3 册,桂林:广西师范大学出版社,2009 年

(清)刘应麟:《南汉春秋》,《中国野史集成续编》第二册,成都:巴蜀书社,2000 年

(清)龙葆诚撰,龙景恺补辑:《凤城识小录》二卷,光绪二十八年(1902)刊本

(清)龙令宪:《五山草堂初编》,光绪三十四年(1908)刻本

(清)龙廷槐:《敬学轩文集》,北京师范大学图书馆编:《北京师范大学图书馆藏稀见清人别集丛刊》第 12 册,桂林:广西师范大学出版社,2007 年

(清)罗元焕:《粤台征雅录》,道光三十年(1850)南海伍氏刊本

(清)罗云山辑:《广东文献》,扬州:江苏广陵古籍刻印社,1994 年

(清)钮琇:《觚剩》《觚剩续编》,顾廷龙主编:《续修四库全书》第 1177 册,上海:上海古籍出版社,2002 年

(清)彭定求等编:《全唐诗》,北京:中华书局,2008 年

(清)钱以垲:《岭海见闻》,《四库全书存目丛书·史部》第 250 册,济南:齐鲁书社,1996 年

(清)青城子:《志异续编》,《笔记小说大观》第 27 册,扬州:江苏广陵古籍刻印社,1984 年

(清)邱掌珠:《绿窗庭课吟卷》一卷,光绪二十二年(1896)

龙山邱园刊本

(清)沈德潜编:《清诗别裁集》,上海:上海古籍出版社,1984年

(清)沈起凤:《谐铎》,古本小说集成编委会编,上海:上海古籍出版社,1994年

(清)沈用霖:《粤归草》,光绪十五年(1889)羊城刊本

(清)施鸿保撰,来新夏校点:《闽杂记》,《八闽文献丛刊》,福州:福建人民出版社,1985年

(清)谈迁:《枣林杂俎》,北京:中华书局,2006年

(清)王初桐:《奁史》,顾廷龙主编:《续修四库全书》第1251册,上海:上海古籍出版社,2002年

(清)王夫之:《读通鉴论》,顾廷龙主编:《续修四库全书》第450册,上海:上海古籍出版社,2003年

(清)王福堃:《岭草偶存》,咸丰五年(1855)广东省城杨正文堂刊本

(清)温汝能著,吕永光整理,李曲斋、陈永正审定:《粤东诗海》,广州:中山大学出版社,1999年

(清)吴绮:《岭南风物记》,上海:上海古籍出版社,1993年

(清)吴任臣:《十国春秋》,北京:中华书局,1983年

(清)吴荣光:《吾学录初编》,顾廷龙主编:《续修四库全书》第815册,上海:上海古籍出版社,2002年

(清)吴震方:《岭南杂记》,《丛书集成初编》第3129册,北京:中华书局,1985年

(清)伍元薇、伍崇曜辑:《岭南遗书》,道光同治间南海伍氏粤雅堂文字欢娱室刊本

(清)伍元薇辑:《粤十三家集》,道光二十年(1840)伍氏诗雪轩刻本

(清)许玉彬、沈世良辑:《粤东词钞》,道光二十九年(1849)羊城学院前艺芳斋刊本

(清)叶逢时:《历代女师表》,光绪二十八年(1902)刻本

(清)余维垣:《岭南咏古诗集》,民国二十四年(1935)冈州阮氏印本

(清)恽珠等辑:《国朝闺秀正始集续集补遗》,道光十六年(1836)红香馆刻本

(清)张渠著,程明校点:《粤东闻见录》,广州:广东高等教育出版社,1990年

(清)张心泰:《粤游小志》,(清)王锡祺辑:《小方壶斋舆地丛钞》第10、11册,杭州:杭州古籍书店,1985年

(清)郑昌时著,吴二持校注:《韩江闻见录》,上海:上海古籍出版社,1995年

(清)周广等纂修:《广东考古辑要》,光绪十九年(1893)刻本

(清)周曜云:《幽兰轩诗选》,光绪二十年(1894)梁鼎芬未定稿

(清)朱枟:《粤东成案初编》,道光年间刻本

简朝亮:《读书堂集》,民国刻本

《点石斋画报》,广州:广东人民出版社,1983年

《广东历代诗钞》,香港:能仁书院,1980年

《广州旌表节孝烈传》,不著撰人,光绪年间刊本

《顺德诗征》,桂洲何孝思堂初版,1997年

黄海、黄任恒辑:《粤闺诗汇》六种六卷,光绪年间刊本

北京大学古文献研究所:《全宋诗》,北京:北京大学出版社,1992 年

陈永正选注:《岭南历代词选》,广州:广东人民出版社,1993 年

何厚堂编:《何氏事略(顺德)》不分卷,民国十二年(1923)修,记事至民国四年(1915),广州:精华印务局铅印本

何藻翔辑:《岭南诗存》,何氏至乐楼丛书第四十种,香港:至乐楼艺术发扬有限公司,1997 年

胡文楷:《历代妇女著作考》,上海:上海古籍出版社,2008 年

黄佛颐:《广州城坊志》,广州:暨南大学出版社,1994 年

黄节:《蒹葭楼诗》,民国间仿宋聚珍板

黄挺、马明达:《潮汕金石文征》,广州:广东人民出版社,1999 年

黄雨选注:《历代名人入粤诗选》,广州:广东人民出版社,1980 年

雷梦水等编:《中华竹枝词》第四册,北京:北京古籍出版社,1997 年

刘纬毅:《汉唐方志辑佚》,北京:北京图书馆出版社,1997 年

逯钦立辑:《先秦汉魏晋南北朝诗》,北京:中华书局,1983 年

马蓉等点校:《永乐大典方志辑佚》,北京:中华书局,2004 年

汤志岳:《广东古代女诗人诗选》,广州:广东人民出版社,1997 年

徐绍棨:《广东藏书纪事诗》,沈云龙主编:《近代中国史料丛刊续编》第二十辑,台北:文海出版社有限公司,1975 年

《宫中档雍正朝奏折》,台北:故宫博物院,1978 年

广东蒙学书塾编辑:《(三次改良)妇孺论说》一卷,光绪二十八年(1902)铅印本

《广东文征》编印委员会:《广东文征》,香港:香港中文大学出版社,1978 年

钱仲联主编:《清诗纪事》,南京:江苏古籍出版社,1989 年

桑兵主编:《清代稿钞本》,广州:广东人民出版社,2007 年

谭棣华编著:《广东碑刻集》,广州:广东高等教育出版社,2001 年

冼剑民、陈鸿钧编:《广州碑刻集》,广州:广东高等教育出版社,2006 年

曾枣庄、刘琳主编:《全宋文》,上海:上海辞书出版社,2006 年

张淦祥、杨宝霖主编:《莞水丛书第四种》,东莞:乐水园印行,2003 年

中山大学中国古文献研究所编:《全粤诗》,广州:岭南美术出版社,2008 年

中山图书馆编:《旧粤百态:广东省立中山图书馆藏晚清画报选辑》,北京:中国人民大学出版社,2008 年

(二)家谱、族谱类

(北齐)颜之推著,王利器撰:《颜氏家训集解》,北京:中华

书局,1993 年

(清)胡琛纂修:《胡氏族谱(顺德)》不分卷,光绪二十五年(1899)序思堂刻本

(清)胡寿荣纂修:《胡氏四房谱(顺德)》八卷,光绪二十六年(1900)述德堂刻本

(清)黄步圣修:《黄氏全谱(顺德右滩)》不分卷,嘉庆二十五年(1820)刻本

(清)黄廷畅修:《黄氏族谱(顺德)》不分卷,嘉庆十六年(1811)修,光绪二十三年(1897)刻本

(清)黎镇纂修:《黎氏家谱(顺德大良)》四卷,宣统二年(1910)刻本

(清)梁焕章、梁启元修:《梁氏家谱(顺德碧湾)》不分卷,道光二十二年(1842)刻本

(清)梁锡蓉修:《梁氏族谱(顺德)》十卷,光绪二十二年(1896)宝珍楼刻本

(清)罗凤华纂修:《罗氏族谱(顺德南门)》不分卷,光绪二十二年(1896)刻本

(清)顺德李龙榜、李配英纂修:《李氏族谱(顺德)》不分卷,同治九年(1870)抄本

(清)伍桂山汇编:《伍氏族谱(顺德古朗)》不分卷,道光五年(1825)抄本

(清)冼宝幹:《南海鹤园冼氏家谱》,宣统二年(1910)刊本

(清)佚名纂修:《陈氏族谱(顺德)》不分卷,道光二十八年(1848)抄本

(清)佚名纂修:《黎桂泽堂族谱(顺德)》不分卷,光绪二十

三年(1897)刻本

(清)佚名纂修:《龙氏族谱(顺德)》十二卷,咸丰同治间刊本

(清)佚名纂修:《卢氏族谱(顺德)》不分卷,光绪二十三年(1897)抄本

(清)佚名纂修:《卢氏族谱(顺德)》不分卷,记事至咸丰十一年(1861)

(清)佚名纂修:《区氏族谱(顺德)》不分卷,记事至乾隆三十三年(1768),抄本

(清)易宗涒:《历代名贤男齿谱》九卷,《女齿谱》三卷,清代赐书堂刻本

(清)张杰孙编:《张氏族谱(顺德)》不分卷,雍正四年(1726)抄本

(清)朱次琦等修:《南海九江朱氏家谱》,同治八年(1869)南海朱氏刻本

陈淡泉纂修:《陈氏族谱(顺德熹涌乡)》四卷,紫光堂刊本,1914 年

佚名纂修:《马氏宗谱(顺德)》不分卷,记事至 1918 年,抄本

陈乃珍修:《陈氏族谱(顺德颖川)》二十四卷,刻本,1922 年

龙景恺、龙光总纂:《龙氏族谱(顺德)》十七卷,敦厚堂刻本,1922 年

关文絅编:《关世泽堂家谱(顺德容奇)》三卷,铅印本,1927 年

简朝亮:《粤东简氏大同谱》,《北京图书馆藏家谱丛刊·闽

粤侨乡卷》,北京:北京图书馆出版社,2003 年

刘兆铿编订:《刘氏家谱(顺德)》不分卷,又名《刘铨宏公家谱》,广州:文华美术图书印刷公司铅印本,1934 年

罗云航编:《罗氏家谱(顺德)》不分卷,抄本,1934 年

胡吉甫修:《胡富春堂家谱(顺德桂洲)》不分卷,1937 年

佚名纂修:《萧氏族谱(顺德)》不分卷,记事至 1937 年,抄本

尹文杰编:《尹氏家乘(顺德)》不分卷,抄本,1949 年

黎景义纂修:《黎氏族谱(顺德)》不分卷,抄本,记事至 1949 年

《广东李氏安政公族谱》,内部发行,2003 年

(三)方志类

(元)陈大震:《大德南海县志》,大德八年(1304)刊本,上海:上海古籍出版社,2002 年

(明)吴中、王文凤纂修:《(成化)广州志》,成化九年(1473)刊本,北京:书目文献出版社,1998 年

(明)戴璟:《广东通志初稿》,嘉靖十四年(1535)刻本,广州:岭南美术出版社,2006 年

(明)叶春及:《顺德县志》,万历十三年(1585)刻本,广州:岭南美术出版社,2006 年

(明)郭棐:《广东通志》,万历三十六年(1608)刻本,广州:岭南美术出版社,2006 年

(明)刘廷元修,王学曾纂:《(万历)南海县志》,明万历三十七年(1609)刻本,广州:岭南美术出版社,2006 年

(明)黄佐:《广东通志》,嘉靖四十年(1561)刻本,广州:岭

南美术出版社,2006 年

(明)陆舜臣纂修:《(嘉靖)德庆州志》,《天一阁藏明代方志选刊》续编第 65 册,上海:上海书店,1990 年

(明)唐胄:《正德琼台志》,《天一阁藏明代方志选刊》,上海:上海古籍书店,1964 年

(明)李玘修:《嘉靖惠州府志》,嘉靖二十一年(1542)刻本,《日本馆藏罕见地方志丛刊》,北京:书目文献出版社,1991 年

(明)姚良弼等:《嘉靖惠州府志》,嘉靖三十五年(1556)刻本,《天一阁藏明代方志选刊》,上海:上海古籍书店,1961 年

(清)金光祖:《广东通志》,康熙三十六年(1697)刻本,广州:岭南美术出版社,2006 年

(清)郝玉麟:《广东通志》,雍正九年(1731)刊本,广州:岭南美术出版社,2006 年

(清)阮元:《广东通志》,道光二年(1822)刻本,广州:岭南美术出版社,2006 年

(清)王永瑞:《新修广州府志》,康熙十二年(1673)刊本,北京:书目文献出版社,1998 年

(清)李光廷、史澄、苏佩训、戴肇辰纂修:《广州府志》,光绪五年(1879)刊本,《中国地方志集成》(1 ~ 3 册),上海:上海书店出版社,2003 年

(清)郭尔戺、胡云客修:《南海县志》,康熙三十六年(1697),广州:岭南美术出版社,2006 年

(清)梁绍献纂,郑梦玉等修:《南海县志》,道光十五年(1835)修,同治十一年(1872)刊本,台北:成文出版社,1967 年

(清)郑□:《南海县志》,宣统二年(1910)刊本,台北:成文

出版社,1974 年

(清)毛维锜、陈炎宗纂:《佛山忠义乡志》,乾隆十八年(1753)刻本

(清)吴荣光:《佛山忠义乡志》,道光十一年(1831)刻本

(清)冯栻宗:《九江儒林乡志》,光绪九年(1883)刻本,《中国地方志集成·乡镇志专辑》第 31 册,南京:江苏古籍出版社,1992 年

(清)黎春曦:《南海九江乡志》,同治十三年(1874)刻本,《中国地方志集成·乡镇志专辑》第 31 册,南京:江苏古籍出版社,1992 年

(清)黄培彝:《顺德县志》,康熙十三年(1674)刻本,广州:岭南美术出版社,2006 年

(清)姚肃规:《顺德县志》,康熙二十六年(1687)刻本,中国科学院图书馆选编:《中国地方志集成》第 31 册,上海:上海书店出版社,2001 年

(清)陈志仪:《顺德县志》,乾隆十五年(1750)刻本,《稀见中国地方志汇刊》第 45 册,北京:中国书店,1992 年

(清)任果、常德主修,檀萃、凌鱼纂修:《(乾隆)番禺县志》,乾隆三十九年(1774)刻本,广州:岭南美术出版社,2006 年

(清)李福泰修,史澄、何若瑶纂:《番禺县志》,同治十年(1871)广州光霁堂刻本,广州:岭南美术出版社,2006 年

(清)梁鼎芬修,丁仁长、吴道镕等纂:《宣统番禺县续志》,民国二十年(1931)刊本,上海:上海书店出版社,2003 年

(清)陈志喆:《四会县志》,光绪二十二年(1896)刻本,民国十四年(1925)增刻重印,台北:成文出版社,1967 年

（清）段梦日修，魏洪纂：《光泽县志》，乾隆二十四年（1759）刻本，方宝川、陈旭东主编：《福建师范大学图书馆藏稀见方志丛刊》，北京：北京图书馆出版社，2008 年

（清）黄鸣珂修，石景芬纂：《江西省南安府志》，据清同治七年刊本影印，台北：成文出版社，1975 年

（清）刘抃纂修：《饶平县志》，《故宫珍本丛刊》第 176 册，海口：海南出版社，2001 年

（清）刘溎年、张联桂修：《光绪惠州府志》，光绪七年（1881）刻本，上海：上海书店出版社，2003 年

（清）钮承藩修，何秋渊纂：《光泽县志》，光绪二十三年（1897）刊本，台北：成文出版社，1975 年

（清）孙能宽等修：《归善县志》，雍正二年（1724）刻本，上海：上海书店出版社，2003 年

（清）王植修：《新会县志》，乾隆六年（1741）刻本，广州：岭南美术出版社，2006 年

（清）周硕勋编：《（乾隆）潮州府志》，台北：成文出版社，1967 年

（清）温汝能纂：《龙山乡志》，嘉庆乙丑（嘉庆十年，1805）孟春镌，金紫阁藏版

（清）温肃：《龙山乡志》，1930 年刊本

（清）郭汝诚：《顺德县志》，咸丰六年（1856）刻本；周之贞：《顺德县志》，民国十八年（1929）刻本，咸丰、民国合订本，广州：中山大学出版社，1993 年

朱庆澜修，梁鼎芬等纂：《广东通志未成稿》，民国五年（1916）修，广州：岭南美术出版社，2006 年

凌鹤书:《续番禺县志》,民国七年(1918)稿本,上海:上海书店出版社,2003 年

戴曾谋:《佛山忠义乡志》,民国十二年(1923)刻本

《顺德龙江乡志》,民国十五年(1926)刻本,台北:成文出版社,1967 年

二、前人研究成果

(一)专著

〔德〕马克斯·韦伯著,康乐、简惠美译:《中国的宗教》,桂林:广西师范大学出版社,2004 年

〔法〕葛兰言著,赵丙祥、张宏明译:《古代中国的节庆与歌谣》,桂林:广西师范大学出版社,2005 年

〔法〕伊凡著,张小贵、杨向艳译:《广州城内——法国公使随员 1840 年代广州见闻录》,广州:广东人民出版社,2008 年

〔法〕米歇尔·福柯著,刘北成、杨远婴译:《疯癫与文明》,北京:生活·读书·新知三联书店,2007 年

〔法〕米歇尔·福柯著,刘北成、杨远婴译:《规训与惩罚》,北京:生活·读书·新知三联书店,2007 年

〔法〕米歇尔·福柯著,谢强、马月译:《知识考古学》,北京:生活·读书·新知三联书店,2007 年

〔荷〕高罗佩著,李零等译:《中国古代房内考:中国古代的性与社会》,上海:上海人民出版社,1990 年

〔美〕白馥兰著,江湄、邓京力译:《技术与性别——晚期帝制中国的权力经纬》,南京:江苏人民出版社,2006 年

〔美〕高彦颐著,李志生译:《闺塾师——明末清初江南的才

女文化》,南京:江苏人民出版社,2005 年

〔美〕高彦颐著,苗延威译:《缠足——“金莲崇拜”盛极而衰的演变》,南京:江苏人民出版社,2009 年

〔美〕何炳棣著,葛剑雄译:《明初以降人口及其相关问题(1368—1953)》,北京:生活·读书·新知三联书店,2000 年

〔美〕孔飞力著,陈兼、刘昶译:《叫魂》,上海:上海三联书店,1999 年

〔美〕卢苇菁著,秦立彦译:《矢志不渝——明清时期的贞女现象》,南京:江苏人民出版社,2010 年

〔美〕路易斯·亨利·摩尔根著,杨东莼等译:《古代社会》,北京:商务印书馆,1997 年

〔美〕马格丽特·金著,刘耀春、杨美艳译:《文艺复兴时期的妇女》,北京:东方出版社,2008 年

〔美〕曼素恩著,定宜庄、颜宜葳译:《缀珍录——十八世纪及其前后的中国妇女》,南京:江苏人民出版社,2005 年(曼素恩:《兰闺宝录——晚明至盛清时的中国妇女》,台北:左岸文化出版有限公司,2005 年)

〔美〕明恩溥著,陈午晴、唐军译:《中国乡村生活》,黄兴涛、杨念群主编:《西方的中国形象》,北京:中华书局,2006 年

〔美〕施坚雅著,史建云、徐秀丽译:《中国农村的市场和社会结构》,北京:中国社会科学出版社,1998 年

〔美〕苏耀昌:《华南丝区:地方历史的变迁与世界体系理论》,郑州:中州古籍出版社,1987 年

〔美〕韦思谛编,陈仲丹译:《中国大众宗教》,南京:江苏人民出版社,2006 年

J. F. Stockard, *Daughters of the Canton Delta: Marriage Patterns and Economic Strategies in South China*, 1860 – 1930 (Stanford: Stanford University Press, 1989)

Kathy Davis、Mary Evans、Judith Lorber 著，杨雅婷、颜诗怡、司马学文、林育如译：《性别与女性研究手册》，台北：韦伯文化国际出版有限公司，2009 年

〔英〕R. G. 柯林武德著，何兆武、张文杰译：《历史的观念》，北京：中国社会科学出版社，1987 年

〔英〕C. R. 博克舍编注，何高济译：《十六世纪中国南部行纪》，北京：中华书局，1990 年(写于 1569 年)

阿风：《明清时代妇女的地位与权利——以明清契约文书、诉讼档案为中心》，北京：社会科学文献出版社，2009 年

白雄奋、吴兆奇、李爵勋编：《冼夫人文化全书》，广州：中山大学出版社，2009 年

鲍家麟编著：《中国妇女史论集》，台北：牧童出版社，1979 年

蔡鸿生：《清初岭南佛门事略》，广州：广东高等教育出版社，1997 年

曹大为：《中国古代女子教育》，北京：北京师范大学出版社，1996 年

陈鹏：《中国婚姻史稿》，北京：中华书局，1990 年

陈永正：《岭南诗歌研究》，广州：中山大学出版社，2008 年

程美宝：《地域文化与国家认同：晚清以来“广东文化”观的形成》，北京：生活 · 读书 · 新知三联书店，2006 年

邓小南主编：《唐宋女性与社会》，上海：上海辞书出版社，

2003 年

邓小南等主编:《中国妇女史读本》,北京:北京大学出版社,2011 年

董家遵:《中国古代婚姻史研究》,广州:广东人民出版社,1995 年

杜芳琴、王政主编:《社会性别》第一期,天津:天津人民出版社,2004 年

杜芳琴、王政主编:《中国历史中的妇女与性别》,天津:天津人民出版社,2004 年

杜芳琴:《妇女学和妇女史的本土探索——社会性别视角和跨学科视野》,天津:天津人民出版社,2002 年

杜珣:《中国历代妇女文学作品精选》,北京:中国和平出版社,2000 年

方燕:《巫文化视域下的宋代女性——立足于女性生育、疾病的考察》,北京:中华书局,2008 年

冯尔康等:《中国宗族史》,上海:上海人民出版社,2009 年

高世瑜:《唐代妇女》,西安:三秦出版社,1988 年

广东历史地图集编辑委员会:《广东历史地图集》,广州:广东省地图出版社,1995 年

郭松义:《伦理与生活——清代的婚姻关系》,北京:商务印书馆,2000 年

荒林主编:《中国女性主义》,桂林:广西师范大学出版社,2006 年

黄昏:《岭南才女》,广州:广东人民出版社,2002 年

黄克武主编:《第三届国际汉学会议论文集:性别与医疗》,

台北:“中央研究院”近代史研究所,2002 年
黄嫣梨:《清代四大女词人——转型中的清代知识女性》,上海:汉语大词典出版社,2002 年
李健明:《顺德自梳女》,北京:中国妇女出版社,2006 年
李锦全、吴熙钊、冯达文编著:《岭南思想史》,广州:广东人民出版社,1993 年
李宁利:《顺德自梳女文化解读》,北京:人民出版社,2007 年
李小江、谭深主编:《妇女研究在中国》,郑州:河南人民出版社,1991 年
李小江等:《历史、史学与性别》,南京:江苏人民出版社,2002 年
李银河主编:《妇女:最漫长的革命——当代西方女权主义理论精选》,北京:生活·读书·新知三联书店,1997 年
李又宁、张玉法编:《中国妇女史论文集》第一辑,台北:商务印书馆,1981 年
李贞德:《女人的中国医疗史——汉唐之间的健康照顾与性别》,台北:三民书局,2008 年
林天蔚:《地方文献研究与分论》,北京:北京图书馆出版社,2006 年
刘明倩等编,程美宝等译:《18 ~ 19 世纪羊城风物》,上海:上海古籍出版社,2003 年
刘宁元:《中国女性史类编》,北京:北京师范大学出版社,1999 年
刘圣宜:《近代广州社会与文化》,广州:广东高等教育出版

社,2004 年

刘士圣:《中国古代妇女史》,青岛:青岛出版社,1991 年

刘志伟:《在国家与社会之间——明清广东里甲赋役制度研究》,广州:中山大学出版社,1997 年

刘志文:《广州民俗》,广州:广东省地图出版社,2000 年

柳素平:《晚明名妓文化研究》,武汉:武汉大学出版社,2008 年

罗苏文:《女性与近代中国社会》,上海:上海人民出版社,1996 年

罗一星:《明清佛山经济发展与社会变迁》,广州:广东人民出版社,1994 年

罗志欢:《岭南历史文献》,广州:广东人民出版社,2006 年

骆伟编著:《岭南族谱撷录》,广州:广东人民出版社,2002 年

马建钊、乔健、杜瑞乐主编:《华南婚姻制度与妇女地位》,南宁:广西民族出版社,1994 年

毛庆耆主编:《岭南学术百家》,广州:广东人民出版社,2004 年

司徒尚纪:《广东文化地理》,广州:广东人民出版社,1993 年

司徒尚纪:《岭南历史人文地理:广府、客家、福佬民系比较研究》,广州:中山大学出版社,2001 年

宋素红:《女性媒介:历史与传统》,北京:中国传媒大学出版社,2006 年

苏禹:《历史文化名村碧江》,《顺德文丛》第 2 辑,北京:人

民出版社,2007 年

谭正璧:《中国女性的文学生活》,扬州:江苏广陵古籍刻印社,1998 年

唐力行主编:《国家、地方、民众的互动与社会变迁》,北京:商务印书馆,2004 年

王绯:《空前之迹——1851—1930:中国妇女思想与文学发展史论》,北京:商务印书馆,2004 年

王金玲、林维红主编:《性别视角:文化与社会》,北京:社会科学文献出版社,2009 年

王日根:《明清民间社会的秩序》,长沙:岳麓书社,2003 年

王小健:《中国古代性别结构的文化学分析》,北京:社会科学文献出版社,2008 年

王晓丽:《中国民间的生育信仰》,北京:社会科学文献出版社,1999 年

王兴瑞:《冼夫人与冯氏家族(隋唐间广东南部地区社会历史的初步研究)》,北京:中华书局,1984 年

魏小平、肖敬荣、王跃年主编:《百年记忆——清代广州》,北京:中国档案出版社,2009 年

温春来:《从“异域”到“旧疆”——宋至清贵州西北部地区的制度、开发与认同》,北京:生活 · 读书 · 新知三联书店,2008 年

吴存存:《明清社会性爱风气》,北京:人民文学出版社,2000 年

吴宣德:《明代进士的地理分布》,香港:香港中文大学出版社,2009 年

夏晓虹:《晚清女性与近代中国》,北京:北京大学出版社,2004年

郑培凯主编:《岭南历史与社会》,香港:香港城市大学出版社,2003年

谢重光:《客家文化与妇女生活:12～20世纪客家妇女研究》,上海:上海古籍出版社,2005年

叶春生:《岭南风俗录》,广州:广东旅游出版社,1988年

叶春生:《岭南民间文化》,广州:广东高等教育出版社,2000年

叶春生主编:《悦城龙母文化》,哈尔滨:黑龙江人民出版社,2003年

叶高树:《降清明将研究》,台北:台湾师范大学历史研究所印行,1993年

叶汉明:《主体的追寻——中国妇女史研究析论》,香港:香港教育图书公司,1999年

衣若兰:《三姑六婆——明代妇女与社会的探索》,台北:稻乡出版社,2006年

袁钟仁:《岭南文化》,沈阳:辽宁教育出版社,1998年

张国刚主编,余新忠著:《中国家庭史·明清时期》,广州:广东人民出版社,2007年

张妙清、叶汉明、郭佩兰编:《性别学与妇女研究——华人社会的探索》,台北:稻乡出版社,1997年

张敏杰:《贞操观》,长春:北方妇女儿童出版社,1988年

张研:《十八世纪的中国社会》,台北:昭明出版社,2000年

赵春晨主编:《岭南宗教历史文化研究》,天津:天津古籍出

版社,2002 年

赵世瑜:《狂欢与日常——明清以来的庙会与民间社会》,北京:生活·读书·新知三联书店,2002 年

郑振满、陈春声主编:《民间信仰与社会空间》,福州:福建人民出版社,2004 年

"中央研究院"近代史研究所、近代中国妇女史研究编辑委员会:《近代中国妇女史研究》(1~13 册),台北:"中央研究院"近代史研究所,2005 年

钟慧玲:《清代女诗人研究》,台北:里仁书局,2000 年

卓意雯著:《清代台湾妇女的生活》,台北:自立晚报社文化出版部,1993 年

《艺林丛录》,香港:商务印书馆香港分馆,1975 年

(二)学术论文

〔美〕孙康宜:《明清文人的经典论和女性观》,《江西社会科学》,2004 年第 2 期

〔美〕魏爱莲著,赵颖之译:《18 世纪的广东才女》,《中山大学学报(社会科学版)》,2009 年第 3 期

〔日〕藤田丰八著,何健民译:《南汉刘氏祖先考》,《中国南海古代交通丛考》,上海:商务印书馆,1936 年

〔英〕科大卫:《祠堂与家庙——从宋末到明中叶宗族礼仪的演变》,《历史人类学学刊》,2003 年第 1 卷第 2 期

〔英〕科大卫:《告别华南研究》,收入《学步与超越》,香港:华南研究会编,2004 年

〔英〕科大卫:《国家与礼仪:宋至清中叶珠江三角洲地方社会的国家认同》,《中山大学学报(社会科学版)》,1999 年第 5 期

〔英〕科大卫:《明嘉靖初年广东提学魏校毁“淫祠”之前因后果及其对珠江三角洲的影响》,周天游:《地域社会与传统中国》,西安:西北大学出版社,1995 年

阿风:《徽州文书所见明清时代妇女的地位与权利》,2002 年中国社会科学院研究生院博士学位论文

安介生:《清代山西重商风尚与节孝妇女的出现》,《清史研究》,2001 年第 1 期

陈春声、陈树良:《乡村故事与社区历史的建构——以东凤村陈氏为例兼论传统乡村社会的“历史记忆”》,《历史研究》,2003 年第 5 期

陈春声、刘志伟:《理解传统中国“经济”应重视典章制度研究》,《中国经济史研究》,1996 年第 2 期

陈春声:《“正统”神明地方化与地域社会的建构——潮州地区双忠公崇拜的研究》,《韩山师范学院学报》,2003 年第 2 期

陈春声:《信仰空间与社区历史的演变——以樟林的神庙系统为例》,《清史研究》,1999 年第 2 期

陈凤贤:《冼夫人与民族团结》,《中央民族大学学报(哲学社会科学版)》,2002 年第 2 期

陈九如:《明清徽州妇女节烈观的成因》,《淮南师院学报》,2001 年第 4 期

陈摩人:《悦城龙母传说的民族学考察》,《华南师范大学学报(社会科学版)》,1987 年第 1 期

陈剩勇:《理学“贞节观”、寡妇再嫁与民间社会——明代南方地区寡妇再嫁现象之考察》,《史林》,2001 年第 2 期

陈遹曾、黎思复、邬庆时:《“自梳女”与“不落家”》,《广东文

史资料》第十二辑,广州:广东人民出版社,1964 年

程歗:《社区精英群的联合和行动——对梨园屯一段口述史料的解说》,《历史研究》,2001 年第 1 期

楚爱华:《明清小说家的妇女观及其文化心理》,《东岳论丛》,2001 年第 5 期

戴庆钰:《明清苏州名门才女群的崛起》,《苏州大学学报(哲学社会科学版)》,1996 年第 1 期

邓前成:《明代妇女的贞节问题》,《四川师范大学学报(哲学社会科学版)》,1989 年第 6 期

董焱:《清代〈史记〉的研究成就》,《社会科学论坛》2007 年第 8 期

杜芳琴:《明清贞节的特点及其原因》,《山西师大学报(社会科学版)》,1997 年第 4 期

杜芳琴:《元代理学初渐对妇女的影响》,《山西师大学报(社会科学版)》,1996 年第 4 期

杜荣佳:《明代中后期广东乡村礼教与民间信仰的变化》,《中国社会经济史研究》,1992 年第 3 期

方燕:《宋代女性割股疗亲问题试析》,《求索》,2007 年第 11 期

葛彬:《社会性别与古代岭南女性文化》,《广东省社会主义学院学报》,2008 年第 3 期

郭松义:《清代妇女的守节和再嫁》,《浙江社会科学》,2001 年第 1 期

何燕珊:《自梳女与她们的三个"家"——以清代以来的广东顺德为中心》,北京师范大学历史学系 2000 年学士论文

贺喜:《编户齐民与身份认同——明前期海南里甲制度的推行与地方社会之转变》,《中国社会科学》,2006 年第 6 期

贺喜:《土酋归附的传说与华南宗族社会的创造——以高州冼夫人信仰为中心的考察》,《历史人类学学刊》第六卷第一、二期合刊(2008 年 10 月)

黄国信、温春来、吴滔:《历史人类学与近代区域社会史研究》,《近代史研究》,2006 年第 5 期

黄向春:《从疍民研究看中国民族史与族群研究的百年探索》,《广西民族研究》,2008 年第 4 期

蒋竹山:《宋至清代的国家与祠神信仰研究的回顾与讨论》,《新史学》(台北),1997 年第 8 卷第 2 期

科大卫、刘志伟:《宗族与地方社会的国家认同——明清华南地区宗族发展的意识形态基础》,《历史研究》,2000 年第 3 期

柯倩婷:《自梳女话语的流变——兼与邵一飞的"自梳是陋俗"论商榷》,《文化遗产》,2013 年第 2 期

李伯重:《"男耕女织"与"妇女半边天"角色的形成——明清江南农家妇女劳动问题探讨之二》,《中国经济史研究》,1997 年第 3 期

李伯重:《从"夫妇并作"到"男耕女织"——明清江南农家妇女劳动问题探讨之一》,《中国经济史研究》,1996 年第 3 期

李伯重:《乡土之神、公务之神与海商之神——简论妈祖形象的演变》,《中国社会经济史研究》,1997 年第 2 期

李国彤:《明清妇女著作中的责任意识与"不朽"观》,载燕京研究院:《燕京学报》,新二十期,北京大学出版社,2006 年 5 月

李健明:《〈三字经〉作者考》,《图书馆论坛》,2006 年第

1 期

李权时:《论岭南文化的历史地位——兼评“广东无文化”说》,《广东社会科学》,1994 年第 1 期

林丽月:《从〈杜骗新书〉看晚明妇女生活的侧面》,“中研院”近代史研究所编:《近代中国妇女史研究》第 3 期,1995 年

刘强:《地方志中所见清代广东妾的形象》,《中国地方志》,2005 年第 5 期

刘文锁:《南汉〈高祖天皇大帝哀册文〉考释——兼说刘氏先祖血统问题》,《汉学研究》,2008 年第 26 卷第 2 期

刘永华:《清代广东“不落家”史料一则》,《民俗研究》,2000 年第 2 期

刘正刚、乔玉红:《宋明仕宦对岭南文化的建构:以张九龄为中心》,《中华文化论坛》,2010 年第 2 期

刘正刚、乔玉红:《在清与明之间徘徊:顺治时期广东社会考察》,《暨南史学》第六辑,广州:暨南大学出版社,2009 年

刘正刚、乔玉红:《明清客家女性的社会形象:以龙川为例》《华南理工大学学报(社会科学版)》,2008 年第 5 期

刘正刚、唐伟华:《明清鲁浙粤女性自杀探讨》,《中共宁波市委党校学报》,2001 年第 5 期第 23 卷

刘正刚、王潞:《明代家族建构中的性别位移:以增城女官为例》,《中国社会经济史研究》,2010 年第 3 期

刘正刚、魏霞:《清代广东妇女社会角色探析》,《广东社会科学》,2002 年第 2 期

刘正刚:《清代广东乡村女性在社会经济中的角色》,《学术研究》,2003 年第 6 期

刘志伟:《从乡豪历史到士人记忆——由黄佐〈自叙先世行状〉看明代地方势力的转变》,《历史研究》,2006年第6期

欧阳婉娆:《珠江三角洲“自梳女”风俗初探》,《广西民族研究》,1999年第2期

乔玉红、刘正刚:《广东历代女训著作考》,《岭南学》第三辑,广州:中山大学出版社,2009年

乔玉红、乔素玲、刘正刚:《收听女性的声音:“岭南学”建设应关注的话题》,《岭南学》第二辑,广州:中山大学出版社,2008年

邵一飞:《试析自梳女习俗的起源、构成和基本特征——以广州地区自梳女习俗为例》,《文化遗产》,2012年第2期

沈海梅:《族群认同:男性客位化与女性主位化——关于当代中国族群认同的社会性别思考》,《民族研究》,2004年第5期

宋立中:《明清江南妇女“冶游”与封建伦理冲突》,《妇女研究论丛》,2010年第1期

宋清秀:《清代才女文化的地域性特点——以王照园、李晚芳为例》,《浙江师范大学学报(社会科学版)》,2005年第4期

宋清秀:《试论明末清初才女文化的特点》,《求索》,2005年第9期

覃圣敏:《秦至南朝时期岭南民族及民族关系刍议》,《广西民族研究》,1987年第1期

王健:《近年来民间信仰问题研究的回顾与思考:社会史角度的考察》,《史学月刊》,2005年第1期

王丽君:《小议自梳女研究的理论和方法》,《传奇·传记文学选刊(理论研究)》,2011年第10期

王萌:《明清女性创作群体的地理分布及其成因》,《中州学刊》,2005 年第 6 期

王旭光:《陋习割股》,《文史知识》,1999 年第 5 期

杨萍:《清代女性词中女性意识的觉醒》,《东北师大学报(哲学社会科学版)》,2005 年第 6 期

赵崔莉:《明代妇女的二元性及其社会地位》,《辽宁大学学报(哲学社会科学版)》,2004 年第 5 期

后 记

随着校对的结束，这本书的编写工作终于接近了尾声，它的出版也成为我学习、学术生涯中前一阶段的总结和新一阶段的开始。

这部书其实是我攻读硕士、博士学位和博士后在站期间成果的综合。从选题到撰写，我的硕博导师刘正刚教授都付出了相当多的心血。刘老师素以严苛见称，他本身是一位努力不懈的学者，对我们要求也极严。因此，在读书时每每谈论起来，我就觉得自己是“一把辛酸泪”。毕业之后，再回忆那段时间的读书生活，却发现是那么的幸福。刘老师正是用这种严苛的方式训练了我们的学术素养和学术思路，他带着我们身体力行进行的研究工作为我们以后的研究打下了坚实的基础。在我五年硕博连读的日子里，师生、同门之间更是建立了亲人般的深厚感情。事隔多年，总会梦回到暨南大学的宿舍，回到师友之间。那种浓浓的感情和羁绊，成为我生命中最幸福的回忆之一。

毕业之后，我离开了南方，来到天津。然而读书时的顺利在这里遭遇了巨大的挫折，正如刘老师所顾虑的，远离了初期的学术圈，我的学术之路将举步维艰，而这是幼稚的我根本没有预想到的。在后来的撰写文章和修改书稿的过程中，我才慢慢意识到这个问题。首先，暂时赖以糊口的工作自然和学术远不沾边，只能通过自己的不放弃和努力来维持学术研究的不间断。其次，材料的获取变得困难。离开了广东本土丰富的材料支持，对珠三角的研究几类缘木求鱼。我不得不从网上四处搜寻需要的书籍和材料，且经常为收集不到资料而苦恼。再者，进行实地的考察和去基层寻找材料成为难题，我只能利用读书期间积累下来的资源进行深耕细作。

接下来的结婚生子，对女性来说却是无可规避的历程，由此又使得我的学习和研究工作一度搁浅。幸运的是，在这个艰难的过程中，我又遇到了我的博士后研究合作导师宫宝利教授。在宫老师的指导与帮助下，我再度增强了对学术研究的信心，才能够完成我在博士后流动站的学习和研究任务。而宫老师对弟子无微不至的关怀与提携令我非常感动，以至于出站答辩之时给我压力最大的事是害怕自己做得不好而影响宫老师的名声。有时私下里和同门聊起，大家都对宫老师充满了敬爱，为遇到这样好的老师而感到幸福。可以说，没有宫宝利教授和刘正刚教授的指导和督促，我这种懒惰的性格根本无法取得任何成绩，能够有这样的两位导师，是我此生之幸。

借此机会，我还要感谢我的丈夫以及公婆，没有他们的支持和帮助、无怨地承担起照看孩子的重担，我会被各种琐事缠身而一事无成；感谢我的父母，他们永远是我最坚实的后盾，无条件地为我操心、为我付出，他们就是我心中永远的根；感谢我的兄长，他一力承担起赡养父母的重担，为我解决了后顾之忧。当然，对父母和兄长我也有着深深的愧疚，一直因为相隔太远而让他们惦念，没有能真正地承担起为人子女应尽的责任。

尽管此书即将出版，但对于我自己来说，远未达到满意的程度，囿于学识和知识积累水平有限，其中有很多问题自认为仍有很大的挖掘和阐释空间。再加上工作环境及内容的改变，我此后工作的重点和研究方向将向古籍的整理和研究等方面转变。这些工作内容是刚刚走入学术殿堂的我亟需学习补充的，也是我认为此书的出版代表着新阶段开始的原因。但无论如何，学术之路既然波波折折地走了下来，那就要不断激励自己继续不懈地走下去。这不仅是为了圆自己的自我实现之梦，更是为了曾对我寄予厚望的师长、朋友和亲人！

乔玉红

于天津师范大学图书馆特藏部

2016 年 10 月 21 日

图书在版编目（CIP）数据

古代岭南女性社会形象研究 / 乔玉红著. —济南：齐鲁书社，2017.4

ISBN 978 -7 -5333 -3691 -2

Ⅰ.①古…　Ⅱ.①乔…　Ⅲ.①岭南—女性—社会—形象—研究—古代　Ⅳ.①D442.9

中国版本图书馆 CIP 数据核字(2017)第 081828 号

古代岭南女性社会形象研究

乔玉红　著

主管单位	山东出版传媒股份有限公司
出版发行	齊魯書社
社　　址	济南市英雄山路 189 号
邮　　编	250002
网　　址	www.qlss.com.cn
电子邮箱	qilupress@126.com
营销中心	(0531)82098521　82098519
印　　刷	山东金坐标印务有限公司
开　　本	880mm × 1230mm　1/32
印　　张	13
插　　页	2
字　　数	315 千
版　　次	2017 年 4 月第 1 版
印　　次	2017 年 4 月第 1 次印刷
印　　数	1 -700
标准书号	ISBN 978 -7 -5333 -3691 -2
定　　价	**45.00 元**